营地教育 ®＋

刘胜海　韩新　王彬◎主编
蔡荣尚　王秀珍　程小娟　魏顺政◎副主编

北京·旅游教育出版社

图书在版编目（CIP）数据

营地教育+ / 刘胜海，韩新，王彬主编. -- 北京：旅游教育出版社，2024.5
　　ISBN 978-7-5637-4601-9

Ⅰ.①营… Ⅱ.①刘… ②韩… ③王… Ⅲ.①素质教育－教学研究－中小学 Ⅳ.①G632.0

中国国家版本馆CIP数据核字(2023)第193136号

营地教育+

主编　刘胜海　韩新　王彬
副主编　蔡荣尚　王秀珍　程小娟　魏顺政

总策划	丁海秀
执行策划	陈卫伟　施云峰
责任编辑	贾东丽
出版单位	旅游教育出版社
地　址	北京市朝阳区定福庄南里1号
邮　编	100024
发行电话	（010）65778403　65728372　65767462（传真）
本社网址	www.tepcb.com
E-mail	tepfx@163.com
排版单位	北京旅教文化传播有限公司
印刷单位	唐山玺诚印务有限公司
经销单位	新华书店
开　本	710毫米×1000毫米　1/16
印　张	23.5
字　数	363千字
版　次	2024年5月第1版
印　次	2024年8月第1次印刷
定　价	128.00元

（图书如有装订差错请与发行部联系）

专家推荐语

《营地教育+》旨在为广大教育工作者及对营地教育感兴趣的人士提供一份全面而深入的指导,书中不仅介绍了营地教育的理念、历史和现状,还详细阐述了营地教育的各种类型和实施方法,为儿童校外教育从业者提供了宝贵的实践经验和启示,可作为新时代青少年校外实践教育综合普及教科书。

丛中笑(中国儿童中心原党委书记)

《营地教育+》一书不仅为教育管理部门开展营地教育提供了清晰的思维导图,也为广大中小学生开展红色主题教育和爱国主义教育提供了理论指引和实践方向,是一本有益、有效的指导工具书。

胡呈军(中国红色文化研究会副会长)

营地教育以其独特的户外自然环境熏陶,践行人与自然和谐共生的理念,寓教于乐,其魅力和优势弥补了传统教育的不足。《营地教育+》一书的出版,无疑会让从业者更深刻地认识到,营地教育,可以让孩子们接触到更广阔的自然世界,认识自然、了解自然,从而尊重自然、顺应自然、保护自然,同时拓展视野,丰富人生成长经历。

陈幸良(中国林业科学研究院副院长、中国林学会副理事长)

开展以"乡村振兴"为主题的营地教育，既能促使独特的乡村资源转化为有益于青少年健康成长的有效教育资源，又能助力乡村振兴。《营地教育+》一书可作为和美乡村发展研学与营地教育机构的综合普及教科书。

王军（中国乡村发展基金会副秘书长）

航空科技实践教育是研学营地教育中独具特色且受到参与者普遍欢迎的重要内容，同时，也是专业门槛相对比较高的项目。《营地教育+》一书的出版，为包括航空科技实践教育在内的各类营地教育提供了指南。这既是营地教育行业的幸事，更是广大青少年的福音，可喜可贺！

丁邦昕（中国航空器拥有者及驾驶员协会执行秘书长）

《营地教育+》是一扇启迪心灵的窗口，为读者呈现了青少年营地教育的多彩世界。通过这本指导工具书，读者将深入了解青少年营地教育的理念、实践和发展。该书为教育者提供了丰富的教学案例和方法，为家长提供了关于青少年成长的智慧启示。无论是从教育者的角度还是从家长的角度看，该书都将成为指引青少年成长的良师益友。

屈永尧（北京青少年营地教育协会副理事长兼秘书长）

《营地教育+》一书，成书于研学旅行蓬勃发展之际，正适应了研学旅行与营地教育大融合的时代需求。它结合了营地教育的体验式学习和研学旅行主题性研究的要求，将特定的营地环境和研学实践教育要求的活动设计融为一体，大大丰富了教育的内容，为以户外团队生活为主要形式的营地教育注入了新的活力，为青少年提供了更为丰富、多元的学习体验。

顾家城（《中国校外教育工作年鉴》总编辑）

《营地教育+》一书从营地教育的历史及发展入手，提出了"营地教育+"的理念和建构模式，然后分别从十二个细分领域阐述了营地教育的基本内容和模式，最后对未来营地教育的科学发展进行了展望。全书篇章结构清晰明了，行文则理实兼具，既有理论说明，又有案例实操，易读、易学，读者拿来就能用，颇有营地教育百科全书之韵味。

李岑虎（新时代劳动教育系列教材总主编）

《营地教育+》一书探索了营地教育在多个场景下的开展模式与实际案例，方便不同行业与利益的群体开展营地教育应用，有助于参加营地教育的孩子们认识自然、拓宽视野，从而尊重自然、顺应自然、保护自然，有助于孩子们的健康成长。

李振基（厦门大学环境与生态学院教授、绿色管理事长）

提高学生综合素质，培养学生的核心素养，涌现更多高素质人才是现阶段教育的重要任务。随着课程改革的深入，开辟学生的第二课堂，开展专业化的营地教育需求迫切，《营地教育+》一书对营地教育的历史发展、内涵、活动内容、价值及科学发展做了详细阐述，为营地教育和家庭教育、学校教育的有机融合提供了非常好的学习素材，更为提升营地教育水平提供了方向和有效的方法，值得深读！

高颖（北京市第八中学，北京市科技教育促进会副理事长）

《营地教育+》的出版，在泛营地教育的理论实践方面填补了行业书籍空白，书中阐述的各细分领域方向，为素质教育特别是泛营地教育提供了参考和借鉴，为营地教育行业发展书写了新篇章，特别感谢所有相关主创工作人员的辛苦付出，推荐行业从业者学习。

王世刚（CCEA中营联营地教育发展中心理事长）

顾 问

丛中笑　陈幸良　周建强　胡呈军　王晓燕　王　军　孙　星
丁邦昕　屈永尧　顾家城　李岑虎　李振基　高　颖　王世刚

编委会

主　　编：刘胜海　韩　新　王　彬
副 主 编：蔡荣尚　王秀珍　程小娟　魏顺政
编　　委：（按姓氏音序排列）

曹丽娟　杜凤鸣　樊莉莉　高　丹　高海生　高　颖
哈丽旦·巴克　黄爱武　李顺杰　李艳萍　刘胜杰　刘　欣
刘　洋　沈　纲　谭建春　王安安　王备战　王立龙　王　利
吴　辉　吴小伶　夏欢欢　谢　屹　杨崇君　杨　涛　杨　勇
叶博函　叶艳平　张会臣　张金花　张燕芸　周玲玲

愿营地教育赋能中小学生健康成长

随着社会经济发展、教育理念转变及教育方式革新，营地教育受到越来越多中小学生及其家长的青睐。这本关于"营地教育+"的书，出版得非常及时且十分必要。它不仅描述了营地教育的模式演进，也凸显了营地教育的主题变革；它不仅展示了对营地教育的理性思考，也对其未来发展寄予了更多实践创新的期许。

营地教育是一种以社会场景、自然环境、户外体验场景为真实情境而创造的教育模式，它通过主题鲜明的实践活动和丰富多彩的集体生活体验，促使中小学生在身临其境中积极参与，在全身心投入中深度学习，在团队合作中自我感悟，在个性张扬中重塑自我，在多学科融合下启迪创造性思维，培养社会责任感、创新精神和实践能力。营地教育努力让中小学生在知行合一、学做结合中成为有理想、有本领、有担当的社会主义建设者和接班人。

这本书共有15章，在谋篇布局上有其独特的分类：第一、第二章介绍了国内外营地教育发展简史、实施概说、属性特征，以及教育理念、重要意义、建构特点等，从宏观角度对营地教育的历史发展脉络进行了概述；第三至十四章，分为12个类型详细介绍了目前国内营地教育的主题，从概念、内涵、时代意义、时代内容、特点模式等方面进行了论述，同时还列举了相关的实践案例，增强了本书的实

用性和可操作性；第十五章对营地教育的科学发展与未来展望进行了分析与预测，为我们描述了美好的前景。应该说，本书既是一本关于营地教育的通识读本，也是专业工作者的工具书。它深入探讨了营地教育的核心理念、主题类型和实践方法，对于教育和文旅工作者、营地管理者及所有对营地教育感兴趣的人士来说，是一本不可多得的指导用书；对于家长们了解和选择营地教育，本书提供了重要的参考依据；对于有志于营地发展的投资人、设计者、建设者，本书也提供了明智的决策建议。

随着全社会对发展素质教育的需求日益强烈，营地教育正变得越来越重要。目前我国的营地教育发展已经进入快车道，但是面对2.3亿中小学生还远远不够。近年来开展的研学旅行、研学实践教育，虽然让各地大批中小学生走出校园，走向社会上的各级各类研学基地，但绝大多数学校只能停留在一日研学上，想开展两天、五天、七天的多日研学，却往往因为缺少营地而难以实现，因而远远不能满足广大中小学生的需要。相信《营地教育+》一书将激发起大家的高度热情，大家在阅读过程中一定会有更多的思考与创意，进而为开创中国营地教育的新局面、为营地教育真正赋能中小学生健康成长献计献策。

这本书让我们看到一种现实。以教育部门为主评定的全国中小学生研学实践教育营地，正成为中国营地教育发展的方向标。同时，文化和旅游部、工业和信息化部、国家林业和草原局、共青团、关心下一代工作委员会、新华书店等多部门，结合部门特点和资源优势，也在努力打造不同主题的营地。另外，一批民营企业也肩负社会责任，积极整合资源建设营地，其中投入的资金和营地的占地面积令人振奋。这些努力，使我国目前营地教育发展呈现出前所未有的新生态、新格局，并朝着民族化、特色化、国际化的方向发展。

这本书给予我们一种责任。为落实立德树人根本任务、全面贯彻党的教育方针、全面发展素质教育，应做到：一是通过营地教育努力变革育人方式，充分发挥校外教育的阵地作用，让广大中小学生在营地教育中坚定理想信念、践行社会主义核心价值观、继承中华优秀传统文化、落实生态文明理念、强化心理健康教育；二是在营地教育过程中促进中小学生多方面健康成长，培养诸如领导力、创造力、环境适应能力、社交能力、解决问题能力等能力，提供多样化、多场景的学习体验，让德智体美劳五育在营地教育中得到生动活泼的发展;三是聚焦中小学生核心素养,让多学科、跨学科知识在营地教育中得到活的体现,让中小学生更加深刻认识到集体主义、团体协作、个性发展的重要性,培养他们的正确价值观、必备品格和关键能力。

这本书展示给我们一种希望。营地教育发展让我们看到未来青少年校外教育阵地建设的新样态,未来研学旅行、研学实践教育的新场景。我们已经初步构建起紧跟新时代发展的营地教育主题类型,希望未来营地教育在社会主义先进文化、革命文化、中华优秀传统文化、国家安全、生命安全与健康等重大主题教育方面,能有更高质量的创新;希望未来营地教育在党建引领、家庭教育、心理健康、人工智能等方面,也能有更高水平的引领,创造出更多更好的成功案例;希望未来中国的营地不仅在分布数量上合理增加,更在质量管理上有所提高,不仅在示范打造优秀品牌上出新出彩,更在建设中国式现代化过程中建设中国式的特色营地,为早日步入世界营地教育先进行列作出应有贡献。

最后,我要感谢所有参与本书编写的专家学者和教育工作者,感谢旅游教育出版社的领导和编辑,正是你们的辛勤付出和通力合作,才使得《营地教育+》一书顺利出版。高质量的教育呼唤高水平的营地教育。在营地教育的社会大课堂中,每一堂课都是独一无二的,每一个场景都是耳目一新的,每一项活动都是鼓舞人心的,愿营地教育真正赋能中小学生全面发展,愿每一个中小学生都能在营地教育的阳光下放飞梦想、茁壮成长。

中国教育科学研究院劳动与社会实践教育研究所所长
王晓燕

前 言

　　研学营地教育，这几年作为新兴的校外素质教育模式和载体，越来越被年轻家长接受和推崇；国家围绕实施素质教育的根本宗旨，特别重视思想道德教育、能力培养、个性发展、身体健康、心理健康的国民素质提升需求，要求从学校、家庭、社会三个层面，立德树人，实践育人。

　　2016年11月，教育部等11部门联合发布《关于推进中小学生研学旅行的意见》；2021年7月，中共中央办公厅、国务院办公厅印发《关于进一步减轻义务教育阶段学生作业负担和校外培训负担的意见》；2022年2月，文化和旅游部办公厅、教育部办公厅、国家文物局办公室发布《关于利用文化和旅游资源、文物资源提升青少年精神素养的通知》；2022年4月，教育部印发《义务教育课程方案和课程标准（2022年版）》；2023年5月，在加快建设高质量教育体系、全面提高人才自主培养质量的背景下，教育部办公厅印发《基础教育课程教学改革深化行动方案》，从课程方案转化落地规划、教学方式变革、科学素养提升、教学评价牵引、专业支撑与数字赋能五个方面，促进基础教育课程教学改革的深入推进，为实施科教兴国战略、全面推进中国式现代化奠定人才基础。

　　为全面贯彻落实党的二十大精神，促进中小学生综合素质提升，应让学生走出课堂，将理论知识与实践相融合，以培养学生形成科学的思维方式、良好的思想品德和健全的人格。研学营地教育，作为对校内教育、家庭教育的有效补充，引导学生进行传统文化教育、科学教育、体育教育、美育教育、劳动教育、自然教育、爱

国主义教育等主题研学活动，有助于促进学生德智体美劳全面发展。

《营地教育+》一书系统地介绍了校外素质教育的具体内容和模式并对优秀成功案例进行了剖析，在泛营地教育的理论实践方面填补了行业书籍空白。书中阐述的各细分领域方向为素质教育特别是泛营地教育提供了参考和借鉴，以期为营地教育行业发展书写新篇章。该书既是研学营地教育综合普及教科书、校外实践育人经典案例参考书、教培机构发展转型首选工具书、行业科学研究助力青少年成长指南书，更是指导行业从业者因地制宜开展研学营地教育的宝典。

北京营天地教育科技有限公司（营地教育网）在组织《营地教育+》一书编著的过程中，得到了相关领导、行业同仁的大力支持，在此向他们表示感谢。特别感谢指导本书编写的各位顾问，以及参与各章节内容编写的编者们，他们认真细致，字斟句酌，精益求精，为本书的出版奉献了大量的时间和精力，向他们致以崇高敬意！

北京营天地教育科技有限公司（营地教育网）创始人

刘胜海

2024年4月

目 录

第一章　营地教育概论 ·· 1
　第一节　营地教育发展简史 ··· 1
　第二节　营地教育实施概说 ··· 7
　第三节　营地教育属性特征 ··· 14

第二章　"营地教育+" ·· 17
　第一节　"营地教育+"的理念提出 ·· 17
　第二节　"营地教育+"的建构模式 ·· 21
　第三节　"营地教育+"的建构要素 ·· 28
　第四节　"营地教育+"的课程建构 ·· 29

第三章　营地教育+优秀传统文化教育 ·· 37
　第一节　优秀传统文化教育 ··· 37
　第二节　优秀传统文化主题营地模式 ··· 40
　第三节　优秀传统文化主题营地案例 ··· 49

第四章　营地教育+革命传统教育 ··· 55
　第一节　革命传统教育 ·· 55
　第二节　革命传统教育主题营地模式 ··· 71
　第三节　革命传统教育主题营地案例 ··· 79

1

第五章　营地教育+基本国情教育 89
第一节　基本国情教育 89
第二节　基本国情教育主题营地模式 102
第三节　基本国情教育主题营地案例 114

第六章　营地教育+国防科工教育 119
第一节　国防科工教育 119
第二节　国防科工教育主题营地模式 126
第三节　国防科工教育主题营地案例 140

第七章　营地教育+科学教育 145
第一节　科学教育 145
第二节　科学教育主题营地模式 154
第三节　科学教育主题营地案例 160

第八章　营地教育+体育运动 169
第一节　体育运动 169
第二节　体育运动主题营地模式 179
第三节　体育运动主题营地案例 184

第九章　营地教育+艺术教育 189
第一节　艺术教育 189
第二节　艺术教育主题营地模式 198
第三节　艺术教育主题营地案例 215

第十章　营地教育+劳动教育 219
第一节　劳动教育 219
第二节　劳动教育主题营地模式 232
第三节　劳动教育主题营地案例 244

第十一章　营地教育+自然教育 255
第一节　自然教育 255

第二节　自然教育主题营地模式 ··· 260
第三节　自然教育主题营地案例 ··· 275

第十二章　营地教育 + 新文旅 ··· 285
第一节　新文旅 ··· 285
第二节　新文旅主题营地模式 ··· 288
第三节　新文旅主题营地案例 ··· 298

第十三章　营地教育 + 乡村振兴 ··· 304
第一节　乡村振兴 ··· 304
第二节　乡村振兴主题营地模式 ··· 308
第三节　乡村振兴主题营地案例 ··· 314

第十四章　营地教育 + 安全教育 ··· 324
第一节　安全教育 ··· 324
第二节　安全教育主题营地模式 ··· 329
第三节　安全教育主题营地案例 ··· 333

第十五章　营地教育的科学发展 ·· 337
第一节　"营地教育 +" 的科学发展 ··· 337
第二节　未来展望 ··· 346

参考文献 ··· 354

第一章

营地教育概论

营地教育是以教育为核心，以旅游为依托，将教育、旅游、文化、体育与艺术等多产业融合的一种教育形式。本章从营地教育发展简史、实施概说和属性特征入手，介绍了与营地教育有关的知识概念与内涵，国内外营地教育发展情况，营地教育的时代意义与作用、原则与方法、资源与开发以及分类与实施等内容。

第一节 营地教育发展简史

一、营地教育的概念与内涵

（一）营地及营地教育的概念

"营地"一词在《现代汉语大词典》是指：军队驻扎的地方或团体、组织等在野外设置的短期活动、休憩的地方。可以理解为营地最早的意思是军队扎营的地方，是一个固定的场所，在营地中大家进行短暂的集体生活与活动。从字面意思来讲是露营地，后来发展为具有多种用途的各类型营地，如体育拓展营地、房车营地、自然体验营地等。

1929年美国营地协会纽约分会对营地教育进行了定义："一种特定设计的教育形式，旨在关注青少年的身体健康、情感表达、户外生存体验、积极的社会参与、品味和鉴赏能力以及心智成长。"

2011年，国家体育总局在《体育事业发展"十二五"规划》中明确了青少年户外体育营地的概念：指由政府倡导，由体育彩票公益金资助，依托江河湖海、山地森林、公园景区等自然资源，按照一定标准建设与管理，具有相应服务设施，以户外体育项目

活动为主要内容，培养青少年热爱大自然、热爱体育活动良好品质的青少年户外体育活动场所。

可见，广义上的营地是作为教育的载体。1998年，美国营地协会对"营地教育"重新下了定义，即"一种在户外以团队生活为形式，并能够达到创造性、娱乐性和教育意义的持续体验。营地教育是在户外环境中，参与者通过亲身体验和环境熏陶达到健康发展的目的，其核心是健康，包括生理、心理和社会适应性的成长"。

《教育部办公厅关于开展"全国中小学生研学实践教育基（营）地"推荐工作的通知》中指出，营地主要是指具有承担一定规模中小学生研学实践教育的活动组织、课程和线路研发、集中接待、协调服务等功能，能够为广大中小学生开展研学实践活动提供集中食宿和交通等服务的单位。

基于以上国内外对营地及营地教育的界定，我们认为营地教育是基于营地这一开放空间载体，由政府或者企业倡导，以青少年为主体，通过在营地开展以户外教育的形式进行团队生活和体验式学习为主要教育模式，以教育学和心理学等跨学科理论为实践依据，由专业师资实施开展的促进青少年成长的各类素质教育活动。

（二）营地教育的内涵

营地教育作为一项推动素质教育改革新举措和一种探索文旅发展的崭新方式，以教育为核心，以旅游为依托，将教育、旅游、文化、体育与艺术等多产业融合的教育形式，已进入文化旅游研究视野，成为综合实践育人研究的新领域。

从本质上来看，营地教育综合多种元素，承载着体验式教育的精神。依托营地这一多样化、专业性的综合实践教育场所开展德智体美劳相关的实践活动，其所涉及的既有进行传统文化教育、爱国主义教育的主题场馆，开展体育拓展、自然教育的室内外场馆，也有开展劳动教育的各类农场，更有展示现代科技的体验场所。

从场地类型层面来看，营地教育涵盖了综合性实践营地、优秀传统文化主题营地、革命传统教育主题营地、基本国情教育主题营地、国防科工教育主题营地、科学教育主题营地、体育运动主题营地、艺术教育主题营地、劳动教育主题营地、自然教育主题营地、新文旅主题营地、乡村振兴主题营地以及安全教育主题营地等模式。

从师资执行层面来看，营地教师所扮演的角色不是主导者，而是引导者，实施不同于传统的教学方式，并不要求青少年得到一个标准的答案，而是鼓励青少年对活动本身、遇到的问题有一种全方位的认知，从而形成自己的分析和判断，进而真正地了解自身的兴趣，从而激发自主学习、发挥创作的潜能。

从青少年实践层面来看，营地教育强调体验学习的方式，从跨学科的综合知识的角度出发,以户外团队生活为主要形式,为青少年提供融合创造性、娱乐性和教育性的活动课程,引导青少年开展理论结合实践的探索发现,以期培养青少年的领导力、沟通能力、生存能力及团队协作精神、服务精神。

二、国外营地教育发展简史

追溯历史,营地教育活动有着一百多年的发展史,各国营地教育以政府及非营利性社会组织为主要力量,已经形成了相对系统和完善的模式,其中,以美国、俄罗斯、英国、澳大利亚、德国、日本等为代表的国家和地区的营地教育模式已经成为全球效仿的典范。

据史料记载,1861年夏天,美国康涅狄格州的一所学校,组织青少年进行了为期两周的登山、徒步、帆船、钓鱼等露营活动,反响很好。之后每年8月,该校都会举办露营活动,持续进行了12年之久,这也是被国内外学者普遍认可的国际上早期营地教育的雏形。

最早的教育型营地活动当数1885年在纽约城郊举行的YMCA(Young Men's Christian Association)露营活动,也使得美国成为发展户外营地教育最早的国家,其提倡的教育理念融入了体验式学习以及自然环境教育,被世界各地的学校和社会组织效仿和复制。随着营地活动的发展,营地教育组织者开始注重开设针对特殊群体的营地教育活动,1892年以女性为主的户外露营活动首次举办,开启了主题式营地教育的先河。

进入20世纪,发达国家的营地教育迅速得到发展,许多国家利用本土资源,相继建立了户外教育营地,开展不同形式的营地教育。随着科技水平的不断提高,重视未来和关注人才发展成为营地教育的共识,1910年部分国家开始为营地教育组织培养专门的从业者,以提高营地活动执行能力,美国、英国、瑞典等国家还专门开设了以户外环境教育(Environmental Education)和户外冒险教育(Adventure Education)为方向的专业。

1932年,第一个国际露营组织——国际露营和房车联合会(FICC,Fédération Internationale de Camping et de Caravanning)成立。

受第二次世界大战的影响,营地教育的发展受到了一定的影响。第二次世界大战结束后,营地教育得以普遍进入社会视野,开启了营地教育遍及全球的发展新征程。以苏联和日本为代表的国家,意识到营地教育对青少年品格培养的重要性,一大批国家级的营地教育机构(以协会或联盟为主)应运而生,承担着营地教育的组织管理和开发研究工作,推动营地教育步入了快速、健康发展的轨道。

资料显示，营地教育能在全球范围拔地而起有所发展离不开两个具有代表性和重要性的组织，即成立于1965年的美国国家户外领导学校（NOLS，The National Outdoor Leadership School）和成立于1977年的体验教育协会（AEE，The Association for Experiential Education）。NOLS是一个非营利性组织，其创校宗旨是：减少野外露营时对环境的破坏，教学以旅游技能、户外求生及安全技能为主，唤醒环境意识，注重团队互助，并致力于培训学校领导人才。AEE则是目前全世界唯一的系统研究活动教育与经验教育的组织，每年出版三期体验教育期刊并办理一场国际性研讨会，对体验学习的相关理论与学术研究贡献颇多。

20世纪60年代后期环境问题开始成为全球关注的焦点，联合国于1970年将每年的4月22日设立为"世界地球日（Earth Day）"，反映出人们对环境保护的认识急速提高。从自然保护的视点出发培养青少年对自然的态度、价值观，理解人与自然的关系，逐渐成为美国户外营地教育的主导思想。美国户外教育者的思考促进了环境保护型营地教育与20世纪70年代进入高潮的自然保护教育运动相融合，对各国营地教育产生了比较深远的影响。

时至今日，国外青少年营地的发展已经趋于成熟稳定，营地教育成为各国教育交流的重要领域。1987年，国际营地协会（ICF，International Camping Fellowship）正式成立，协会每三年举办一次世界性的营地专业交流会议，延续至今已成为营地教育领域的一项传统，致力于为广大青少年提供更优质的营地体验，这使得青少年营地教育有了更广阔的发展空间和交流舞台。据不完全统计，俄罗斯作为世界上拥有营地数量最多的国家，其55 000个营地每年为600万青少年提供营地教育服务；美国约12 000个营地，每年为1000万青少年提供营地教育活动；澳大利亚的营地教育与学校教育结合最紧密，营地教育已被纳入国家教育体系，其900个营地每年为300万青少年提供营地教育服务。日本政府和地方政府共同出资，让90%以上的小学、中学和高中青少年每年都能参加各种形式的营地教育，绝大多数青少年至少接受过一次营地教育，其3500多个各类营地每年为超过3000万名青少年提供营地教育活动。英国作为全球流行的童子军项目发源地，其营地教育最发达，大部分教育机构都开设了营地教育中心，并且得到政府的大力支持与资助，每年有27万名青少年参加营地教育活动。德国营地教育的发展，将体育与健康课程作为重要内容，具体内容通常与环保和自然科学密切相关，假期必修课则是要求青少年至少完成一次户外探险活动。

三、国内营地教育发展简史

我国的营地教育起步较晚,其早期概念等同于实践教育,它是随着不同时期国家、学校、家庭对实践教育的不同认识和不同的目标定位逐渐发展起来的。我国的营地教育大体分萌芽起步期、成长活跃期、发展统整期阶段。

(一)萌芽起步期(中华人民共和国成立至20世纪80年代)

中华人民共和国成立后,在中国共产党领导下我国营地教育步入萌芽起步的新时期,夏令营成为营地教育开展的主要形式。有记录的第一个营地活动是少先队建队之初开展的,我国一批少先队员由国家出资到苏联参加黑海夏令营。这一阶段营地教育作为一种优质教育资源,主要是针对少数优秀少先队员的奖励。

(二)成长活跃期(1991—2000年)

20世纪90年代,经济体制改革促进了青少年夏令营的市场化发展,以营地教育为主的夏令营成为素质教育市场中的重要组成部分,进一步促进营地教育的发展,这一阶段可以说是营地教育的成长活跃期。

1997年10月29日,国家教育委员会颁发《关于当前积极推进中小学实施素质教育的若干意见》强调:"在中小学全面贯彻国家的教育方针,积极推进素质教育,已经是摆在我们面前的刻不容缓的重大任务。"教育系统开始在全国各地建设中小学生学农基地和体验实践基地。时任团中央书记处常务书记的赵勇于2002年撰写了国内第一本《体验教育》专著,为运用体验教育开展青少年素质教育奠定了理论和实践基础。

(三)发展统整期(2001年至今)

国家政策的支持对营地教育行业发展至关重要。2004年初,国家体育总局适应新形势的要求,为了拓展我国青少年参加体育健身活动的空间,促进全国青少年体育俱乐部和体育传统项目学校户外体育活动的开展,在全国范围内支持建设了32个具有示范意义的户外运动营地。相关政府部门及大量社会资金逐渐对营地教育事业进行支持,向各省市地区发布了营地建设和评选的相关通知,并配发了营地建设的方案,对营地各个区域的划分、配套设施以及活动项目提出了相应的要求。这是中华人民共和国成立以来国家正式提出。"青少年户外体育活动营地"建设,标志着我国青少年营地概念和形态逐步走向规范,使得我国营地教育迎来新的发展机遇期。

2007年,在中央七号文件的精神指导下,国家体育总局、团中央、教育部高度重视青少年户外营地活动,将其视为实施阳光体育运动的重要途径。

2008年初,国家体育总局明确提出,建设户外营地是青少年体育工作的两大重点

之一。

2014年,《国务院关于加快发展体育产业促进体育消费的若干意见》提出，在有条件的地方制定专项规划，引导发展户外营地、徒步骑行服务站、汽车露营营地、航空飞行营地、船艇码头等设施。

2016年，国家旅游局首次在国家层面上命名研学旅行示范基地（营地），确定了省市层面营地的教育发展导向，在操作层面上推动了"营地+教育"的诞生与发展。

2017年，国家体育总局在《体育发展"十三五"规划》中明确指出，继续推动开展青少年户外体育活动营地创建工作，鼓励社会力量参与青少年户外体育活动营地建设，要将户外营地建设成为运动、教育、文化、娱乐的综合体。

2017年12月，教育部在官网公示了"第一批全国中小学生研学实践教育营地名单"，上海市青少年校外活动营地（东方绿舟）等十四家机构成为全国首批中小学生研学实践教育营地。教育部基础教育司2018年工作要点中也明确指出：大力推进校外教育，督促各地加快示范性综合实践基地建设，继续开展研学实践教育基地（营地）遴选命名工作。

2018年10月，教育部在官网公示了"第二批全国中小学生研学实践教育营地名单"，拉萨市青少年示范性综合实践营地等二十六家机构成为全国第二批中小学生研学实践教育营地。

2019年，中国旅行社协会发布《研学旅行基地（营地）设施与服务规范》，规范和提升研学旅行基地（营地）服务质量，使研学旅行基地（营地）有相对科学、规范的准入条件。

2022年7月，教育部在官网公示了2022年中央专项彩票公益金中小学生校外研学实践活动项目资金支持基地、营地评议结果，其中营地与上一年相比有所调整，支持32个营地开展研学实践活动，实行动态调整。

2022年11月，文化和旅游部、中央文明办、国家发展改革委、工业和信息化部等14部门在联合发布的《关于推动露营旅游休闲健康有序发展的指导意见》中指出，加强露营旅游标准引领，做大做强露营旅游休闲上下游产业链，提升全产业链整体效益。引导露营营地规模化、连锁化经营，孵化优质营地品牌，培育龙头企业。推动公共营地建设，扩大公共营地规模，提升服务质量。鼓励支持经营性营地规范建设，提高露营产品品质。大力发展自驾车旅居车露营地、帐篷露营地、青少年营地等多种营地形态，满足多样化露营需求。

2023年2月，农业农村部发展规划司发布《农业农村部关于落实党中央国务院

2023年全面推进乡村振兴重点工作部署的实施意见》，指出要培育新产业新业态，鼓励发展教育农园、研学基地、乡村露营游、乡土文化体验游等新模式。

综上可见，随着社会发展中教育改革工作的不断深化和社会对营地教育价值的进一步认识，国家层面逐步加强对青少年营地建设的规范化力度，明确将"青少年营地"作为校外教育开展的重要场所，同时，也对这一场所规定了进退出机制。政府在"十五""十一五""十二五""十三五""十四五"的规划中，以国家福彩基金持续加大资金投入，支持综合实践基地（营地）建设，这些机构逐渐成为营地教育的主力军。

第二节 营地教育实施概说

一、营地教育的意义与作用

随着教育改革的逐步深入和国家对青少年综合素质的日益关注，营地教育固有的价值得到了相关部门的肯定，与营地教育相关的政策红利逐渐被释放，打开了营地教育市场向上发展的空间。各项政策强调营地教育在学校基础教育中的重要作用，鼓励青少年营地教育的建设与发展，支持我国广大青少年接受营地教育。营地教育以广阔的户外空间作为其活动、教育场所，有效延伸及有益补充了家庭教育与学校教育上的链接，促使青少年经历、体验，在提升其综合素质等方面具有积极作用。实践教育营地作为实施校外实践教育最重要的组成部分，其育人价值和社会价值主要体现在以下三个层面。

（一）国家层面

营地教育是世界各国开展青少年素质教育的重要途径，有效提升包括青少年野外生存意识、独立活动意识、协同合作意识和环保意识在内的各种综合素质。营地教育承载着为国家民族培养优秀人才的使命。党的二十大报告指出，要全面贯彻党的教育方针，落实立德树人根本任务，培养德智体美劳全面发展的社会主义建设者和接班人；要发展素质教育，促进教育公平；要深化教育领域综合改革，健全学校家庭社会育人机制。青少年是祖国的未来，承载着国家发展的重任，以及民族振兴的重任，青少年的健康、素质、能力，关系到其未来在祖国建设中可以为国家效力的程度。目前，在国家相关政策的推动下，处在一个上升周期的国内营地教育行业为青少年的全面发展提供了良好的机会和适度的环境，是加强青少年思想道德建设、践行素质教育的有效手段。形式多样的营地教育活动，能够促进青少年的身体健康和素质发展，得到各种身体上的训练和心理

上的磨炼，培养其认知能力、合作能力、创新能力和职业能力，进而使他们形成核心竞争力。同时，营地教育突出集体活动，强调通过真实的集体生活锻炼青少年的思想品德，在潜移默化中培育和践行社会主义核心价值观，对于青少年成为国家栋梁和社会有用之才，具有重要的、积极的和深远的意义。

（二）家校层面

营地教育作为当代我国基础教育改革的重要抓手之一，拥有"体验式"学习情境，是家庭教育与学校教育最好的延续和补充，肩负着发展素质教育和落实立德树人根本任务的职责与使命，在培养青少年的综合能力方面起着不可替代的作用。营地教育是突破应试教育向素质教育转变的有效载体，是形成校外教育特色和品牌的有效途径。其作为校外教育的重要形式，在青少年创新能力提升、社会责任感养成、科学技术普及、文艺体育培养、劳动技能锻炼、习惯养成等方面发挥了非常重要的作用。

作为营地教育的重要载体，实践营地具备一定规模的青少年活动组织与食宿服务条件，可为青少年的系统性、多样化实践活动开展提供生活及教育场所，彰显出生活体验取向的校外实践教育营地育人的独特魅力与价值。美国营地协会副主席 Scott Brody 先生曾说："美国的营地教育发展成熟，成为家庭教育和学校教育的补充，也为孩子们的发展提供了更多的可能性。"的确，教育营地通过提供优质的营地教育课程和贴心的服务，致力于促进青少年身心全面发展，使青少年在参加活动的过程中受到良好的教育并得到深刻的体验，对今后的学习和生活产生深远的、积极的影响，营地由此获得在营地教育行业里的美誉度，被更多的青少年家长认可和信任，从而形成特色的校外教育和具备口碑影响力的品牌。

（三）青少年个体层面

营地教育是青少年获取直接经验、走向知行合一的重要路径。大量的研究数据表明，营地教育作为一种体验式的教育，有别于常规被动式教学的知识学习，营地教育可以使青少年有足够的自我发挥空间，对于培养青少年独立思考的能力和果断处理问题的能力，对于提高青少年的自主意识、开拓进取精神、增强人际沟通与表达等素质，具有极大的帮助。正如世界营地协会（ICF）秘书长约翰·乔根森（John Jorgenson）所说："一次特别的营地活动可能会改变孩子的一生。"营地教育作为青少年进入社会，形成自我与自然、社会、他人关系建构的重要路径，为青少年在知识建构与发现自我潜能上提供契机，是激发青少年学习兴趣、培养核心竞争力的重要手段。全国政协常委、北京市第四中学原校长刘长铭说："营地教育实际上就是帮助青少年建立信心、培养人格、提升领导力。"在营地教育活动中，营地中的集体生活以及团队活动，能够培养青少年的思想道德品质、野外生存能力、综合素质、团队协作能力、人际交往能力及组织领导能力。

此外，基于营地教育这一自然属性背景，青少年能沉浸于系统性、本土化的特色课程教学之中，人文底蕴、社会责任逐步形成，从而对培养个性、养成良好的活动习惯和社会生活方式具有积极的意义。主题场馆/地的手工体验、体育运动等活动课程，对实现青少年个体的动手操作能力、创新能力、团队协作能力等的提升有着积极的意义。

二、营地教育的原则

开展营地教育，在开展活动场所规划上应遵循整体规划、因地制宜、特色发展和灵活创新的原则。在营地教育的实践项目设计上，要遵循教育性、实践性、安全性、因地制宜、因材施教原则。

（一）教育性原则

营地教育作为社会教育的一种，体现着独特的教育功能，应始终将"立德"作为育人根本，把青少年的品德塑造放在营地教育目标的首位，将"立德树人"落实到营地教育的教学活动和营地生活中。在营地教育过程中，应坚持教育性原则，结合青少年身心特点、接受能力和实际需要，注重营地教育活动的系统性、科学性、趣味性和互动性。

（二）实践性原则

在营地教育过程中，应秉承实践性原则，以青少年亲自动手、亲身体验为基本的准则和要求，以体验式学习作为青少年户外营地教育的核心，注重在实践中发展青少年的适应力和创造力，充分发挥营地教育中实践环节的育人优势，为青少年的实践能力提升提供一个安全、开放的发展空间。

（三）安全性原则

营地教育需要始终坚持安全第一原则，开展营地教育的场地应远离地质灾害区域和其他危险区域，营地应有完整的针对营地教育实施的接待方案和安全应急预案。场地内设施设备须符合安全标准，应建立完善的安全保障机制，明确安全保障责任，配备安全保障设施，落实安全保障措施，确保安全无事故。

（四）因地制宜原则

营地教育要以当地的乡土特点和政策条件为基本的准则和要求，以当地的物质基础和客观实际为前提，突出自然资源和地方文化资源的特殊性，在营地资源的开发上秉承因地制宜的原则，注重青少年在拓宽视野、激发兴趣、操作体验和参与活动等方面的获得感、成就感。

（五）因材施教原则

营地教育应依据青少年的已有知识基础、兴趣爱好、性格能力等实施针对性的教育活动，结合青少年学情，要针对不同年龄段有选择性地使用营地教育资源。比如在实践活动实施过程中的相关问题设计，注意分层设问，既不能让参与者觉得所设问题太过简单，也不能让参与者绞尽脑汁也不能理解；在设置动手实践活动时，要充分考虑青少年的实际情况，有区别地设计任务目标，根据循序渐进的原则，发挥其特长，尽可能让每个参与者都能在参与营地教育的过程中学有所获。

三、营地教育资源与开发

资源就其本义而言是某种物质的天然来源，是本来就有的。营地教育资源是指具备营地教育意义并可以保证营地教育体验活动实施的所有自然资源、人文资源、人力资源和物力资源等各种关联资源，它们有利于实现营地教育目标，促进青少年全面发展和营地教育从业者的专业发展。自然资源与人文资源为营地教育场所的建设提供场地、课程的支持，而人力资源及物力资源是营地教育持久运营的社会保障。虽然说营地教育资源是客观存在的，但这并不意味着一切客观存在和发展着的营地教育资源都能够成为其开发的对象，只有那些符合营地教育要求、被纳入营地教育活动中的资源才能够被称为营地教育资源开发的对象。鉴于此，我们认为营地教育资源开发主要考虑以下三个方向。

（一）营地教育场地资源开发

《自然资源学原理》一书将自然资源定义为：人类能够从自然获取的以满足其需要的自然物质或自然环境的总称；自然资源具有社会有效性和相对稀缺性的特点。由于营地所在不同区域的地理位置不同，自然环境也大相径庭，在地形、气候等要素的影响下土壤、水源、植被的自然表现各具特色，从而影响当地的人口、产业、民风民俗等，形成不同的人文、经济。因此，要按照因地制宜的原则要求开发营地教育资源，要依托自然资源，从区域特色、地方文化以及空间的实际情况出发，在实事求是、体现区域特色的前提下，对适合当地的营地资源进行切实可行的开发探索。

营地教育场地资源的开发要依托相应的政策规范，按要求规范有序地开发建设管理。比如南京市文旅局联合多部门发布的有关推进南京露营地健康发展的试行意见，对营地场地资源的设置选址、安全防护、环境卫生、设施设备等作出了具体要求，提出露营区域（场地）须设置明确的标识牌、警示牌和区界，营地应配备相应数量的安保人员全程值守等，这就要求南京地区的营地教育在场地资源开发时参照此意见，依据意见开发建设管理。

(二)营地教育课程资源开发

对于课程资源的理解,总体来说,就是一切能够运用到教学活动中的各种条件和材料。《基础教育课程改革纲要》中指出,课程资源有不同的区分标准,一般可以分为广义的课程资源和狭义的课程资源。广义的课程资源是通过自然界中的各种因素来辅助实现课堂的最终目的,如计算机、自然景观、教师传授的知识等。而狭义的课程资源是指在课堂中表现出来的直接素材,比如书本等实物。学者徐继存在此基础上指出,课程资源是课程设计、实施和评价等整个课程编制过程中可资利用的一切人力、物力以及自然资源的总和。营地教育课程资源是针对营地教育所进行的营地教育课程设计、实施和评价等整个营地教育课程编制过程中可资利用的一切人力、物力以及场地内自然资源的总和。

基于此,营地教育课程资源的开发首先要依托相应的政策规范,按要求规范有序地开发建设管理。以四川省为例,在进行营地教育课程资源开发时,需要参照四川省地方标准《研学旅行实践基地(营地)设施与服务规范》中课程条件的要求,做到课程资源开发的学段化、专题化、方案流程化、活动丰富化、线路规范化、安全教育课程化等。

其次,营地教育课程资源的开发要遵循教育属性,要考虑其教育价值,以更好地服务于营地教育。比如课程实物资源的选择利用,按照营地活动具体需要,可以借助文字、图形、符号、音频、视频等方式对资源进行设计,将这些方式记录在师生活动手册上,还可以将这些制作成实物道具、模型等供师生使用。

最后,营地教育课程资源的开发要充分考虑地域性的特点,确保课程多样性。比如,南方与北方、东部与西部、平原与山区等在社会文化、自然资源等方面都存在诸多差异,在营地课程资源的开发上要因地制宜,要体现出地域特性,保持不同地域之间营地教育课程资源的多样性,把地域资源局限性转换成地域资源开发与利用的特色。

(三)营地教育人力资源开发

人力资源指在一个国家或地区中,处于劳动年龄、未到劳动年龄和超过劳动年龄但具有劳动能力的人口之和。狭义来说就是企事业单位等独立的经营团体所需人员具备的能力(资源)。营地教育人力资源作为一种特殊资源,是经营营地教育必须具备的运营人员的能力。

营地教育所涉及的硬件设施及软件课程离不开人的操作,应重视专业营地运营人员的培养。营地教育运营人员的专业程度很大程度上影响营地教育的效果,营地教育运营人员能通过接触、管理青少年营员,了解他们对户外知识的学习情况,对技能的掌握,以及他们的活动参与度、人际关系处理能力、对自然环境的适应能力等,从而从多方面

了解营地课程和项目设置的合理性，预测青少年营员身心发展的需求，更好地为营地组织和青少年营员服务。

因此，我们认为在营地教育人力资源开发上应该做到锐意创新，并构建以素质教育为中心、以全人培养导向为企业文化、以科学社会化人才评价为机制的人力资源开发模式。具体来说，营地在专业人才培养上，可以开启三种方式：一是营地运营团队自己培养人才；二是营地运营团队自学或者联合其他的机构来培养；三是与学校教师协作培养。以与学校教师协作培养为例，可以从共同参与营地教育教学准备、营地教育授课、营地教育教学评价及营地教育相关课题研究等方面展开。

四、营地教育分类与实施

目前国内营地教育从其属地类型上来说尚无统一标准，各地大都是结合各自的主营项目和地方特色来划分和命名。本书通过实践调查及相关文献分析，根据营地教育的场域地性质和教育内容提出"营地教育+"的概念，将它们归纳为主题式和综合式两种模式。

（一）主题式

我国地理环境种类多样，开展营地教育的场所会更多参考当地的地理环境和文化进行建设规划，故通过其地理位置可以分出众多类型。其中，我们说的主题式营地教育主要是指，政府或企业等部门根据在地理念、主题特色等地域资源而建成的开展青少年实践教育的营地场所。此类教育营地的关键是要加强教育特色与地域资源的一致性，尽量实现营地实践教育与地域特色资源的整合。主题式营地教育的最大特点是专题化，是一种比较常见的营地教育模式。

教育部基础教育司在 2013 年印发的《示范性综合实践基地实践活动指南（试行）》中，明确"专题教育"主要包括国情省情教育、革命传统教育、传统美德教育、国防教育、环境保护教育、民族民俗文化教育等活动项目。

本书认为在主题式营地开展实施的营地教育可以"+"的模式呈现，例如，具有历史纪念意义的革命老区可归为"革命传统教育+"模式。此外，"优秀传统文化教育+""基本国情教育+""国防科工教育+""科学教育+""体育运动+""艺术教育+""劳动教育+""自然教育+""新文旅+""安全教育+""乡村振兴+"等都称为主题式营地教育模式。通过在此类主题式营地教育开展各种专题内容的教育，让学生了解国家的政治、经济、国防、民族、文化等方面的基本情况和特点，培养学生的爱国意识、道德意识、责任意识，强化爱国主义、集体主义观念。

（二）综合式

我国营地教育的前身是早期的少年宫。营地教育的性质比较广泛且综合，从其所依托的内容来看，我们将其分为青少年综合实践学校、中小学德育基地、中小学示范性综合实践基地、中小学素质教育实践基地、中小学校外综合实践活动基地、中小学生综合实践学校、青少年校外活动营地、青少年综合实践教育中心、职业院校等。比如入选全国中小学生研学实践教育营地的北京市自动化工程学校、陕西省西安市中小学校外综合实践活动基地、天津市社会实践教育中心（天津市工读学校）、伊春市中小学生综合实践学校、湛江市中小学德育基地等。

从开展营地教育所依托的营地的地理位置来看，分为滨海、山地、城市公园等类型，其特点是营地教育实践项目多，组织规模较大，它主要以丰富的实践项目为载体进行实践教育，可容纳几百甚至上千青少年在基地共同参与各类型营地教育活动。

五、营地教育现状与问题

研究数据显示，当前开展的营地教育，除小部分由教育、文旅、林业、体育等部门批准开设外，营地教育主题活动的开展主要由各教育机构以及旅行社领衔，与各地能满足住宿要求的旅游景区或者度假村进行项目合作的方式，以达到开展青少年营地教育主题活动的目的。以北京为例，通过对分布在16个辖区20余家营地教育机构的走访调研，我们发现开展营地教育的场所占地面积大小参差不齐，人员结构难以支撑规模化活动的实施；尽管它们一般都设立在相对丰富的自然环境资源中并依托当地特色资源，但营地教育课程不够体系，缺少顶层规划。

通过对这些营地教育机构的整体数据分析，我们认为当前营地教育中存在的问题，大致有以下几个方面。

第一，营地教育行业，缺乏相对明确的行业规范标准。

第二，营地教育自身优势尚未完全被挖掘，核心竞争力不突出，社会公众认知度不够高。

第三，营地教育顶层规划设计不够精准，发展框架不明确、发展体系不健全。

第四，营地教育机构的基础配套设施及器材设备较为陈旧，部分缺乏后期养护。

第五，营地教育机构师资队伍专业水准参差不齐，缺少相对系统、专业的技能培训。

第六，营地教育课程设置同质化严重，更新换代慢，多样性不足，缺乏创新。

第七，营地教育安全机制不够完善，缺乏风险预警机制以及风险处理机制。

第三节 营地教育属性特征

一、营地教育的教育性

营地教育作为一种社会教育模式,是中国素质教育的重要组成部分,从本质上来说是以教育理念与方法论的科学创新为驱动力的教育升级过程,是落实国家宏观教育方针与政策、指导教育教学实践育人目标的重要举措,是践行中国学生发展核心素养全人培养要求,使青少年具有必备品格与提升关键能力所不可或缺的教育路径。

营地教育需要突出教育属性。在营地教育活动过程中,营地教育组织者应关注青少年的生活习惯、学习习惯的不断养成,结合青少年身心特点、接受能力和实际需要,注重系统性、知识性、科学性、趣味性、参与性和互动性,为青少年身心发展和技能提升提供良好成长空间,全面提升青少年的素质和能力。

二、营地教育的时代性

党的十九大确立了习近平新时代中国特色社会主义思想的指导地位,开启了全面建设社会主义现代化国家的新征程。习近平总书记站在实现"两个一百年"奋斗目标和确保中国特色社会主义事业后继有人的高度,强调重视教育就是重视未来、重视教育才能赢得未来,把教育摆在优先发展的战略地位①。

习近平总书记所做的党的二十大报告,从"实施科教兴国战略,强化现代化建设人才支撑"的高度,对"办好人民满意的教育"作出专门部署,凸显了教育的基础性、先导性、全局性地位,彰显了以人民为中心发展教育的价值追求,为推动教育改革发展指明了方向②。

营地教育具有时代性。秉承习近平新时代中国特色社会主义思想,用现代思维将党和国家的人才教育理念融入营地教育,培养青少年的理想信念和综合素质。在新时代背景下,营地教育结合资源大融合的优势,构建校外实践教育生态链,打通劳动教育、研学旅行、综合实践活动等的边界隔阂,运用融合发展的思维,推动营地教育的有效实施。

营地教育具备时代视角。把新发展理念融入营地教育,将传统文化教育、红色教

---

① 刘延东.深入学习贯彻党的十九大精神全面开创教育改革发展新局面[J].中国校外教育,2018(7):1-5.
② 孙春兰.办好人民满意的教育(认真学习宣传贯彻党的二十大精神)[N].人民日报,2022-11-09(06).

育、劳动教育、自然教育、安全教育、生命教育、国防科工教育、美育、体育、手工制作等作为营地教育的主要内容，彰显营地教育独特的社会教育魅力。

营地教育具备全球视野。营地教育借助在地化资源，引导青少年熟悉本国人文历史与文化传统，同时，引导他们学习世界优秀文明和实践成果，在国际比较中认识中国特色，把握世界大势，彰显了营地教育接轨世界的独特之处。

三、营地教育的实践性

营地教育是一种实践性学习，具有实践性学习的显著特点，尤其是营地教育的课程设计与实施，应尊重学生的主体地位，以主题实践教育活动为主，以培养创新精神和实践能力为目标，变知识性的课堂教学为实践性的体验教学。

营地教育更重视过程实践体验，与青少年在课堂教学中主要学习书本知识等间接经验不同，营地教育活动要求青少年主要通过亲自动手、亲身参与和实践完成各项营地活动课程，并根据自己参与活动的实践经验对活动的体会进行总结，获得来自亲身实践的直接经验。

四、营地教育的多元性

营地教育在整个社会教育体系中，通常承担着学校教育与家庭教育的补充者的使命，与其他教育形式之间的关系是相对独立的，随着社会的发展和青少年需求的不断转变，以及学校和家庭对实践教育理解的加深和对认知理解的转变，营地教育呈现多元化的趋势。

（一）教育理念引领营地教育多元发展

营地教育作为实践教育理念的践行者、实践教育活动的实施者、实践教育思想的传播平台，在实践教育理念的引领下不断调整自身的运行理念、课程方式乃至营地建设目标。《国家中长期教育改革和发展规划纲要（2010—2020）》强调促进学生德育、智育、体育、美育、劳动教育的有机融合，提高学生综合素质以实现德智体美劳全面发展；习近平总书记在党的十九大报告中指出"要全面贯彻党的教育方针，落实立德树人根本任务，发展素质教育，推进教育公平，培养德智体美全面发展的社会主义建设者和接班人"。一系列政策文件都表明，当前以升学为目的、以知识传输为主要方式的传统教育理念已不能满足社会发展的趋势和国家、社会、青少年培养等多方的需求，教育理念的转型势在必行。

首先，教育营地是青少年参与社会教育的重要场域，发挥着学校和家庭教育之外的

实践活动开展空间、交流平台、社会工具等多重作用。其作为全人培养模式下的一种教育，能够综合考查和锻炼青少年的身体素质、智力水平和协同合作的组织能力。

其次，营地教育的多元化趋势也体现在其作为社会教育体系中相对独立一环的价值逐步得到认可并发挥其独特的作用。在活动课程内容上，它既包括体能拓展、体育运动等身体素质方面的锻炼；也包括野外自然观察、自然知识学习考查等知识方面的培养；同时，还包括各类野外生存训练等多项生存、生活技能的培训与掌握。

（二）时代发展为营地教育设定多元化目标

随着时代的发展和公众对营地教育理解及体验的日趋深入，营地教育被赋予了更多的时代使命，在补充校外教育知识及技能之外开始承担起跨领域产业支撑等多元任务，尤其是文化旅游。2021年《国务院关于印发"十四五"旅游业发展规划的通知》中明确提出要促进旅游装备技术提升，重点推进夜间旅游装备、旅居车及营地、可移动旅居设备等自主创新及高端制造。紧接着，2022年《国务院办公厅关于进一步盘活存量资产扩大有效投资的意见》中明确指出，重点盘活存量规模较大、当前收益较好或增长潜力较大的基础设施项目资产，其中就包括旅游、新型基础设施等，同时，有序盘活长期闲置但具有较大开发利用价值的项目资产，包括老旧厂房、文化体育场馆和闲置土地等。

各类文件的出台，促使营地教育在目标、对象、形式上较以往均呈现出多元化趋势，在传播校外教育知识技能之余，与社会文化、产业发展等多方面因素有了深度关联，在诸多方面和领域发挥了重要影响，并以营地教育为途径向青少年传播相关理念。

（本章编者：王彬　王秀珍）

第二章

"营地教育+"

近年来,营地教育在我国如火如荼地发展起来。课程建设品牌化、课程实施规范化、课程教育效果最大化,营地设施完备、配置到位、高效运行,营地联合、资源整合、内容融合,这样的教育营地已势不可当。"营地教育+"适应时代变革,符合教育事业高质量发展的趋势。

依托营地资源优势,以"营地教育+"打造主题线路,面向大中小学生等不同教育对象,开发多元化实践课程,主题鲜明,突出实践体验,注重过程和结果,进而实现营地融合发展。同时,用国际视野、教育视觉、综合性服务手段、现代化方法,开创"营地教育+"新局面。

第一节 "营地教育+"的理念提出

一、营地教育呼唤"+"

历史进入新时代,随着立德树人教育目标的提出,"五育"并举教育方针的明确,时代对教育提出了更高的要求。营地教育在某种程度上弥补了学校教育的不足,越来越受到各级政府和社会有识之士的重视。

1. 拓展有效教育空间需要"营地教育+"

根据前文所述,营地教育是"在自然中"通过"自然进行"的基于亲身体验和直接感受的"体验自然"教育;其教育目的仍然是"为了自然"的教育,树立人与自然和谐共生的理念。营地教育的时代性、教育性、实践性、多元性、独特性等属性特征决定

了这一新型教育方式是校外教育的有效途径，拓展了青少年校外教育的"空间"，这一"空间"改变了传统的学习教育，扩大了教育场域，把社会变成校园，把大自然变为校园，把生活活动场所变成校园。况且，营地可以视为一个点，"+"可以辐射到营地周边的教育资源，营地+基地，由点到线到面，形成一个立体的教育空间。因此，拓展有效教育空间需要"营地教育+"。

2. 丰富教育内容需要"营地教育+"

现代意义上的营地教育以教育学和发展心理学等跨学科理论与实践为依据，鼓励和引导青少年发展潜能，培养他们在经济全球化与社会多元化背景下共处、共赢所需的意识与能力。大中小学生的德育、智育、体育、美育、劳动教育"五育"要达成"立德树人"教育目标，教育的内容除了学科教学以外，必须包括：爱国主义教育、社会主义核心价值观教育；党史、新中国史、改革开放史、社会主义发展史的"四史教育"；生命、生存、生活"三生教育"；既重视社会价值又重视人的价值的"全人教育"；法治教育、安全教育、心理教育、家庭教育；生态文明教育，等等。要落实这些教育内容，显然仅靠学校教育是无法全部实现的。学生学习的知识由学科知识拓展至学习生活知识、社会适应能力、生产劳动能力、跨文化沟通与交流、领导力、生存能力、服务精神等。同时，社会各界不同的群体要参与营地教育活动，营地教育的内容先要丰富化，课程更要特色化。这样，全民的理想信念教育、社会主义核心价值观教育、优秀传统文化教育、国情教育等内容的营地教育才能面向大众，面向大中小学生这样的社会主义建设者和接班人。因而，新时代教育内容的丰富需要"营地教育+"。

3. 教育方式的变革需要"营地教育+"

从教育方式而言，学校教育方式主要是传统的讲授法和练习法，在教育教学改革的大趋势下，谈论法、演示法、实验法、启发法、读书指导法、课堂小组讨论、基地实习、探究式学习、项目式学习等现代教学方法得到普遍应用。"以学生为主体"的教育理念，使教育方式发生了改变，把单纯的学习学科知识变为学习有益的社会知识，把掌握知识变为培养能力，由虚拟学习场景发展到实景教学，由单一学习变为跨界体验实践，无处不在的科技手段的加持，学习方式更为现代化、科技化、多样化。是以，教育方式的变革需要"营地教育+"。

4. 学习方法的改变需要"营地教育+"

面对新时代、新挑战，一个人要适应科学技术飞速发展的形势，适应职业转换和知识更新频率加快的要求，仅仅靠在学校学习知识已远远不够，每个人都必须学会自主学习，进而终身学习。这是一个人必须具备的基本素质。

基础教育课程改革以来，倡导自主学习、合作学习、探究学习三种学习方式。

自主学习是与传统的接受学习相对应的一种现代化学习方式。自主学习是以学生作为学习的主体，学生通过独立地分析、探索、实践、质疑、创造等方法来实现学习目标。自主学习能培养学生搜集和处理信息的能力、获取新知识的能力、分析和解决问题的能力以及交流与合作的能力；同时，培养学生的自立性、自为性、自律性。

合作学习是指学生为了完成共同的任务，有明确的责任分工的互助性学习。合作学习由 2~6 名能力各异的学生组成一个小组，以合作和互助的方式从事学习活动。合作学习能培养合作精神、交往能力、创新精神、竞争意识、平等意识、承受能力。合作学习方式主要包括问题式合作、表演式合作、讨论式合作、论文式合作、学科式合作。

探究学习有助于学生把学习过程与自己的生活和社会实践联系起来，激发学生积极学习的情感和体验，能培养学生正确的学习态度和学习目的，保证课程目标的实现。和接受学习相比，探究学习具有更强的问题性、实践性、参与性和开放性。

新的学习方式要求从传统的、被动的、接受的、封闭的学习方式转变为自主的、合作的、探究的、网络化的学习方式，提倡自主与探索，发挥学生的主体意识、创造性和实践能力，综合应用科技手段，使学生真正成为学习的主人，所以，学习方法的改变需要"营地教育+"。

二、社会实践需要"+"

随着新时代的到来，人们对"人"的认识更加全面，更加关注对"人"的全面能力培养。要落实"立德树人"根本教育任务，对学生，在进行学科知识教育之外，开展综合实践活动是必不可少的。

2017 年教育部印发《中小学综合实践活动课程指导纲要》（以下简称《纲要》），强调综合实践活动要从学生的真实生活和发展需要出发，从生活情境中发现问题，转化为活动主题，通过探究、服务、制作、体验等方式，培养学生综合素质。综合实践活动课程引导学生从个体生活、社会生活及与大自然的接触中获得丰富的实践经验，形成并逐步提升对自然、社会和自我之内在联系的整体认识，具有价值体认、责任担当、问题解决、创意物化等方面的意识和能力。学生通过亲身体验进行学习，积累和丰富直接经验，培养创新精神、实践能力和终身学习的能力。综合实践活动的主要方式及其关键要素包括考察探究、社会服务、设计制作、职业体验四个部分。

《纲要》还特别指出，考察探究是学生基于自身兴趣，在教师的指导下，从自然、社会和学生自身生活中选择和确定研究主题，开展研究性学习，在观察、记录和思考

中，主动获取知识，分析并解决问题的过程，如野外考察、社会调查、研学旅行等，它注重运用实地观察、访谈、实验等方法，获取材料，形成理性思维、批判质疑和勇于探究的精神。

社会服务指学生在教师的指导下，走出教室，参与社会活动，以自己的劳动满足社会组织或他人的需要，如公益活动、志愿服务、勤工俭学等，它强调学生在满足被服务者需要的过程中，获得自身发展，促进相关知识技能的学习，提升实践能力，成为履职尽责、敢于担当的人。

设计制作指学生运用各种工具、工艺（包括信息技术）进行设计，并动手操作，将自己的创意、方案付诸现实，转化为物品或作品的过程，如动漫制作、编程、陶艺创作等，它注重提高学生的技术意识、工程思维、动手操作能力等。

职业体验指学生在实际工作岗位上或模拟情境中见习、实习，体认职业角色的过程，如军训、学工、学农等，它注重让学生获得对职业生活的真切理解，发现自己的专长，培养职业兴趣，形成正确的劳动观念和人生志向，提升生涯规划能力。

除了以上活动方式外，综合实践活动还有党团队教育活动、博物馆参观等。

因此，综合实践活动的知识综合性、核心素养综合性、学科融合性、动手实践性，考察探究、社会服务、设计制作、职业体验都需要营地教育来支持实现，营地教育是学校教育的有益补充。所以，中小学生社会实践需要"营地教育+"。

三、营地发展需要"+"

2013年，教育部安排部署中小学生研学旅行试点工作。中国的营地教育也随之起步，把户外拓展、旅游、教育、体验式培训等作为主要内容。起步晚、发展慢的营地教育，在摸索发展中出现了问题，具体表现在以下几个方面。

1. 受营地所在地域的限制，营地教育资源单一

中国国土面积辽阔，营地教育资源地域性差异较大，受地域经济发展水平的制约，跨地域整合资源难度大，从而使营地教育资源单一。

2. 高质量、品牌化的课程开发不到位

营地课程简单，层级化不清晰，教育目标不明显，课程体系学段进阶不完善；没有把党建团建课程纳入营地教育，针对营地教育资源挖掘不深，课程品牌化不够；授课师资专业化程度不高，师资数量不足，授课手段现代化程度薄弱。

以上种种，严重制约了营地教育的发展。营地教育要发展，必须克服存在的问题，弥补营地教育短板，延伸教育空间，丰富教育资源，开发精品课程，才能扩大社会效益与经济效益。营地教育发展需要整合融合，联盟联合，资源优势互补，扩大产业项目，延伸产业链条，经营营地特色，创设营地品牌。由此可见，营地经营可持续发展需要"+"。

第二节 "营地教育+"的建构模式

一、"营地教育+"建构思路

我们要建设中国式现代化，就是要"坚持中国共产党领导，坚持中国特色社会主义，实现高质量发展，发展全过程人民民主，丰富人民精神世界，实现全体人民共同富裕，促进人与自然和谐共生，推动构建人类命运共同体，创造人类文明新形态"（党的二十大报告）。中国式现代化，是人口规模巨大的现代化，是全体人民共同富裕的现代化，是物质文明和精神文明相协调的现代化，是人与自然和谐共生的现代化，是走和平发展道路的现代化。新时代，为实现中国式现代化，作为培养人才必不可少的校外教育手段之一的营地教育，也必须紧跟时代的步伐，围绕国家的发展目标，发挥营地教育优势，力争教育效益最大化，经济效益最大化，达到教育与经济效益双赢，开辟营地教育新形态。

当然，我们应该看到，营地教育由营地和教育两部分构成。营地不仅仅是旅游景点，或者围绕旅游景点进行的硬件建设，营地作为一种全新的生活场所，一种生活交流的空间，应该有一种全新的理念，即高度重视营地的教育性、体验性、实践性，体现营地的教育功能。因此"营地教育+"应势而生，这一模式成为营地可持续发展的方向。

因而，"营地教育+"的建构思路应该是：依托营地资源优势，以营地为枢纽，实现"营地+基地"，打造主题线路。面向大中小学生，面向社区与大众，面向家庭与亲子，面向普通游客，开发多元化实践课程，突出营地教育课程主题，突出特色亮点和品牌优势。注重动手实践和沉浸体验，注重结果导向和过程导向。在域内与域外结合的基础上，用国际视野，教育视觉，综合性服务手段，现代化方法，对标中国式现代化目标，实现融合发展，达到"营地教育+"的目的。

二、"营地教育+"基本模式

承担营地教育功能的营地，受不同的区域和环境影响，营地规模大小不一样，教育元素多少不一样，品牌亮点不一样，受众人数情况不一样；在一个主题线路上，营地建

设不宜面面俱到，而应整合融合、互补联动。"营地教育＋"的模式可以丰富营地内容，拓宽客源市场，在提高营地教育的知名度和营地运作的创新方面有极大的促进作用。

按照营地资源主题，"营地教育＋"模式可以分为以下几种类型。

（一）营地教育＋优秀传统文化

中华优秀传统文化是中华民族的精神命脉，要深入挖掘其中所蕴含的思想观念、人文精神、道德规范，结合时代要求继承创新，让中华文化展现出永久魅力和时代风采。

为此，2019年3月，教育部会同中央宣传部、科技部、文化和旅游部、国家体育总局、中央军委政治工作部、共青团中央等有关部门，为进一步加强中小学中华优秀传统文化教育，研究制定了《加强和改进中小学中华优秀传统文化教育工作方案》，明确提出，大力推进实践基地和资源建设，"充分利用校外优秀传统文化资源，鼓励文物保护单位以及博物馆、非遗场所等资源单位，研发中华优秀传统文化研学课程和路线，鼓励青少年校外活动场所开展中国传统手工艺体验等活动"。

此类营地建设基本模式有场馆营地、演艺体验营地、非遗体验营地三大类。

场馆营地：以参观、听讲解、看图片、观影视、小组交流为主。

演艺体验营地：以历史人物、历史故事、历史事件打造小场景、小故事、小情节剧本，学生参与编排导演、服化道工作。以情景再现，沉浸式体验等为主。

非遗体验营地：以手工坊、传习营形式学习、体验、制作非物质文化遗产为主。

（二）营地教育＋革命传统教育

2019年8月中共中央办公厅、国务院办公厅印发《关于深化新时代学校思想政治理论课改革创新的若干意见》，要求研究编制中华优秀传统文化、革命文化、社会主义先进文化、科技创新文化及总体国家安全观等进课程教材指南，编制中华民族古代历史和革命建设改革时期英雄人物、先进模范进课程教材图谱的教材体系建设。

2021年7月，中共中央、国务院印发《关于新时代加强和改进思想政治工作的意见》，提到"构建共同推进思想政治工作的大格局"，即"大思政"格局。这是以构建全员、全程、全课程育人格局的形式使各类课程与思想政治理论课同向同行，形成协同效应，把"立德树人"作为教育的根本任务的一种综合教育理念。2022年10月，党的二十大报告中提出，"推进文化自信自强，铸就社会主义文化新辉煌"，"以社会主义核心价值观为引领，发展社会主义先进文化，弘扬革命文化，传承中华优秀传统文化，满足人民日益增长的精神文化需求，巩固全党全国各族人民团结奋斗的共同思想基础，不断提升国家文化软实力和中华文化影响力"。

革命传统是我们党领导人民在革命、建设与改革中创造的，是新时代中国特色社会主义文化的重要组成部分。革命传统教育是中小学教育内容之一。通过革命传统教育，使受教育者继承和发扬无产阶级在革命斗争中形成的革命精神、优良作风和高尚品德。

"推进大中小学思想政治教育一体化建设"也是党的二十大报告针对青少年提出的进行革命传统教育的具体举措。

2022年11月，教育部关于《进一步加强新时代中小学思政课建设的意见》要求："各地各校要统筹爱国主义教育基地、红色教育基地、研学教育基地、综合实践基地、法治教育实践基地、文化场馆、科技场馆、博物馆等校外教育资源，以及地方特色教育资源，建立一批思政课实践教学基地，共同开发建设各具特色的教学资源。"

这一类型营地建设的基本模式与"营地教育＋优秀传统文化"类型的营地模式相似。

（三）营地教育＋基本国情教育

党的十三届四中全会上，明确提出要加强国情教育。国情教育是让学生、让全体国民了解本国政治、经济、自然生态等方面的基本情况，从而激发起爱国热情的教育。

国情教育的内容主要包括：近百年来的中国历史，社会主义必然性，经济文化发展现状，经济资源和人口问题，中华优秀传统文化等。

此类型营地建设的基本模式包括三大类。

自然国情营地：如开展资源、地理、环境、人口等教育，侧重点包括资源开发与永续利用、地理环境保护与生态文明、人类与自然和谐相处等。

人文国情营地：如开展历史传统、文化背景、政治制度、经济制度教育等，侧重教育内容包括政治经济制度、中国周边的国际形势、中国的国际环境与人类命运共同体。

现代发展营地：根据美丽乡村建设与乡村振兴、大型知名企业、重大工程、我国现代科技发展情况来遴选资源，确立主题，建设营地。

（四）营地教育＋国防科工教育

爱国主义是人生永恒的教育主题。爱国主义教育的一项重要内容就是国防科工教育。探究国防科技发展、重大科技工程、航空航天航海、探月工程、核工业、军事电子、兵器装备等发展，并对发展过程中出现的英雄人物及先进事迹，形成的精神图谱，建设的标志性建筑，留下的不朽地名、工厂遗址等进行整理、归纳、提炼，建设国防科工教育营地。

此类型营地建设基本模式包括以下四大类。

知识教育营地：以军事院校类别、专业设置、军事现代化国防教育为主。

军事训练营地：以内务整理、队列训练、战地通信、地图辨识、战术手势、地形地

物应用、越野拉练、野战对抗、真人CS、军体运动等为主。

军事常识营地：以国防态势、国际关系、现代武器装备、现代战争、典型战例等军事内容教育为主。

科技工程营地：以核工业、航空航天、航海船舶、兵器工业、军事电子、973计划、863计划、科技支撑计划、重大重点项目等教育内容为主。

（五）营地教育+科学教育

科学教育的核心是培养大中小学生和大众的科学精神和科学素养，会理性思维、批判质疑、勇于探究，会科学思维、科学方法、科学生活。

此类型营地建设基本模式有以下三大类。

场馆营地：综合科学教育资源，以现代天文知识、三航知识、VR技术、机器人编程、无人机等为主要教育内容，侧重知识学习、动手设计、创意物化。

园区营地：以科技园区、智能化工业、智慧农业、智能生活、智慧城市建设为主要教育内容，侧重工业、农业、国防等前沿科技，通过参观考察培养大中小学生的科学思维、科学精神以及解决问题的能力。

高校营地：以重点专业、实验室、科技馆等为主，侧重引导激励学生、树立职业理想、规划职业生涯。

（六）营地教育+体育运动

体育运动是在人类发展过程中逐步开展起来的有意识地对身体素质进行培养的各种活动，包括各种走、跑、跳、投以及舞蹈等多种形式的身体活动。体育运动类型丰富，有田径、球类、游泳、武术、健美操、登山、滑冰、举重、摔跤、柔道、自行车等多种项目。国家鼓励、支持优秀民族、民间、民俗传统体育项目的发掘、整理、保护、推广和创新，定期举办少数民族传统体育运动会。

此类型营地建设基本模式包括以下五大类。

赛事营地：策划、准备、比赛、总结、归档等赛事组织。

场馆营地：盘活体育运动公园、专业场馆、运动队、训练场、大型运动会后的场馆。

专业项目营地：以常见运动、冰雪运动、水上运动等专业项目学习，民族运动会项目、民间游戏等民族传统体育学习、训练为主。

科技运动营地：以无线电运动、航模等科技类运动为主。

户外运动营地：以各种体育专题为主的营地，在自然环境中举行带有探险或体验探险的户外运动，包括登山、攀岩、悬崖速降、皮划艇、潜水、帆船、定向运动等。

（七）营地教育 + 艺术教育

艺术教育，是以文学、音乐、美术等为艺术手段和内容的审美教育活动，是美育的重要组成部分。其任务是培养审美观念、鉴赏能力和创作能力。其形式以艺术知识学习、艺术欣赏、艺术创作为主。

此类营地建设基本模式有三大类型。

采风创作营地：或以大自然中的日月星辰、山川河流、平原峡谷、虫鱼鸟兽、植物植被、四季流转为主；或以民族服饰、民居风格为主；或以历史与现代建筑中的亭台楼阁、轩榭廊坊、桥塔屋殿等为主。

理论研讨营地：以艺术教育中的六院（美院、画院、音乐学院、电影学院、舞蹈学院、建筑学院）二馆（美术馆、博物馆）学习、交流、提高艺术素养为主。

艺术工坊营地：挖掘艺术教育中的自然、生活、文化资源，以各种门类的艺术创作为主，集参观、发现、调研、赏析、交流、创意、创造为一体。

（八）营地教育 + 劳动教育

2020年3月，《中共中央 国务院关于全面加强新时代大中小学劳动教育的意见》印发，这是中华人民共和国成立以来第一次以党中央国务院名义发布的劳动教育文件。2020年7月教育部《大中小学劳动教育指导纲要（试行）》提出具体措施。2021年第三次修正后的《中华人民共和国教育法》，明确"教育必须为社会主义现代化建设服务、为人民服务，必须与生产劳动和社会实践相结合，培养德智体美劳全面发展的社会主义建设者和接班人"，以法律的形式确立了"劳动教育"的地位。

此类营地建设基本模式有以下几种类型。

体验营地：以劳动过程体验为主、劳动技能参观为辅。

实践营地：以农业劳动、工业劳动专题为主。

服务营地：以社会志愿服务为主。

传习营地：以传统文化学习、创作、传承为主。

项目式学习营地：以培养学生的核心素养为纲；以任务单和项目式为载体，整合学习情境、内容、方法、资源；以问题情境为导向，整合自主合作、个性化等；以学生的劳动实践活动为主线，体现参与、体验和经历。

（九）营地教育 + 自然教育

自然教育，是让体验者在生态自然体系下，在劳动中接受教育。自然教育在解决如何按照天性培养体验者，如何促使体验者释放潜在能量，如何培养受教育者自立、自强、自信、自理等综合素养问题的同时，有助于受教育者树立正确的人生观、价值观，

均衡发展。自然教育有效解决教育过程中存在的个性化问题，是强调培养面向一生的优质生存能力、培养生活强者的教育模式。

自然教育着重品格、品行、习惯的培养；提倡天性本能的释放；强调真实、孝顺、感恩；注重生活自理习惯和非正式环境下抓取性学习习惯的培养。

自然教育营地建设基本模式包括以下四种类型。

自然考察营地：以动物、植物、地质地貌、气候气象等探索为主。

自然探秘营地：以地质构造、洞穴成因、溶洞天坑、地下河等探秘为主。

自然户外营地：以定向越野、登山、速降、单车等为主。

野外生存营地：以方向判断、水源寻找、食物采集、帐篷搭建、野外救护等为主。

自然教育营地的建设要贯彻生态文明、山水林田湖草沙是生命共同体、人与自然和谐共生的思想，以"两山理论"为指导，坚持可持续发展、"无痕山林"理念，遵循"融入、系统、平衡"的三大法则，达到自然教育的目的。

（十）营地教育 + 新文旅

当大众观光旅游开始向休闲、体验旅游转型的时候，文旅产业也进入了新时代。在"文化 + 旅游"的经营理念下提出来的文化与旅游融合模式，为单纯的旅游观光融入了文化元素，加大了文化了解、文化体验、文化传承的分量。

在"文旅"基础上，打造了"文旅 +"的新文旅模式，文旅的内容更加丰富，方式更加科技化与现代化。如自然山水、文化名城、风情体验、智慧城市、工业遗址、"三农"旅游、民俗民宿、传统村落等旅游新业态等。如通过展览展示、论坛活动、推介交易等集中展示文化产业和旅游业的新产品、新技术及文化贸易的新服务、新业态。

此类营地建设基本模式有主题度假酒店、休闲运动、邮轮游艇、娱乐活动、养生产品、餐饮产品和文化创意。

（十一）营地教育 + 乡村振兴

乡村振兴战略坚持农业农村优先发展，目标是按照产业兴旺、生态宜居、乡风文明、治理有效、生活富裕的总要求，建立健全城乡融合发展体制机制和政策体系，加快推进农业农村现代化。

实施乡村振兴战略，是党的十九大上作出的重大决策部署，是决胜全面建成小康社会、全面建设社会主义现代化国家的重大历史任务，是新时代"三农"工作的总抓手。2022年4月，文化和旅游部、教育部、自然资源部、农业农村部、国家乡村振兴局、国家开发银行联合印发《关于推动文化产业赋能乡村振兴的意见》，落实中共中央、国务院提出的"启动实施文化产业赋能乡村振兴计划"。2021年6月，国家实施第十三届全国人民代表大会常务委员会第二十八次会议审议通过的《中华人民共和国乡村振兴促进法》，以法律的形式明确"乡村振兴"。2023年1月发布的《中共中央 国务院关于做好2023年全面推进乡村振兴重点工作的意见》指出："必须坚持不懈把解决好'三农'问题作为全党工作重中之重，举全党全社会之力全面推进乡村振兴，加快农业农村现代化。强国必先强农，农强方能国强。要立足国情农情，体现中国特色，建设供给保障强、科技装备强、经营体系强、产业韧性强、竞争能力强的农业强国。"

营地教育＋乡村振兴符合时代的需要，非常有必要。此类营地建设基本模式包括以下四种类型。

乡村体验营地：以乡土乡情、民居民俗、生活体验为主。

乡村风情营地：以民族节日、民族服饰、民族舞蹈、民族餐饮、民族村落体验、传习等为主。

农业劳动营地：以参与农村现代化农业劳动、体验农村劳动生活为主。

乡村旅游营地：以民宿、房车、露营、帐篷、农家乐为主。

（十二）营地教育＋安全教育

安全教育是学校和社会各界十分重视的一项教育内容。随着社会的发展，安全教育的内容也在丰富和变化。除学校安全以外，国家安全也越来越受到重视。

此类营地建设基本模式包括日常生活安全教育营地、自然灾害体验营地等多种类型。

日常生活安全教育营地：以日常生活中的用电安全、用火安全、食品安全等为主要内容。

自然灾害体验营地：以雷电灾害、地震灾害、水火灾害、风雨雪灾害等为主要内容。

交通事故防范营地：以海上生产活动，陆上交通工具如动车、高铁、地铁、公交、骑行等为主要内容。

应急救护培训营地：以医疗救护培训为主，开展心肺复苏、外出血、骨伤、中暑、溺水、冻伤、被动物伤害等安全应对教育。

劳动安全培训营地：以各种劳动场景的设施设备、劳动用品、劳保防护为主要内容。

社会治安教育营地：以校园欺凌防范与应对，防盗抢骗、防挟持绑架等的应对与自救常识为主要内容。

国家安全教育营地：国家安全教育就是对公民进行国家安全意识、国家安全观念、

国家安全知识和自觉维护国家安全的教育。

根据不同需要,可以在不同范围进行不同形式、不同内容、不同程度的国家安全教育。以政治安全、国土安全、军事安全、经济安全、文化安全、社会安全、科技安全、网络安全、生态安全、资源安全、核安全、海外利益安全、生物安全、太空安全、极地安全、深海安全为主要内容。

以上营地,可以单体建设,也可以综合建设,利用安全教育读本、安全教育讲座、安全教育视频、AR与VR技术、元宇宙,建设专项体验项目,强化实景感、体验性。

第三节 "营地教育+"的建构要素

"营地教育+"的建构要素有硬件要素、软件要素和管理要素。

一、硬件要素

1. 基地资质

基地资质、经营许可证、法人资格证、消防许可证、卫生许可证等各种证件。

2. 设施规范

活动设施、活动耗材环保,活动教室符合标准,活动场地监控到位。

3. 餐厅合格

保证500~800人同时就餐,餐厅符合要求,食品安全卫生,有自助快餐,刷卡消费。

4. 住宿达标

宿舍配有空调、物品存储柜,盥洗室、卫生间布局合理,数量能满足需要,标识醒目、美观。住宿场所应每栋楼均有宿舍管理人员,负责学生安全。宿舍要有保安昼夜值班巡逻,保障学生的财产和人身安全。

5. 标识清晰

全景图、导览图、标识牌、景物介绍牌等,造型有特色,与景观环境相协调。标识牌和景物介绍牌设置合理。

6. 教室充足

营地教育教室符合教室标准,满足教育教学需要,满足学生分组学习、研讨需要。

二、软件要素

1. 组织机构健全

营地管理机构健全，行政管理、营地营销、课程研发、课程实施、接待服务、安全保障等机构设置到位，分工清楚、职责明确。

2. 师资配备到位

配备营地教育专业人员，营地运行营销人员，课程服务、动手实践课程指导教师、后勤保障人员等。

3. 安全措施得力

营地设置医务室、警务室，具备完整规范的安全应对方案，相关人员具有知识运用操作能力。建立安全管理制度，配备安全管理人员、巡查人员和安全消防设施。

4. 总结反馈评价机制

对参加营地教育的学生进行评价，为组织单位形成图文并茂的教育报告，每年提交年度营地教育接待、课程研发、活动经验成果等考核材料。

5. 营地文化建设

营地文化建设主要分为三个部分，包括物质文化建设、精神文化建设和制度文化建设。这三个方面建设的全面、协调发展，将为"营地教育+"树立起完整的文化形象。

三、管理要素

管理体系健全，各项管理制度完善，注重计划安排、教育效果、运行状况、考核评估等，形成《课程研发管理制度》《安全培训章程》《餐饮安全管理办法》《住宿安全管理办法》《乘车安全管理办法》《活动安全须知》《突发事件应急预案》等。

第四节 "营地教育+"的课程建构

一、由学校课程到营地教育课程

（一）课程

1. 课程

课程，就是"学习的经验"。一言以蔽之，课程就是课堂教学、课外学习以及自学

活动的内容，纲要和目标体系是教学和学生各种学习活动的总体规划及其进程。

学校课程是指学校学生所应学习的学科总和及其进程与安排。课程是对教育的目标、教学内容、教学活动方式的规划和设计，是教学计划、教学大纲等诸多方面实施过程的总和。广义的课程是指学校为实现培养目标而选择的教育内容及其进程的总和，它包括学校老师所教授的各门学科和有目的、有计划的教育活动。狭义的课程是指某一门学科。

2. 课程的含义

（1）课程即教材。西方近代教育理论的奠基者夸美纽斯（1592—1670年）认为课程即教材。他认为课程内容就是学生要学习的知识，而知识的载体就是教材。

（2）课程即活动。这种课程理论的主要代表人物是杜威。杜威认为"课程最大流弊是与儿童生活不相沟通，学科科目相互联系的中心点不是科学，而是儿童本身的社会活动"。以活动为取向的课程，注意课程与社会生活的联系，强调学生在学习中的主动性。

（3）课程即学习经验。在泰勒看来课程内容即学习经验，他认为"教育的基本手段是提供学习经验，而不是向学生展示各种事物"。这种观点强调学生是主动参与者，学生是学习活动的主体，学习的质和量取决于学生而不是课程，强调学生与外部环境的互相作用。教师的职责是构建适合学生能力与兴趣的各种情境，以便为每个学生的成长提供帮助。

（4）课程分类。在课程理论与实践中，典型的课程类型可分为：学科课程与活动课程、分科课程与综合课程、必修课程与选修课程、显性课程与隐性课程。

（二）中小学课程设置

1. 义务段课程设置

课程设置体现了国家对教育目标和人才培养的总体要求，是学校实施教育的基本依据和遵循，具有全局性指导意义。教育部颁发的基础教育课程体系分两部分：义务段和高中段。

表 2-1 义务教育课程设置表

	年级								
	一	二	三	四	五	六	七	八	九
课程门类	道德与法治								
							历史		
							地理		

续表

年级	一	二	三	四	五	六	七	八	九
课程门类	科学							生物	
								物理	
									化学
	语文						语文		
	数学						数学		
				外语			外语		
	体育						体育与健康		
	音乐						音乐		
	美术						美术		
	综合实践课程						综合实践课程		
	地方与学校课程						地方与学校课程		
	劳动教育						劳动教育		

（注：综合实践课程主要包括：信息技术教育、研究性学习、社区服务与社会实践以及劳动与技术教育。）

2. 普通高中课程设置

普通高中开设语文、数学、外语、思想政治、历史、地理、物理、化学、生物学、技术（含信息技术和通用技术）、艺术（或音乐、美术）、体育与健康、综合实践活动、劳动等国家课程，以及校本课程。

在这里，与我们关系最大的是综合实践活动课程和劳动教育课程。综合实践活动及地方与学校课程课时总数占总课时的16%~20%，在高中段，综合实践活动和劳动教育在总学分中占14个学分。

3. 综合实践活动课程

综合实践活动课程是国家规定的必修课，包括研究性学习、劳动技术教育、社区服务、社会实践四部分内容。开展综合实践活动旨在让学生联系社会实际，通过亲身体验进行学习，积累和丰富直接经验，培养创新精神、实践能力和终身学习的能力。

综合实践活动课程要求学生通过实践，增强探究和创新意识，学习科学研究的方法，发展综合运用知识的能力。同时，增进学校与社会的密切联系，培养学生的社会责任感。在课程的实施过程中，加强信息技术教育，培养学生利用信息技术的意识和能力。了解必要的通用技术和职业分工，形成初步技术能力。

营地教育课程研发正是落实综合实践活动要求，落实中小学生研学实践的有力

举措。

（三）营地教育课程

我国营地教育发展迅速，营地教育为学生以及成人的学习和成长提供了一个全新的解决方案，而营地教育课程的专题性和师资力量则成为营地教育的中心点和关注点，课程研发亟待加强提高。

1. 课程性质没变

营地教育课程是课堂教学的一部分，属于课程的性质依旧没有改变。它是把营地的教育资源和教育价值进行整合开发，是学生学习的一门课程，只是在课堂组织形式、内容安排和课程实施手段上有所变化。

2. 是学校各科课程的延伸和拓展

营地教育课程是学校各学科课程知识在营地的延伸和拓展。营地教育课程设置的出发点就是由课堂学科知识生发，把营地教育课程内容与课本知识相链接。营地教育资源的开发、课程内容的确定、课程的实施等，这些都应该围绕"知识"和"能力"来展开。

3. 是课堂学习方式的变革

营地教育课程是课堂学习方式的一种变革。结合基础教育改革后倡导的合作学习、自主学习、探究学习，与"实践""体验"结合起来，让学生在营地教育的课程学习中获得知识和经验，提高能力和修为。

4. 是一门综合课程

学校各学科课程内容都可以容纳在营地教育课程里面，只是缺少了学科课程内容的专业性、系统性。但营地教育课程学科内容高度融合，注重学段的进阶，比学校课程更具体、更生动、更直观，更具有实践性。

二、"营地教育+"课程基本结构

（一）基本课程的结构体系

借鉴泰勒课程编制确定目标、选择经验、组织经验、评价结果四个阶段的现代课程理论，营地教育课程的设计开发，也应该注重课程目标、课程内容、课程活动（设计与流程）、课程评价四大要素，但考虑作为课程的完整性，还应该有课程主题和课程资料，因此，营地教育课程结构基本体系应由课程名称、课程目标、课程内容、课程活动、课程评价、课程资料六个部分构成。

1. 课程名称

围绕主题给课程一个恰当的、有影响的、醒目的名称，通俗地讲，就是给课程"点睛"。名称的基本要求是课程名称不能太长、不能太大、不能极端。

2. 课程目标

突出核心，体现维度。落实立德树人根本任务，从知识与技能、过程与方法、情感态度与价值观等方面进行设置。这个课程目标是总目标。每一天的课程应该有分目标。

3. 课程内容

在营地教育资源分析基础上，明确资源特点，对资源的教育性、知识性、技能技术进行阐述，以确定"十"的课程内容、课程重难点、课程涉及的知识与技能。注意要突出内容特点，把握内容的选择准则，厘清内容的基本类属，衔接课本知识。

4. 课程活动

设置实践项目，落实课程内容。实践项目可以设置多个，项目之间要有联系和进阶，每个项目也要有目标。项目设置要主题突出，学段适合，对象明确。

5. 课程评价

评价采取量化评价和质性评价。通过解析课程总体目标和具体目标，列出评价的项目，建立评价的指标体系，在特定的学习情境下，设计量化评价和质性评价表，在学生体验实践的基础上，得出评价结果，反思完善，改进提高。笔试、观察、访问、面谈、问卷调查、收集学生作品等都是有效的评价方法。

6. 课程资料

课程资料包括营地介绍及与课程内容相关的材料等。

（二）"营地教育＋"课程结构

"营地教育＋"课程按照主题，可以划分为＋优秀传统文化教育、革命传统教育、＋基本国情教育、＋国防科工教育、＋科学教育、＋体育运动、＋艺术教育、＋劳动教育、＋自然教育、＋新文旅、＋安全教育、＋乡村振兴12种。按照营地教育的对象可以划分为中小学研学实践活动课程，亲子活动课程，团队建设活动课程，成人体验课程等，按照时间可以划分为冬夏令营活动课程、周末体验活动课程等。下面列举几类不同的课程结构模式。

1. 研学旅行实践教育模式课程结构

（1）课程方案对象

研学旅行实践教育，适合在"营地教育＋"的各类主题营地开展。按照教育部关于研学实践的要求，小学 5~6 年级，初中 1、2 年级，高中 1、2 年级必须开展研学实践，"营地教育+"的课程一定要符合年级学段的认知水平、心理特征、身体状况、动手能力等，这样，课程才有针对性、实用性、实效性。研学实践课程一般是一日课程，"营地教育+"的研学实践活动课程应该是 3~5 天课程。

当然，随着社会生活发展程度提高，人们对旅游的要求越来越丰富，"营地教育+"的研学实践活动，在周末、假期、节日等闲暇时间，也有大学生和成年人参与，"营地教育+"的研学实践活动课程，也应该有适合他们的实践活动课程设计。

（2）课程结构

课程结构如图 2-1 所示。

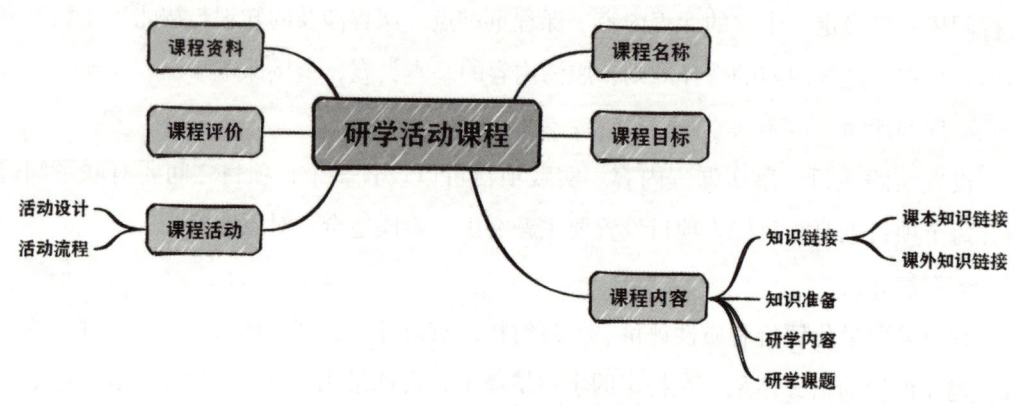

图 2-1 研学活动课程结构

（3）课程方案表格式结构

从研学旅行活动实施来看，一个研学旅行活动的完成有三个阶段：活动前、活动中、活动后。研学活动课程设计也涉及这三个阶段。活动课程设计的关键阶段是活动中这一阶段，此阶段可以通过参观、参与（体验）、发现、探究、整合五种方式实现。具体结构如表 2-2 所示。

表 2-2 研学活动课程具体流程

活动前	课程资料	研学旅行资源单位简介，解说词符合学段特点。安全提示到位
	课程名称	名称恰当，涵盖准确，明快易记
	课程目标	1.落实立德树人根本任务，突出"德、智、体、美、劳"五育教育。2.符合素质教育的特点，突出实践育人特征，蕴含社会主义核心价值观教育的要求，提升学生核心素养。3.体现"三维"教育教学目标
	课程内容	1.与课本知识的衔接。2.符合学段学生特点，完成研学实践的任务单、知识点、研究性课题。3.拓展已有知识，突出知识创新

续表

活动中	课程活动	活动设计	寓教于乐，可操作性强，体现体验性、实践性，过程自然流畅。包括参观、参与（体验）、发现、探究、整合"五活动"
		流程安排	时间安排及适合学段明确。体现研学实践全过程。活动安全有保障
活动后	评价展示		有对学生参与研学实践活动评价的方法与手段。有对学校、服务单位、研学实践资源单位开展研学实践活动的评价方法与手段

2. 冬夏令营模式课程结构

（1）课程方案对象

"营地教育+"的课程还有冬夏令营活动课程，该活动与中小学生开展的研学实践活动不同，它是按照活动开展的时间来划分的，是在学生寒假和暑假开展的；另外，参与的对象，不是研学实践活动那样整年级整班的学生，而是由不同学校、不同年级、不同年龄的学生组成的，而且没有老师和家长陪同管理。冬夏令营活动课程时间一般是一周左右，也可以更长。

（2）课程方案文字式结构

冬夏令营课程由以下这几方面构成。

冬夏令营名称：凸显冬夏令营活动的主题，简洁、明确、易记。

冬夏令营背景：活动的背景，一般从时代特征、人才培养、核心素养、能力提升等方面进行阐述。

冬夏令营目的：围绕知识与能力、过程与方法、情感态度与价值观以及学生科学素养进行表述。

冬夏令营内容：结合"营地教育+"的资源，契合教育主题，明确冬夏令营活动内容。

冬夏令营对象：从目前实施的情况来看，冬夏令营的营员是在校学生，但是，营员之间年龄差异较大，一般从小学三年级学生到初中三年级甚至高中一年级学生。这是课程实施的弊端。如果开发设计一些针对成人的冬夏令营课程，可以扩大营地影响，增加营地收益。

冬夏令营时间：暑假与寒假。成人营随时安排。

冬夏令营地点：各营实际地点。

冬夏令营流程：活动有始有终，过程流畅，活动衔接紧凑。

（3）课程方案表格式结构

冬夏令营活动课程表格结构，一般是活动安排表（见表2-3）或者是日程安排表。

表 2-3　活动安排表

日期	午别	时间	活动内容	活动方式地点	负责人

3. 亲子模式课程结构

（1）课程方案对象

"研学教育+"亲子活动课程对象是家长与幼儿或小学 1~3 年级学生，每一个家庭一般有 3 人，由父母双方和幼儿或学生组成，也有父母一方和幼儿或学生组成的。

（2）课程方案文字式结构

"研学教育+"亲子活动课程模式，一般由活动目的、活动主题、活动时间、活动地点、活动对象、活动内容、活动过程、活动评价来构成。

（3）课程方案表格式结构

课程方案表格式结构如表 2-4 所示。

表 2-4　亲子活动课程方案表

活动名称		年龄	
活动目的			
物料准备			
活动流程			
观察要点			
指导提示			

（本章编者：蔡荣尚）

第三章

营地教育 + 优秀传统文化教育

　　文化是一个国家、一个民族的血脉，是浸润一个民族精神的特有基因。习近平总书记在党的十九大报告中指出："文化兴国运兴，文化强民族强。没有高度的文化自信，没有文化的繁荣兴盛，就没有中华民族伟大复兴。"习近平总书记高度重视中华优秀传统文化，并将传统文化上升到中华民族精神命脉的高度，认为它是民族精神的源头和"老根"。宣传、引领、推广中华传统文化不仅是学校教育的责任，也是社会教育的使命。因此，用"中华优秀传统文化"统整中小学校外研学实践营地以及各类文化、科学、历史、自然、劳动等主题营地课程，彰显营地课程以文化人的功能价值，是营地教育的时代要求。

第一节　优秀传统文化教育

　　一个世纪之前，新文化运动先锋鲁迅先生就从挽救国民性的角度，呼吁要吸收和发扬中华民族传统文化中的精华部分，创造性地推动现代文化与传统文化的对接。党的历届中央领导十分重视中华优秀传统文化教育。2019年3月4日，习近平总书记在看望参加全国政协会议的文艺界、社科界委员时，向大家提出殷切希望："希望大家立足中国现实，植根中国大地，把当代中国发展进步和当代中国人精彩生活表现好展示好，把中国精神、中国价值、中国力量阐释好。"这"中国精神、中国价值、中国力量"正来自中华民族五千年的文明发育史、发展史，是勤劳、智慧、勇敢的中华民族祖先留给我们的宝贵文化遗产。站在新的历史方位，面对世界百年不遇之大变局，我们更要增强文化定力，主动汲取文化养料，树立文化自信。

优秀传统文化的本质是传统文化，"优秀传统文化"则是唯物史观视域下，对传统文化的批判性定义。继承优秀传统文化指以剔去糟粕、吸取精华的态度，继承和发扬传统文化中优秀的、具备滋养力量的那部分内容。了解优秀传统文化的内容，理解优秀传统文化的思想价值，有助于各营地准确把握课程建设的文化精髓和思想脉搏，从而准确定位"营地教育＋优秀传统文化"课程体系的系统化建设。

一、概念

文化指人类实践活动成果的综合，包含思想、典章、器物等内容，其与文明的概念大致相同，既包括思想观念，也包括物质文明。

传统文化与现代文化是历史发展进程中的两个阶段，反映文化根脉的延续关系。传统文化深刻影响着现代文化形态，决定着现代文化以怎样的方式、按照怎样的方向发展。传统文化或表现于物质载体，或表现于语言文字，或表现于抽象的性格、能力、民族心态、思维方式、生活方式、价值标准，或表现于知识信息的积累、贮存，如历史典籍、文学作品、戏剧等。传统文化的动态变化特性，决定了必须以历史唯物史观理解传统文化。

中华优秀传统文化是中华民族的"根"和"魂"，是在漫长的历史发展中，久经考验、历久弥新，并以强大的精神力量深刻影响和推动着中华民族不断除弊革新、改天换地、愈挫愈勇、奋发有为，是中华民族之所以绵延五千年始终屹立于世界东方的精神之基。它独具特色、博大精深，它蕴含丰富、形式多样，反映了中华民族最优秀、最灿烂、最辉煌的文化，也是中国人民的智慧结晶，凝聚了广大中国人民的价值追求。

二、时代内容

习近平总书记说："中华优秀传统文化是中华民族的文化根脉，其蕴含的思想观念、人文精神、道德规范，不仅是我们中国思想和精神的内核，对解决人类问题也有重要价值。"新时代背景下，中华优秀传统文化包含的内容可概括为以下几点。

民族精神。在新时代具体表现为爱国主义精神、自觉维护国家统一的精神和求同存异、崇尚世界大同的民族气魄以及勤劳勇敢、自强不息的奋斗精神等。

生命精神。"天人合一""知行合一"等是中华民族先贤对生命价值探究与追问的结果，反映了深刻的价值观。新时代的生命精神主要表现为谨慎求问、敢于创新的科学态度，乐于奉献、勤于探索的探究精神，反求诸己、不断实践的实干品质等。

审美境界。古人表达的中和之美、礼乐之美、充实之美、大象无形的禅宗哲学等构成中华传统文化审美境界的灵魂底蕴，与现代教育提倡的"真、善、美三位一体的育人目标"高度一致，与追求虚怀若谷、宁静致远的人生境界高度契合，也与内修于心、外化于行，追求内外和谐一致的道德修养，以及崇尚自然至境、追求精神富足、关注心灵给养的现代生命观高度融合。

家国情怀。社会主义核心价值观与孟子"天下之本在国，国之本在家，家之本在身"的家国情怀一脉相承，包括对实现中华民族伟大复兴中国梦的认同感、在国家核心利益面前寸步不让的坚定意志、在国家和平安全遭受挑战时敢于牺牲的担当精神、在人民生命财产遭遇重大灾难时众志成城的团结精神等。

社会关爱意识。"仁者爱人，与人为善"的处世原则、"出入相友，守望相助"的友爱精神、"己所不欲，勿施于人"的道德底线、"民胞物与，天人合一"的生命情怀等，都体现了中华民族对于爱的理解和实践。而尊老爱幼、热心公益、体察父母辛劳、关爱弱势群体等则继承和发扬了古人的仁爱思想，是当代青少年应具备的可贵品质。

德治法治理念。德治和法治是传统治道论的鲜明主题，是国家与社会治理的两大基本思想理念和路径选择，主要有儒家和法家两大思想派系。历经实践检验的德治与法治思想及其互补结合的治理路径，即使就现代国家与社会治理的时域来看，依然具有丰富而深刻的智慧意蕴。新时期，中国共产党倡导和践行的"以人民为中心"的治国理论和追求"共同富裕"的奋斗目标、"水可载舟亦可覆舟"的警示教育、"法律面前人人平等"的法治观念就是源自中华优秀传统文化的思想精髓。

礼制礼仪文明。"礼"在古代中国传统社会中不仅是一种文化符号，还是一种国家制度，一种百姓生活起居的方式，是整个社会正常运转的保障，包括"礼仁之美""礼孝之爱""礼法之和"等。传统礼制礼仪对于加强公民道德建设、调整社会秩序、构建和谐社会等具有重要的指导意义。

三、时代意义

在党的二十大报告中，习近平总书记强调："推进文化自信、自强，铸就社会主义文化新辉煌。"因此，学习、理解和传承中华优秀传统文化成为时代强音。

中华优秀传统文化体现了中国人民和中华民族最根本的精神追求，为我们树立起坚定的民族自信心、增强中华民族凝聚力提供了强大的精神动力。新时期，创新继承中华优秀传统文化中最具思想价值、精神营养和道德力量的内容，有助于我们面对全新挑战，运用中国智慧，有效把握主要矛盾，持续推动实现中华民族伟大复兴中国梦的历史进程。

四、创新继承

我们不断强调和思考营地教育传播和弘扬中华优秀传统文化的使命担当和现实作为，也要用更加开阔的胸怀和视野思考创造性地传播和弘扬中华优秀传统文化的途径、方式，谋划大文化，谋定大格局，用中华优秀传统文化联结、贯通世界优秀文化遗产，使中华优秀传统文化的思想精髓、艺术瑰宝、精神风范在世界范围内得到更广泛的认同和发展。中华优秀传统文化主题教育营地的营地文化、营地课程、主题活动等系统性建设，应在突出中华优秀传统文化的特有符号、特有内涵、特有形式基础上，开放包容、博采众长，充分关注多国、多民族优秀传统文化在同一时空与中华优秀传统文化的碰撞、交融，广泛吸纳那些在人类文明历史进程中产生过重大影响，并对未来人类命运共同体具有强大建设性和借鉴意义的内容，既突出中国特色，也体现世界格局，以此促进人类优秀文明成果的广泛传播和共同发展，培养中华儿女胸怀四海九州和仰观宇宙骋怀游目的气度与眼界。

第一，充分挖掘中华优秀传统文化的文化底蕴和积极价值，利用主题博物馆、文化创意产品、创造性实践课程等多种形式，把中华优秀传统文化的独特魅力展示出来、精神标识提炼出来。

第二，充分挖掘中华优秀传统文化的当代价值和世界意义，通过召开主题沙龙、专题研究、主题创作等，把其精神精髓提炼出来、表达出来。

第三，充分搜集、整理、运用当地反映中华优秀传统文化的典籍、器物、遗址和民间传统文化活动，将资源课程化。

第二节　优秀传统文化主题营地模式

世界范围内，即使著名的主题营地也较少有专门的学习和体验本民族优秀传统文化的主题活动，但在各类营地课程、游戏活动、挑战项目中，则处处体现着本国、本民族性格特点、做事风格、文化理解与价值追求，是用"做事、体验"方式吸纳思想、改变认知、塑造行为，这给我们营地教育开展中华优秀传统文化内容的梳理、呈现和课程建构提供了一定参考。

一、资源开发

中华传统文化历史悠久、博大精深、丰富多彩，展现了中华民族开放包容的精神气度和尚美求真的生活品位。主题教育营地应以民为本，面向未来，扎根本土，挖掘和整理优秀传统文化资源，使其在新的历史方位下，适应现代生活的时空言说方式，彰显传统魅力，焕发时代气息。

（一）资源分类

了解资源分类，是挖掘、整理和选择资源呈现方式的前提。按照传统的分法，传统文化教育资源可分为物质文化遗产和非物质文化遗产两大类。物质文化遗产属于历史文化资源，主要包括文物、建筑（群）、遗址、历史文化景观；非物质文化遗产属于民间文化资源，主要包括生活民俗（民间服饰、民间饮食、民间建筑、民间交通等）、社会民俗（民间节庆、民间信仰、生产方式、故事传说等）、民间艺术（民间美术、民间音乐、民间手工艺、民间戏曲等）。

如果按营地教育实践活动形态，对优秀传统文化内容和形式进行再整合、再创造，也可分为知识传播类、实践探究类、情境体验类等；在现代文化生活消费形态视域下，也可将传统文化资源分为"文创+""旅游+""教育+""直播+"等。

（二）资源挖掘

资源挖掘指以营地教育特色目标为导向，聚焦中小学第三课堂建设要求，兼顾广大人民群众对业余休闲娱乐文化生活消费的需求，以学习、研究、体验、创造为主要形式，对当地最具文化符号特征，最有独特教育功能，广大中小学生必须学习和感悟、继承和发扬的传统文化内容进行挖掘和整理，使其以全新的面貌焕发新的生命力。

1. 挖掘原则

优秀传统文化融入营地教育，是以文化形式的融入带动价值观的渗入，是完成立德树人根本任务的主要途径和关键环节之一。因此，挖掘传统文化资源，必须以马克思主义唯物史观为前提，既尊重自己的历史，又吸取历史经验，坚持"以史为鉴，开辟未来"，坚持正确的文化方向。优秀传统文化资源的挖掘要遵循以下几条原则。

第一，批判性原则。对传统文化中的封建糟粕应持彻底批判和摒弃的态度。包括具有封建主义文化性质的观念形态，以及反映这些观念形态的种种物化了的种种事物。对传统文化中的优秀遗产则必须要着意继承和大力弘扬，例如家国情怀、吃苦耐劳的品德和百折不挠的精神等。

第二，适应性原则。营地教育选择教育资源应以特定的服务对象为参照，以尊重特

定文化内容为前提，既考虑不同学段、不同类型服务对象的体验兴趣、吸收能力，还要追本溯源，坚持凸显文化自身特色。当然，也需要与营地教育自身的教育文化理念相契合，与营地自然条件相适应。

第三，教育性原则。资源挖掘的最终目的是使受教育者接受教育，资源未能发挥教育功能就不能称为教育资源。因此，在挖掘传统文化资源时，首先应该考虑其在当代历史条件下的全新教育价值，深刻理解并准确表达其教育内涵，并对应中小学课程目标，与学校教育形成彼此呼应、支撑、互补的关系。

第四，时代性原则。要克服历史虚无主义和狭隘的民族主义，用更广阔的视野和更高的历史方位，用发展性的眼光审视传统文化资源的民族性、时代性，使其能够更好地滋养当代中国人的精神，增强民族文化自豪感和自信心，为实现中华民族伟大复兴中国梦而不懈努力。

2. 挖掘思路

中国传统文化资源分布广泛、形态多样、内容丰富，营地教育资源挖掘要根据营地教育"展示、渗透、体验、创造"等特点，以"共享、共融、充分、高效"理念为指导，按照调查研究、筛选整理、转化评估、充分利用等一系列过程，对资源分门别类地进行挖掘和整理。

第一，调查研究。调查研究是科学研究的必要前提和手段，营地主题教育也必须遵循这一前提，利用这一手段，对本地区传统文化资源开展充分调查，以保证资源的客观性、系统性、完整性。调查研究必须由专人负责、专项资金支持，采用科学的研究方法，对资源范畴、起源、演变、内涵、表达形式和时代意义等开展系统调查，形成完整的调查报告。必要时要邀请文化学者、研究专家对调查报告内容、结论进行论证，确保资源信息的准确性。要注意研究成果的数据化储存和系统化归类，防止资源遗失。

第二，筛选整理。优秀传统文化资源的多地域发生、多样态呈现、多形式传播决定了筛选整理工作将是一个庞大的系统工程，因此必须采用一定的形式框架或者时间轴线加以统整。当资源内容和形式相对庞杂，而发生、发展的时间阶段比较明朗时，可采用时间演进图式来呈现资源的基本信息和载体，以使人更加清晰把握当地优秀传统文化发展的时间线索，从而感知和发现人类生活的发展变化的演进步伐；当资源内容和形式相对单一、特点相对集中时，可采用形态归类方法，形成资源文化类型模块，逐一呈现，以有利于凸显当地传统文化的独特魅力。

第三，评估转化。资源最终是要"用"在文化消费者身上的，然而哪些资源适宜于用、怎么用才有效，则需要文化学者和研学专家、学校教育者共同进行评估。评估可从资源的文化性、教育性、生活性等多个角度进行，综合考量资源的应用价值；还要从资源的内涵和活性等特质出发，对资源在营地教育中的呈现方式、应用路径和效果评估手段进行充分讨论，为传统文化内容在营地教育中获得有机转化提供思路。

第四，充分利用。利用包含三个过程，即资源呈现、资源应用、效果评价。资源呈现可以主题聚合、形态集合、线路组合、营地联合等形式，用整合化思维形成资源群或资源链，实现多营地联动、共享的模式；资源应用一般采用浸润式静态环境组织、课程化系统设计和项目式、主题式活动实施等方式进行；效果评价则需要通过研学导图、研学手账、研学报告、研学论坛等形式进行，表现出一定的综合性、挑战性，从而发展学生的综合素养。

（三）资源建构

资源建构重点是资源的呈现、应用、评价环节。营地在进行资源建构时，一是要聚焦育人目标，加强顶层设计，搭建资源的体系框架，保证资源为育人服务；二是要对标学校教育，在实现"第三课堂"创新实施上下功夫，增强资源课程化建设的特色化；三是要立足营地基础条件，丰富资源物化呈现和活动实施的途径和方式，激发资源活性，更好地服务于中小学生。

1. 建构路径

为保证资源建构的科学性、系统性，必须遵循一定的路径展开实施。

（1）建设资源库

互联网、物联网时代，研学的整合模型更利于营地节约成本、实现资源利用效能最大化。各中华优秀传统文化主题教育营地，应对全国各地的优秀传统文化研学资源做到心中有数，自觉、自发绘制一幅资源分布地图，全面掌握各地各类资源的特点和价值功能，使各地资源形成一张巨大的网，每个营地都在这张网中以各具特色的形态存在，共同发力为中国中小学研学提供丰富的研学产品；各营地联合行动，将本营地资源进行数据转化，用独有的标识予以规定，成为永久性动态资源，从而形成中华优秀传统文化研学数据中心平台；各营地之间建立数字资源联动机制和共享合作模式，使资源成为可共享的公共服务产品，使师生随时可以依据研学目标需求，检索、查阅、调用资源，服务于研学过程的有效进行，促进研学文化交流，并应对非常可能。

（2）规划资源落地模式

传统文化资源作为一种特殊的文化消费产品，应具有基础的公益性质。但消费本身需要提供方付出成本，因此也不能忽视其经济价值。实现教育功能与经济价值共赢是营地规划资源落地模式的必然选择；追求形式美与内容美高度和谐统一、重视知识传播

和审美体验的和谐一致、凸显文化性与生活性有机融合，是考量营地资源落地效果的依据。既要防止呈现方式过于学术化、单一化，更要防止简单化、庸俗化、粗暴化和急功近利的思想。

资源落地模式一般有：静态展示模式、人机互动模式、活动课程模式。其中活动课程模式包括角色浸入体验模式、模拟制作模式、个性创造模式、项目研究模式等。

静态展示模式：主要指用文字、图片、实物对传统文化内容进行展示，传播传统文化知识、观念，旨在帮助师生建立系统的知识图谱。

人机互动模式：主要指利用全息技术，通过信息化硬件设备，使师生通过人机互动获得知识或者时光穿越、场景模拟、角色扮演等良好体验，增强趣味性。

角色浸入体验模式：主要指采用戏剧、戏曲、乐器和其他民间艺术活动形式，让学生进行角色扮演，增强文化代入感，促进学生对文化的认知和价值理解。

模仿制作模式：主要指提供非物质文化遗产的劳动工具、劳动场景，通过真实的劳动经历，模拟、再现非遗的产生、形成过程，让学生感知和理解非遗文化产品的独特性，感受劳动人民的智慧和劳动推动人类进步的伟大意义。

个性创造模式：主要指营地在组织学习、体验活动之后，为了促进学生对传统文化的再理解、再创造，提升学生的审美力、表达力、创造力，为学生提供的个性化创意活动。这是推动研学课程深度化的关键所在，务必得到高度重视。

项目研究模式：2022 年教育部修订出版的新一轮课程改革方案中，针对跨学科学习提出了专门要求，而项目研究则是跨学科学习的一个抓手。营地教育也应适应新一轮课程改革的要求，结合营地传统文化资源特色，主动对接学校教育需求，设计营地研究型学习专题目录和研究预案，储备、建设和提供相应的研究材料、研究场地和专业指导，帮助学校组织学生开展项目研究活动，夯实课内外有效衔接，提高营地研学产品的时代特征。

（3）建构课程实施框架

研学的核心是课程，而研学课程由研学路线、研学内容、研学成果评价三个板块组成，体现了研学课程综合性、开放性和发展性特点。课程建构流程如图 3-1 所示。

研学路线。研学路线实际也是研学产品的一部分，其设计应坚持方便、安全原则，坚持目标导向。即研学路线是为学校实施本次研学的目的服务，必须与学校、学生达成共识，共同定制研学路线图和研学手账，确定研学成果评价方式。

研学内容。研学内容坚持适切、适量、适度原则，体现知识与技能、过程与方法、情感态度价值观三维目标的统一。既包括知识类研学内容，也包括技能体验类内容，还包括个性化创造内容，体现通过研学发展学生核心素养的育人目标。中华优秀传统文化研学内容受制于学生认知力和生活经验，并受到研学规模、研学条件限制，因此在研学活动实施之前，必须综合考虑各方干扰因素，恰当选择，有机组合，以进阶式"组合拳"为学生提供多样的研学内容。

图 3-1　课程建构流程

研学成果评价。文化类研学产品的特点决定，在评价研学成果时必须综合知识与技能、过程与方法和情感态度价值观三个维度的研学目标，聚焦目标、抓住关键进行评价。评价的方式可以是评估研学手账、研学报告等，以了解研学过程中学生知识的捕获能力、过程中参与的深度和实际的收获，也可以用综合性表现活动来观察、评估学生对传统文化的理解和对言说方式的把握，从而了解研学的效果。

2. 建构方法

第一，以点切入，凸显特色。中华优秀传统文化内容丰富、多姿多彩，具有鲜明的历史意蕴和民族特色，但不是所有的资源都需要在营地得到呈现，也不可能全部得到呈现，并无这样的必要。以点切入、凸显特色应是相对经济、科学、有效的指导思想。即营地根据所在地域历史文化、民俗文化，综合营地规模、经营模式、资源特点和教育功能，选择中华优秀传统文化资源中的1~2个点切入，深挖、丰富、转化、创造，避免大水漫灌、特色边界模糊的问题。

第二，主题聚合，活动支撑。针对中小学生校外研学实践需求来说，对资源进行主题聚合，形成多主题、多形态的优秀传统文化课程，并用系列的学习、体验、创意、创造、制作等活动对课程的实施做支撑，用基于表现的评价予以确保有效实施，是营地资源建构的主要方法。

第三，多方联动，融合共享。每个营地其实只是资源建构的链接点、创造点，而并非一定要成为一个完整的呈现者。营地与所在区域传统文化教育基地、文化场所、博物馆、民间文化团体以及中小学、社区群众文化场所形成长期合作共享的伙伴关系，在互相"搭台唱戏"中获得多方共赢。

第四，创造应用，彰显新意。避免同质化是传统文化资源建构过程中需要关注的问题。文化产品的鲜明特色是审美性、创造性、情感性，需给消费者提供视觉、听觉、触觉等全方位独特的审美体验。因此，无论是打造营地自身传统文化产品还是链接其他基地文化产品，营地都需要从路线设计、产品组合、课题设计、成果呈现上独具匠心，彰显新意。

二、实施模式

中国传统文化资源得到系统建构之后，如何高质量实施就成为营地教育重点思考的问题。综合考虑实施的条件、过程、方法等要素，传统文化研学主题营地的实施应注重两个方面的内容。

（一）培养师资

1. 师资条件

中华优秀传统文化博大精深，因此营地研学教师相比其他主题研学导师，更需具备热爱教育、热爱研学、热爱学习的品质和能力，具备较为深厚的文化底蕴和理论素养，并具备一定的实践转化能力和创新设计能力。

深厚的传统文化素养。中国传统文化历史悠久、博大精深、内容丰富、形态各异，每一类、每一种文化形态都有其独特的文化理解和表达方式，承载着中华民族几千年的历史变迁和精神演化。讲好中国故事，让中国传统文化以广大中小学生乐于接受的方式走进千家万户，是传统文化主题营地服务讲师应具备的基本素养。

专业的文化服务技能。优秀传统文化需通过清晰的讲解、准确的示范、专业的指导和专题化的研究得以传播，服务讲师和研学导师需具备优秀的语言素养、表达能力、组织能力和非物质文化遗产直观演示、指导体验等技能，包括戏剧导演、戏曲指导、乐器示范、技能讲授、知识宣讲等关键性技能。

开放的文化认知能力。建立民族文化自信需将中华优秀传统文化理念和精神置于国际文化的大背景下自信、坚定地实施，要将中国传统文化理念和精神与世界历史文化紧密融合，增强中华优秀传统文化的传播力量。文化服务讲师和研学导师必须具备广阔的国际视野和丰厚的世界历史文化知识，并具备开放的文化认知能力，在讲好中国故事的同时，能促进文化融合。

优秀的课程建构能力。根据服务对象特征，规划课程模块、制定课程目标、设计实施思路、组织授课资源、搭建实施组织、开展效果评价等，是营地研学导师的核心能力，是传统文化营地课程实施水平的保障，必须予以持续培养。

积极主动的服务意识。主动链接文化社团、文艺团体、大中小学、文化场所等，主动服务于营地传统文化传播发展战略，主动对接文化消费及学习、研究需求，不断更新营地服务文化产品，保持鲜活的消费活力和研学内容，也是营地文化服务讲师和中小学研学导师应具备的重要素质。

健康的身心体能素质。身体健康、性格开朗、乐于服务、勤于创造、勇于吃苦是营地文化服务导师和研学导师的必备素质。

2. 培养方式

专业聘请。聘请高校退休教授、文化研究人员、戏剧/戏曲文艺工作者、非物质文化遗产传承人、中小学教师等作为营地顾问或专兼职讲师和导师，盘活人力资源，维护队伍稳定。

专门培养。招录相关专业院校毕业生，通过营地工作模式的职业化专门培训，增强资源整合、课程创新和组织联络等实践能力。

营院联建。与艺术院校、职业技术学院等建立委培关系，建立自有专门人才资源库，并根据营地工作需求，不断改进培养内容、培养模式，使营地运营通过人才的专业化走上管理专业化之路。

（二）建设课程

课程是营地教育的核心，也是营地教育的立足点。加强课程建设，是传统文化主题教育特色营地的首要任务。

1. 核心素养立意，定位课程目标

用核心素养统领课程目标，从知识积累、文化理解、表达运用、审美创造四个维度，整体确立课程总目标；从学、理、思、行、创五个活动领域，分别阐述学段目标，体现营地教育在宣传、引领、推动优秀传统文化继承和发展中的独特功能。

2. 依据资源特点，组织课程内容

按照优秀传统文化资源类型，统合学校课程内容，依据不同学段学生认知力、表达力，系统设计如知识建构类、主题探究类、实践体验类、审美创造类等课程内容模块。每个课程模块包括若干系列多形态课程，能围绕研学目标调整组合，满足不同类型、不同学段学生的实际需要。

3. 编制导学工具，辅助规范实施

营地教育课程的本质特点是实践性，而且以学生的自主性活动为主。实践活动环境的复杂化、可变性要求必须用一定的工具引导、规范学生的研学活动，才能使传统文化主题研学做实、做细、做深，保证学有所得、研有所获。这些工具包括主题研学读本、探究主题、实践导图、活动任务单、研究报告等。

4. 研制评价标准，保持学评一致

评价是课程实施的关键环节，有研有评才能保证研学品质。营地教育要以项目为单位，以目标为导向，针对每个研学任务，编制评价标准，确定评价方法。在评价主体上，侧重自省、强调成果，既注重共性，又关注个性，既注重理解，又注重表达，促进认知、技能和情感全面发展。

三、实施方法

优秀传统文化主题课程的实施与课程形态保持一致，并坚持目标导向、任务驱动、活动化实施和趣味性塑造原则，知识讲授、教师示范、合作探究、讨论分析、模拟体验、实践创造等多形式结合，使学生学得快乐、研得有效。具体的实施方法主要包括以下几种。

知识讲授。针对图文静态展示部分，研学教师要从专业的视角，向师生清晰、细致地讲解知识及其背后的故事，以保证知识能够比较系统、准确地传递给学生。

物态涵育。各营地通过开发研学读本、研学手账和文创产品，生动展示传统文化资源特色和教育价值，形成鲜明的物态符号，从而潜移默化传递知识、输送思想。

活动体验。营地可开设各类非遗文化体验课程，并通过聘请非遗传承人增强体验效果。例如攒泥人、做皮影、演戏剧、拍微电影等，通过丰富多彩的实践活动，调动文化内在价值的活性，激发学生学习兴趣，促进学生深度思考。

深度走访。文化只有通过交流互动才能促进理解。因此，营地课程中可适当安排活动，通过话题式走访和实地参观活动，增强认知，促进理解，培养文化自豪感。

专题报告。专题报告是研学迭代升级的特征之一，是研学课程深度化、专业化的表现。营地应本着发挥本地优秀传统文化课程资源的优势，促进学生进一步深度探究，邀请文化学者、研究专家参与研学项目，为学生开设专题讲座。

项目研究。2017版《高中课程方案》和2022版《义务教育课程方案》，都特别强调要探索跨学科学习方式，培养学生核心素养。营地教育在跨学科学习资源方面的优势明显，不仅能为学生提供跨学科学习的物质资源，还能邀请学校学科教师共同研发跨学科学习课程。研究项目可从历史人物、历史遗迹、皇陵故事、宗教文化、文学成就、地域风俗、科技发展、非遗传承等多个角度搭建体系，并研究实施的基本路径和评价模式，助力学校课程改革。

创造体验。营地课程最为生动的部分应该是创造性体验内容，学生在这一环节拥有更加自主、更加开放、更加生动的学习空间，创造性将得到极大激发。各营地可研发不同类别和形态的创造性题目，并最大可能提供支持以保证学生的创造成果得到完美呈现。

第三节　优秀传统文化主题营地案例

一、主题营地概况与特色

陕西历史博物馆依托本地区丰富、精深、博大的历史文化资源，积极响应党中央、教育部关于加强中小学生优秀传统文化教育的号召，以博物馆所在地为基点，辐射周边市区、县，以"忆长安、望未来"为主题，本着"主题整合、资源互补、区位便捷、利于实施"的原则，开发了以学习、体验、弘扬优秀传统文化为主要特色内容的研学课程。近年来，研学课程因其具有鲜明的文化意蕴、地域符号和历史厚重感，受到了西安市内外、陕西省内外中小学校外研学实践教育营地、基地的普遍关注，其相关线路成为陕西省内外、西安市内外中小学生最受欢迎的线路之一。

二、主题营地课程体系

陕西历史博物馆依托传统文化教育基地丰富的资源，聚焦学生核心素养发展，寻求与校内课程的有机衔接和整合，立足学生学习、生活的真实需要，开发了多个主题的优秀传统文化研学课程和线路，凸显了研学课程综合性、实践性、趣味性、情境性、开放性、探究性、体验性等特点。博物馆优秀传统文化课程有探国宝踪迹、祭华夏先祖、学盛唐礼仪、观关中民俗、访长安八景、敬历史伟人、寻盛唐诗人足迹、绘唐风丰韵、走汉城遗址等。

三、主题营地活动课程案例

探寻标识印记 寻根中华源流
（小学课程）

课程名称：

探寻标识印记 寻根中华源流。

课程目标：

1. 探寻中华文明标识，寻觅文明起源的线索。

2. 学习秦汉唐历史知识，感悟探索历史的理念与方法。

3. 感受中华文明的伟大力量，增强主动探索历史的兴趣，增强文化感悟力和自信心。

课程内容：

1. 走进陕西历史博物馆，参观秦汉唐文物，探知文物背后的历史故事。

2. 走进黄帝陵，问根中华始祖，聆听中华民族发育史和发展史。

思考探究：

1. 最能代表华夏文明的文物是什么？它代表了华夏民族的什么精神？

2. 请记录你最喜欢的一件文物，说说喜欢它的理由。假如让你为这个文物做一份说明，你准备怎么做？为什么？

3. 华夏始祖的祭奠仪式每一年什么时间举行？请你完整模仿一遍祭祖礼仪。

课程活动：

第一天
寻找国家宝藏，探秘中华精神

上午课程

活动1：盛大开营，致敬历史

1. 博物馆广场集合，佩戴博物馆参观标识。

2. 校长、学生代表、少先队辅导员分别发言，说明研学主旨、研学誓词、研学纪律。

3. 邀请博物馆助教介绍博物馆概况和参观路线。

活动提示：完成分组、佩戴标识、遵守纪律、保持礼仪。

活动2："秦汉唐文化专题"讲座

1. 邀请文化学者做讲座。

2. 互动交流。

3. 开展现场知识抢答。

活动提示：保持安静，记录要点，主动交流，抢答胜利者获奖励。

活动3：参观历史博物馆

1. 分组（8人）按照研学导图有序参观，认真听导师讲解。

2. 完成研学导图中提示的记录要点。

3. 用自己喜欢的方式记录最具代表性的文物和自己最喜欢的文物。

活动提示：不能大声喧哗，及时记录，积极思考，不懂举手，轻问轻答。

下午课程

活动1：探秘中华文明精神标识

1. 研学导师组织讨论思考探究题1、2。

2. 完成导学单，内化认识。

活动提示：注意倾听别人的观点，可适当追问；介绍自己的观点时，要有理有据，并对别人的追问予以礼貌回应；可提前做好发言提纲。

活动2：复原兵马俑最初的颜色

1. 聆听兵马俑最初颜色的讲解，观看视频。

2. 观摩复原技术，理解技术要领。

3. 自主尝试复原，注意保存作品。

4. 评价。

活动3：虚拟仿真造纸术

1. 聆听关中民间造纸术的发展历史。

2. 邀请关中民间造纸术非遗传承人讲述造纸的过程。

3. 虚拟模仿造纸术过程。

4. 交流个人体会。

活动提示：注意聆听、制作的过程，细心体验每一个环节，感受活动的趣味。

第二天
寻根华夏始祖，继承文明正统

上午课程

活动1：聆听黄帝陵简介

1. 通过讲解员的讲解了解黄帝陵的历史史实和祭拜文化。

2. 记录相关关键信息，填写导学单。

活动提示：尊重讲解员，保持安静，养成良好的参观礼仪。

活动2：参观黄帝陵

1. 跟随老师参观黄帝陵，了解黄帝陵的各个景点。

2. 参观轩辕广场、轩辕桥、龙尾道、印池、黄帝手植柏，领略黄帝陵前区的风光。

3. 参观人文初祖大殿、轩辕殿、轩辕庙，领略黄帝陵庙宇建筑的恢宏气势。参观碑亭、碑廊的祭刻碑文和各类纪念碑，回顾黄帝陵辉煌的历史。

4. 参观祭亭、黄帝陵冢等祭拜场所，了解祭拜文化与祭拜礼仪。了解有关三皇五帝的神话传说。

活动提示：各小组随时互相提醒，防止走散；注意参观礼仪，对感兴趣的内容多看几遍，做好信息记录。

下午课程

活动1：集体拜谒。在老师的带领下亲身体验祭拜礼仪，并向黄帝陵敬献花篮。

活动2：合影留念。参观结束后，师生在有代表性的景点合影留念。

活动3：黄帝文化交流。在返回途中交流黄帝陵研学心得体会，并由老师做最后总结。

活动提示：规范行礼，保持肃穆；互相提醒，小组点名；途中积极交流，内化参观感受。

课程链接：

人教版高中历史必修1《古代中国的政治制度》；人教版高中地理选修3《现代旅游及其作用》；五年级上册《道德与法治》第三单元"我们的国土，我们的家园"、第四单元"骄人祖先，灿烂文化"；六年级下册《道德与法治》第三单元"多样文明，多彩生活"。

知识准备：

黄帝陵所在地的几种说法；黄帝陵的历史与文化；黄帝称号的由来；黄帝陵的文物遗存情况；有关黄帝的传说；黄帝时代的制度文明；黄帝祭祀与中华民族的传承关系；黄帝陵陵园祭祀文化；黄帝陵的建筑。

课程评价：

紧扣课堂教学内容，三方共同确定研学任务群，以任务为驱动，规范和保证研学活动有序进行；用导学单引导研学方法、策略，记录研究结果，开展过程评价；用表现性任务整体检测研学效果。

"探寻标识印记 寻根中华源流"研学实践活动导学单

_____学校_____年级_____班　　姓名_____　　时间：____年____月____日

课程目标	1. 探寻中华文明标识，寻觅文明起源的线索 2. 学习秦汉唐历史知识，感悟探索历史的理念与方法 3. 感受中华文明的伟大力量，增强主动探索历史的兴趣，增强文化感悟力和自信心		
课程内容	1. 参观陕西历史博物馆 2. 参观黄帝陵		
研学任务	第一模块：集合、开营仪式		完成情况
	1. 准时到达集合地点		
	2. 按照班级、研学小组整齐列队，佩戴研学标识，记住小组名称和导师标志、联系方式		
	3. 安静进入报告厅，聆听专家报告。能自觉做笔记，不交头接耳，坐姿端正		
	第二模块：参观历史博物馆		完成情况
	参观博物馆	1. 整体了解秦国发展历史，小组合作完成秦史发展时间轴	
		2. 记录一件影响秦史发展的重大事件及与其相关的主要人物	
		3. 记录一个文物的名称、形状、功能，制作一个文物名片	
		自我评价：	
	体验课程1	1.	
		2.	
		3.	
		自我评价：	
	体验课程2	1.	
		2.	
		3.	
		自我评价：	
	第三模块：参观黄帝陵		完成情况
	参观黄帝陵	1. 了解黄帝陵各景点及祭拜文化与祭拜礼仪	
		2. 记录感兴趣的内容	
		自我评价：	
	拜谒华夏始祖	1. 集体拜谒，敬献花篮	
		2. 交流心得体会	
		自我评价：	

续表

小组互相评价	1. 组织纪律表现（　　） 2. 研学记录习惯（　　） 3. 参与体验态度（　　） 4. 完成自我评价（　　）
整体评价任务	1. 根据研学内容和任务模块，自主设计并完成一份研学报告。可用思维导图，也可用研学小报，也可以制作一个演示文稿 2. 组织研学报告分享、展示活动，评选研学之星

安全提示：

1. 乘车时系好安全带，注意安全。

2. 由于景区面积较大，注意紧跟自己所在队伍，以免掉队。

3. 拜谒时态度严肃，禁止喧哗打闹。

4. 参观时遵守秩序，文明出行。

（本章编者：张金花　程小娟）

第四章

营地教育 + 革命传统教育

　　革命传统教育是立德树人的重要组成部分，是以革命精神、革命事迹和英雄人物为主题的教育。革命传统教育具有丰富内涵和伟大的时代意义，革命传统主题营地是开展此类教育的重要载体，通过梳理主题内容，构建教育模式，培养受教育者的家国情怀和价值认同，激发中小学生对国家和人民的责任感和使命感，引导他们树立正确的世界观、人生观和价值观，促进他们全面发展，为国家的建设和发展作出贡献。

第一节 革命传统教育

　　革命传统主要是指中国共产党在百年历史进程中为民族独立、人民解放和国家富强、人民幸福而不懈奋斗所形成的政治觉悟、革命精神、高尚品质和优良作风，是共产主义世界观、人生观、价值观的具体体现，包含了全心全意为人民服务的思想、实事求是的科学态度和爱国主义、集体主义、艰苦创业等精神。自1840年以来，中华民族为了反对内外敌人，争取民族独立，在民族解放事业中形成的革命精神和革命事迹，也是革命传统的重要组成部分。革命传统教育是德育的重要内容，一般是指通过宣传、展示、颂扬、学习、参与等形式，在广大中小学生和干部群众中开展的教育活动。

一、革命传统教育的内涵

（一）革命传统教育的主要内容

　　革命传统教育主要是以中国共产党的百年奋斗史、新中国史、改革开放史、社会主义发展史为内容，通过学校教育、社会教育和家庭教育等多种教育途径，"引导广大人

民群众特别是青少年弄清楚中国共产党为什么'能'、马克思主义为什么'行'、中国特色社会主义为什么'好'等基本道理,坚定不移听党话、跟党走,在全面建设社会主义现代化国家伟大实践中建功立业"。

（二）革命传统教育的丰富内涵

革命传统教育有着丰富内涵,中国共产党在百年奋斗的历史进程中,经历了新民主主义革命时期、社会主义革命和建设时期、改革开放和社会主义现代化建设新时期、中国特色社会主义新时代,在波澜壮阔的奋斗历程中,中国共产党人为了民族解放和国家独立,前赴后继、不惧牺牲,先后凝练出了伟大的建党精神、井冈山精神、长征精神、照金精神、红岩精神、延安精神、东北抗联精神、抗战精神、西柏坡精神、老区精神、抗美援朝精神、红旗渠精神、雷锋精神、塞罕坝精神、改革开放精神、脱贫攻坚精神、"三牛"精神、科学家精神等,凝练形成了中国共产党人的精神谱系。革命传统教育主要包括以下七个方面。

1. 坚持党的领导

中国共产党的核心领导地位是历史的选择、人民的选择,是由党的先进性决定的,是中国特色社会主义最本质的特征。没有中国共产党的领导,就没有社会主义的新中国,就没有中国特色社会主义和改革开放取得的巨大成就,"两个确立""两个维护"是新时代社会主义建设的根本保证,也是革命传统教育的首要内容。

2. 坚定理想信念

实现共产主义理想、实现中国梦是中国共产党人追求的远大目标。结合"伟大斗争""伟大工程""伟大事业""伟大梦想"进行理想教育,明白只有社会主义才能救中国,只有坚持和发展中国特色社会主义才能实现中华民族伟大复兴,增强社会主义"道路自信、理论自信、制度自信、文化自信",是革命传统教育丰富内涵的重要内容。

3. 坚守初心使命

中国共产党的初心、使命是为中国人民谋幸福,为中华民族谋复兴,这是党不断前进的根本动力。一切为了人民,发扬民主,联系群众,依靠人民,增强自觉性和使命感,是革命传统教育丰富内涵的本质要求。

4. 秉持实事求是

实事求是是马克思主义的精髓,也是共产党人的思想方法和工作方法,善于根据不同历史时期的形势任务,一切从实际情况出发,坚持解放思想、实事求是、改革创新、与时俱进,坚定不移地走自己的道路,这是革命传统教育丰富内涵的核心内容。

5. 永葆斗争精神

党在长期奋斗历程中，敢于面对各种困难、挑战，敢于担当，砥砺奋进，培育形成了一系列崇高精神品质和人格风范，对于推动中国革命、建设、改革事业的发展起到了不可替代的重要作用，这是革命传统持续发展的重要内涵。

6. 弘扬爱国主义精神

爱国主义精神凝聚了中华民族的伟大力量，维护了民族独立和民族尊严，在革命、建设和改革的历程中，党是爱国主义精神最坚定的弘扬者和实践者，极大地丰富了革命传统教育的内涵。

7. 传承艰苦奋斗精神

中国革命、建设和改革的伟大事业，是党和人民用勤劳、智慧、勇气奋斗的结果，是在坚持自力更生的基础上，依靠艰苦奋斗取得的胜利成果，是革命传统不可或缺的重要内容和丰富内涵。

二、革命传统教育的时代意义

（一）继承革命传统，永葆"四个坚持"

"四个坚持"是党的十八届三中全会对改革开放成功实践进行的科学总结，是我们党带领人民在改革开放实践中积累的宝贵财富，是新的历史起点上全面深化改革的重要遵循。"四个坚持"的时代意义在于，坚持党的领导是中华民族的历史选择，是中国特色社会主义事业的根本保证和最大优势，代表最广大人民群众的愿望；坚持马克思主义中国化的思想路线是中国特色社会主义事业的灵魂和指南，是中国特色社会主义事业的理论基础；坚持以人为本，尊重人民在中国特色社会主义事业建设中的实践主体地位，人民是决定我国前途和命运的根本力量；坚持正确的改革方法论是成功实现中国特色社会主义事业的重要条件，是经济社会持续高质量发展的根本动力。

（二）继承革命传统，培养时代新人

在广大青少年学生中开展学习、弘扬革命精神、革命传统和高尚品质，是"培养什么人、怎样培养人、为谁培养人"的教育根本问题，对坚定理想信念、坚定社会主义核心价值观、高举中国特色社会主义伟大旗帜、实现中华民族复兴都具有重要的现实意义和时代意义。

（三）继承革命传统，实现百年梦想

坚持革命传统教育要与时俱进，坚持新发展理念，坚持"经济、政治、文化、社会、生态"五位一体的全面协调和可持续发展，是实现中华民族伟大复兴中国梦的重要

保证。

三、革命传统教育的时代内容

（一）中国共产党百年奋斗史

中国共产党一经诞生，经过北伐战争、土地革命战争、抗日战争、解放战争，以武装的革命反对武装的反革命，推翻帝国主义、封建主义、官僚资本主义三座大山，建立了人民当家做主的中华人民共和国，实现了民族独立、人民解放；在社会主义革命时期，消灭了封建剥削压迫制度，确立了社会主义基本制度，实现了中华民族有史以来最为广泛而深刻的社会变革；在改革开放和社会主义现代化建设新时期，实现新中国成立以来具有深远意义的伟大转折，确立党在社会主义初级阶段的基本路线，坚定不移地推进改革开放，面对风险挑战，开创、坚持、捍卫、发展了中国特色社会主义；在新时代，创造了中国特色社会主义的伟大成就，在"五位一体""四个全面"的战略布局下，实现中华民族伟大复兴进入了不可逆转的历史进程。

学习中国共产党百年奋斗史是要让学生了解中国共产党人的初心使命，了解中国共产党人百年来"坚持真理、坚守理想，践行初心、担当使命，不怕牺牲、英勇斗争，对党忠诚、不负人民"的伟大建党精神，从而坚定中国共产党的领导，坚定"两个确立"，做到"两个维护"。

1. 新民主主义革命时期

新民主主义革命时期，党面临的主要任务是，反对帝国主义、封建主义、官僚资本主义，争取民族独立、人民解放，为实现中华民族伟大复兴创造根本社会条件。

建党之初和大革命时期，党制定民主革命纲领，发动工人运动、青年运动、农民运动、妇女运动，推进并帮助国民党改组和国民革命军建立，领导全国反帝反封建伟大斗争，掀起了大革命高潮。

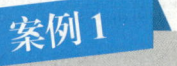 中国共产党"一大"研学教育

1921年7月23日，中国共产党第一次全国代表大会在上海召开，来自各地共产党早期组织的13名代表，代表全国50多名共产党员参加会议。党领民人民经过28年的艰苦奋斗，创建了中华人民共和国。不忘初心，方得始终是中国共产党人的初心和使命。"一大"纪念馆通过大量的历史文物和人物展示，以前赴后继、救亡图存、风云际

会、相约建党、群英汇聚、开天辟地为主题，采用仪式课、旧址课、故事课、情景课等形式，生动全面展示了中国共产党建党初期的丰功伟绩，诠释了伟大的建党精神。

（案例来源：中国共产党第一次全国代表大会纪念馆）

土地革命战争时期，党从残酷的现实中认识到，没有革命的武装就无法战胜武装的反革命，必须以武装的革命反对武装的反革命。南昌起义打响武装反抗国民党反动派的第一枪，八七会议确定了"枪杆子里面出政权"的伟大论断，党领导举行了秋收起义、广州起义和其他许多地区起义。秋收起义部队在井冈山建立了第一个农村革命根据地，开辟了武装割据、农村包围城市的中国革命新局面。由于"左"倾教条主义在党内的错误领导，第五次反"围剿"失败，红军开始战略转移。

案例2　井冈山革命传统研学教育

1927年10月毛泽东率领秋收起义部队到达井冈山，建立井冈山革命根据地，点燃"工农武装割据"的星星之火，探索"农村包围城市、武装夺取政权"的中国革命道路。井冈山革命遗址有几十处革命旧居旧址，保存有大量历史文物和纪念物。井冈山革命传统研学营地以这些丰富资源为依托，开展井冈山精神研学教育。通过仪式课、广场课、博物馆课、纪念馆课、旧址课、祭奠课、故事课、体验课和红歌课，全方位、全角度地展示井冈山精神的核心内涵，并通过着装体验、挑粮扁担体验、红军小路体验、红米饭南瓜汤体验，让中小学生亲历历史场景，感悟中国革命的艰难困苦和波澜壮阔的历史画卷。

1935年1月，中央政治局在长征途中举行遵义会议，确立了毛泽东同志在党中央和红军的领导地位，开启了党独立自主解决中国革命实际问题新阶段。

案例3　长征革命传统研学教育

1934年10月10日，中央苏区第五次反"围剿"失败后，红军被迫实行战略转移，

开始了举世瞩目的万里长征。1935年10月，红一方面军到达陕北。1936年10月10日，红一、红二、红四方面军在甘肃会宁会师，标志着长征胜利结束。

红军二万五千里长征，跨越11个省，遭遇敌人的狂轰滥炸和围追堵截。红军攻破敌人防线，血染湘江、突破乌江、四渡赤水河、占领娄山关、巧渡金沙江、强渡大渡河、飞夺泸定桥、爬雪山、过草地、攻克天险腊子口，路上遇到了说不尽的艰难险阻，付出了巨大牺牲。

会宁长征革命传统研学教育是通过仪式课、广场课、纪念馆课、体验课、作品课、故事课，全面展示了红军的战略转移及红军战士不畏英勇牺牲精神，展现了红军在突破国民党军队的重重围堵和战胜险恶的自然环境中所表现出的革命理想高于天的共产主义精神，不惧艰难、无比忠诚的革命乐观主义精神，勇于战斗、不怕牺牲的革命英雄主义精神，追求真理、独立自主的创新主义精神和善于团结、顾全大局的集体主义精神。

抗日战争时期，党实行正确的抗日民族统一战线政策，坚持全面抗战路线，提出和实施持久战的战略总方针，开辟广大敌后战场和抗日根据地，领导八路军、新四军、东北抗日联军和其他人民抗日武装英勇作战，成为全民族抗战的中流砥柱，直到取得中国人民抗日战争最后胜利。这是近代以来中国人民反抗外敌入侵第一次取得完全胜利的民族解放斗争，也是世界反法西斯战争胜利的重要组成部分。

案例4　延安革命传统研学教育

1935年10月中共中央把中国革命大本营放在延安，到1948年3月，毛泽东、周恩来、任弼时东渡黄河迎接新中国胜利曙光，13年时间里，延安是世界瞩目的中国革命政治中心、敌后抗日战争和游击战的领导中心、中国人民解放战争指挥中心。

延安时期是中国共产党及其领导的人民军队由小到大、由弱到强的历史转折期，是抗日战争全面胜利、新民主主义革命和解放战争取得决定性胜利的重要历史时期，凝练了抗大精神、整风精神、张思德精神、白求恩精神、南泥湾精神、劳模精神和延安县同志们的精神等伟大的延安精神。

通过革命大本营、抗日战争政治中心、模范试验区、延安精神内涵、毛泽东思想指导地位的确立和走向胜利等主题，依据杨家岭、宝塔山革命旧址课、体验课等形式，全面展示了"八一宣言""瓦窑堡会议""西安事变""七七事变""洛川会议"和抗日民主统一战线的建立等重大历史事件。

解放战争时期，党领导广大军民逐步由积极防御转向战略进攻，打赢辽沈、淮海、平津三大战役和渡江战役，向中南、西北、西南胜利进军，消灭国民党反动派八百万军队，推翻国民党反动政府，推翻帝国主义、封建主义、官僚资本主义三座大山。

案例 5　西柏坡革命传统研学教育

1947年5月中央工委进驻西柏坡，1948年5月毛泽东、周恩来、任弼时率中央前委和解放军总部与中央工委会合，到1949年3月23日进京"赶考"，西柏坡在中国革命的进程中留下了不可磨灭的精神财富。

全国土地会议在这里召开，三大战役指挥中心位于这里，中国共产党七届二中全会在这里召开，商议了新中国建设方略，西柏坡凝聚着敢于斗争、敢于胜利，动员群众、依靠群众，谦虚谨慎、艰苦奋斗，实事求是、一心为民的精神。

西柏坡革命传统研学是通过纪念碑课、旧址课、赶考课、纪念馆课和故事课，全面反映西柏坡时期党中央指挥三大战役、提出"两个务必"和赶考精神的历史场景，让中小学生亲身了解其巨大影响力和感召力。

2. 社会主义革命和建设时期

1949年10月1日新中国成立后，进入社会主义革命和建设时期，党的主要任务是，实现从新民主主义到社会主义的转变，进行社会主义革命，推进社会主义建设，为实现中华民族伟大复兴奠定根本政治前提和制度基础。

在过渡时期总路线指引下，我国完成了对生产资料私有制的社会主义改造，建立起社会主义经济制度。为把我国建设成为一个具有现代农业、现代工业、现代国防和现代科学技术的社会主义强国，党领导人民开展了全面的大规模的社会主义建设。

从新中国成立到改革开放前夕，党领导人民完成社会主义革命，消灭一切剥削制度，实现了中华民族有史以来最为广泛而深刻的社会变革，实现了一穷二白、人口众多的东方大国大步迈进社会主义社会的伟大飞跃。

案例 6　　红旗渠革命传统研学教育

20世纪60年代，河南林县（今林州市）人民在县委、县政府的领导下，为了改变恶劣的生存环境，开始修建引漳入林水利工程。历经十年，在峰峦叠嶂的太行山腰修筑了70.6千米的总干渠，1525千米的干渠、分干渠、支渠和斗渠，削平山头1250座、建水库48座、塘堰346座、凿通隧洞211个、架渡槽152个、各种建筑物12 408座，挖砌土石1515.82万立方米，总投工3470.2万个，形成了"引、蓄、提、灌、排、电、景"成龙配套的大型水利体系，彻底制服了林县"旱魔"。

林县人民用双手双脚越峡谷、战绝壁，逢山开洞、遇水架桥，凝练出"自力更生、艰苦创业、团结协作、无私奉献"的惊天地、泣鬼神的红旗渠精神。红旗渠革命传统教育是通过纪念馆课、体验课、工程技术课、科普教育课、水利工程课和重要节点的场景课，让中小学生在实地亲身体验林县人民战天斗地、艰苦创业、团结协作、勇于奉献的精神风貌。

3. 改革开放和社会主义现代化建设新时期

十一届三中全会后，全党工作中心转移到经济建设上来，实行了改革开放的历史性决策，确立了社会主义初级阶段基本路线。制定了到21世纪中叶分三步走、基本实现社会主义现代化的发展战略，成功开创了中国特色社会主义。

党坚决推进经济体制改革，同时进行政治、文化、社会等各领域体制改革。

党把对外开放确立为基本国策，从兴办深圳等经济特区、开发开放浦东、推动沿海沿边沿江沿线和内陆中心城市对外开放到加入世界贸易组织，从"引进来"到"走出去"，充分利用国际国内两个市场、两种资源。经过持续推进改革开放，我国实现了从高度集中的计划经济体制到充满活力的社会主义市场经济体制、从封闭半封闭到全方位开放的历史性转变。

4. 中国特色社会主义新时代

党的十八大以来，中国特色社会主义进入新时代，开启实现第二个百年奋斗目标新征程。习近平新时代中国特色社会主义思想，明确坚持和发展中国特色社会主义，在全面建成小康社会的基础上分两步走，在21世纪中叶建成富强、民主、文明、和谐、美丽的社会主义现代化强国。

党的十八大以来，党中央权威和集中统一领导得到有力保证，党的领导制度体系不断完善，党的领导方式更加科学，全党思想上更加统一、政治上更加团结、行动上更加一致，党的政治领导力、思想引领力、群众组织力、社会号召力显著增强。在党的领导下，在社会和谐、经济发展、文化繁荣、教育公平、脱贫攻坚、反腐倡廉、科技创新和国防建设等方面，我们干成了多年想干而未干成的大事，取得了举世瞩目的发展成就，成就了中华民族从未有过的民族自豪感。

（二）新中国史

新中国史是一部党领导人民建设富强国家，实现民族复兴，不断满足人民日益增长的物质生活和精神生活需求的奋斗史，是不断探索和完善社会主义制度和发展规律的历史。

学习新中国史，是要让学生了解新中国来之不易，人民幸福生活来之不易和社会主义建设发展来之不易的深刻道理。从中激发青年学生坚定"道路自信、理论自信、制度自信和文化自信"。

1. 新中国成立和社会主义基本制度的确立（1949—1956年）

以毛泽东同志为主要代表的中国共产党人，团结带领全党全国各族人民，经过长期的反对帝国主义、封建主义、官僚资本主义的革命斗争，成功开辟了农村包围城市、武装夺取政权的中国革命道路，取得了新民主主义革命的胜利，建立了人民当家作主的中华人民共和国，实现了民族独立、人民解放。从1949年10月新中国成立到1956年基本完成社会主义改造，是中华人民共和国完成新民主主义革命任务并成功过渡到社会主义的时期。站起来的中国各族人民在中国共产党领导下，承接新民主主义革命的胜利成果，巩固新生的人民政权，创造性地实现了从半殖民地半封建的旧社会到民族独立、人民当家作主的新社会，从新民主主义革命到社会主义革命和建设的两个历史性转变，建立起社会主义基本制度，实现中国历史上最深刻、最伟大的社会变革，为实现中华民族伟大复兴奠定了根本政治前提和制度基础。

2. 社会主义建设的艰辛探索和曲折发展（1956—1978年）

1956年至1978年是新中国在艰辛探索中曲折发展的时期。在这23年里，新中国初步建立起独立的比较完整的工业体系和国民经济体系。这一时期社会主义建设的探索和成就，为此后开创中国特色社会主义道路提供了宝贵经验、理论准备和物质基础。

3. 改革开放与中国特色社会主义的开创（1978—1992年）

1978年12月召开的中共十一届三中全会，开启了改革开放和社会主义现代化建设的新时期。以邓小平同志为主要代表的中国共产党人，团结带领全党全国各族人民，深

刻总结我国社会主义建设正反两方面经验，借鉴世界社会主义历史经验，创立了邓小平理论，作出把党和国家工作中心转移到经济建设上来、实行改革开放的历史性决策，深刻揭示社会主义本质，确立社会主义初级阶段基本路线，明确提出走自己的路、建设中国特色社会主义，科学回答了建设中国特色社会主义的一系列基本问题，制定了到21世纪中叶分三步走、基本实现社会主义现代化的发展战略，成功开创了中国特色社会主义。

4. 建立社会主义市场经济体制和把中国特色社会主义全面推向21世纪（1992—2002年）

1992年中共十四大以后，以江泽民同志为主要代表的中国共产党人攻坚克难，团结带领全国各族人民，坚持党的基本理论、基本路线，确立邓小平理论在全党的指导地位，提出"三个代表"重要思想，确立社会主义市场经济体制的改革目标和基本框架，确立社会主义初级阶段的基本经济制度和分配制度，开创全面改革开放新局面，推进党的建设新的伟大工程，把中国特色社会主义全面推向21世纪。

5. 全面建设小康社会与新的形势下坚持和发展中国特色社会主义（2002—2012年）

2002年中共十六大以后，中国进入全面建设小康社会，加快推进社会主义现代化新的发展阶段。以胡锦涛同志为主要代表的中国共产党人，抓住重要战略机遇期，坚持以人为本、全面协调可持续发展的科学发展观，加快转变经济发展方式，坚持走中国特色社会主义政治发展道路，推动文化大发展大繁荣，构建社会主义和谐社会，建设资源节约型和环境友好型社会。

中国国家经济实力和综合国力大幅度提升，国内生产总值跃居世界第二位，国际地位和影响力显著提高，人民生活水平大大提升，社会长期保持安定团结，在新的形势下坚持和发展了中国特色社会主义，中国大踏步赶上了时代。

6. 中国特色社会主义进入新时代和实现中华民族伟大复兴的中国梦（2012—2017年）

2012年中共十八大以来，中国特色社会主义进入新时代，以习近平同志为核心的党中央团结带领全党全国各族人民，提出实现中华民族伟大复兴的中国梦，统筹推进"五位一体"总体布局，协调推进"四个全面"战略布局，深化国防和军队改革，保持香港、澳门繁荣稳定，推进祖国统一进程，推进中国特色大国外交，推动构建人类命运共同体，解决了许多过去想解决而没有解决的难题，办成了许多过去想办而没有办成的大事。党和国家事业取得了全方位、开创性成就，实现了深层次、根本性变革。

7. 决胜全面建成小康社会和开启全面建成社会主义现代化强国新征程（2017—2021 年）

2017 年中共十九大以来，以习近平同志为核心的党中央团结带领全国各族人民全面贯彻习近平新时代中国特色社会主义思想，坚持和加强党的全面领导，坚持和完善中国特色社会主义制度，推进国家治理体系和治理能力现代化，在应对重大风险挑战中推进各项事业。

经过全党全国各族人民持续奋斗，中国实现了第一个百年奋斗目标，全面建成了小康社会，历史性地解决了绝对贫困问题，乘势而上开启全面建设社会主义现代化国家新征程，意气风发向着全面建成社会主义现代化强国的第二个百年奋斗目标迈进。

案例 7　青岛即发集团工业研学教育

1955 年 10 月，青岛即发集团有限公司从"头"做起，由一个 7 户农民的"石泉头头发绳业合作社"，历经 66 年的"求实、创新、拼搏、向上"，发展成为年收入超百亿元，下辖 30 多个公司和分厂，拥有员工 2 万余人的中国制造业 500 强企业集团之一。即发集团走过了 20 世纪 50 年代白手起家、60 年代艰苦创业、70 年代灵活经营、80 年代改革开放、90 年代合作创新的发展历程，是一个与时代同进、与国家命运同呼吸的现代化企业集团。进入新世纪后，即发以崭新的姿态昂首阔步又站到了新的历史起点上。

即发集团研学教育围绕企业文化课、企业发展课、企业贡献课、科技创新课、员工体验课，全面展示了即发集团的发展历程，用情景再现的表现手段，展现了企业从手工作坊的生产环境、劳动密集型企业，到"引进来""走出去"，成为具有自主创新能力和知识产权的现代企业集团的发展。

（三）改革开放史

改革开放是中国人民和中华民族发展史上的一次伟大革命，正是这个伟大革命推动了中国特色社会主义事业的伟大飞跃。

学习改革开放史，是要让学生知道"伟大梦想不是等得来、喊得来的，而是拼出来、干出来的"。要坚持党的领导、坚持社会主义道路、坚持改革开放不动摇。

1. 经济体制

1978 年 5 月，《实践是检验真理的唯一标准》在《光明日报》刊发，引发了关于真

理标准的大讨论。

1978年12月18—22日召开的十一届三中全会，开启了改革开放和社会主义现代化的伟大征程。从实行家庭联产承包、乡镇企业异军突起、取消农业税牧业税和特产税到农村承包地"三权"分置、打赢脱贫攻坚战、实施乡村振兴战略；从兴办深圳等经济特区、沿海沿边沿江沿线和内陆中心城市对外开放到加入世界贸易组织、共建"一带一路"等，从搞好国营大中小企业、发展个体私营经济到深化国资国企改革、发展混合所有制经济，从单一公有制到公有制为主体、多种所有制经济共同发展和坚持"两个毫不动摇"；从计划经济体制到社会主义市场经济体制，再到使市场在资源配置中起决定性作用；从以经济体制改革为主到全面深化经济、政治、文化、社会、生态文明体制和党的建设制度改革，一系列重大改革扎实推进，各项便民、惠民、利民举措持续实施，使改革开放成为当代中国最显著的特征、最壮丽的气象。

"40年来，我们始终坚持以经济建设为中心，不断解放和发展社会生产力，我国国内生产总值由3679亿元增长到2017年的82.7万亿元，年均实际增长9.5%，远高于同期世界经济2.9%左右的年均增速……我国主要农产品产量跃居世界前列，建立了全世界最完整的现代工业体系，科技创新和重大工程捷报频传。我国基础设施建设成就显著，信息畅通，公路成网，铁路密布，高坝矗立，西气东输，南水北调，高铁飞驰，巨轮远航，飞机翱翔，天堑变通途……"①

2. 政治体制

在坚持中国特色社会主义发展道路上，取得了政治体制、民主政治、领导体制、依法治国、人权事业和民主权利等的改革成就，人民享有的各项权利，内容更加丰富、渠道更加便捷、形式更加多样。

3. 文化建设

在发展社会主义先进文化上，传承和弘扬中华优秀传统文化，"坚持以科学的理论武装人，以正确的舆论引导人，以高尚的精神塑造人，以优秀的作品鼓舞人"②，极大丰富了民族精神内涵，成为当代中国人民最鲜明的精神标识。

4. 社会发展

在社会保障和民生上，基本建成了"幼有所育、学有所教、劳有所得、病有所医、老有所养、住有所居、弱有所扶"的保障制度和保障体系，中等收入群体持续扩大，贫

---

① 出自习近平总书记《在庆祝改革开放40周年大会上的讲话》。
② 出自江泽民同志《全面建设小康社会，开创中国特色社会主义事业新局面》报告中关于中国特色社会主义文化建设和文化体制改革的论述。

困人口累计减少7.4亿人①；教育事业全面发展，九年义务教育巩固率达93.8%②。"我国社会大局保持长期稳定，成为世界上最有安全感的国家之一。粮票、布票、肉票、鱼票、油票、豆腐票、副食本、工业券等百姓生活曾经离不开的票证已经进入了历史博物馆，忍饥挨饿、缺吃少穿、生活困顿这些几千年来困扰我国人民的问题总体上一去不复返了！"③

5. 生态文明

在保护环境和节约资源上，生态文明建设、生态体系建设加快形成，生态保护和修复工程成绩显著，生态环境治理进一步加强，祖国更加美丽宜人。

6. 国防建设

在国防和军队建设上，实现了现代化、革命化、正规化的发展，武器装备取得历史性突破，维护国家主权、安全、发展利益的能力显著增强，形成了保卫人民幸福生活、保卫祖国和世界和平的强大力量。

（四）社会主义发展史

学习社会主义发展史是为了从源头上弄清楚社会主义从哪里来，中国特色社会主义从哪里来。只有追本溯源，才能知道新中国历史地、独立自主地选择社会主义道路的科学性、必然性，才能对开创和发展中国特色社会主义倍加珍惜、始终坚持、不断发展。

1. 空想社会主义

空想社会主义时期是从1516年托马斯·莫尔发表《乌托邦》到1848年马克思、恩格斯发表《共产党宣言》这一阶段。空想社会主义讲的公有制、计划经济、按劳分配，听起来很像科学社会主义，但实际上空想社会主义和科学社会主义有本质的区别。著名历史学家斯塔夫里阿诺斯认为，空想社会主义者"把注意力集中在他们所设计的模范社会的原则和明确的活动方式上。这些模范社会如何取代现存社会的问题，他们从未认真地考虑过。他们对于从富裕的或有权势的资助人那里得到帮助这一点抱有模糊的希望"。

2. 科学社会主义

恩格斯指出，"为了使社会主义变为科学，就必须首先把它置于现实的基础之上"。19世纪三四十年代欧洲爆发了三大工人运动，马克思、恩格斯开创了科学社会主义新篇章，1845年马克思、恩格斯第一次提出了历史唯物主义，阐释了人类社会发展的一般规律。1848年《共产党宣言》的发表，标志着科学社会主义正式诞生。1880年，恩格斯发表了《社会主义从空想到科学的发展》，系统阐述了科学社会主义理论体系。马

---

① ② ③ 出自习近平总书记《在庆祝改革开放40周年大会上的讲话》。

克思、恩格斯创立了科学社会主义，实现了社会主义从空想到科学的飞跃。

3. 十月革命胜利

1917年俄国爆发二月革命，推翻了沙皇统治，软弱无力的资产阶级无法解决日益激化的国内各种经济、社会、政治矛盾。同年，在列宁领导下，无产阶级的苏维埃政府取得了十月革命胜利，建立了世界上第一个社会主义国家。社会主义从理论变为现实，打破了资本主义一统天下的世界格局。

4. 共产国际

1919年3月，共产国际在莫斯科召开第一次代表大会，通过了《共产国际行动纲领》等文件。共产国际是各国共产党的联合组织，先后在欧洲建立了28个国家的共产党组织（包括俄共在内），以及亚洲7个、南北美洲7个、大洋洲和非洲各2个国家的共产党组织，共产主义运动遍及全世界。

共产国际（1919—1943年）把马克思列宁主义作为理论基础，主要任务是团结工人阶级和劳动群众，推翻资本主义和帝国主义统治，确立世界范围的无产阶级专政，建立世界苏维埃社会主义共和国联盟，彻底消灭阶级，实现社会主义和共产主义。它的建立使各国无产阶级有了一个团结的中心，进一步推动了各国新型无产阶级革命政党的建立，促进了各国革命事业的发展。

5. 苏联社会主义模式

苏联社会主义模式是苏维埃时期苏联共产党建设社会主义的一种组织体系、制度体系和思想体系。这一模式在特定的历史时期取得了巨大成就，产生了巨大的历史意义。

战时共产主义阶段　十月革命后，被推翻的地主阶级和资产阶级不断发动叛乱。英、法、美、日等国敌视、不满、惧怕苏维埃政权，对苏俄进行武装干涉。苏联开始实行义务兵役制，组建工农红军。同时实行"战时共产主义政策"，主要包括：余粮收集制，生产资料国有化，对小企业进行监督管理，取消商品贸易，生活必需品由国家统一分配，强制劳动，实行"不劳动者不得食"的原则。

新经济政策阶段　苏维埃面对国际国内复杂的生存环境，经过三年多的战斗，政权得到巩固，开始向社会主义过渡。在农业、工业、流通和分配等方面，开始实行新经济政策。表明了列宁和布尔什维克放弃了由战时共产主义政策直接过渡到社会主义的设想和实践，开始从国情出发，利用市场和商品货币关系来扩大生产，改善和巩固工农联盟，逐步过渡到社会主义。新经济政策的实施是列宁对小农经济占优势的俄国如何建设社会主义的问题进一步探索的结果，是他对马克思主义理论的重大发展。

计划经济时期　1925年12月，苏共"十四大"召开，通过了社会主义工业化的总方针，把苏联从农业国变为工业国，由输入工业设备国家转变为生产工业设备的国家，重点发展重工业。1928年起苏联进行有计划的经济建设，对国民经济开始进行五年计划，前两个五年计划期间，形成了比较齐全的工业体系，实现了以重工业为中心的国家工业化。1937年，苏联工业总产值跃居欧洲第一，世界第二。

第二次世界大战时期 第二次世界大战期间，苏联战场是抗击德国法西斯的主战场，也是欧洲主战场，是世界反法西斯战争的重要组成部分。从1941年6月22日德国向苏联发动突然袭击开始，苏联在斯大林领导下进行了艰苦卓绝的"卫国战争"。从战争初期的失利，到斯大林格勒大会战后转入反攻，再到攻克柏林，苏联军民经历了1418个日日夜夜的残酷战争，用鲜血和生命换来了卫国战争的胜利，写下了苏联历史上最辉煌的一页，也为世界反法西斯战争赢得了最终胜利。

后"二战"时期 第二次世界大战后，斯大林根据苏联国情、历史传统和时代特征，仍然延续了单一生产资料的公有体制、自上而下的计划经济和高度集中的政治体制"三位一体"的苏联模式。

6. 中国特色社会主义的探索与实践

新中国成立后，在错综复杂的国内国际环境中，实现了从新民主主义到社会主义的转变，《中国人民政治协商会议共同纲领》为社会主义革命和建设奠定了政治保障，中华人民共和国第一部宪法从法律体系上保证了社会主义的根本制度，开创了社会主义革命与社会主义建设的伟大转变。

社会主义改造基本完成后，党和国家及时提出国内主要矛盾已经是"人民对于建立先进的工业国的要求同落后的农业国的现实之间的矛盾"，是"人民对于经济文化迅速发展的需要同当前经济文化不能满足人民需要的状况之间的矛盾"。这一矛盾的实质是先进的社会主义制度同落后的社会生产力之间的矛盾。经过国家有计划的发展，新中国迅速建立起独立的比较完整的工业体系和国民经济体系，农业生产条件显著改变，教育、科学、文化、卫生、体育事业得到大力发展。

在这个时期，毛泽东同志提出把马克思列宁主义基本原理同中国具体实际进行"第二次结合"。以毛泽东同志为主要代表的中国共产党人，结合新的实际丰富和发展了毛泽东思想，提出关于社会主义建设的一系列重要思想，包括社会主义社会是一个很长的历史阶段，严格区分和正确处理敌我矛盾和人民内部矛盾，正确处理我国社会主义建设的十大关系，走出一条适合我国国情的工业化道路，尊重价值规律，在党与民主党派的关系上实行"长期共存、互相监督"的方针，在科学文化工作中实行"百花齐放、百家争鸣"的方针等。

从新中国成立到改革开放前夕,在社会主义革命和社会主义建设中,消灭了一切剥削制度,实现了中华民族有史以来最为广泛而深刻的社会变革,实现了一穷二白、人口众多的东方大国大步迈进社会主义社会的伟大飞跃。在探索过程中,虽然经历了严重曲折,但党在社会主义革命和建设中取得的独创性理论成果和巨大成就,为在新的历史时期开创中国特色社会主义提供了宝贵经验、理论准备、物质基础。

党的十二大、十三大、十四大、十五大、十六大、十七大,根据国际国内形势发展变化,从我国发展新要求出发,对推进改革开放和社会主义现代化建设作出全面部署。我国改革在农村率先实行家庭联产承包责任制,改革浪潮由农村逐步转向城市经济体制改革,确立了社会主义市场经济的改革方向,更大程度更广范围发挥市场在资源配置中的基础性作用,坚持和完善基本经济制度和分配制度。党坚决推进经济体制改革,同时进行政治、文化、社会等各领域体制改革,推进党的建设制度改革,不断形成和发展符合当代中国国情、充满生机活力的体制机制。

7. 中国特色社会主义新时代

进入新时代,习近平总书记"对关系新时代党和国家事业发展的一系列重大理论和实践问题进行了深邃思考和科学判断,就新时代坚持和发展什么样的中国特色社会主义、怎样坚持和发展中国特色社会主义,建设什么样的社会主义现代化强国、怎样建设社会主义现代化强国,建设什么样的长期执政的马克思主义政党、怎样建设长期执政的马克思主义政党等重大时代课题,提出一系列原创性的治国理政新理念新思想新战略"①。

党的十八大以来,中国特色社会主义进入新时代,党面临的主要任务是实现第一个百年奋斗目标,开启实现第二个百年奋斗目标新征程,朝着实现中华民族伟大复兴的宏伟目标踔厉前行。改革开放为新时代发展中国特色社会主义事业奠定了坚实基础、创造了有利条件。同时,外部环境变化带来许多风险挑战,改革发展稳定面临不少长期没有解决的深层次矛盾和问题以及新出现的一些矛盾和问题,党内消极腐败现象蔓延、政治生态出现严重问题,党群干群关系受到损害,党的创造力、凝聚力、战斗力受到削弱,党治国理政面临重大考验。在习近平同志领导下,以"抓铁有痕""踏石留印"的决心和力度惩治腐败,构建了"不敢腐、不能腐、不想腐"的体制机制,办成了许多过去想办而没有办成的大事,推动党和国家事业取得历史性成就、发生历史性变革。

党的十八大以后,以习近平同志为核心的党中央,以伟大的历史主动精神、巨大的

---

① 出自《中共中央关于党的百年奋斗重大成就和历史经验的决议》。

政治勇气、强烈的责任担当，坚持"两个确立"，做到"两个维护"，统筹国内国际两个大局，贯彻党的基本理论、基本路线、基本方略和"五位一体"新发展理念，统揽伟大斗争、伟大工程、伟大事业、伟大梦想，坚持稳中求进工作总基调，出台一系列重大方针政策，推出一系列重大举措，推进一系列重大工作，战胜一系列重大风险挑战，取得了巨大成就。

第二节 革命传统教育主题营地模式

一、资源开发

（一）资源分类

对资源进行分类可以加深对资源的认识和管理，也可以为管理资源、优化资源配置、整合资源提供指导，牢固树立生态发展观，以关心资源、节约资源、保护资源。

1. 革命传统资源的概念及开发

资源是指在一定区域内存在的物质和文化形态的总称，革命传统资源是指在一定范围内承载革命文化和革命精神的载体，通常以革命旧址、遗址、场馆、祭奠和遗产等形态表现，是重要的革命文化资源。

革命传统资源的开发主要是对中国共产党领导人民在革命、建设、改革开放和中国特色社会主义新时代，建树丰功伟绩所形成的纪念地、标志物、伟大斗争、伟大工程、伟大事业、伟大梦想为载体，以其所承载的革命历史、革命事迹、革命精神和重大贡献为主要内涵的资源进行开发。

2. 革命传统资源的形态和分类

革命传统资源的形态和类型，主要包括物质形态和非物质形态，物质形态按照类型可分为革命旧址、遗址、场馆、祭奠和遗产类。非物质形态按照类型可以分为人物精神类、文学艺术类、著作作品类、民俗故事类。

（1）物质形态

革命旧址类资源是指反映中国共产党一个多世纪奋斗历程的重要会议开展地，伟人故里，重要事件发生地和党、军队所在地、领导人居住地、指挥部等。这一类资源的共性是革命文化内涵丰富，时间跨度较长。如中国一大旧址、韶山毛泽东同志故居、井冈山革命根据地旧址、延安中共中央旧址、西柏坡中共中央旧址等。

遗址类资源主要是指战役、战斗、惨案、重要事件的发生地等，这一类资源的共性是发生时间过程较短，资源内容浓缩性强。一场重要战役的酝酿时间很长，但发生时几小时、几十天就完成；一个瞬间发生的惨案，其背景却是深刻的，其历史震撼性、直观性强烈。如平型关大捷遗址、南京大屠杀遗址、山西大同万人坑遗址等。

场馆类资源主要包括纪念馆、博物馆、展览馆、纪念厅、广场等，这一类资源的共性是以场馆为载体，接待参观和游览的观众和游客，展览布局宏伟、内容丰富、脉络清楚、感染力强。如井冈山纪念馆、延安纪念馆、西柏坡纪念馆和国家博物馆、中国人民革命军事博物馆、中国共产党历史展览馆等。

祭奠类资源包括纪念碑、陵园、烈士墓、雕塑性建筑等。这一类资源的共性是后建性突出、资料文物存量多、观瞻性鲜明。如天安门人民英雄纪念碑、狼牙山五勇士纪念碑、雨花台纪念群雕、晋冀鲁豫烈士陵园等。

遗产类资源包括中华民族几千年文明史上遗留下来的历史遗迹和自然遗产等。这一类资源分属到革命传统资源的各种类型中，可以增强革命传统资源的吸引力，提高资源的叠加效应和复合效应，特别是对激发爱国主义激情有很重要的作用。

（2）非物质形态

人物精神类：在中国共产党一百多年的奋斗历程中涌现出了许多可歌可泣的英雄人物，他们为新中国的成立作出了突出贡献，是中国共产党人的最杰出代表。这些英雄人物所表现出的精神力量和精神内涵，是中华民族在特定时代背景下文化、信仰、气质、品格等的集中体现，以建党精神为初心使命的精神谱系，系统地、完整地诠释了不忘初心、不畏牺牲、不惧艰难、乐于奉献、勇于创新的时代精神，是党精神力量的源泉。

艺术类：在党的一百多年光辉历程中，逐步形成了内涵丰厚的革命文化和社会主义先进文化，成为激励中华儿女不断奋进的精神力量。文学艺术作品内容丰富、形式多样，是人民群众喜闻乐见的艺术产品，用舞台艺术、电影等艺术传播革命文化和革命传统是重要的宣传和教育途径。著名作品有《白毛女》《红色娘子军》《闪闪红星》等。

文学类：众多的革命英雄和模范人物都曾留下过表现他们对革命不懈奋斗的追求和使命精神的作品，也为一代代后来人留下了宝贵的遗言遗作和豪言壮语，在众多的回忆录和人物传记中，留存的革命传统和革命文化是我们宝贵的精神财富。如方志敏的《可爱的中国》、陈然的《一个共产党员的自白》、夏明翰的《就义诗》等。

民俗故事类：党在一百多年的奋斗历程中，建立了水乳交融的党群关系、军民关系、干群关系，在人民支持下，党建立了不可磨灭的丰功伟绩，人民群众为了表达对党、对新中国的热爱，在各种民俗节庆、文化活动和口口相传的民间故事中，用丰富多元的民俗文化，生动地表达了党和军队与人民群众血浓于水的伟大情谊。如华北地区的农民翻身节、西藏地区的百万农奴解放纪念日、"真理的味道是甜的"和"半条棉被"的故事、雷锋故事等。

（二）资源挖掘

挖掘、利用革命传统资源独特的价值功能，不仅有利于坚持社会主义核心价值体系的实践性，还对打造具有中国特色和世界影响的红色研学新品牌具有重要促进作用。

1. 革命传统资源挖掘的原则

真实性原则：完整准确地反映革命历史、革命事件、革命精神和中国特色社会主义新时代的丰富内容，秉承历史事件的本来、最初、真实、独特的物质形态和文化形态。

教育性原则：能传递优秀文化，开展革命历史、革命传统、革命精神和中国特色社会主义新时代精神的教育。尊重历史，主题突出，以史育人，围绕思想教育和"大思政"课教育，充分利用伟大斗争、伟大工程、伟大事业、伟大梦想组织教育活动。

保护性原则：开发和利用革命传统文化的有形资源和无形资源，要积极进行保护和维护，使保存的物质形态和文化形态资源状态良好，无人为破坏。保证可移动资源和不可移动资源，以及在革命、建设、改革和中国特色社会主义新时代，由人民创造的、各种精神文化所衍生出来的、非物质性的、反映特定时期表现人们的观念、信仰、兴趣、行为、习惯等资源传承的完整性。

2. 革命传统资源挖掘的方法

史料搜集法：通过竭泽而渔式、蝉联跟踪式、溯源寻根式、化繁为简式等方法，对历史资料进行整理挖掘，要善于利用档案资料和文献数据库资料，搜集整理民间史料，准确翔实地表述革命传统的真实性、完整性、系统性的教育内容。

实地考察法：在革命、建设、改革和中国特色社会主义新时代遗留和存有大量的红色文化和革命传统，只有身临其境、实地考察才能深刻感悟，只有实地考察才能接地气、贴近时代信息。考察时要先明确考察的对象和目的；要注意了解事物的总体与局部；要注意边考察，边分析，边记录；在考察过程中，要随时对自己观察到的现象进行分析，努力把握考察对象的本质、特征和内涵。

社会访谈法：访谈是对直接对象、间接对象和相关人员进行的面对面交谈，是一种有目的、有计划、有方向的口头交谈方式，是向被访谈者了解事物真实性的方法。可分为结构式访谈和无结构式访谈；按访谈的对象，可分为个别访谈和集体访谈等类型。

3. 革命传统资源挖掘的评价

资源影响力评价：能准确、完整地反映革命精神、革命文化、革命事迹和中国特色

社会主义新时代的资源，具有教育和传承价值，能够反映社会主义核心价值观和优秀传统文化，能够促进改革开放和社会进步。

客观真实性评价：资源所承载的历史事件是本来的、原始的、最初的、真实的、独特的。范围内风貌基本一致，视觉环境良好；能真实反映客观实际，通过一定的物质形态和行为活动能够真实地表现出来。

资源完整性评价：结构上，资源种类、数量和质量的组合状况良好，与人文资源之间的相互关系协调共生，能够表现一定的历史风貌，资源分布空间结构清晰，资源禀赋良好，资源开发内涵和延伸兼顾，资源利用可持续。形态上，表现形式符合相应的历史条件，能够表现一定的历史风貌，资源开发和规划以史为线、以物为本、脉络清晰。内容上，在传承、保存和传播的过程中，内容完整，无篡改，能全面准确地反映历史事件和历史进程，客观实际反映历史本来面貌，能够激发爱国情怀，传承优秀文化；杜绝绯闻、传闻和不健康封建迷信等内容，不应有损害党和国家形象的内容。

（三）资源建构

资源建构是对资源存在结构及其要素逻辑的系统化表现。其强调系统合力和过程，以增强现有的资源禀赋组合。

1. 革命传统教育资源建构的原则

主题性原则：革命传统教育资源与其他资源在构建中，要体现革命传统教育资源的主题性，其他资源与主题资源的关系是相辅相成的，其他资源不得替代主题教育的内容，它们对主题资源具有补充和延展的作用，是丰富主题教育资源内涵的重要组成部分。

多元化原则：革命传统教育资源与其他资源构建的多元化结构形式，应从多角度、多层次、全方位展现资源的复合性和叠加性，使受教育者达到乐学、爱学、想学的教育效果，更好地传承革命文化和革命精神。

地域性原则：革命传统教育资源要与当地的民风习俗相吻合，体现地域特色，通过具有民俗特色的形式，将革命传统教育资源构建为贴近实际、贴近生活、贴近群众的教育内容，使受教育者身临其境，在自觉的教育活动中感悟真理、受到教育。

2. 革命传统教育资源建构的方法

"红＋绿"构建法：由于革命传统教育资源的历史性原因，在边老山区富集了大量的有待于深入挖掘的资源形态，将这些革命传统教育资源与绿水青山、自然风光有机融合，就是"红＋绿"的资源构建方法。通过资源的整合、挖掘、整理和开发，形成红绿组合的教育结构。

"红+古"构建法：革命传统教育资源与传统文化和古村古镇古城等有机融合，构建革命文化与传统文化相融合的"红+古"资源结构，是开展革命传统教育的有效方法。在对"红+古"资源进行整合和挖掘时，要在突出红色文化主题内容的前提下，融入地方的民俗文化、地域文化和建筑文化，吸引受教育者的持续关注，在沉浸式体验的过程中接受革命传统文化教育。

"红+新"构建法：革命传统教育资源与新时代、新都市、新成就、新发展等有机融合，构建革命文化与新时代资源相融合的"红+新"资源结构，是开展革命传统教育的创新方法。对"红+新"资源的整合和挖掘，要展现新时代发展的伟大成就，让受教育者充分体会到社会主义制度的优越性，增强"四个自信"，增强爱党爱国的自觉性和主动性，充分体现革命传统教育的时代性、有效性。

3. 革命传统教育资源建构的评价

效果评价主要从教育效果、社会效益、经济效益三个方面进行。教育效果指的是革命传统教育与其他资源整合后的实际育人成效；社会效益指的是资源建构过程中，对区域人文社会带来的保护和促进及育人教育的多重效益；经济效益指的是在资源建构和整合后，在保护、开发和利用上，能产生资源永续利用、经济持续发展的良性循环。

环境评价主要从尊重客观规律、和谐共存、环境保护三个方面进行。尊重客观规律就是要保证资源本身的初始状态和自然风貌的原生性，实现自然环境、人文环境和社会环境的和谐共生，不能人为破坏原生状态，应形成自然、社会和谐发展的新局面。对自然环境要依法进行保护，在保护范围、保护对象、保护措施上明确责任，落实到人，最大限度做到人与自然的和谐发展。

可持续评价主要从资源的可持续性、教育的可持续性、发展的可持续性三个方面开展。资源的可持续性需要不断挖掘、创新、贴近时代、贴近生活，为大中小学生源源不断地提供精神食粮；教育的可持续性是通过基地、营地的育人功能，不断满足教育需求，与学校家庭构建育人教育的良性体制；发展的可持续性是通过基地、营地的软硬件建设不断完善教育效果，提升教育功能，形成基地间、学校间和社会间的空间互换，实现教育功能的无限延展，达到育人教育的最佳效果。

以上对革命传统教育资源建构的评价可通过模型量化评价指数，对评价过程进行控制，以实现评价的有效性。

二、实施模式

革命传统教育主题营地模式，是以革命文化为主题的教育功能运营模式，其特点一

般是：面向大中小学生开放，有教育主题、有公开出版的研学教材、有专业指导师并具备仪式教育、场景教育、参观体验和现场教学等功能，同时可接待和容纳一定数量的师生食宿，其时间由受教育方根据教学安排自行设定。如井冈山研学营地模式、延安研学营地模式、西柏坡研学营地模式和红旗渠研学营地模式。

（一）井冈山研学营地模式

井冈山是国家级爱国主义教育示范基地、红色旅游经典景区、国家级重点风景名胜区、全国十佳优秀社会教育基地。井冈山地处罗霄山脉中段，生态环境优美。

1927年10月，毛泽东率领秋收起义部队到达井冈山，开辟了全国第一个农村根据地——井冈山革命根据地，点燃了"工农武装割据"的星星之火，从理论和实践上探索出了"农村包围城市，武装夺取政权"的具有中国特色的革命道路，形成了"坚定执着追理想、实事求是闯新路、艰苦奋斗攻难关、依靠群众求胜利"的井冈山精神。

围绕井冈山精神开展的研学教育蓬勃发展，2017—2019年接待中小学生研学达16万人次，其中在营地研学人次达到5万人次。目前井冈山有设施较齐备的研学营地6个，日接待量2万人。受地理环境影响，井冈山精神研学范围较广，分为南麓、北麓、东麓、西麓，地处湖南、江西两省之交，包括江西的宁冈、永新、莲花、遂川和湖南的炎陵和茶陵共六个县，面积达到1297.5平方千米，研学线路分散、人口较多，营地不集中。营地分为露营和不露营两种形式，课程分为参观式、体验式、解说式、授课式和游览式，将旅行式教育与传统教育相融合、自然景观游览与人文景观游览相融合、场馆教学与研学教材相融合、授课式教学与体验式学习相融合。根据当地数据统计，有研学指导师90人、专业导游120人，形成了专业教师与专兼职研学指导师共存的研学教育队伍；使用公开出版的规范教材多部。

在带动地方经济和拉动相关产业方面，为灵活就业提供了3000个就业岗位，在地方特产、红色文创宣传销售和接待等方面贡献显著，获得了地方政府政策、资金、基础设施的支持，在市场运营方面，政府给予了广告投入支持，由此形成了井冈山精神研学营地模式。

（二）延安研学营地模式

延安是国家级爱国主义教育示范基地、革命传统教育基地和延安精神教育基地、红色旅游经典景区、研学旅行教育基地，位于陕西省北部，地处黄河中游，黄土高原的中南地区，北连榆林，南接关中咸阳、铜川、渭南三市，东隔黄河与山西临汾、吕梁相望，西邻甘肃庆阳。全市总面积3.7万平方千米，被誉为"三秦锁钥，五路襟喉"。

1935年10月，中共中央把中国革命大本营放在延安，到1948年3月，毛泽东、周恩来、任弼时东渡黄河，迎接新中国胜利曙光，13年时间内延安是世界瞩目的中国革命政治中心、敌后抗日战争和游击战的领导中心、中国人民解放战争指挥中心。

延安时期经历了抗日战争、解放战争、大生产运动、整风运动、中共"七大"等一系列影响和改变中国历史进程的重大事件，是中国共产党及其领导的人民军队由小到大、由弱到强的历史转折期，凝练了抗大精神、整风精神、张思德精神、白求恩精神、南泥湾精神、劳模精神和"延安县同志们的精神"等伟大的延安精神。延安精神是党的性质和宗旨的集中体现，是中华民族优良传统的继承和发扬。坚定正确的政治方向，实事求是的思想路线，全心全意为人民服务的根本宗旨，自力更生、艰苦奋斗的创业精神，是延安精神的核心。

20世纪上半叶，延安在中华民族的历史上谱写了辉煌的一页，作为举世闻名的革命圣地，现存革命旧址150处，历史遗迹5808处，珍藏文物近70 000件，是爱国主义教育、革命传统教育和延安精神教育基地。延安研学资源丰富，线路多样，营地充足，不仅仅是文化富矿、红色名片，更是中华民族的精神图腾。延安研学分为露营和不露营形式，课程为典型的革命传统教育+传统文化教育模式，分为参观式、体验式、解说式、授课式和游览式。研学特点是采用革命旧址参观与传统文化遗址游览相融合、自然景观与人文景观相连接、规范化研学和授课式教学及体验式学习相衔接的多元化教育。据统计2017—2019年接待中小学生研学20万人次，其中营地式研学9万人次。目前延安有研学营地16个，日接待量3万人，研学指导师120人、专业导游300人，形成了专业教师与专兼职研学指导师共存的研学教育队伍。

（三）西柏坡研学营地模式

西柏坡背靠太行山，面临滹沱河，拥有秀美的自然风光，是国家级爱国主义教育示范基地、红色旅游经典景区、全国优秀社会教育基地、国防教育示范基地、全国廉政教育基地。

1948年5月毛泽东、周恩来、任弼时率中央前委和解放军总部到西柏坡与中央工委会合，到1949年3月23日中共中央离开西柏坡进京"赶考"，西柏坡在中国革命的进程中留下了不可磨灭的精神财富。"西柏坡是毛主席和党中央进入北平，解放全中国的最后一个农村指挥所，指挥三大战役在此，开党的七届二中全会在此。"1947年7月—1947年9月，全国土地工作会议在西柏坡召开，为新中国描绘了宏伟蓝图。凝练出了敢于斗争、敢于胜利，动员群众、依靠群众，谦虚谨慎、艰苦奋斗，实事求是、一心为民的西柏坡精神。

"巍巍太行山，悠悠滹沱水，红色西柏坡"已经成为红色研学响亮的名片，围绕西

柏坡精神开展的研学旅行教育蓬勃发展，2017—2019 年接待中小学生研学达 10 万人次，其中营地研学 7 万人次。目前西柏坡有研学营地 15 个，日接待量 3 万人。西柏坡不断创新服务形式，制定研学旅行的专项活动和路线，提供团体定制服务，打造红色教育基地、党史学习教育基地、革命传统教育基地、理想信念教育基地，丰富了研学教育形式，将学习和旅行有机结合，充分发挥育人教育的功能，创新了革命传统文化的教育模式，极大地提高了西柏坡国家级爱国主义教育基地的影响力。

在带动地方经济和拉动相关产业方面，营地提供了 1500 余个就业岗位。目前以"新中国的曙光""两个务必"等为主题，开发了多种文化纪念品。与布料、养殖、食品等相结合，为老区人民提供新的收入渠道，实现了经济效益和社会效益的有机结合。

（四）红旗渠研学营地模式

红旗渠是国家级爱国主义教育示范基地、红色旅游经典景区、全国廉政教育基地、全国研学旅游示范基地、全国中小学生研学实践教育基地，位于河南省安阳市以西 50 多千米的林州林滤山中，地势险峻。

1960 年，林县人民为了改变恶劣的生存环境，在县委、县政府的领导下，开始修建引漳入林水利工程，用双手越峡谷、战绝壁，逢山开洞、遇水架桥，历经十年，彻底制服了林县"旱魔"，凝练了"自力更生、艰苦创业、团结协作、无私奉献"的惊天地、泣鬼神的红旗渠精神。

红旗渠位于林州市区北部豫、晋、冀三省交会处，距市区 20 千米，交通便利，自然风光秀丽雄险，人文景观独特恢宏，是旅游观光的理想胜地。20 世纪 60 年代，十万林县儿女"闯太行、战太行"，以"重新安排林县河山"的豪迈气概，凭借一锤一钎一双手，逢山凿洞，遇沟架桥，苦战十年，在峰峦叠嶂的太行山腰修筑了 70.6 千米的总干渠，1525 千米的干渠、分干渠、支渠和斗渠，削平山头 1250 座、建水库 48 座、塘堰 346 座、凿通隧洞 211 个、架渡槽 152 个、各种建筑物 12 408 座，挖砌土石 1515.82 万立方米，总投工 3470.2 万个，形成了"引、蓄、提、灌、排、电、景"成龙配套的大型水利体系，被誉为"世界奇迹""太行山上的红色飘带"。1994 年，林县撤县改市。林州市人民从战太行、出太行、富太行到美太行，用"艰而不惧、富而不惑、自强不已、奋斗不息"的新红旗渠精神又谱写了一曲英雄赞歌。

围绕红旗渠精神开展的研学旅行教育蓬勃发展，2017—2019 年接待中小学生研学达 30 余万人次，其中营地研学 20 余万人次。目前红旗渠有营地 10 余个，日接待量 3 万余人。2021 年红旗渠畔投资建设了红旗渠精神研学营地，总投资 9.5 亿元，占地约 16 万平方米，建筑面积 11 万平方米，营地规划"五馆四营十二场"，围绕红旗渠精神及周边文旅资源，结合劳动实践教育，开发"问、越、造、生、望"五大系列200余门课程，拥有专职教师40余人，辅导员60余人，可容纳5000余名学生同时开展研学教育、劳动教育和实践教育，促进中小学生全面发展。营地模式为革命传统教育与劳动精神体验、生本体验、太行体验、健康膳食体验和生存经验等教育相融合。

在带动地方经济和拉动相关产业方面，红旗渠以党员教育培训、中小学研学旅行为抓手，通过完善理论教学，设立红色讲堂、廉政讲堂、劳模讲堂三大讲堂，打造传承红旗渠精神的实践基地和情景表演基地，不断丰富研学旅行新内涵，开发了"红旗渠研学之旅"产品，先后推出了探秘红旗渠——《追梦少年》、体验红旗渠——《烈火青春》、感悟红旗渠——《血脉传承》等多个实践课程，通过"当一次小讲解员，走一次红旗渠，推一把独轮车，抡一回开山锤，抬一次太行石，吃一回民工餐"等"十个一"活动，让学生在行走中阅读历史，在体验中感受红色精神。

营地提供了3000余个就业岗位，带动了地方经济发展，拉动了相关产业。目前以红旗渠精神、劳动教育、体验教育和场景教育为主的研学项目，为林州人民提供新的创收渠道，实现了经济效益和社会效益的有机结合。

在充分学习认知中国革命传统教育知识体系及重要性的基础上，全面开展大中小学"大思政课"教育，要坚持以习近平新时代中国特色社会主义思想为指导，聚焦立德树人根本任务，推动用党的创新理论铸魂育人，不断增强针对性、提高有效性，实现入脑入心。坚持开门办思政课，强化问题意识、突出实践导向，充分调动全社会力量和资源，建设"大课堂"、搭建"大平台"、建好"大师资"，建设全国高校思政课教研系统，设立一批实践教学基地，推出一批优质教学资源，做优一批品牌示范活动，支持建设综合改革试验区，推动思政小课堂与社会大课堂相结合，推动各类课程与思政课同向同行，教育引导学生坚定"四个自信"，成为堪当民族复兴重任的时代新人。

第三节 革命传统教育主题营地案例

一、主题营地概况与特色

井冈山、延安、西柏坡教育营地是革命传统教育的典型案例，这类教育主题营地依

托革命旧址、遗址和自然资源、文化遗产等载体，开展树立理想、坚定信念和增强自信的教育活动。

井冈山革命传统教育主题营地以井冈山革命博物馆为中心，包括大井、小井、黄洋界、茨坪、龙江书院等，方圆达到1200多平方千米，开发出了着装体验、挑扁担体验、红军小路体验、红军饭体验、唱红歌和游览体验等研学旅行项目；延安革命传统教育主题营地以延安革命纪念馆为中心，包括凤凰山、杨家岭、枣园、王家坪、陕甘宁边区政府、宝塔山、南泥湾等，方圆达到30 000多平方千米，开发出了着装课、军事技能课、游览课、班会课、红歌课和农具使用课及农作物辨识课等研学旅行项目；西柏坡革命传统教育主题营地以西柏坡纪念馆为中心，包括中央旧址、纪念碑、柏坡湖、丰碑林、国防安全教育馆、廉政教育馆等，方圆达100多平方千米，开发出了仪式课、纪念碑课、中央旧址课、赶考课、纪念馆课、故事课、场景课、红歌课等研学旅行项目。

革命传统主题营地的教育内容主要包括新民主主义革命时期、社会主义革命和建设时期、改革开放和社会主义现代化建设新时期、中国特色社会主义新时代建设时期的历史；教育载体表现为物质形态和非物质形态，物质形态按照类型可分为革命旧址、遗址、场馆、祭奠和遗产类，非物质形态按照类型可以分为人物精神类、文学艺术类、著作作品类、民俗故事类；教育方式主要表现为讲解、研讨、体验、演绎等；教育活动主要表现为互动式、参与式、讲解式、沉浸式、情景再现式等。依据学生身心发展特点和能力水平，科学确立学习目标、合理构建学习任务，通过环境创设、课堂教学、实践体验、资源整合等多样化方式构建红色文化课堂，充分发挥红色文化在学生成长过程中的感化作用，实现学生的全面发展，以达到"培根铸魂"的育人目的，担负起培养新时代中国特色社会主义合格建设者和接班人的历史重任。

二、主题营地课程体系

革命传统主题营地经过理论探索和实践总结，已经形成了包括"中小学生中国精神研学系列读本"在内的出版物和研学课程，构建了包括研学内容、研学小结、研学考评和研学档次的课程体系。在课程开发和设计上，采用引导式、互动式、研讨式等形式，启发学生主动思考、积极参与、互动体验。主题营地让学生在行走中强化家国情怀，在活动中增强价值认同，在情境中提高综合能力，在研讨中增进思维智慧，在群体中培养责任担当，在实践中促进融合创新。

三、主题营地活动课程案例

井冈山研学营地

目标任务：

1. 通过井冈山革命传统主题营地教育，让中小学生了解井冈山革命根据地的概况，了解"工农武装割据"的历史贡献，掌握"星星之火，可以燎原"的深刻道理，知道"第一个农村革命根据地"的重要地位和马克思主义中国化的第一次飞跃"农村包围城市，武装夺取政权"的历史意义。

2. 通过广场课、井冈山革命博物馆课、会师纪念馆课等研学课程，深入学习、体验、领悟井冈山精神。

知识链接：

1. 课内知识

高海生、沈和江编著的中小学生中国精神研学系列读本之《井冈山精神研学》。

2. 课外知识

（1）江西革命老区的地域文化特色。

（2）知识准备：

研学旅行如何与革命传统教育相结合，如何引导学生掌握革命历史、传承革命精神。

如何引导学生在井冈山革命老区实地体验历史，增强四个自信。

研学内容：

1. 通过井冈山研学旅行，使学生了解井冈山时期革命史和井冈山精神，通过实地感知激发学生爱国情怀，增强四个自信。进入井冈山景区，沉浸到当年那段历史中去，感受革命传统教育，进行"重走革命路　牢记新使命"社会实践活动。

2. 走进井冈山研学营地，开展形式多样的体验活动。

思考探索：

1. 参观井冈山研学营地，完成一个关于如何更好地传承发扬井冈山精神的小课题。

2. 通过研学活动，思考为什么能在井冈山创建第一个农村革命根据地。

3. 深刻理解"枪杆子里面出政权"的革命论断的历史意义和现实意义。

活动设计：

活动一　参观井冈山革命博物馆

1. 全面了解博物馆概况，深度感受"农村包围城市，武装夺取政权"思想指导下的

具有中国特色的革命道路和井冈山精神。

2. 了解井冈山革命博物馆建筑风格，感受江西民居文化元素与整体建筑依山就势完美融入周围环境的和谐，传承"坚定执着追理想、实事求是闯新路、艰苦奋斗攻难关、依靠群众求胜利"的井冈山精神。

活动提示：注重仪式，敬畏历史，缅怀先烈，激励精神，做好课题研究的准备工作。

活动二　艰难探索

1. 学生分小组走进博物馆，通过翔实史料了解井冈山探索时期的历史背景、历史事件和重要决议，深刻认识在国内革命战争关键时期，毛泽东提出的"农村包围城市"的正确的革命道路和符合中国实际的"武装割据 建立根据地"的思想。

2. 学生以小组为单位，以实物或展板为背景，分享各自理解的井冈山精神。

活动提示：小组研讨，组织有序，组员分工要明确。

活动三　体验课

1. 着装体验。体验红军的军容风纪、令行禁止和整齐划一。

（1）介绍红军服装；配发服装、清点服装、着红军装。

（2）整理服装：个人整理、互助整理。

（3）列队：以小组、班级、年级、学校为单位。

2. 挑粮扁担体验。体验红军山路挑粮的艰辛，掌握平衡技巧，培养合作精神。

（1）介绍挑粮扁担：用途、材质、要领和注意事项。

（2）配发挑粮扁担：按小组、班级配发。

（3）体验要求：小学两人抬筐，中学两人抬或一人挑，高中一人挑。

3. 红军小路体验。体验毛泽东、朱德与红军指战员挑粮上井冈山的艰辛和艰苦奋斗的井冈山精神。

（1）介绍红军小路。起始点、路径、井冈山时期发挥的作用。

（2）轻装走红军小路：以班级为单位选择一段路程。

（3）负重走红军小路：以班级为单位选择一段路程。

4. 红军饭体验。体验井冈山时期红军的艰苦生活。

（1）介绍红军饭：食材、特点、炊具。

（2）集体订餐：以学校、年级、班级为订餐单位。

（3）集体用餐：小组、班级集体用餐。

活动提示：安全第一，纪律为先。活动时，锻炼耐力毅力，加强环保意识。

活动四　红歌课

1. 分组学唱《八角楼的灯光》《盼红军》《毛委员和我们在一起》《映山红》《十送红军》等井冈山时期红歌。

2. 举办红歌赛歌会，形式可分为独唱、对唱、合唱和说唱等。还可以采用讲故事、说快板、表演舞蹈、合影留念等形式，让学生在活动中获得知识，增长见识，感悟精神。

活动提示：积极参与，大胆展示。突出体现团队合作精神和创新精神。

活动五　闭营活动

（1）组织师生开展研学总结和评价。着重评价以下方面：组织纪律、团队意识、参与意识、知识内容、精神领悟、现场活动、总结提升等。

（2）举行研学实践成果展示汇报会。

（3）积极思考总结，努力精神升华，凸显四个自信。锻炼逻辑表达能力和当众演讲的能力。

延安研学营地

目标任务：

1. 通过延安革命传统主题营地教育，让中小学生了解延安革命根据地的概况，感悟抗大精神、整风精神、张思德精神、白求恩精神、南泥湾精神、劳模精神和延安县同志们的精神等伟大的延安精神。

2. 通过长征会师、红色记忆等研学课程，深入学习、体验、领悟延安精神。

知识链接：

1. 课内知识

学习高海生、沈和江编著的中小学生中国精神研学系列读本之《延安精神研学》。

2. 课外知识

（1）陕北老区的地域文化特色。

（2）知识准备：

掌握延安时期的伟大历史、红色地标及重大人物事件。

深刻领悟并传承延安精神。

在延安革命老区以实地沉浸式方式体验历史，增强四个自信。

研学内容：

1. 通过延安研学之行，使学生了解延安时期革命史和延安精神，通过实地感知激发学生爱国情怀，增强四个自信。进入延安景区，沉浸到当年那段历史中去，感受革命传

统教育,进行"重走革命路 牢记新使命"社会实践活动。

2. 走进延安研学营地,开展形式多样的体验活动。

思考探索:

1. 参观延安研学营地,完成一个关于如何更好地传承发扬延安精神的小课题。

2. 参观了延安建设布局,对延安的发展,你有什么更好的想法和思路?

3. 探究如何打造以革命传统教育为主体的红色旅游。

活动设计:

活动一 长征会师

1. 了解长征会师知识背景、历史意义与伟人故事,追忆红色岁月革命精神。

2. 观摩长征会师雕塑群,聆听长征会师背景知识讲解。

3. 分组在雕塑群选择不同的革命前辈,查阅资料后,为大家介绍人物故事。

4. 集体诵读《七律·长征》。

5. 思考会师雕塑队伍中为什么有民众出现并欢迎。

活动提示:凝神静气,聆听历史,积极转化。突出体现输入到输出的学习过程。

活动二 红色记忆

1. 学习了解革命圣地城市历史,感受 20 世纪 30 年代进步青年奔赴延安、自强自救的峥嵘岁月。

2. 参观红色藏品博物馆、红色电影博物馆,聆听历史。

3. 观看《延安记忆》灯光秀,沉浸式感受当年历史。

4. 集体诵读《回延安》。

活动提示:沉浸式感受当年革命历史,深刻理解延安精神。

活动三 回望延安

1. 参观 20 世纪 30 年代老延安街道,感受革命圣地的历史变迁。

2. 参观老延安城复原街区大礼堂、新华书店、钟楼等复原建筑,聆听背景知识讲解。

3. 学生自行选择其中一座建筑,拍摄照片,查阅资料,撰写简短的游记与建筑介绍。

活动提示:沉浸式感受当年革命历史,深刻理解延安精神。

活动四 忆苦饭

1. 增强动手能力,养成爱劳动与勤俭节约的好习惯。

2. 体验掰苞米、苞米磨面等劳作过程。

3. 用半成品捏玉米面馒头，蒸熟并品尝自己亲手制作的食物。

活动提示：安全为先，体验"自己动手 丰衣足食"的情感，树立正确劳动观。

活动五　红军草鞋

1. 深刻理解"红军草鞋"作为一个历史符号所代表的意义：它不仅是当年千万红军战士艰苦跋涉浴血奋战的一个历史见证和象征，同时也传递了在新形势下，中国人民将永远继承革命前辈英勇战斗、不怕牺牲的坚强决心。

2. 学习编制草鞋，动手实践。

3. 穿上自己编制的草鞋，进行重走红军路活动。

活动提示：培养耐力和定力，重温当年伟大历史。

活动六　农业体验

1. 课业组织。

（1）课业要求：以班级、小组为研学活动单元。

（2）课业形式：选择互动体验场地。

（3）课业内容：辨认农具、农事劳作、辨认农作物。

2. 辨认农具。

（1）课业要求：认识农具，使用农具。

（2）课业形式：实际操作。

（3）课业内容：选择 1~2 种农业生产工具，学会使用农具，掌握农具的使用要领和方法。

3. 进行农事劳作。

（1）课业要求：选择农事劳作场地，按要求进行农事劳作。

（2）课业形式：亲身体验。

（3）课业内容：了解农事劳作的开垦、种植、管理、养护和收获过程。

4. 辨认农作物。

（1）课业要求：选择场地、农作物。

（2）课业形式：参观游览。

（3）课业内容：辨认农作物的种、芽、苗、成长期、成熟期。

活动提示：准备充分，做好保护，掌握要领，提高技能。培养吃苦耐劳的劳动意识和劳动精神。

活动七　闭营活动

1. 组织师生开展研学总结和评价。

着重评价以下方面：组织纪律、团队意识、参与意识、知识内容、精神领悟、现场活动、总结提升等。

2. 举行研学实践成果展示汇报会。

活动提示：积极思考总结，努力实现精神升华，凸显四个自信。锻炼提升逻辑表达能力和当众演讲的能力。

西柏坡研学营地

目标任务：

1. 通过西柏坡革命传统主题营地教育，让中小学生充分了解西柏坡的概况，深刻领悟全国土地工作会议、三大战役、中国共产党七届二中全会和新中国建设方略等的伟大意义，感悟、体验敢于斗争、敢于胜利，动员群众、依靠群众，谦虚谨慎、艰苦奋斗，实事求是、一心为民的西柏坡精神。

2. 通过了解西柏坡的历史、地理和风俗习惯，进行国情和省情教育，自觉践行、传承西柏坡精神。

3. 在活动中增长知识技能，锻炼吃苦耐劳的品质，实现德智体美劳五育并举发展的目标。

知识链接：

1. 课内知识

学习高海生、沈和江编著的中小学生中国精神研学系列读本之《西柏坡精神研学》。

2. 课外知识

（1）红色河北、太行山革命老区的地域文化特色。

（2）知识准备：

了解西柏坡时期的伟大历史、红色地标及重大人物事件。

深刻领悟并主动传承西柏坡精神。

在平山革命老区通过实地沉浸式的方式体验历史，增强四个自信。

研学内容：

1. 通过西柏坡研学之行，使学生了解西柏坡时期革命史和西柏坡精神，通过实地感知激发学生爱国情怀，增强四个自信。进入西柏坡景区，沉浸到当年那段历史中去，感受革命传统教育，进行"重走革命路 再温柏坡情"社会实践活动。

2. 走进西柏坡精神研学营地，开展形式多样的体验活动。

思考探索：

1. 参观西柏坡研学营地，完成一个关于如何更好地传承发扬西柏坡精神的小课题。

2. 参观了西柏坡建设布局，对西柏坡的发展，你有什么更好的想法和思路？

3. 探究如何为平山老区打造以革命传统教育为主体的红色旅游。

活动设计：

活动一　瞻仰西柏坡纪念碑

1. 全面学习了解西柏坡概况，深度了解党中央在进入北平之前在最后一个农村指挥所作出的伟大历史决定，深刻感受西柏坡精神。

2. 俯瞰柏坡湖，理解老区人民的民心，深刻体会党与人民的"鱼水情深"，传承"敢于斗争、敢于胜利，动员群众、依靠群众，谦虚谨慎、艰苦奋斗，实事求是、一心为民"的西柏坡精神。

活动提示：遵守纪律，实地考察。提前做好活动开展的准备工作。

活动二　参观西柏坡纪念馆

1. 观看红色影片《我和我的祖国》，沉浸式感受革命纪念地，体验浓浓爱国情，通过听、看、写、画、说、读、演等学习方式和红色精神的洗礼，感受前辈们真挚深厚的爱国情怀，传承百折不挠的革命精神，多角度、多感官接收革命传统教育和国情乡情教育，提升抗挫折能力，培养团队合作精神，增强对党、人民和祖国的热爱，树立正确的世界观、人生观和价值观。

2. 通过网络虚拟游览西柏坡，描绘对西柏坡的初步印象；了解情景剧的编练方法，结合对西柏坡的了解完成情景剧的编练，为研学活动的开展做好准备。

活动提示：沉浸感受，深刻理解，全面认识，夯实研学活动的思想基础。

活动三　参观西柏坡中共中央旧址

1. 参观革命旧址，了解当年革命前辈的生活战斗情景，与领袖对比一下生活条件，想想我党领导人是如何艰苦奋斗的，了解当前的幸福生活从哪里来。

2. 学唱红歌《没有共产党就没有新中国》《团结就是力量》《支前民谣》《王二小》等，感受红歌诞生地传递的力量；学打快板《新中国从这里走来》。

活动提示：认真聆听，深入思考，大胆参与，多感官感受当年历史。

活动四　开展营地联谊系列活动

1. 与当地学生一起开展联谊活动，通过情景剧表演，让学生们代入历史角色，让他们更深切地理解革命先烈们的艰难抉择，激发学生们为中华之崛起而读书的坚定信念。

2. 表演一场情景剧。学生扮演当时的人物，演绎当时所发生的故事，对革命先烈的艰难抉择产生代入感。

3. 参加一次小组游戏。分小组进行"推小推车支前"的游戏，比一比体力和耐力，

想想面对挑战怎么办，以后应该如何克服困难，与人合作，走好人生的每一步。

4.吃一顿农家饭。体验老区人民是如何奉献的，了解解放战争时期的粮食是如何供给的，又是如何谦让的，我们怎样做到勤俭节约、为他人着想。

5.写一段想对革命先辈说的话，汇报现在的幸福生活。想想革命先辈艰苦奋斗是为了什么，他们的牺牲换来了什么，作为一名当代中学生我们应该如何继承先辈们的遗志。

活动提示：诚恳待人、换位思考，能全身心投入各项联谊活动，并从中获取思想行动力量。

活动五　闭营活动

1.组织师生开展研学总结和评价。着重评价以下方面：组织纪律、团队意识、参与意识、知识内容、精神领悟、现场活动、总结提升等。

2.举行研学实践成果展示汇报会。

活动提示：积极思考总结，努力升华思想，凸显四个自信。锻炼逻辑表达能力和当众演讲的能力。

（本章编者：高海生　樊莉莉）

第五章

营地教育＋基本国情教育

　　基本国情教育是国家最基本的一项教育，关乎国家未来的发展方向。任何一个国家的发展不可不根据本国的国情，尤其是基本国情。这就是我们研究国情和对全体公民进行基本国情教育的要旨所在。营地教育作为校外教育的重要形式，理应将基本国情教育纳入营地教育体系之中，充分发挥营地教育这个社会化的大课堂作用，努力推动基本国情教育全民化的发展。

第一节　基本国情教育

　　学校是开展基本国情教育的主阵地。积极开展基本国情教育是学校教育教学的重要内容。学校不但要在课堂上讲授国情教育，而且要结合教育教学实际让学生走出校门，踏入社会，深入生活，走进主题教育营地等，在丰富多彩的社会实践活动中有效地进行基本国情教育，从而真正把课内课外的教育有机地结合起来，达到春风化雨润物无声的教育效果。

一、基本国情教育的内涵

（一）国情的认知

1. 国情的含义

　　国情，顾名思义，就是国家情况的意思。一般地，我们把一个国家在一定时期发展过程中内部所面临的一些有利及不利因素和条件称为国情。国情也是一个国家的社会性质、文化历史传统、自然地理环境、社会经济发展状况以及国际关系等各个方面的总

和，也是特指某一个国家某个时期的基本情况和特点。由此可以看出，国情决定方针政策，是国家发展的依据和出发点。

2. 国情的要素

国情有四大基本要素。一个国家的生产力发展水平、基本制度、经济体制、国民教育水平、阶级阶层结构、民族结构、历史文化特点、人口结构、自然资源、地理环境、国际环境等因素相互影响，共同塑造了一个国家的现状并决定着一个国家的发展。从系统论的角度讲，历史文化传统、自然地理环境、社会经济发展状况、国际关系构成了国情的四大基本要素。

任何事物都是质和量的统一，是共性和个性的统一。当然，一个国家的国情也是质和量的统一。一个国家的"质"从根本上讲就是指它的阶级性质，也即其社会性质。一个国家的"量"就是国情的要素。一般而言，国情的四大基本要素的量大体上也就是一个国家的现实表征，即在不同历史时期、阶段的状况和特征不同，这些要素的总和相互联系，构成了一个国家的国情。

3. 国情的内容

国情的内容十分丰富，具体表现为以下七个方面：一是自然环境和自然资源，主要包括国土面积、地质、地貌、地形、气候、矿产、生物、水、光、热资源等。二是科技教育状况，主要包括科技队伍，科研水平、体制，教育的规模、结构、水平等。三是社会经济发展状况，主要包括经济实力、经济体制、生产关系、生产力布局、对外经济关系、社会建设状况等。四是政治状况，主要包括阶级和社会阶层的划分，政党和政治团体之间的关系、政治体制、政治制度、民主与法治建设等。五是社会状况，主要包括人口、民族、家庭、婚姻、社会犯罪及相应对策等。六是历史文化传统，主要包括传统价值取向、传统思维方式、传统伦理道德观念、宗教信仰、艺术观念及民族传统和风俗习惯等。七是国际环境和国际关系，主要包括国际一般形势、国际形势大气候、与其他国家关系等。

4. 国情的分类

根据国情的内容和特征，可以将国情划分为人口国情、资源国情、人文国情、环境国情、灾害国情、经济国情、政治国情等。

国情是与国家生存和发展紧密相关联的那部分国家情况，从这个角度来看，也可以将国情分为历史国情、自然国情、现实国情、比较国情。国情教育内容应是以上四个方面形成的知识体系。

（二）基本国情

1. 基本国情的概念

基本国情主要是指一个国家的社会性质及其所处的社会发展阶段，是各类国情的概括和提炼。任何一个国家的发展，其根本依据都是本国的国情，尤其是基本国情。基本国情是制定党和国家各项方针、政策、路线的根本依据和出发点。

2. 中国基本国情认知

从近代即 1840 年鸦片战争以来，中国人民对于中国基本国情的认识主要体现为三个论断：其一，1840 年至 1949 年，中国处于半殖民地半封建社会。其二，1949 年至 1956 年，为社会主义过渡时期。其三，1956 年至 21 世纪中叶，为社会主义初级阶段。

正确认识和把握基本国情的意义就在于能指导人们更好地管理、建设国家。具体到一个国家和政党来说，这是其制定正确的理论、路线、战略、方针、政策的前提和基础。毛泽东主席曾指出："只有认清中国社会的性质，才能认清中国革命的对象、中国革命的任务、中国革命的动力、中国革命的性质、中国革命的前途和转变。所以，认清中国社会的性质，就是说，认清中国的国情，乃是认清一切革命问题的基本的根据。"[1] 正确认识和把握基本国情的重要意义，从历史经验中得到了大量的证明。仅从中国近代以来的历史经验看，中国人民争取民族独立、人民解放和国家富强、人民富裕的事业能否顺利发展，都是同能否正确认识和把握基本国情密切相关的。如果认识不清醒就会犯错误，把握不准确就会走许多弯路，造成很大的社会损失。

党的十八大以来，习近平总书记不断深化和拓展对中国国情的认识，多次强调认识基本国情、立足基本国情的重要性，提出了一系列新思想、新观点、新论断，为我们呈现了一个更加全面、真实、立体的中国。党的二十大全面总结新时代以来，以习近平同志为核心的党中央带领全党、全国各族人民坚持和发展中国特色社会主义所取得的重大成就和宝贵经验，深入分析国际国内形势，全面把握新时代新征程党和国家事业发展新要求、人民群众新期待，制定行动纲领和大政方针，动员全党全国各族人民坚定历史自信、增强历史主动，守正创新、勇毅前行，继续统筹推进"五位一体"总体布局、协调推进"四个全面"战略布局，继续扎实推进全体人民共同富裕，继续有力推进党的建设新的伟大工程，继续积极推动构建人类命运共同体，为全面建设社会主义现代化国家、全面推进中华民族伟大复兴而团结奋斗。世界好，中国才能好；中国好，世界才更好。党的二十大之后的中国，必将更具有稳定性、确定性和可预期性，并将以稳健的发展造

---

[1] 毛泽东. 中国革命和中国共产党［M］// 毛泽东. 毛泽东选集：第二卷. 北京：人民出版社，2007.

福中国老百姓和世界其他国家。

3. 中国基本国情解析

现阶段中国基本国情是：我国仍处于并将长期处于社会主义初级阶段。

中国共产党最早表述"社会主义初级阶段"这一论断，是在 1981 年 6 月党的十一届六中全会通过的《关于建国以来党的若干历史问题的决议》中，该决议在结论部分指出："尽管我们的社会主义制度还是处于初级阶段，但是毫无疑问，我国已经建立了社会主义制度，进入了社会主义社会。"明确提出并较全面、系统地论述社会主义初级阶段理论，则是在 1987 年 10 月召开的党的十三大上。报告指出，中国最基本的国情是我国正处在社会主义的初级阶段，其包括两层含义：一是我国已经是社会主义社会，二是我国的社会主义还处在初级阶段。其根本原因是我国生产力水平还比较低，地区发展不平衡，科学技术水平和人们的文化素质还不够高，社会主义社会的具体制度还不够完善。

社会主义初级阶段的理论是马克思主义中国化进程中的一个重大理论创新，是邓小平理论的重要组成部分和重要基石。党的十三大系统阐述了社会主义初级阶段理论，它准确地界定了中国社会主义所处的发展阶段和历史方位，保证了新时期党的路线、方针、政策和发展战略的稳定性和连续性。社会主义初级阶段不是泛指任何国家进入社会主义都会经历的起始阶段，而是特指我国在生产力落后、商品经济不发达条件下建设社会主义必然要经历的特定阶段，即从 1956 年社会主义改造基本完成到 21 世纪中叶社会主义现代化基本实现的整个历史阶段。

党的十八大报告指出："建设中国特色社会主义，总依据是社会主义初级阶段，总布局是五位一体，总任务是实现社会主义现代化和中华民族伟大复兴。"这一重要论断是我们党不断深化对中国特色社会主义规律认识的新成果，对于我们坚持一切从实际出发，立足基本国情，夺取中国特色社会主义新胜利具有重要意义。党的十八大以来，中国特色社会主义进入新时代。经过全党全国各族人民持续奋斗，中国实现了第一个百年奋斗目标，全面建成了小康社会，历史性地解决了绝对贫困问题，开启了全面建设社会主义现代化国家新征程。党的二十大报告指出："从现在起，中国共产党的中心任务就是团结带领全国各族人民全面建成社会主义现代化强国、实现第二个百年奋斗目标，以中国式现代化全面推进中华民族伟大复兴。"

我们要牢记社会主义初级阶段的基本国情这个重大论断，这是从社会性质和社会发展阶段上对中国国情所作的总体性根本性判断。深刻把握中国基本国情是党制定正确路线、方针、政策的基础，也是党的重要历史经验，对于认识中国、治理中国、发展中国意义重大。建设和发展中国特色社会主义要从中国实际出发，首先要从这个最大的实际出发。

（三）基本国情教育

1. 基本国情教育的概念

基本国情教育是国家最基本的一项教育。基本国情教育是为了国家的发展，以历史和现状为内容进行教育和宣传，使人们了解本国政治、经济、自然生态等方面的基本情况，从而激发起公民爱国意识和报国热情及觉悟的教育活动。

2. 基本国情教育的目的

基本国情教育是培养良好公民意识的重要内容，目的就是让全体公民知国、爱国、报国，即在全面地、历史地、实事求是地认识国情的基础上树立正确的观点，培养热爱祖国的道德情感和报效祖国的意志品质，以此激发发展和建设祖国的干劲。基本国情教育的核心是爱国主义教育，其重点对象是青少年。2017年8月15日，习近平总书记给第三届中国"互联网+"大学生创新创业大赛"青年红色筑梦之旅"大学生回信时说道："要正确认识世界和中国发展大势，正确认识中国特色和国际比较，正确认识时代责任和历史使命，正确认识远大抱负和脚踏实地。"这四个"正确认识"为开展国情教育指明了前进方向，提供了根本遵循。

3. 基本国情教育的基本内容

基本国情教育主要是以思想品德、人文精神、传统思想、爱国主义教育为主要内容的教育，其基本内容主要有：

第一，知道我国的人口、资源、环境等状况，了解人口政策、保护环境、合理利用资源等的政策，形成可持续发展意识。我国尽管自然资源种类多，总量大，但人均占有量少。我们是在这样的资源条件下进行中国式现代化建设，必须认识到，要坚持可持续发展，坚持节约优先、保护优先、自然恢复为主的方针，像保护眼睛一样保护自然和生态环境，坚定不移走生产发展、生活富裕、生态良好的文明发展道路，实现中华民族永续发展。

第二，知道我国是一个统一的多民族国家，各民族人民平等互助、团结合作、艰苦创业、共同发展。了解一定的民族常识，如中华民族的组成、民族的关系及处理民族关系的原则、政策等，自觉履行国家统一和民族团结的义务，反对一切形式的分裂国家和破坏民族团结的行为，增进民族情感，树立民族意识，增强中华民族共同体意识，树立正确的国家观，自觉维护民族团结，从而理解维护国家统一和民族团结的重要意义并能够落实到行动上。

第三，了解我国在科技、教育发展方面的现状。理解实施科教兴国战略的现实意义，认识科技创新的必要性，努力提高自身素质。理解教育对国家和个人的重大作用。知道科学技术是第一生产力，理解科技对我国经济社会的作用。辩证看待发展经济和发展科技教育之间的关系。感受科技和教育的力量，体会科技创新、教育创新的必要性，树立热爱科学，勤奋学习的观念，努力使自己成为祖国所需要的创新型人才。

第四，了解把我国建设成为综合国力和国际影响力领先的社会主义现代化强国的奋斗目标。党的二十大报告指出："未来五年是全面建设社会主义现代化国家开局起步的关键时期，主要目标任务是：经济高质量发展取得新突破，科技自立自强能力显著提升，构建新发展格局和建设现代化经济体系取得重大进展；改革开放迈出新步伐，国家治理体系和治理能力现代化深入推进，社会主义市场经济体制更加完善，更高水平开放型经济新体制基本形成；全过程人民民主制度化、规范化、程序化水平进一步提高，中国特色社会主义法治体系更加完善；人民精神文化生活更加丰富，中华民族凝聚力和中华文化影响力不断增强；居民收入增长和经济增长基本同步，劳动报酬提高与劳动生产率提高基本同步，基本公共服务均等化水平明显提升，多层次社会保障体系更加健全；城乡人居环境明显改善，美丽中国建设成效显著；国家安全更为巩固，建军一百年奋斗目标如期实现，平安中国建设扎实推进；中国国际地位和影响进一步提高，在全球治理中发挥更大作用。"

第五，知道中国特色社会主义理论体系，了解我国现阶段基本经济制度和政治制度，知道我国各民族人民的共同理想。中国特色社会主义理论体系作为中国化马克思主义的创新理论，是马克思主义普遍原理与中国国情和具体实践相结合的产物。毛泽东思想、邓小平理论、"三个代表"重要思想、科学发展观、习近平新时代中国特色社会主义思想，集中反映了中国特色社会主义理论体系的世界观和方法论。中国梦是全国各族人民的共同理想。理想指引方向，中国梦共同理想就是在中国特色社会主义旗帜引领下实现民族复兴的伟大目标。以中国梦筑就当代中国人共同理想，当代中国科学发展就有了引领方向的理论旗帜、凝聚人心的精神支柱和催人奋进的思想动力。只要共同坚守中国梦这一全国各族人民的共同理想，坚持中国特色社会主义道路、理论体系和制度，就能不断增添正能量，动员和激励全国各族人民自觉为民族复兴的伟大事业而不懈奋斗。

第六，学习和了解中华文化传统，增强与世界文明交流对话的意识。文化是一个国家、一个民族的精神家园，体现着一个国家、一个民族的价值取向、道德规范、思想风貌及行为特征。2022年5月习近平总书记在中共中央政治局第三十九次集体学习时强调："中华优秀传统文化是中华文明的智慧结晶和精华所在，是中华民族的根和魂，是我们在世界文化激荡中站稳脚跟的根基。"我们要坚持把马克思主义基本原理同中国具体实际相结合、同中华优秀传统文化相结合，不断推动马克思主义中国化、时代化，推进中华优秀传统文化创造性转化、创新性发展。一个国家、一个民族的强盛，总是以文化兴盛为支撑的，中华民族伟大复兴需要以中华文化发展繁荣为条件。在党的十九大报告中习近平总书记强调："没有高度的文化自信，没有文化的繁荣兴盛，就没有中华民族伟大复兴。"在新的历史起点上，传承弘扬中华优秀传统文化，要坚持守正创新，深入挖掘中华优秀传统文化蕴含的思想观念、人文精神、道德规范，结合时代要求创造性转化、创新性发展，推动中华优秀传统文化同社会主义社会相适应，展示中华民族的独特精神标识，更好构筑中国精神、中国价值、中国力量。要坚持马克思主义的根本指导思想，传承弘扬革命文化，发展社会主义先进文化，从中华优秀传统文化中寻找源头活水，把中华优秀传统文化中具有当代价值、世界意义的文化精髓提炼出来，发展面向现代化、面向世界、面向未来的，民族的科学的大众的社会主义文化，增强中华文化影响力。

第七，了解文化的多样性和丰富性，尊重不同的文化和习俗，以平等的态度与其他民族和国家的人民友好交往。在文化交流的过程中，要认识到文化的多样性，尊重每个民族文化的传统和个性。吸收和借鉴各国优秀文明成果，不断增强中国文化的国际影响力。我们既热情欢迎世界各国优秀文化在中国传播，又要主动推动中国文化走向世界，做中国文化传播的使者。在"一带一路"建设过程中，中国文化仍然要保持自己的个性与特征，凸显独特的魅力。对待其他文明我们不能只满足于欣赏物件的精美，更应该领略其中蕴含的人文精神。文明因交流而多彩，文明因互鉴而丰富。要持有学习和借鉴人类文明的一切优秀成果，坚持以我为主、兼收并蓄的态度。让中华文明在交流互鉴互借中发展。通过人文精神的交流互鉴，为人类社会发展提供精神支撑和心灵慰藉。

第八，了解当今世界发展趋势。知道我国在世界格局中的地位、作用和面临的机遇与挑战，增强忧患意识。当今世界是开放的世界，各国之间的联系越来越密切。只有了解国情，才能更好地发展中国。中国是最大的发展中国家，中国也是维护世界和平、促进世界发展的中坚力量，这决定了中国在国际社会中的地位和作用。相对稳定的国际和平环境，经济全球化和新科技革命的突飞猛进，这些都为中国的发展提供了机遇，中国改革开放和现代化建设取得巨大成就。但我们处在一个充满挑战的时代，世界之变、时代之变、历史之变正以前所未有的方式展开。从我国和世界其他国家的对比中，认清我们的优势和差距、有利条件和不利因素，增强忧患意识和责任意识，树立开放、平等、参与的国际意识，促进世界和平与发展是进行基本国情教育的必然要求，也是时代发展的要求。

第九，认识树立全球观念的重要性，增强为世界和平与发展做贡献的意识和愿望。回溯历史，人类呼吸过战争的硝烟，经历过战争的惨痛。第二次世界大战后，世界上很多国家意识到和平的可贵，尤其是中国，会更加珍惜、努力维护和平。增强反对战争的意识，懂得和平来之不易。国际组织、世界各国、中国、个人，每个主体都是推动世界和平与发展的重要力量。树立合作共赢的全球意识，构建人类命运共同体是世界发展的历史必然，也是人类共识。在明晰国家发展存在差异的基础上，正确看待中国在国际社会发挥的积极作用，感受大国担当，增强责任意识，有维护世界和平发展的愿望。

二、基本国情教育的时代意义

旗帜决定方向，道路决定命运。基本国情教育具有鲜明的时代性。新时代新征程，中国特色社会主义是当代中国大踏步赶上时代、引领时代的旗帜，决定着当代中国的发展方向，也决定着未来中国的前途命运。新时代的基本国情教育既顺应历史潮流，又符合时代发展要求。

（一）重要性

奋进新时代，筑梦新征程。党的十八大以来，中国发展正处在一个新的历史起点上。新机遇新挑战、新课题新矛盾、新时代新要求。对全党和人民群众特别是广大青少年进行基本国情教育，这是坚持马克思主义实事求是思想路线的需要，也是一项基础教育。当今世界正在发生广泛而深刻的变化，正确认识我国现在所处的发展阶段，认识中国的基本情况，才能深刻地理解党的路线、方针和政策，自觉地、正确地加以贯彻执行，中国特色社会主义道路就会越走越宽广。

（二）必要性

历史的画卷在砥砺前行中铺开，时代的华章在接续奋斗中抒写。建设有中国特色的社会主义事业，实现中华民族的伟大复兴，必须正确认识和把握我国的基本国情，只有从实际国情出发，才能建设好我们的国家。

我们要正确认识我国综合国力和生产力发展水平。我国虽然是世界第二大经济体，但还只是中等收入国家。要充分认识我国发展中存在的问题，党的二十大报告指出："发展不平衡不充分问题仍然突出，推进高质量发展还有许多卡点瓶颈，科技创新能力还不强；确保粮食、能源、产业链供应链可靠安全和防范金融风险还须解决许多重大问题；重点领域改革还有不少硬骨头要啃；意识形态领域存在不少挑战；城乡区域发展和收入分配差距仍然较大；群众在就业、教育、医疗、托育、养老、住房等方面面临不少难题……。"我们既要坚定信心，还要有强烈的忧患意识，艰苦奋斗，埋头苦干，做新时代的奋进者。

中国基本国情教育，是坚定社会主义信念教育的重要组成部分，是把中国实际同马克思主义基本理论相结合的教育实践，是用辩证唯物主义观点认识世界和祖国，引导青少年树立科学的世界观、人生观、发展观。

进行中国基本国情教育，是深化爱国主义、集体主义、社会主义教育的有效形式，是广泛践行社会主义核心价值观，着力培养担当民族复兴大任的时代新人的需要。

进行中国基本国情教育，是推进全党全民坚定不移地建设中国特色社会主义伟大事业的强大动力，是全面贯彻习近平新时代中国特色社会主义思想，弘扬伟大建党精神，对全面建成社会主义现代化国家、全面实现推进中华民族伟大复兴的中国梦具有重大而深远的意义。

（三）迫切性

新时代国家处于新的历史方位，世界正处于百年未有之大变局。面对国情世情的巨大变化，原有的教育内容和方式已经不能适应时代的要求，必须顺应新时代因时而进，既要牢牢把握意识形态的主导权，又要坚持"培养什么人""怎样培养人"和"为谁培养人"的根本遵循，强化为党育人、为国育才的导向。青年是整个社会力量中最积极、最有生气的力量，是国家的希望、民族的未来。因此，加强国情教育刻不容缓。近几年，国情教育在全国推展开来并取得了一定成绩，但是我们应当清醒地看到，我们的国情教育尚在起步阶段，还存在许多未尽人意之处。例如：国情教育的内容冗杂陈旧，实效性不足；国情教育的形式枯燥单一，活动性不够；国情教育的组织领导不力，创新性缺乏。可见，开展基本国情教育还有许多事情要做，还有很长的路要走。中国基本国情教育，要遵循"教育要面向现代化、面向世界、面向未来"的战略思想，不忘来时路、走好脚下路、坚定未来路。我们只有在任何情况下都牢牢把握社会主义初级阶段这个最大国情，全力推进国情教育的开展，只有脚踏着中国的大地，遵循中国现阶段的基本国情，才能适应时代发展要求，才能开创更加光辉灿烂的未来。

三、基本国情教育的时代内容

基本国情教育是党的基本理论教育的一项基本内容，主要包括对坚持党的领导、我国社会发展阶段、社会主要矛盾、综合国力和生产力发展水平、基本国策的认识等。在当今中国，基本国情教育的重点应主要解决两个问题：一是中国走社会主义道路的必然性，二是坚持中国共产党领导的正确性。新时代的基本国情教育就是要坚持把实现中华民族伟大复兴的中国梦作为鲜明主题，让人们读懂时代中国，切实感受改革开放以来我

国取得的巨大成就，要唱响人民赞歌、展现人民风貌，大力弘扬中国人民在长期奋斗中形成的伟大创造精神、伟大奋斗精神、伟大团结精神、伟大梦想精神，生动展示人民群众在新时代的新实践、新业绩、新作为。

（一）增强爱党情感教育

历史的长河印证着坚持中国共产党领导的正确性，坚持中国共产党的领导，是立国之本，是中国前进发展的有力保障，是实现社会稳定的重要基础，是人民生活更加幸福的根本所在。要弘扬伟大建党精神。习近平总书记《在庆祝中国共产党成立100周年大会上的讲话》中指出："一百年前，中国共产党的先驱们创建了中国共产党，形成了坚持真理、坚守理想，践行初心、担当使命，不怕牺牲、英勇斗争，对党忠诚、不负人民的伟大建党精神，这是中国共产党的精神之源。""一百年来，中国共产党弘扬伟大建党精神，在长期奋斗中构建起中国共产党人的精神谱系，锤炼出鲜明的政治品格。历史川流不息，精神代代相传。我们要继续弘扬光荣传统、赓续红色血脉，永远把伟大建党精神继承下去、发扬光大！"引导人们深刻认识党的领导是中国特色社会主义最本质特征和最大制度优势，坚持党的领导、坚持走中国特色社会主义道路是实现国家富强的根本保障和必由之路，以坚定的信念、真挚的情感把新时代中国特色社会主义一以贯之地进行下去。

（二）坚定社会主义信念教育

只有深入认识什么是社会主义，牢记中国基本国情，才能真正明白"举什么旗、走什么路"。迈步新时代，踏上新征程，当前我国正处于以中国式现代化全面推进中华民族伟大复兴的关键节点，只有坚持不懈用习近平新时代中国特色社会主义思想凝心铸魂，才能更好地把全党全国人民的思想和行动统一到党中央的决策部署上来，才能更好地锚定奋斗目标，向着中华民族伟大复兴的历史伟业奋勇前行，才能更好地迎接风险挑战，带领广大人民群众，从胜利走向更大的胜利。中国式现代化是中国创造的一种符合中国国情的发展模式。了解中国现在所走的道路，讲述社会主义建设的伟大成就，这对于保证中国特色社会主义道路的正确方向和发展前景，无疑有着极为重要的指导意义。理论只有被群众掌握、所用，才能焕发出巨大的生命力。只有充分认识到民族的伟大复兴和社会主义现代化建设任务的艰巨性、复杂性、繁重性，才能紧跟时代脉搏，适应新形势，热爱党和人民，自觉维护民族团结和国家统一，维护祖国尊严，珍视中华民族光荣历史和对人类所做的贡献，增强民族自尊心、自信心和自豪感，立志做新一代的建设者。

（三）唱响爱国主义教育

新时代爱国主义教育要面向全体人民、聚焦青少年。固本培元、凝心铸魂。认真贯彻落实推动《新时代爱国主义教育实施纲要》，要搭建紧跟时代、胸怀祖国、放眼世界的广阔平台，了解当代中国的基本国情，正确把握国内外形势新特点，认清世情、国情、党情、民情、乡情的新变化，突出祖国的辽阔疆土、领海领空、壮丽江山、丰富资源，突出中国社会主义制度的优越性，突出中国共产党领导社会主义现代化建设的伟大成就和宏伟前景，激发热爱祖国、振兴中华的思想感情，厚植家国情怀，涵养进取品格，增强建设祖国的使命感、责任感。中国特色社会主义进入新时代，必须大力弘扬爱国主义精神，把爱国主义教育贯穿国民教育和精神文明建设全过程。以爱国主义为核心的民族精神，是中华民族生生不息的血脉基因。中国共产党带领全国各族人民从站起来到富起来再到强起来，正是爱国主义教育的伟大实践。大力弘扬民族精神和时代精神。以爱国主义为核心的民族精神和以改革创新为核心的时代精神，是凝心聚力的兴国之魂、强国之魂。要聚焦培养担当民族复兴大任的时代新人，培育和践行社会主义核心价值观，广泛开展爱国主义、集体主义、社会主义教育，提高人们的思想觉悟、道德水准和文明素养。要高举中国特色社会主义伟大旗帜，广泛开展理想信念教育，用党领导人民进行伟大社会革命的成果说话，用改革开放以来社会主义现代化建设的伟大成就说话，用新时代坚持和发展中国特色社会主义的生动实践说话，用中国特色社会主义制度的优势说话，让爱国主义成为全体中国人民的坚定信念、精神力量和自觉行动。

（四）开展中国近代、现代史教育

历史是最好的教科书，实践是最好的试金石。让学生认识祖国悠久的历史，灿烂的文化。学习历史上的杰出人物，增强民族自豪的精神；了解祖国的悠久文明，树立献身科学的世界观；领略中国传统的美学价值，陶冶学生健康的审美情趣；了解中华民族一百多年来争取民族独立、自由解放的斗争史和社会主义现代化建设的伟大实践，增强为全面建设社会主义现代化国家、全面推进中华民族伟大复兴而团结奋斗的精神。从历史中汲取经验和智慧，从现实的伟大实践中汲取力量，从而培育时代新风新貌，树立为祖国、为科学献身的伟大理想，以奋斗姿态激扬青春，不负时代，不负年华。

（五）进行乡土乡情教育

家乡是学生生活的第一空间，乡情村事是活生生的现实版教材。深入了解家乡实际，挖掘乡土资源，开发优秀乡土文化，激活乡土文明因素，提炼展示中华文明的精神标识和文化精髓，亲近乡土，体悟乡情，传承乡风，讲好中国故事、传播好中国声音，展现可信、可爱、可敬的中国形象，塑造新时代文明乡村乡风。聚焦乡村全面振兴，辩

证分析本地优势和制约城乡经济发展的诸多因素,推进城乡精神文明建设融合发展,加强城乡建设中历史文化保护传承,繁荣发展文化事业和文化产业,不断提升乡村福祉水平,努力实现民族振兴、国家富强和人民幸福。

(六)抓好人口国情、资源国情和环境国情教育

人口教育是国情教育的重要组成部分,我国的人口状况是进行国情教育的绝好题材。我国是世界上人口最多的国家,这是我国的基本国情。我国人口数量多,人口基数大,人口增长快,人口问题是我国最严峻的问题之一。要充分认识到人口增长要与社会经济的发展相适应,要与资源、环境相协调,树立科学的人口观。自然资源是人类赖以生存和发展的必要的物质基础。我国自然资源的基本国情是总量丰富,人均占有量少。我国自然资源相对短缺,所以,必须学会从生态观点出发,树立环境意识,合理开发利用自然资源。党的二十大报告强调:"中国式现代化是人与自然和谐共生的现代化。人与自然是生命共同体,无止境地向自然索取甚至破坏自然必然会遭到大自然的报复。我们坚持可持续发展,坚持节约优先、保护优先、自然恢复为主的方针,像保护眼睛一样保护自然和生态环境,坚定不移走生产发展、生活富裕、生态良好的文明发展道路,实现中华民族永续发展。"要正确认识我国的资源国情,了解人类生存与自然资源的关系,树立合理开发利用和保护资源的观念及可持续发展观。

(七)加强党风廉政建设教育

党的十八大以来,党和国家事业发生历史性变革,我国发展站到了新的历史起点上。党中央推出一系列重大战略举措,出台一系列重大方针政策,推进一系列重大工作,解决了许多长期想解决而没有解决的难题,办成了许多过去想办而没有办成的大事。党的建设取得重大进展,党的凝聚力、战斗力和领导力、号召力大大增强。党的思想建设全面加强,党员和领导干部的学习教育实现常态化。党中央坚定不移推进全面从严治党,着力解决人民群众反映最强烈、对党的执政基础威胁最大的突出问题,形成了反腐败斗争压倒性态势,党内政治生活气象更新,全党理想信念更加坚定、党性更加坚强,党自我净化、自我完善、自我革新、自我提高能力显著提高,党的执政基础和群众基础更加巩固,为党和国家各项事业发展提供了坚强政治保证。党对意识形态工作的领导进一步加强,全党全社会思想上的团结统一更加巩固。通过不懈努力,党的建设水平跃上一个新台阶,全党精神面貌焕然一新。

(八)推动美丽中国建设教育

建设美丽中国既是全面建设社会主义现代化国家的宏伟目标,又是人民群众对优美生态环境的热切期盼,也是生态文明建设成效的集中体现。党的十八大提出"努力建设

美丽中国",党的十九大提出到二〇三五年"生态环境根本好转,美丽中国目标基本实现"。习近平总书记在党的二十大报告中明确指出,从二〇三五年到21世纪中叶把我国建成富强民主文明和谐美丽的社会主义现代化强国,并对推进美丽中国建设作出重大部署。习近平总书记高度重视美丽中国建设,多次作出重要的指示批示。在习近平生态文明思想的科学指引下,我们党把生态文明建设作为关系中华民族永续发展的根本大计,开展了一系列根本性、开创性、长远性的工作,创造了举世瞩目的生态奇迹和绿色发展奇迹,生态文明建设扎实推进,美丽中国建设迈出重大步伐。这些年来,生态环境质量明显改善,我们的祖国天更蓝、山更绿、水更清,中国更美丽了。当前,全党全国建设美丽中国的自觉性和主动性显著增强,全面落实党中央决策部署,绿色版图不断扩展,城乡环境更加宜居,一幅幅"人与自然和谐共生"的美景生动展现出来。我们坚持以习近平生态文明思想为指导,锚定美丽中国建设目标,持续发力、久久为功,在改善生态环境质量上取得新进步,在促进经济社会发展全面绿色转型上展现新作为,在建立健全现代环境治理体系上实现新突破,努力打造"青山常在、绿水长流、空气常新"的美丽中国。

(九)推进特色大国外交教育

中国特色大国外交稳步开展,我国发展的和平国际环境和良好周边环境得到进一步巩固。党的十八大以来,中国提出构建人类命运共同体的新理念,得到国际社会广泛认同。中国更加深入地参与国际事务,在国际社会发挥越来越大的作用。中国通过参与联合国、世界贸易组织、国际货币基金组织、世界银行等国际组织的活动,提出倡议、贡献智慧、承担义务、履行职责,发挥大国作用。中国国家元首和政府首脑通过参加金砖国家(BRICS)、二十国集团(G20)、亚太经合组织(APEC)、上海合作组织(SCO)、中非合作论坛、中国与东盟地区领导人峰会以及东亚峰会等一系列国际机制,积极开展多边外交。中国主办了亚洲相互协作与信任措施会议、亚太经合组织领导人第22次非正式会议、纪念中国人民抗日战争暨世界反法西斯战争胜利70周年庆典活动、G20杭州峰会、中国—中亚峰会、第三届"一带一路"国际合作高峰论坛等,参与推动完善全球治理。中国提出的"一带一路"倡议产生巨大国际影响,吸引100多个国家和国际组织的参与,大大深化了中国与有关国家的关系。中国倡议设立的亚洲基础设施投资银行受到普遍欢迎,已有109个国家加入。

总之,我国正处在一个大发展大变革的新时代,面临国际国内形势及各种风险和挑战,我们要客观面对中国的基本国情,牢牢抓好基本国情教育,把握当前中国发展的阶段性特征和重要战略机遇期,进一步发挥中国特色社会主义的优势,毫不动摇地沿着已

经开辟出来的科学发展道路继续奋勇前进。

第二节 基本国情教育主题营地模式

基本国情教育主题营地模式，就是在营地教育中创设特定环境，以基本国情教育为主要内容，从课程到场景的系统化创新设计，融合广泛性的教育内容和多样化的体验及实践形式，激发参与者的学习兴趣，拓宽知识视野，培养自信心和公民意识等，提升能力和综合素质。

一、资源开发

（一）资源分类

基本国情教育的资源主要来自一个国家或一个地区拥有的自然资源和社会资源。对基本国情教育资源的有效分类，有利于人们对资源的充分认知和高效利用，有利于各地依托资源开发建设研学实践教育基地，有利于营地教育逐步完善基本国情教育课程体系，有利于加强营地基本国情教育的规范和管理。

从资源的性质、特点和范畴来讲，基本国情教育资源主要可分为三大类：自然国情类教育、人文国情类教育和现代发展国情类教育。

1. 自然国情类教育解析

自然国情类教育主要包括自然资源状况、地理资源状况、环境气候状况、人口生态状况等知识内容，是指以资源国情、环境国情等方面为主进行的教育。一般以自然生态为主题，活动建立在自然环境和自然资源基础上，包括国土面积、地质、地貌、地形、气候、矿产、生物、水、光、热资源等。侧重资源开发与永续利用、地理环境保护与生态文明、人类与自然和谐相处等教育内容。

活动方式方法以教育为主，弘扬民族精神和培育时代新人。以主题教育、节庆纪念日等展示丰富、具体、形象、生动的认知内容，以达到认识人类、文化与环境的相互关系，接受一些技能和认识方面的教育，引导参与者感受祖国大好河山，树立爱护自然、保护生态的意识。

亲密接触大自然，融入国情教育与生命教育。通过建立自然教育基地或是参与栖息地的保护，带领参与者在山林、河湖、学校、农场、社区开展一些活动或游戏，进行自然创作和自然手工及综合性的自然教育。通过积极的参与及实践体验活动，促进学生的身体、心理、认知、态度、情感、个性、品质等方面的发展。

主要实践场所有：生态保护区、自然风景区、爱国主义教育基地、革命历史纪念场馆、优秀传统文化教育基地、文物保护单位及遗址、博物馆、美丽乡村、特色小镇、示范性农业基地、高等学校、大型公共设施、重大工程基地等优质资源单位。

2. 人文国情类教育解析

人文国情类教育主要是指人文资源、文化传统、社会状况等方面的教育。人文资源是指人类社会有史以来所创造的物质的、精神的文明成果总和。如语言文字、文化传统、历史遗存、思想观念、科学技术，现实世界中的资产、资本、权力、关系都可称为人文资源。文化传统主要包括价值取向、伦理道德观念、宗教信仰、艺术观念及民族传统和风俗习惯等。社会状况是指历史传统、文化背景、政治制度、经济制度、国际环境和国际关系、民族、家庭、婚姻、社会犯罪及其相应对策等。

在人文国情教育方面，要使人们对我国的政治、经济、人口、文化、教育等现状充分认识，了解我国是一个统一多民族的社会主义国家，人口众多，经济建设成就巨大，文化、教育发展迅速，但现在尚处于社会主义初级阶段，仍有许多问题要我们去解决。

主要活动方式方法是厚植爱国情怀和弘扬中国精神。以丰富多样的国情教育实践形式为载体，开展多样的国情教育。营地创办爱国主义教育主题营地，不断丰富实践载体，开办冬令营、夏令营、体验营、特色研学实践教育等项目，可围绕"弘扬中华文化、培育家国情怀"的主题，学习国史知识、增强家国情怀、锻炼强国意志、笃行报国行动，开展系列丰富多彩的国情教育活动，如缅怀祭扫、升国旗仪式、入党入团入队仪式、重温誓词、成人仪式、探寻中华文化、国情研习、追寻伟人足迹、名家故里行、走访美丽乡村、乡村振兴调研、社会公益服务实践等活动，以浓厚的国情教育激发爱国热情、弘扬民族精神、传承红色基因，占领精神高地。

实现中华民族伟大复兴的中国梦，必须弘扬中国精神。以民族精神为纽带，激发奋斗精神。从红船精神、井冈山精神、长征精神、延安精神、抗战精神，到北大荒精神、雷锋精神、红旗渠精神、大庆精神，从奥运精神、特区精神、抗洪精神、抗震救灾精神，到"两路"精神、抗疫精神、"两弹一星"精神、载人航天精神等，点点星火，汇聚成炬，这就是中国力量，这都是鲜活的社会实践大课堂。积极探索各类国情教育实践项目，构建融合发展的国情教育体系，推动国情教育活动有序开展。

实践场所有：红色教育和国情教育基地、党史学习教育基地、陈列馆、人文素质教育社区实践基地、爱国主义教育综合实践基地、国情教育实践服务活动中心等。

3. 现代发展国情类教育解析

现代发展国情类教育是将教育视野放在整个世界环境的大背景下进行，以现代科技教育发展、现代社会经济发展的成果成就为主要内容，同省情、市情、县情的教育结合进行，突出时代特征，是最现实、最生动的教育。

科技教育发展主要内容包括科技队伍、科研水平、体制，教育的规模、结构、水平等。经济社会发展主要内容包括经济实力、经济体制、生产关系、生产力布局、对外经济关系及发展情况等。主要结合特定的教育主题，组织社会考察和社会实践活动，引导青少年了解基本国情及中国特色社会主义建设成就，激发爱党爱国之情。

活动方式方法主要是摆事实、树信心。当今的中国，梦想接连实现，充满生机与活力。继续保持世界第二大经济体的地位，经济稳健发展，全面推进乡村振兴，着力解决人民群众急难愁盼问题，脱贫攻坚成果进一步巩固，粮食生产获得"十九连丰"。冬奥会、冬残奥会成功举办，神舟接力腾飞、"太空之家"遨游苍穹，强军伟业昂扬奋进，第三艘航母"福建号"下水，首架C919大飞机正式交付，白鹤滩水电站全面投产。自由贸易港区蓬勃兴起，沿海地区踊跃创新，中西部地区加快发展，东北振兴蓄势待发，边疆地区兴边富民，香港、澳门地区长期繁荣稳定。当今的中国，是紧密联系世界的中国。珍视和平和发展，为人类和平与发展事业贡献中国智慧和中国方案。

党的二十大胜利召开，擘画了全面建设社会主义现代化国家、以中国式现代化全面推进中华民族伟大复兴的宏伟蓝图，吹响了奋进新征程的时代号角。"明天的中国，奋斗创造奇迹"，需要埋头苦干，脚踏实地。"明天的中国，力量源于团结"，需要众志成城，同舟共济。"明天的中国，希望寄予青年"，需要激扬青春，携手并进。只要有"路虽远，行则将至，事虽难，做则必成"的志气，只要有愚公移山的精神，滴水穿石的毅力，只要有用青春热血书写最美的奋斗华章的勇气和干劲，方能不负韶华、不负时代、不负人民，就一定会迎来祖国最美好的明天。

实践场所主要有：美丽乡村、特色小镇、大型知名企业、大型公共设施、新时代文明实践站（所）、城市展示中心、民族团结教育基地、重大工程基地等。

（二）资源挖掘

基本国情教育的素材非常广泛。从历史到现实，从物质文明到精神文明，从自然风光到物产资源，在社会生活的各个领域和各个方面都蕴藏着极为丰富的可进行基本国情教育的瑰宝。要善于运用国情教育的资料，并注意挖掘和利用各种宝贵的教育资源，不断丰富基本国情教育。

1. 营地基本国情教育的资源挖掘模式

国情教育涵盖国家历史、地理、社会、经济、文化、政治制度、外交政策、社会主流价值观和公共道德观念等，涉及面广。营地教育要充分挖掘国情教育资源蕴含的价值，才能为营地国情教育的开展注入强劲的动力和活力，才能更好地实现营地教育育人的全程融合和联动发展。

营地教育＋基本国情教育的资源挖掘要紧紧围绕"一个中心，两个基本点，三个贴近，四个融合"的模式开展。一个中心就是以营地教育为中心；两个基本点就是以营地内教育和营地外基地为基本点；三个贴近就是贴近学生生活、贴近营地本土特色、贴近学生身心发展；四个融合就是要融合自然、社会、人文、科学的有效资源。这样，既扩充了营地教育资源空间，又丰富了教育内容。以此形成以营地教育资源为主线，以众多资源为依托的模式挖掘其中蕴含的教育价值，拓展课程资源，合理整合，有效利用。

2. 基本国情教育营地的资源挖掘方法

营地自身资源挖掘：摸清营地内自有资源，打造"营地＋本土特色"的国情教育独特资源。深入营地实地调研，了解营地所具备的得天独厚的资源及自有特色优势，如自然生态环境、地理地质、动植物、气候气象、山水花草、风土人情、历史留存等，对营地资源特点及功能进行分类，明确适合营地进行基本国情教育的富有实践教育意义的资源，明晰资源鲜明的教育性，充分挖掘各种资源的核心教育价值，做到资源融合和本土文化资源有效利用，为开展多元化的国情教育活动创设有益素材和有利条件。

营地周边资源挖掘：探寻营地周边资源，形成"营地＋区位优势"的国情教育多点资源。每个营地周边的区域和场所都具有丰富的教育资源，如公园、图书馆、科技馆、文物陈列馆、本土戏曲馆、革命博物馆等。营地要充分发掘和利用这些资源，融合各种资源，开展特色主题活动，加强与营地外的实践基地的合作。将营地周边若干个研学实践教育基地和历史文化及其他的自然资源有效融入基本国情教育之中，能够满足学生4~7天国情教育研学实践教育需求，便会形成营地教育的双轨互动发展新业态。

营地资源整合挖掘：拓展营地有效资源，建立"营地＋地域品牌"的多线型资源。营地教育要充分挖掘资源价值的有效性和可操作性，要善于整合资源，还可将资源进行延伸与拓展，将相同或相似类型的营地教育相连通，基于资源创设营地新课程，创新营地新路径。如将自然风光和文化遗产资源、红色教育资源等进行课程化完善和整合，强化活动实践研究，创新营地主题课程设计，以此构成营地国情教育的课程体系和教育体系，促成营地与营地的全面互通，开展研学旅行、夏令营、冬令营、综合实践、主题营会等多形式主题活动，便可形成营地教育多线辐射和多轨发展。

（三）资源构建

1. 营地教育+基本国情教育的营地模式建构

以营地教育+基本国情教育的资源建构模式营地主要可以分为两类：

（1）主题性教育营地。这种类型的营地以基本国情教育为核心课程，具有明显的国情教育特色。营地师资力量比较雄厚，硬件设施设备也比较完善。营地教育主题明确，课程结构明晰，教育产品服务专业性强，拥有经典特色类活动项目。国情教育主要以营地活动为载体，属于比较固定的专一的新型营地教育模式。

（2）综合性教育营地。营地教育具备多种实践教育功能，涉及多目标、多项目、多系列和多主题的活动内容和方式，营员可在营地多渠道、多途径地参与综合实践活动，从而达到教育目的，提升综合素质水平。这种类型的营地教育将基本国情教育列为整个营地的一个系列活动项目进行，属于多方面融合的实体营地教育模式。

2. 营地教育+基本国情教育的专业团队资源建构

营地教育是一个完整系统的工程，需要统一协调营地内外各方力量，实现国情教育的全员、全程、全方位培育。从事国情教育的专业团队是一个巨大的资源宝库。营地教育中强大的师资团队是取之不尽、用之不竭的宝贵财富，营地专业教师的知识、技能、经验与特长中蕴藏着丰富的国情教育素材，营地必须高度重视专业团队资源构建的重要价值。因之，加强师资队伍建设，是实现营地国情教育良好效果的重要保证。

营地要配足配强国情教育活动的专业教学师资、培训类师资、管理师资，如指导教师、辅导员和安全员等，人员梯次结构合理，具备相应的资格、资质，工作能力强，具有敬业奉献精神。

营地从事国情教育工作的专业团队，能够设计和规划国情教育课程及线路。专业师资队伍教学能力强，能够组织大中小学生集体参与研学实践教育和社会各类阶层的团建活动，开展研究性学习和多种体验项目式活动。研学实践教育中每条线路和活动场景配备的指导教师、解说员、安全员、项目专员，均应具备与学生良好互动的能力及防范意外等方面的知识和技能。

营地注重教职人员业务素养和能力提升，加强国情教育相关教学及管理研究，定期组织教职人员开展国情教育培训和相关团建活动。培训内容应涉及国情教育相关政策和法规、国际交流项目学生管理综合技能、国情教育技巧、专业课堂、国际视野和跨文化交际能力、舆情应对与突发事件处理等各个方面。

营地可以扩充师资队伍，寻求切实可行的新途径，与当地群团组织和知名企业合作，聘请离退休老干部和教师、模范人物、社会名流等专兼职国情教育辅导员，也可吸纳在校大学生、学生家长等做国情教育研学实践教育志愿服务者，提升国情教育影响力。

二、实施模式

（一）营地教育＋基本国情教育运营项目实施模式

1. 含义

基本国情教育营地的实施模式实际上就是指在实施基本国情教育中的项目模式，也是指在基本国情教育实施过程中所采用的手段。在营地教育中，这种实施模式是指对基本国情教育运行方式和运行方法的一种概括。

2. 分类

营地教育＋基本国情教育运营项目实施模式一般有以下三种模式：知识营地、实训营地、实践营地。

（二）营地教育＋基本国情教育运营项目实施模式应用

1. 知识营地

实施方式：理论学习、参与互动、充实精神、提高素质。

实施途径：知识为主、向书本学、向实践学、淬炼思想。

实施内容：包含学中知、行中悟和落于实。

学中知。知国是爱国的基础和前提。在教育营地组织开展的学习活动中，通过掌握知识、了解国情、把握国策，增强爱国情感，树立报国之志。营地开展基本国情教育就是教育学生认识我国国情，热爱我们的祖国，热爱我们祖国所进行的社会主义现代化建设事业。人们对自己的祖国了解越全面，认识越深刻，所产生的爱国主义情感就越深厚。所谓知之深、爱之切就是这个道理。因此，营地在进行国情教育时，不但要让营员了解中国的自然国情，还要让他们了解中国的人文国情和现代发展国情。不但要明白旧中国过去所遭受的苦难，还要认识新中国综合国力和国际地位的显著提高，更要学习改革开放以来我国在各个领域取得的重大成就，以此激发爱国之情。在营地教育中，营地作为一种特别的载体，一定要不同于常规学校。要尽可能地为学习者提供充满诗情画意的自然元素和振奋人心的人文资源，使大量的营地学习活动和项目紧紧依托这些教学场景进行，少讲大道理，多讲身边事，让营员近距离感知历史人文、亲近自然、陶冶情操，完善知识结构，扩展知识技能，达到开阔视野、增长知识、促进生活体验的深度融合，达成培育和践行社会主义核心价值观的教育目的。

行中悟。营地指导师带领营员饱览名胜，追寻红色足迹，感受时代发展，立足国情，体悟民族精神，通过实地见学和答疑解惑，感悟祖国在前进，中华在腾飞，社会主义好，激发爱国之情。要带领营员找成就，看发展，如全国铁路交通方面京九线、南昆线和青藏铁路的开通，西部大开发取得的成果，三峡水利工程的建设成果，中国航空航天事业取得的举世瞩目的成就等，帮助学生树立民族自信心、自豪感。

落于实。当前，我们正处在一个大发展大变革的时代，国际国内形势发生了深刻变化，意识形态领域的斗争尖锐复杂，不断巩固马克思主义在意识形态领域的指导地位，是我们应对各种风险和挑战，始终沿着正确发展方向的根本保证。营地要充分发挥营地编撰的资料及馆藏文献的价值，发挥图书馆在国情教育中的作用，尽可能多地为学生提供国情教育的相关书籍，如：《国情教育读本》《从现有格局看中国经济发展的未来》《我国法治建设理论与实践》《文化建设与文化强国》《社会结构变迁与社会治理创新》《公共安全和应急管理的理论与实践》《谁是最可爱的人》《"两弹"元勋邓稼先》《钱学森——中国人的骄傲》《鲁迅的精神》《文化传承与国际化》《古与今》《辨与思》《我与社会》《中国概况》《中国道路与中国模式》等。通过阅读国情方面的书籍，开展读书诵读比赛及征文等活动，激励学生的爱国情怀和奋斗热情。营地国情教育的知识性学习课程内容要扎实、形式要丰富，不拘泥于传统的授课和学习模式。通过指导师的引导讲解，通过互动学习，使营员对国内外的形势与政策有更深刻、更全面、更真实的了解。找差距，看问题，帮助学生清醒地认识我国的基本国情，感受中国力量，为更好地理解国家的战略国策以及更好地为社会主义建设服务打下基础。

案例1　　主题：牢记历史

一、听过去的故事

1. 学习中国近现代史（1840年鸦片战争以后的屈辱国耻）
2. 了解中国共产党诞生（1919年以后的历史变革）
3. 建立新中国（1949年新中国成立）

二、读革命书籍

《鸦片战争》《土地革命》《抗日战争》《解放战争》《共产党宣言》《秋收起义》《长征》《延安红色记忆》《井冈山》《五四运动》《中国大革命史》《伟人的故事》《广州起义》。

三、寻历史足迹

虎门销烟遗址，圆明园遗址，上海一大会址纪念馆，延安，重走长征路，中国人民革命军事博物馆，中国国家博物馆，井冈山革命博物馆，重庆红岩研学旅行基地，三五九旅屯垦纪念馆。

四、悟爱国情感

1. 帝国主义列强是怎样欺压、掠夺中国的？
2. 中国共产党是怎样领导中国人民取得革命胜利的？
3. 回顾艰苦的历程，不忘苦难历史，发扬革命传统，珍惜今天的生活。

2. 实训营地

实施方式：理论与实践相结合，管理与指导相统一。

实施方法：情景模拟、实操训练、演练测试、角色互动、浸润体验。

实施内容：包含浸润体验和实践互动。

浸润体验。以营地为平台，在营地内开展体验式教育，引导学生掌握基本国情，激发爱国情感。国情教育是基于学生的直接体验，是互动性很强的体验课程。营地利用自身国情教育资源和主题场馆及本土化特色文化，密切联系营员自身生活和社会生活实际，组织开展实操训练和体验类主题活动，使营员通过参与一系列体验活动，获取最佳的学习效果。

实践互动。营地教育要进一步探索国情教育多渠道、多层次的教育模式和形式，提升教育内容的趣味性、形象性和针对性。营地在开设的课程之中始终要贯穿互动性和实践性。坚持动手与动脑相结合，每个主题实践教育活动都应设有实践、体验环节，着力提高参与者的社会责任感、创新精神和实践能力，达到知行合一，养成良好行为习惯。如开展国情教育主题展览，国情文化素养修习、制作体验、讨论、交流、汇报等，了解全球知识及文化，体验中国丰富多彩的民族文化，传承本土知识及文化，增强国际化视野，凝聚爱国共识，提升民族认同，树立正确的人生观、世界观与价值观。

案例 2　　主题：爱我中华

一、祖国在我心中

1. 制作国旗、绘制国徽、会唱国歌。学习国歌法、国旗法、国徽法，学习宪法规定

的关于国家象征和标志的重要制度。

2. 认知党旗、团旗、队旗的象征意义。举行升国旗仪式，入党、入团、入队仪式，重温誓词，举办成人仪式等。

3. 牢记社会主义核心价值观24字及其含义解读；小组合作，编写小品或剧目，排练并演出。

4. 树爱国之心——参观党史馆；"国情大讲堂"——了解我国基本国情。

二、祖国我爱你

1. 祖国山河美——走访山川河流、名胜古迹。

2. 英雄儿女多——走进英雄故里、烈士陵园，学习榜样的事迹，传承红色基因。

3. 祖国变化大——走进经济特区、沿海开放城市，寻访大山人家等，寻找身边的变化，调查人们在吃穿住行等方面的变化。

4. 立报国之志——实地参观国家公祭仪式、走访爱国主义教育基地等。培养爱国之情，砥砺强国之志，实践报国之行。

三、祖国在前进

1. 头脑风暴——就社会主义的优越性、中国的政治制度、经济文化发展，开展辩论会。找成就，看发展，找差距，看问题，理解国家的战略国策，感受中国力量。

2. 模拟法庭——国策教育（森林法、土地法、水资源法、土地管理法、野生动物保护法、环境保护法等），以案说法。

3. 十年变迁——新时代十年的伟大变革。深入学习宣传贯彻党的二十大精神；开展学习贯彻习近平新时代中国特色社会主义思想主题教育；坚定信心向着实现第二个百年奋斗目标稳步前行。

3. 实践营地

实施方式：调查、访谈、探究、实验。

实施方法：实践、活动、考察、探究。

实施内容：包含调查考察和参观探究。

用脚步丈量祖国大地，在实践中看见最真实的中国。营地要组织学生走向外面更广阔的世界。通过调查、参观、考察、采访、实验、探究等活动，了解祖国的巨大变化，开展基本国情教育。

调查考察。开展中国国情之旅、寻访非遗传人、名家故里行、百村千人行、服务乡村振兴调研等活动，感受祖国百年沧桑演变。赴偏远山区调研考察，了解脱贫攻坚成果，体验中国丰富多彩的民族文化，感受中国乡村巨变。深入农村开展送科技知识下乡、文化知识宣讲、法律咨询等活动，调查家乡、家庭、个人普遍关注的问题，书写调查报告。参加帮助孤寡老人、救助儿童、关注留守儿童成长等无偿活动。参加盐碱荒漠护坡绿化治理，到基地参加植树活动，在大自然中画青绿山水，与祖国大好河山加深情感联结。在营地集体生活和锻炼中，发挥个人才智，接受国情教育，感受社会主义建设的伟大成就，启发学生立志做新时代的建设者。

参观探究。开展实践教育活动，实地参观企业、博物馆、军营等，通过体验式、探究式、项目式、互动式、问题式、主题式手段，切实体会，整体感知。让营员实地感受祖国大好河山，感受中华传统美德，感受革命光荣历史，感受改革开放伟大成就，激发对党、对国家、对人民、对社会、对自然的热爱之情，感悟爱国情感，增强民族自信心和自豪感，树立爱国主义精神，形成正确的世界观、人生观、价值观。

案例 3　　主题：共筑中国梦

一、感受新时代

1. 走进新农村——走进美丽乡村、特色小镇、示范性农业基地。

2. 多彩的城市——走进科技创新基地、重大工程基地。

3. 领略地域风土文化——走进生态保护区、高等学校、科研院所。

二、向往新生活

1. 未来的城市——参观城市管网、人与自然和谐共生。

2. 科技强国——走进科技馆、科普教育基地。

3. 模拟会议室——学习可持续发展战略、构建人类命运共同体等。

三、走向新长征

1. 国家梦、民族梦——参加中华民族传统节庆，感受民族精神。

2. 确保红色江山永不变色——瞻仰革命历史纪念场，参加重大历史事件纪念活动。

3. 铭记红军丰功伟绩，弘扬伟大长征精神，实现"两个一百年"奋斗目标——重走长征路。争做新时代的奋斗者、追梦人。

（三）营地教育＋基本国情教育活动课程实施模式

1. 创建营地国情教育研学实践教育活动课程

编写营地教程：营地国情教育教程是基于资源而打造的。营地要深入研究解决国情教育"教什么、谁来教、怎么教"的基本问题。营地也要结合营地资源、周边资源，开发营地国情教育体系，研讨国情教育理论，拓展国情教育课程领域，建设国情教育研学团队，制定营地国情教育管理服务、运营方案，丰富国情教育课程资源库。

营地要组织编写营地教育营本教程，为开展研学实践提供教学资料支撑。编写针对研学旅行、夏令营、冬令营、亲子活动、综合实践等的国情教育文化教程和指导手册。在此基础上，营地也可建设国情教育主题网站和网页，紧密结合国内外形势变化和学生关注的热点、难点问题，开展生动活泼的国情教育活动，形成线上线下国情教育合力。

开发活动课程：营地要合理开发以基本国情教育为主题的研学实践教育活动课程。当今，多元、开放的社会赋予国情教育非常丰富的内容，不仅要了解中国的历史，还要认知当代的中国，更要放眼长远的世界，应对人类共同面临的问题，重点要放在价值观的确立与能力和情感的培养上。国情教育以爱国主义、民族认同、人文精神、共同理想、可持续发展，以及对世界文明的理解与开放等为重要内容。活动课程要设计科学，体系完整，符合教程规范。研学实践教育活动课程要彰显国情教育区位特色和元素，要求有多个不同主题，适应不同学段（小学、初中、高中）学生需求，与学校教育内容衔接，能够实现育人目标。

2. 开设营地国情教育研学线路

营地要结合自身地理位置和周边资源，规划设计国情教育研学实践教育主题特色线路，其中，小学以乡土乡情为主，初中以县情市情为主，高中以省情国情为主，一般线路不少于6条。合理规划出行线路图，形成以营地为枢纽、基地为站点的研学实践教育网络。研学实践线路要围绕国情教育主题确定，能够充分满足研学实践活动课程需要。营地要整合各级中小学生研学实践基地、爱国主义教育基地、传统书院、美丽乡村建设景点等研学资源，突出国情教育元素，形成营地教育精品线路。

3. 打造营地国情教育实施新模式

国情教育营地有着广阔的教育空间，大自然、大社会都是国情教育的活教材，自然景观、红色景点、历史遗迹、城市乡村都蕴含着丰富多彩的国情教育内容。营地国情教育只有紧扣时代这本活教材，实事求是，因地制宜，通过多种渠道，开展形式多样的活动，才能真正达到国情教育和育人的目的。

营地亲子活动＋国情教育：让父母陪着孩子在假期一起参加营地组织的国情教育活

动,达到双赢的效果。通过活动的开展,既能促进孩子与父母的关系,又锻炼了孩子参与社会活动的能力,更有益于孩子的身心健康发展。近些年来,这种"培根"的事业越来越受到社会的关注和群众的好评。营地在开展亲子活动+国情教育时,要做好活动的策划和设计。活动的主题和内容及形式应该以孩子已有的经验为基础,也要充分征询家长的建议和意见。活动要遵循适宜性,寓教于乐,以丰富多样的形式使孩子获得发展。在活动中,要充分发挥家长的作用,让家长明确应承担的角色以及需要配合和注意的事项。要及时将国情教育和家庭中的教育内容、教育形式做时间和空间上的迁移。营地也可有针对性地发放宣传资料和开展免费讲解和咨询活动,使更多的人了解亲子教育项目的重要性和方式方法。只有不断地探索和实践,不断转变家长教育观念,充分发挥营地开展亲子活动+国情教育的重要性和有效性,这项提高民族素质的有益活动才能越来越好。

营地团建+国情教育:团建全称为团队建设,是指一些部门、单位和组织,为了增加员工或会员的团体意识和协作精神而举办的团队项目建设活动。团建是从国外传到国内,最近几年才刚刚火起来的。目前,一些单位组织的集体活动、党日活动、团日活动、拓展运动、集体旅行等也和团建活动相结合,队伍庞大,需求量大,此项目市场前景广阔。营地要适时将营地团建与国情教育有效融合,也可以将义工型、挂职锻炼类、各类岗位实习、勤工俭学、课外创业、暑期兼职等和营地团建及国情教育相结合,制定多种主题的团建方案以适应需求。团建活动主要是以小组的形式进行,更加注重团队成员的参与性。营地要开发和国情教育相关的一些高雅、有趣、新颖的团建项目,将多元、自由、开放、趣味、快乐的体验拓展相结合,增强团队意识,振奋团队信心,增加情感交流,促进团队协作和健康发展。团建活动和国情教育融合,在各项社会活动中,用大家喜闻乐见的方式理解理论政策,完成国情教育。

营地网络平台+国情教育:随着信息化、网络化、数字化成为社会发展的大趋势,迅猛的信息化浪潮冲击着人类社会的各个领域。近几年,随着计算机和网络的迅速发展,人类已经跨入数字化生存的信息时代。新兴媒体的产生与发展,使得国情教育的载体更具多样性。多种自媒体平台的开发和运用,使网络业务不断增长,学习型社会的信息网络平台已经搭建。在现实生活中,无论是国情信息,还是世情、党情、民情、乡情等信息,都会通过各种载体很快得到传播。营地也要顺势而为,积极创新传播手段,进行产品研发,充分发挥各种新兴的载体的作用,深入挖掘国情素材,打造"党员微课堂",开办"红色实景课堂",以重温中国革命历史,缅怀革命先烈,传承革命精神。唱红色歌曲,看红色影片,参观革命遗迹,编排国情教育文化精品宣教节目,把国情教育学习场所从会议室搬到红色教育基地,把国情、党史知识变成学员的家常话。借助视

频网站、手机视频等载体快捷地传递最新信息,通过短视频、微电影、直播"云参观"等新的活动形式吸引更多的目光,以此认识国情的新特点,正确地把握国内外形势发生的新变化,用国情教育涵养初心。

第三节 基本国情教育主题营地案例

一、主题营地概况与特色

国脉智慧教育营地依托红色文化遗产等载体,不断加强国情教育和文化传承建设,努力打造高品质、有特色的基本国情教育主题最佳营地。本着"长远规划、系统研究、重点建设、传承创新"的理念,近年来,高标准打造了一批特色鲜明的基本国情教育主题的培训营地。营地充分发挥地域相近、文脉相亲的资源优势,联动开展基本国情教育及旅游交流,为党政机关、企事业单位、党员干部及大中小学生研发开展基本国情教育的系列活动,深受社会各界认可和好评。

二、主题营地课程体系

国脉智慧教育营地教育经过多年发展,已形成了比较完整的课程体系。在课程开发和活动内容设计上,注重启发式、互动式、探究式等新模式,引导营员积极实践体验、主动思考、自主探究,通过营地这种集体活动的形式,让营员更好地认识真实的世界,增强沟通、合作和相处,丰富人生经验,锻炼交往能力,开阔眼界格局,提升品德修养。

基本国情教育主题营地课程:奋斗历程、文明之光、乡村影像、立志报国、情满家乡、赤子之心、基本国情知多少、我爱我的祖国、情浓于水、中华民族一家亲、同心共筑中国梦、忆往昔艰苦岁月。

三、主题营地活动课程案例

美丽乡村行一
（第一天）

目标任务:

1.亲历美丽乡村建设成效,开展生产劳动实践,体会劳动艰辛,培养尊重劳动、热爱劳动、珍惜劳动的品质。

2. 礼敬中华优秀传统文化，挖掘优秀传统文化中蕴含的教育元素，激发学生善良的道德意愿、道德情感，培育正确的道德判断和道德责任，提高道德实践能力和自觉践行能力。

知识链接：

1. 课内知识。

史铁生的《合欢树》；铁凝的《哦，香雪》；苏辙的《黄州快哉亭记》；先秦诸子散文《诸子喻山水》。

2. 课外知识。

（1）美丽乡村的地域文化特色。

（2）知识准备：

为大力开展美丽乡村建设，进一步提升村庄品位，许多村庄进行了产业植入，发展美丽经济。对此，你了解多少？

研学旅行如何与乡村旅游相结合？如何引导学生正确认知自然、认知美丽乡村发展？

乡村旅游产业如何挖掘历史，还原乡容、乡貌、乡音？

研学内容：

1. 通过美丽乡村之行，使学生了解改革开放以来的国家建设成就，着力于以最美中国激发学生家国情怀和文化自信。进入美丽乡村，回归生活当中去，感受美好教育，进行"走进农村大课堂"社会实践活动。

2. 走进大乡村田园景区，开展形式多样的体验活动。

思考探索：

1. 参观美丽乡村，完成一个关于美丽乡村如何发展的小课题。

2. 参观了乡村建设布局，如果让你来设计，你有什么更好的想法和设计？

3. 探究如何打造以文化为主体的乡村旅游。

活动设计：

活动一 走村转巷，感受风情

1. 特邀请村委会主任及村支书和营员在村委会进行座谈；了解乡村在开展"党建+美丽乡村"中如何做好群众工作，团结一心发展村内建设；村两委干部和党员又是如何发挥带头模范作用的等。

2. 在村支书的亲自带领下，查看无职党员设岗定责之一的绿植养护岗，党员干部们

前"三清",共产党员户的标识及党员"一句话承诺"等"党建+美丽乡村"工作,感受美丽乡村浓厚的党建宣传氛围。

活动提示:座谈交流,实际考察。提前做好课题研究的准备工作。

活动二 深入农家走访,体验农家生活

1.学生分成小组,走进农家,和农民深入探讨。主要话题有:村民主要是以什么来增加收入的;村子里的阳光议事发布栏能落实到位吗?村级便民服务站都有哪些活动;道德讲堂都有哪些内容;农村干部"六要六不准"履职责任清单和负面清单是否真实等普遍关注的话题。

2.学生以小组为单位,按照研学辅导员的分派,走进农家,和农民共同择菜、做饭,共进午餐,干农家活,体验农家生活。

3.学生给农民开展农业科技宣传,面对面宣讲党的二十大精神等。

活动提示:亲自走访,小组探究。组织有序,组员分工要明确。

活动三 寻访心目中的榜样,感受时代社会变迁

1.让学生按照村里表彰的先进名单,寻找生活中的明星。主要包括寻找新二十四孝、走访"好媳妇好婆婆"、采访"十星文明户"、访谈"孝道之星"、寻访"善行义举好人"等。

2.在寻访中给农家做好事,和农民之星合影留念,给采访对象写宣传稿件等。

3.学生在村子寻找现代农民和过去农民生活的异同点,记录下来并分组讨论,说说改革开放对农村的作用;党为"三农"发展绘制的新蓝图;当今农民最关心的问题是什么;该村的经济发展情况、环境卫生整治情况如何;对村子发展提出意见和建议。

活动提示:调查走访,合作互动,学习探究。做好课题资料收集。

活动四 与民同乐,住宿农家

1.在农家吃完晚餐后,积极筹备联欢晚会。选好主持人,编排好节目顺序。

2.研学辅导员将学生分组,安排在农家住宿,让学生们感受不一样的旅行和宿营。

活动提示:合作互助,团队协作。注意环保和安全。

活动五 与民同乐联欢晚会

(晚上活动)

主题:在希望的田野上

活动内容:

1.组织学生在乡村大舞台前集中。学生代表发言谈体会。

2.文艺节目表演。特邀村民艺术队表演,选择地域特色浓郁的节目参加演出。开展

团队展示、个人才艺表演、集体舞蹈等。

3. 校领导做研学旅行一天的小结。

活动提示：此活动给同学们提供了自我才艺展示的机会，让大家享受温暖大家庭的和谐和快乐。

美丽乡村行二

（第二天）

活动一　走进道德讲堂，探究课题

1. 在研学辅导员的引领下，走进美丽乡村的道德讲堂，深入了解村子的历史沿革、村史民情、家风家训、文化风情等。

2. 研讨小组探究课题。对乡村的初步印象如何；如何挖掘历史，还原乡容、乡貌、乡音？如何发挥党建在新农村的作用？乡村旅游项目如何融入农村，处理好农村、农民、农业之间的关系？如何打造以文化为主体的研学旅行？

活动提示：社会调查，课题研究。做好主题发言人的安排。

活动二　徒步穿越，赏景观奇

1. 在美丽乡村开展徒步旅行，欣赏田野风光，行走美丽乡村自然风景区。在研学辅导员的带领下沿着以下线路徒步穿越：

百果园—翠园—药师殿—稻草人乐园—竹海—瀑布—奇石林—风景湖—报恩寺。

2. 边走边讲，边听边学。路途中研学辅导员给学生讲解各景点的特色，重点介绍美丽乡村风景区生态景点的特色。

3. 锻炼身体，体验快乐。徒步路途大约8千米，沿途行进或休息时可组织学生进行拉歌赛、讲故事、说快板、舞蹈表演、合影留念等活动，让学生在行走中获知，增长见识，体验快乐。

活动提示：徒步行走，学习体验。活动时，注重锻炼身体素质，磨砺意志。

活动三　走进非遗传习所，学习竹编非遗文化

1. 参观竹编陈列馆。组织学生依次参观竹编工作室内陈列着的竹编艺人亲手编织的各类特色作品。

2. 邀请竹编非遗传承人和当地竹编民间艺人同学生交流互动，介绍拜师学艺涉足竹编行业的经历和心得。了解竹材的用途；了解关于竹子的故事和诗词。

3. 跟着竹编艺人学竹编制作。

4. 同学们相互品评亲手制作的竹编作品，分享交流。

活动提示：学习探究，动手制作。协作互助，注意安全。

活动四　闭营活动

1. 组织师生开展研学评价。着重评价以下方面：知识内容、综合能力、思维发展、兴趣与审美、反思与建议。

2. 举行研学实践成果展示会。

（本章编者：王备战　程小娟）

第六章

营地教育+国防科工教育

国防是国家生存和发展的重要保证，是维护国家政权稳定的基石。国防科技工业作为国家战略性产业，是国家安全和国防建设的脊梁，是军民融合发展的重点领域。深入开展国防科工教育，是弘扬爱国主义精神，加强国防建设与文化传承，推进军民融合深度发展，增强全民国防意识的有效途径。

党的二十大报告中指出"要深化全民国防教育"，这一重大战略部署，旨在进一步强调深化、强化和改进新时代全民国防科工教育工作，推动新时代军民融合工作高质量发展，"着力增强全民爱党爱国爱军爱社会主义的深厚感情、居安思危的忧患意识、崇军尚武的思想观念、强国强军的责任担当，使关心国防、热爱国防、建设国防、保卫国防成为全社会的思想共识和全体公民的自觉行动"（《关于加强和改进新时代全民国防教育工作的意见》）。

第一节　国防科工教育

一、国防科工教育的内涵

（一）国防科技

1. 含义

国防科技是国防科学技术的简称，是国家直接应用于国防目的的自然科学及各种工艺与技术工程的总称。国防科技主要包括：国防科学技术基础理论，武器装备的研制、试验生产、使用、维修技术，国防工程技术，军事系统工程等。

国防科学技术是国家科学技术的重要组成部分，是国防现代化建设的关键。当今，国防科学技术已逐步发展成为一个相对独立的系统，具有较完整的体系和科研机构。按应用领域分，有兵器技术、航空技术、航天技术、舰艇技术、核技术、电子技术及军事工程技术等。从世界范围看，国防科学技术发展的重点已转向高技术。

2. 地位及作用

国防科学技术是构成军事实力的重要因素之一，是衡量国防现代化水平的显著标志。它为国防经济特别是国防工业提供先进的技术和工艺，以研制和生产各种新式武器装备，改造和完善国防经济产业结构和产品结构，促进国防经济发展，并对军事思想、战略战术和军队建设产生重大影响。

世界各国都将科学技术的成果首先应用于军事领域，因此国防科学技术具有技术密集和更新迅速的特点。国防需求和世界科学技术发展的趋势，决定着国防科学技术的发展方向。国民经济的发展水平，则为国防科学技术提供物质前提，而国防科学技术的进步及其成果在国民经济中的推广应用，则又对整个国家的经济和科学技术的发展起到巨大的带动和促进作用。

3. 发展历史

国防科技事业作为国防现代化建设的重要内容，关系到一个国家的生存和发展。长期以来，正是在中国共产党的坚强领导下，我国国防科技在艰辛探索中起步，在封锁打压下发展，在后发追赶中壮大，国家经济实力、科技实力、综合国力跃上新台阶，中国速度、中国成就、中国精神、中国力量惊艳世界。

（1）中华人民共和国成立后，随着国民经济的恢复和发展，国家有计划地发展国防科学技术，建立国防科研机构和设施，组织科技力量攻关，采取一系列措施，使国防科学技术得到很大的发展。不但改进和发展了常规武器装备，而且自行研制了导弹、核武器等一系列尖端武器装备。20世纪50年代面对超级大国的核垄断，党中央果断作出独立自主研制"两弹一星"的战略决策。中国第一颗原子弹和导弹核武器分别于1964年和1966年试验成功；1967年成功地进行了氢弹试验；1970年第一颗人造卫星上天，并于1975年掌握了卫星回收技术；1980年向南太平洋海域成功地发射了远程运载火箭；1982年成功由潜艇发射运载火箭。1990年为国际组织成功地发射了通信卫星，航天技术进入了商用阶段。上述成就，标志着中国已成为世界上少数掌握核技术和空间技术的国家之一。

（2）改革开放以来，面对世界科技进步突飞猛进、综合国力竞争日趋激烈的新形势，党中央果断决策实施"863"计划，决策实施"921"工程，作出建设创新型国家的战略决策，大大增强了我国国防科技自主创新能力。20 世纪 80 年代后，随着经济、科技体制的改革，进一步贯彻"军民结合、平战结合"的方针，国防科学技术跨入了一个新的发展阶段，主要表现是：科研机构日益健全，科技队伍日益壮大，科技投入日益增长，在核、航空、电子、兵器、舰船、航天以及与之配套的化工、特种冶金、非金属材料等领域取得了丰硕的研究成果，为军队提供了比较先进的武器装备。

（3）党的十八大以来，习近平主席作出全面实施科技强军战略的重大决策，组建军委科技委，召开全军装备工作会议和国防科技创新会议，把国防科技创新纳入国家"十四五"规划纲要，相继启动一大批重大国防科技工程。如今，我国科技发展和重大工程取得重大突破，自主创新能力不断提升。实验快堆并网发电、先进研究堆首次临界、海洋二号卫星和风云三号 B 星在轨交付、"蛟龙号"载人潜水 7000 米试验取得成功，民用卫星及应用快速发展并实现整星出口，碳纤维制备技术实现突破并批量生产，"千台数控机床增效工程"成果得到推广……这一系列新的重大成就，为增强国防实力、科技实力、综合国力，提升我国国际地位和国际影响力，发挥了十分重要的战略支撑作用。仰望星空，"神舟"飞天、"嫦娥"奔月、"北斗"组网、"天问"探火、"羲和"逐日，浩瀚星空里中国人追梦的脚步不曾停歇；俯瞰大地，中国桥、中国路、中国车、中国港、中国网等一个个圆梦工程，成为亮丽的"中国名片"；着眼精微，量子信息、干细胞、脑科学等前沿方向实现重大突破，超级计算、大数据、区块链、智能技术等加快应用，推动人工智能、数字经济蓬勃发展……我国以创新为主要引领和支撑的经济体系和发展模式正在形成，以科技创新为核心的全面创新加快推进。

（二）国防科技工业

1. 内涵

国防科技工业作为国家战略性高技术产业，肩负着"支撑国防军队建设、推动科学技术进步、服务经济社会发展"三项光荣职责，肩负着强军和富国的双重使命。一方面，强军是国防科技工业的立业之本，保障军品供给，为能打仗、打胜仗提供物质条件是国防科技工业的第一要务。另一方面，国防科技工业要在先进制造领域发挥引领作用，在国家经济社会发展中发挥牵引、辐射和带动作用，把技术优势转化为产业优势。

目前，我国国防科技工业逐步发展壮大，已经形成以核、航天、航空、船舶、兵器、军事电子 6 个行业为主体，涵盖科研、实验、生产、教育及机械、冶金、化工、建材、纺织、有色金属等，门类齐全、配套完整、具有相当规模和雄厚基础的国防科技工业体系。

2. 发展历史

回望国防科技工业的历史，从"人民兵工"起步，到作为国家战略性产业的"国防科技工业"，中国国防科技工业一直把为国防和军队研制生产先进的武器装备作为首要任务。在反"围剿"斗争、抗日战争和解放战争中，人民军工生产了大量战争急需的武器装备，部分解决了我军武器匮乏、装备处于劣势的问题，有力地支援了战争。新中国成立后，国防科技工业下决心攻克国防尖端武器——"两弹一星"。核动力潜艇等一批武器装备相继研制成功，我军拥有了多种多样、克敌制胜的护身法宝。拥有先进的武器装备和国防实力，既是中国获得和平发展环境的必要保障，也是实现大国复兴的重要基础。进入新世纪，新一代巡航导弹、歼10飞机、歼11系列飞机、新一代主战坦克、空警-2000预警机等一批新研制生产的武器装备开始列装部队。有了这些武器装备，我国国防和军队的面貌焕然一新。①

人民军工淬火而生，一代代军工人筚路蓝缕，砥砺奋进。从只拥有一个个仅能打造刀矛和生产土枪土炮的小兵工厂和修械厂，从抗日战争和解放战争后逐步发展为拥有能进行专业化生产、品种相对齐全的战时兵工生产体系，到逐步向现代国防工业过渡。新中国成立后，我国在非常薄弱的军工基础上起步，具备了陆、海、空三军武器装备的试验和研制生产能力，建立了一批国防科研机构、国防科技工业高等院校和武器装备试验基地，初步建设成一个比较完整的国防科技工业体系。其后，国防科技工业根据国防和军队建设需要，不断调整改革科研生产和能力建设的思路，进行了大规模的"三线军工基地建设"，在内陆腹地新扩建了许多大型军工企业，实现了原子弹、战略导弹、新型战机战舰、坦克装甲和电子装备等武器的自主研制、生产。20世纪末以来，国防科技工业科研生产体系进一步优化，形成"小核心、大协作"的格局。我国成为世界上少数几个具有独立自主国防科技工业体系、能够研发生产从常规武器到尖端武器的国家之一。强大的国防、一流的国防所需要的强大的军工基础基本打造完成。2019年，中航工业集团、中船重工集团、兵器工业集团、兵器装备集团、中国电子科技集团等8家军工集团进入世界500强。不断壮大的军工企业和不断发展的军工经济，为国防科技工业的持续发展和武器装备研制水平的不断提升提供了强大的经济保障。保国、强军、富民，在新时代，人民军工事业正走向下一个辉煌。

---

① 从保国强军到强国富民——国防科技工业发展综述［EB/OL］.［2011-10-21］. http://www.gov.cn/govweb/jrzg/2011-10-21/content_1974621.htm.

（三）国防科工教育

1. 国防教育

国防就是指国家的防务。国防教育，是国家为防备和抵御外来侵略与颠覆，捍卫国家的主权、安全、统一和领土完整，对全体公民进行的具有特定目的和内容的国防思想、知识、技能等普及性教育活动。全民国防教育是建设巩固国防和强大人民军队的基础性工程，是党的宣传思想工作的重要组成部分。

2. 国防科工教育

国防科工教育是为促进和推动国防教育的发展而进行的军事以及有关的军工文化、国防科技发展、重大科技工程等方面的建设与斗争的各种类型的社会教育活动。国防科工教育重在引导全民了解中国特色先进国防科技工业体系，加强对现代军工及科技工业的传播和探究，促进实现高水平科技自立自强，推动国防科技工业高质量发展。

二、国防科工教育的时代意义

国防科工教育是国防教育的主体，也是全民教育体系中的重要组成部分。从历史发展的角度来讲，开展国防科工教育是建设和巩固国防的基础，关系到民族凝聚力的提升，甚至是国家的生死存亡和人民的幸福感，意义十分重大。进入新时代，踏上新征程，需要我们进一步强化思想引领，传承好"新时代人民军工精神"，把握工作重点，积极主动作为，奋力推进全民国防科工教育走深走实。

（一）有利于提升整体国民的国防意识和国防精神

国防科工教育是关系到国家生死存亡的社会工程，是建设和巩固国防的基础，是增强全民的国防意识和国防精神的重要措施，是提高全民素质和增强民族凝聚力的重要途径。当今青少年生长在和平的环境里，他们是中国特色社会主义事业建设的人才预备队，是祖国未来的守卫者，他们的命运与民族的兴旺发达和国家的繁荣富强紧密相连，必须要对他们进行国防科工教育，进一步强化其国防科工学习意识，增强国防观念，自觉履行国防义务，担负起保卫祖国的神圣职责。

（二）有利于增强爱国主义教育和民族精神

国防历来是关系国家安危的一件大事，是民族精神和爱国主义的集中体现，是民富国强的重要标志。在爱国主义教育的体系中，国防科工教育不仅是建设和巩固国防的重要基础，也是增强民族自尊心、自信心的重要方式。只有在国防科工教育中掌握了丰富的国防知识，深切感受到祖国山河的秀丽美好，疆土的完整辽阔，军队的强大无敌，战备的充分力量，才能进一步提升公民对于祖国发自内心的自豪感和归属感，从而激发使

命感和责任感，时刻准备为国防建设作出应有的贡献。

（三）有利于维护国家安全和世界和平

中国外交成绩喜人，建交国家达到183个，形成"朋友遍天下"的局面，国际地位不断提升。我国积极参与国际交流合作，加入WTO及亚太经合组织，加强与欧盟的合作，维护世界和平，促进世界和谐、共同发展。天下虽安，忘战必危。没有先进的武器装备和强大的国防，就无法捍卫国家安全、维护民族尊严。当今世界局势整体平稳，局部仍然存在冲突，爆发战争的根源和因素仍然存在。长期的和平环境容易使人们的国防意识淡化，我们必须站在国家安全和发展战略全局的高度不断加强国防科工教育，才能提高全民忧患意识。国家安全是民族复兴的根基，社会稳定是国家强盛的前提。我们必须坚定不移贯彻总体国家安全观，把维护国家安全贯穿于党和国家工作的各方面和全过程，确保国家安全和社会稳定。

三、国防科工教育的时代内容

国防科工教育具有鲜明的时代特征。一个时代有一个时代的使命，一个时代有一个时代的教育主题和内容。国防科工教育的主题和内容源自时代的使命。20世纪50年代初，我们的国防教育主题是"抗美援朝，保家卫国"；六七十年代的主题是"提高警惕，保卫祖国"；八九十年代的主题是"为实现四个现代化而奋斗"其中之一就是"实现国防现代化"；党的十八大以来，"中国梦""强军梦"成为国防科工教育的主题。当前，深化国防和军队改革正在扎实推进，军民融合正在深度发展，需要社会各界的广泛参与和大力支持。面对新的时代新的使命，我们要加强全民国防科工教育，巩固军政军民团结，为实现中国梦强军梦凝聚强大力量。

（一）全民全域立体覆盖，全面推动国防科工教育落地落实

全面贯彻《全民国防教育大纲》，认真落实《关于加强和改进新时代全民国防教育工作的意见》及《关于推动国防科技工业军民融合深度发展的意见》，着眼国家安全和发展战略全局，围绕实现中国梦和党在新形势下的强军目标，努力增强国防科工教育的主动性、针对性和实效性。组建国防关键技术创新联盟，重点针对全行业技术领域发展中的重大关键共性技术、现代工程技术问题，引导和支持军工科研机构与民口科研机构、高等院校、社会组织等建立产学研用合作机制。进一步发挥国防科技创新基地作用，持续建设好利用好基地，努力把基地打造成为新时代爱国主义教育、国防教育、军工文化教育的示范基地。以抓实抓牢领导干部和青少年国防科工教育为基础，扎实抓好军队人员和民兵、预备役人员国防教育，积极推进社会各方面国防科工教育，大力推动

国防科工教育进机关、进学校、进企业、进社区、进乡村、进军营、进网络，实现全民国防教育对象、地域、时间、内容、手段"五个全覆盖"，进一步增强全民国防教育的时代性和感召力。

（二）培育新时代国防科工文化，传承、践行新时代军工精神

国防科技工业系统在长期的建设与发展实践中形成了一系列物质和精神文明成果，是爱国主义、集体主义、社会主义和革命英雄主义在国防科技工业战线的生动体现。人民军工80多年风雨兼程，革命斗争的血与火凝练成"把一切献给党"和"国家利益高于一切"的军工核心价值理念，建设和改革的激情凝聚成"两弹一星"精神、载人航天精神，新时代的拼搏凝结成"追逐梦想、勇于探索、协同攻坚、合作共赢"的探月精神，这都是人民军工的红色基因和不变初心，是国防科技工业生生不息、从胜利走向胜利的"根"与"魂"。要深入挖掘军工特色文化建设的成功经验和推广的先进典型，要充分发挥各军工集团、地方工办和军工企事业单位的作用，积极开展面向不同层级、不同对象的军工文化教育，用新时代新思想凝心聚力强基铸魂。

（三）紧随国防科技工业的新发展，让国防科工教育根植于心

当前，国防科技工业已经进入一个新的阶段。随着新科学技术革命的深入，国防科学技术快速发展。一是电子技术、航天技术、定向能技术、激光技术、计算机技术、精确制导技术、隐形技术、材料技术、生物工程及军事系统工程的发展，将进一步引起军事技术的重大变革，高技术兵器将占有越来越大的比重。二是在研究和应用领域上，外层空间、深海开发、生物工程、信息系统和电子技术将成为发展的重点。这些技术日益显示出对整个科学技术领域的带头作用，也日益成为高、新技术产业的基础。三是发展国际合作将是筹集巨额投资的办法，也将是加强技术交流，充分利用各个国家技术和工业优势的有效途径。四是军用和民用结合更加密切，有的军用技术甚至一开始研究就着眼于军民结合。国防科工教育要紧跟时代步伐，依托现代生产企业、科技馆、科研机构、高等院校、国防科工教育主题营地等场所，在红色资源中挖掘军工历史文化积淀，传承、践行新时代军工精神，打造工业企业文化、产品文化，面向社会，开放厂区，用以展示我国国防科工领域取得的重大成果，再现科工人以身许国的家国情怀以及全球国防科工领域最新成果和动态，不断推动军民融合各项工作任务落实。通过参观、培训、实验、从事生产劳动、军事训练、团队拓展，进行互动式、体验式、参与式的教育，让国防科工教育根植于心。

总之，只有让国防科工教育紧贴新思路、新理念、新要求，突出思想性、群众性、实用性和社会性，只有认清时代使命、把握时代脉搏、契合时代需求，才能不断增强全

民国防科工教育的吸引力、感染力、凝聚力，才能召唤全民关心国防、支持国防、热爱国防，才能提升中国特色先进国防科技工业水平、支撑国防军队建设、推动科学技术进步、服务经济社会发展，才能为建设巩固的国防、强大的军队作出应有的贡献。

第二节 国防科工教育主题营地模式

国防科工教育主题营地是增强公民国防意识和观念，掌握基本的国防知识和军事技能，进而激发爱国热情、自觉履行国防义务的综合性实践教育的重要阵地，是促进国防建设和社会主义精神文明建设的体验式教育大平台。只有明确国防科工教育主题营地的建设目标，充分开发和科学合理地利用丰富有效资源，突出国防科工教育鲜明的特色，推进产业的融合发展，才能打造出一个极具活力的优质国防科工教育主题营地。

一、资源开发

（一）资源分类

1. 国防资源的分类

国防资源是指可用于国防的物质财富及其来源的统称。国防资源包含的内容，随着人们对自然的认识和生产实践的深化而不断发展。对国防资源可从不同角度进行分类。

按资源的属性来讲，可分为自然资源和社会资源。自然资源包括土地、石油、煤、天然气、金属矿藏、水力、太阳能、风能等；社会资源包括人力、物力、财力、技术、管理、信息资源等。

按资源存在的位置，可分为陆地资源、海洋资源、空间资源。

按资源的社会经济门类，可分为工业资源、农业资源和科技资源等。

按资源加工和利用的程度，可分为待开发资源、半成品资源和成品资源。

按资源在国防中的作用形式，可分为国防人力资源、国防物力资源、国防财力资源。

2. 国防科工教育营地资源分类

（1）按照国防科工教育主题营地的教育内容和活动形式，主要分为以下三类：

理论知识类资源。以掌握国防常识及技能，学习和普及军事知识为主，并将国防思想教育和国防精神教育有机融入，激发爱国热情、增强国防观念、国家安全意识和组织纪律观念，培养团队精神及集体主义、革命英雄主义情操和艰苦奋斗作风，提高综合素质。如"三防"常识、国防知识、国防历史、现代国防、人民防空、国防法规等，军事知识如现代战争特点、战时动员、武器装备、军事科技、军兵种知识、军事形势、军事思想、现代武器、现代军事科学技术、现代战争、军事地形学等。

国防技能类资源。以军事技能训练和国防综合训练为主，强健体魄，磨炼意志，提升军事素质及国防技能，掌握保家卫国本领。如解放军条令条例教育与训练、防空袭、战场救护、单兵战术以及军事体育、军事训练、地形地物利用训练等综合训练内容。

拓展体验类资源。是在户外拓展的基础上增加国防和军事项目，以丰富多彩的国防主题系列活动为载体的一种创新的体验式培训模式。旨在培养坚强的意志和完善的人格，全面提升团队凝聚力和创造力。如利用科技化虚拟系统设备或户外现场，结合声、光、电等模拟系统打造真实体验感，开展轻武器射击、模拟射击、投弹、体验新武器等实践体验活动。

（2）按照国防科工教育主题营地的教育活动场所的资源来区分，可以分为：

缅怀纪念的场所。主要包括纪念馆、纪念地、领袖故居、烈士陵园、革命和历史遗址等。

观摩学习的场所。主要包括博物馆、科技馆、文化馆、青少年宫、国防园、兵器馆、部队荣誉（军史）馆等。

军事训练的场所。主要包括民兵训练基地、学生军训基地、少年军校以及其他具有国防教育功能的场所等。

（3）按照国防科工教育主题营地的整体空间及功能区域来划分资源，可以分为：

教育功能区资源。如理论学习室、会议室、图书馆、实验室、教育展厅、国防教育馆、军事文化展区等。

体验功能区资源。如实践课堂、极限挑战、军事运动区、沙盘体验、心理挑战训练区、野外生存野炊等。

拓展功能区资源。如综合实践区、野外生存训练、真人CS野战区、团建训练区、拓展训练区等。

生活功能区资源。如餐厅、宿舍、洗浴、厕所、商店、休闲娱乐区及生态型空地等生活区域。

办公功能区资源。如行政办公区、办公室、卫生医疗室、后勤保障室及器材装备室等。

国防科工类涉及面比较广泛，各种资源极其丰富。对国防科工教育资源的有效分类，有利于营地紧紧围绕主题做好规划和建设，也有利于营地提升活动的实效性，更有

利于营地有针对性地开展特色活动。

（二）资源挖掘

国防科工教育主题营地要突现出教育性、开放性、实践性及社会化、多元化、特色化的特征，多种多样的课程资源将成为支撑营地的重要基础。如何挖掘富有教育价值的国防科工教育资源并将其转化为营地课程资源且服务于教育目标，是提升国防科工教育主题营地质量的关键所在。

1. 营地自身内外资源挖掘

（1）科学合理、综合开发营地内资源

充分挖掘营地内的各类资源，营造国防科工教育主题营地氛围。营地的环境、地形、地貌、景观、建筑等丰富的自然资源及人文景观都是可塑性很强的教育资源，正所谓，一草一木皆文化，一山一水皆育人。营地要统筹规划，因地制宜，科学布局。既要体现营地生态、绿色、环保、美景的交相辉映，更要渲染国防科工教育氛围，突出营地别具一格的景致及主题，打造出一道道"别样的国防教育亮丽场景"。营地要充分发掘内部生态资源，合理开发，通过创意和设计，构建以营地资源为依托的教育主题体系，打造出与国防科工教育和谐相融、生态优美、环境宜人、颇具吸引力的主题营地。

综合开发营地主题课程化资源，凸显国防科工教育主题营地功能。国防科工教育主题营地实践性、体验性较强，对户外拓展项目也有较高要求。营地要结合内部的道路交通、地形地貌、植被水域、场馆设施、拓展区域等资源，挖掘文化内涵和可以利用的国防科工教育元素，根据其资源类型、自身特征优势及教育目标，依山、依水、依林、依地造势，合理规划，做到在基础设施上夯实营地场馆建设，在资源配置上优化资源结构，在实践教育资源上有效整合，以营地优质资源激活课程的设计和实施能力，增强活动项目的体验性，充分发挥国防科工教育主题营地的功能。

深度融合营地鲜明的文化资源，打造国防科工教育主题营地特色。彰显营地特色最有效的手段就是打造营地独特的文化。不断完善和加强营地建设，健全管理机构和规章制度。注重挖掘并整合营地的人文文化、历史文化、民俗文化或现代工业文化等，以此形成营地的特色资源，形成明确的国防教育主题内容，建立规范有序的国防教育体系，将其有机融入国防、军事、科技和科学文化知识、战备观念教育及技能训练之中，开展行之有效的国防教育。加大营地国防教育设施设备投入，合理布局和划分功能区，在活动空间分布及形式风格上分置布景，融于营地环境，创新活动设计，烘托互动氛围，在自身文化元素上附加与国防科工教育特点协调统一的相同类文化体验性活动项目，以创新的文化理念和新颖别致的活动课程占领市场，让创意特色项目形成营地拳头产品，获取显著的社会效益。

（2）营地外的资源挖掘

国防科工教育主题营地是综合性的教育营地，除了为营员提供高品质的营地内教育外，应更具开放性。营地要甄选与国防科工教育密切相关的基地或营地加强合作，选择内容相关的富有特色的主题开展活动，增强营地的辐射效应。营地要加强与社会各方的有机联结，依托周边景区和著名旅游城市资源，充分挖掘和利用当地的文化遗产资源、红色教育资源、工农业和科技教育基地等资源，让营员走出营地，在广阔的自然界和社会情境中开展各项活动，拓展文化视野，感受多元文化，全面提升综合素质。如走进军营，参加军营开放日活动，瞻仰革命圣地和遗址，祭扫烈士墓，爱国主义教育基地实践体验，举办国防夏令营等。

营地要尝试跨地域联盟战略合作，联手共建，资源共享，形成营地连锁体系。营地要有效整合区域的特色资源，协调统一，对接延伸，深度研发，合理导入，塑造亮点，依次形成兼具教育性、科学性、知识性、实践性与趣味性的课程资源。将营地国防教育与研学旅行深度融合，打造研学实践精品线路，构建以营地为枢纽、以基地为站点的研学实践教育网络，不断提升基地、营地的专业化水平、保障能力和服务品质，扩大国防科工教育主题营地的覆盖面和影响力。

2. 营地物质和精神资源挖掘

高质量的国防科工教育离不开有效的教育资源载体。国防科工教育的课程资源包括物质资源和精神资源。物质资源也可称为有形资源，主要是指蕴含着国防科工教育功能的建筑物、历史遗迹和军事设施等，如纪念碑、纪念园、军事纪念馆、烈士陵园、博物馆和军事遗址等。精神资源则是指蕴含国防教育内涵和观念的历史文化、民族传统、军事历史、文学作品、网络资源等，也可称为无形资源。因此，国防科工教育主题营地的课程资源是十分广泛的。营地要有健全和科学的管理体系，依法依规强化高效的管理队伍和机构建设，挖掘营地内外教育资源的潜能，实现资源的优化配置。营地既要重视传统资源的开发，又要注重综合资源优势的整合，为国防科工教育的顺利开展提供良好的基础保障。

（三）资源构建

国防科工教育主题营地是通过创设开放综合的国防及军事知识学习环境和氛围，运用有效的国防科工教育资源和载体、开展丰富多彩的项目式体验活动，发挥营地教育独特的育人价值和积极作用。营地要重视整体资源构建，只有建立项目互动的资源体系，才能释放更大的教育合力。

从国防科工教育的目标和手段来看，主题营地资源构建主要从以下四个方面进行。

1. 知识营

主题：国防科工知识教育

宗旨：探究国防军事教育理论，普及国防科工基本常识

国防科工知识教育是公民履行国防义务时所应当了解和掌握的基本理论和基本常识。只有熟悉掌握一定的知识，才能进一步强化国防观念，自觉履行国防义务，担负起保卫祖国的神圣职责。国防科工知识教育主要分为理论教育、常识教育、历史教育、法治教育和形势教育五个部分。

（1）国防理论教育。理论是行动的先导，只有让广大人民群众从理论上认清国防建设的必要性和国防斗争的规律性，才能引导他们树立牢固的国防意识和国防观念，从而在思想上、行动上投身到国防事业中去。国防理论主要包括：国防的地位和作用，国防的构成及其相互关系，国防各部分与外部社会的关系；马克思列宁主义军事理论、毛泽东军事思想、邓小平新时期军队建设思想、江泽民国防和军队建设思想、胡锦涛国防和军队建设思想、习近平强军思想及《习近平关于国防和军队建设重要论述选编》、古今中外的军事理论；国防建设与经济建设的关系，国防建设的指导思想、方针和原则；党和国家的国防政策、国防战略、军事战略，此外，还包括信息化战争理论、军事斗争、国际形势与国际关系理论等。

（2）国防常识教育。国防常识是公民应该了解和掌握的最基本的国防知识。作为一般公民，应了解和掌握诸如国家领土、领海、领空以及海洋权益知识的一般含义，领土争夺、岛屿争端、海域纠纷的不同特征；现代战争知识、信息化战争知识、军事高科技知识、国防经济知识，如现代战争的特点、战时动员的要求、防卫作战的一般原则等；我国武装力量知识，如人民解放军、武警部队、民兵和预备役部队的体制和主要职能，军兵种知识等；另外还有我国的国防领导体制、武装力量体制、兵役制度和国防动员体制等。

（3）国防历史教育。国防历史知识，如国防的产生与演进，国防意识的发展与变化，我国古代抵御外族侵略的历史，我国近代有国无防、备受欺凌的历史，我国当代反抗侵略、捍卫主权的历史等，是整个人类历史的重要组成部分，是进行国防教育的重要内容。通过学习国防历史，特别是中国近现代国防史，可以使全体公民从民族历史的阵痛中，激发捍卫民族尊严、维护国家主权、奋发图强建设国家的责任感和使命感，增强民族向心力和凝聚力。加强党史国史军史教育，着重了解中华民族为国家统一、独立、富强而浴血奋战的历程，了解中国共产党领导全国人民和人民军队在中国革命、建设和

改革各个历史阶段建立的功勋，了解革命先烈、民族英雄和仁人志士的高尚品格和光辉事迹，激发爱国之心、报国之志。

（4）国防法治教育。国防法治教育是以增强国家综合国防实力为目的，依据国家国防和军事方面的法律、法规，通过一定手段，有计划地对公民的国防法律观念和行为施加影响的教育。国防法治教育的内容包括各种国防法律、法规、规章和条例等，也包括对这些法律、法规、规章和条例的制定、执行、遵守、监督等各种运行操作环节。通过国防法治教育，使全体公民了解国防法律规范的基本内容，增强国防法律意识，提高执法守法的自觉性，学会运用国防法律维护和加强国防建设。

国防法律法规是国家国防政策的法律体现，是指导国防活动的基本法规和行为准则。其主要作用包括：第一，巩固社会主义制度。第二，保障社会主义经济改革和建设的顺利进行。第三，保证国防现代化顺利实现。第四，它是加强国防实力建设的重要保障。第五，它是指导国防潜力发展和积蓄的重要手段。

为了加强防务，确保祖国主权和领土的完整，加强武装力量建设，我国制定和颁布了许多有关国防的法律及行政法规：《中华人民共和国国防法》《中华人民共和国兵役法》《中华人民共和国国防教育法》《中华人民共和国现役军官法》《中华人民共和国军事设施保护法》《中华人民共和国人民防空法》《烈士褒扬条例》《军人抚恤优待条例》《征兵工作条例》《中国人民解放军现役士兵服役条例》《中国人民解放军军官军衔条例》，等等。各种国防法律法规的建立是把国防建设纳入法治化轨道，使我国国防事业不断发展，确保人民军队革命化、现代化、正规化建设，确保兵强国安。

（5）国际形势教育。国际形势是国防面临的现实情况及其动态。国际形势教育，主要是使全体公民了解当今世界政治、军事格局的基本态势，局部战争和武装冲突的特点及发展趋势，我国周边国家或地区的军事动向，世界主要发达国家的国防战略，我国在国际格局中的地位和所受到的影响以及正确认识国际形势的方法等内容。通过国防形势教育，使全体公民认识和了解有关国家的军事发展趋势，认清我国与世界强国的差距和面临的威胁，增强国防建设的紧迫感、责任感和使命感。

2. 训练营

主题：国防军事训练

宗旨：提高身体素质和军事素养，强化国防观念和爱军拥军热情

各营地根据中国人民解放军共同条令，即《中国人民解放军内务条令（试行）》《中国人民解放军纪律条令（试行）》《中国人民解放军队列条令（试行）》，并结合营员情况制定训练内容。

（1）体适能训练。体适能训练包括慢跑热身、短跑冲刺、长跑、平板撑、俯卧撑、深蹲、仰卧起坐、蛙跳、鸭子步、波比跳、接力跑、莱格尔跑等。

（2）内务整理。内务整理是军训的重要必修课。在军纪严明的军队里有"出门看队伍，进门看内务"的要求，内务的标准讲究为纤尘不染、整齐划一、棱角分明。勤以为先，精细苦练，应对挑战，挑战自我，便是内务整理的最严峻考验。如叠被子、物品摆放、整理内务柜等训练，要求从杂乱无章到整洁美观、井然有序，精准、精细、精到，促使营员学会自立与自主，养成自律的习惯，提高生活自理能力和自我服务的意识。通过内务整理，营造整洁舒适的生活环境，能磨砺人的意志和吃苦精神，也加强了纪律和集体意识，为培养良好的生活习惯奠定了坚实的基础。

（3）队列训练。训练内容主要包括：敬礼、报数；站队列，站军姿；立正、稍息、走齐步及其立定，齐步跑步及其立定；停止间转法、踢正步；方队训练；学擒拿、擒敌拳、军体拳、刺杀操等；实弹射击打靶；学军歌，学拉歌等。根据"队列条令"规定和体操教学的需要，常用的队列队形练习应进行单人动作练习、班（队）动作练习、队形练习等。

（4）战地通讯。战地通讯是活跃于军事新闻宣传史上的体裁。从国内看，战地通讯发轫于第一、二次国内革命战争时期，发展于抗日战争时期。其间涌现出范长江、华山、杨刚、魏巍等一大批战地通讯的写作大家，撰写了许多战地新闻经典名作。战地通讯在抗美援朝时期达到空前的繁荣。《谁是最可爱的人》被视为当代军旅散文的发轫之作。

（5）辨识地图。现代战争中，地图成了军队组织指挥作战必不可少的工具。军队打仗，离不开地图。有人把地图比作"行军的无声向导""军队的眼睛"。在现代战争中，地形图的作用越来越重要，使用范围也越加广泛。军用地图是军队中使用的军事地图，与普通地图既相似又有区别。军事地图所标明的主要是战争所需要的，包括各种道路、河流、桥梁；各种地形，如高山、丘陵、平原、沙漠、草原、沼泽等。军队就是依靠地图来判定方位，确定行进路线和站立点，根据地图分析研究地形，制定战略战术，进行战斗部署。

（6）战术手势。部队执行任务的过程中，充满挑战和危险。在某些不允许发出丝毫声响的险恶环境中，独特的战术手势是他们交流的重要手段。同样，在一些室内任务中战术手势也发挥着非常关键的作用。

（7）地形地物应用。地形图是地质工作者的重要图件和机密图件，也是野外工作者必备的资料，除仔细保管、不得丢失之外，还要读懂地形图上的内容。阅读地形图的目的是了解、熟悉工作区的地形及地理情况，以便制定出适合该地区野外地质工作的方针，在相同的时间内取得最好的工作效果。

（8）越野拉练。越野拉练是部队的一项训练内容，在野战部队很普遍，就是与紧急集合相结合，把部队全员单兵装备，拉到野外进行机动训练的一种方式。越野训练是携带武器、装具在各种地形和复杂条件下快速行进的训练。目的是提高部队能走善跑和爬山越岭的能力，为战时部队快速机动和长途奔袭作战打好基础。训练内容主要有：走步、跑步技术，通过各种复杂地形的方法等。训练方法通常先慢后快，先徒手后携带武器和装具，先在一般地形上练习，后在各种地形上练习，并结合战区地形特点和野营拉练反复进行训练。

（9）野战对抗真人CS。真人CS野战，是一项时尚健康的大众运动，因为发射的是激光，对人体无伤害，所有适合男女老少一起参与，体力不好的去打伏击，体力好的冲锋，团队作战最关键的还是需要配合，内部分为几个小组，每个小组负责不同任务。一般真人CS组织基本是三局两胜或者五局三胜，除非遇到体力很好的才需要更多局对抗。

（10）军体运动。军事体育是我国体育的一部分，最早称为国防体育。军事体育主要包括跳伞、滑翔、航模、射击、摩托车、无线电等体育项目。其主要任务是对广大群众进行军事知识教育和军事技术训练，以培养后备兵员，为国防建设和生产建设服务。比赛内容涉及团体项目、个人项目。赛事是军体运动会。

（11）定向越野。比赛中，参赛者利用标记好点位的地形图，按照规定的点位顺序独立寻找若干个标绘在地图上的地面检查点，并以最短时间完成全赛程。

（12）无线电测向。无线电测向运动的目的是寻找能发射无线电波的小型信号源（即发射机），是现代无线电通信技术与传统捉迷藏游戏的结合。比赛时，参赛者将在隐藏有数部发射机的既定环境中，利用无线电测向机接收发射机发出的电报信号，以推出隐蔽电台的所在方位，采用徒步方式迅速、准确、逐个找出发射机。在规定时间内，找满指定台数、使用时间少者为优胜。

（13）兵棋推演。兵棋推演被誉为导演战争的"魔术师"，以棋子表现作战单位，以棋盘表现战场环境，以棋子在棋盘上的移动表现作战行动。推演者扮演军队指挥官，充分运用统计学、概率论、博弈论等科学方法，对战争全过程进行仿真、模拟与推演，按照推演规则研究和掌握战争局势，控制海陆空潜部队，通过制定战术，完成预定任务。

（14）军事课展示。军事课展示活动是全面贯彻党的教育方针和新时代军事战略方

针, 弘扬爱党爱国爱军精神, 磨炼学生坚强意志, 造就学生强健体魄的重要举措; 是落实立德树人根本任务和强军目标根本要求, 不断增强学生国防观念和国家安全意识的有力抓手; 是大力推进学生军事训练创新发展、全面检验学生军事训练实效, 促进学生军事训练成果转化和运用的有效形式。全国军事课教学展示活动包括识图用图、电磁频谱监测、战场医疗救护、机器人、主题演讲五项军事。

3. 常识营

主题：国防军事常识

宗旨：增强国防观念，参与国防建设

党的二十大举旗定向、继往开来，历史性创造性地深化拓展了习近平强军思想，树立起了实现建军一百年奋斗目标、开创国防和军队现代化新局面的旗帜引领。这些年，我国在习近平总书记的引领下进行具有许多新的历史特点的伟大斗争，在严峻复杂的安全形势和战略博弈中，运筹帷幄、纵横捭阖，形成了新时代军事斗争方略艺术。

2022年，中国继续展现和平发展的形象，秉承合作共赢的理念，推进人类命运共同体建设，履行大国责任和担当，在动荡的局势中保持定力，在危机的处理中劝和促谈，始终身体力行，坚决捍卫国家主权和领土完整，坚定维护世界和平与地区安全，成为不确定世界中最大的确定性因素。

习近平总书记在博鳌亚洲论坛2022年开幕式上，首次提出以"六个坚持"为核心要义的全球安全倡议，引起世界广泛关注和积极反响。全球安全倡议系统回答了"世界需要什么样的安全理念、各国怎样实现共同安全"这一时代课题，为饱受安全问题困扰的国家和地区构建安全新架构提供了全新的实践方案，为变乱交织的世界指明了前进方向，为共建人类命运共同体提供了行动指南。这一倡议不仅是人类命运共同体理念在安全领域的生动实践，为推进全球安全治理、应对国际安全挑战贡献了中国智慧，更为维护世界和平与安宁指明了前进方向，具有重大的现实意义和长远的历史意义。

近几年，中国的先进武器发展异彩纷呈，当然可以用突飞猛进来形容。有的填补了国内空白，有的甚至执世界同类武器的牛耳。从中国第三艘航母福建舰到完全版歼-20，以及巨浪-3潜射弹道导弹与歼-35舰载机，无一不是中国追赶世界先进水平的王牌。航母、弹道导弹、超音速战斗机等，每一种武器的出现都改变了战争原有的模样，这意味着现代战争将是科技主导下的"无人战争"。

4. 工程营

主题：传承"中国军工精神"

宗旨：培养动手实践能力　增强创新思维能力

（1）核工业。核工业是从事核燃料研究、生产、加工，核能开发、利用，核武器研制、生产的工业。是军民结合型工业。主要产品有：核原料、核燃料、核动力装置、核武器（包括原子弹、氢弹和中子弹）、核电力，应用核技术等。核工业在国防中具有重要的地位和作用。核武器比常规武器有更大的杀伤力和破坏力，能在战争中起到一般武器所不能起到的作用，且造成放射性污染，对生态环境有长期、严重的后果。所以，核武器已成为某些国家现代军事战略的基础。同时，在国民经济发展中，核工业也具有极为重要的地位和作用。

（2）航空航天。航空是指载人或不载人的飞行器在地球大气层中的航行活动；航天是指载人或不载人的航天器在地球大气层之外的航行活动，又称空间飞行或宇宙航行。人类为了扩大社会生产，必然要开拓新的活动空间。从陆地到海洋，从海洋到大气层，再到宇宙空间，就是这样一个人类逐渐扩展活动范围的过程。

航空航天是人类拓展大气层和宇宙空间的产物。经过百余年的快速发展，航空航天已经成为21世纪最活跃和最有影响的科学技术领域之一，该领域取得的重大成就标志着人类文明的最新发展，也表征着一个国家科学技术的先进水平。

从"东方红"到"神舟""北斗"，从"嫦娥""玉兔"到"天宫""天问"，一座座由中国航天人铸就的伟大丰碑，向世界讲述着中国奋斗者的故事。

（3）航海船舶。现代科学技术的发展成就，使航海技术取得了长足的进步，信息科学、计算机技术、电子技术、通信技术及空间卫星技术在航海上得到了成功的应用。航海技术主要包括船舶航行与导航定位、船舶操纵与避让、船舶种类与性能结构、船舶设备与属具、助航仪器及设施、海洋水文地理与气象、港口与航道工程等内容。

造船是指建造或制造船只的生产工业，一般是在一种专业设施造船厂里的船台或船坞中进行。造船本身应用的科技十分广泛，从船身到引擎都体现科技元素。

（4）兵器工业。兵器工业是研究、发展和生产常规兵器的工业。兵器工业是战争的产物，是国防工业中最早出现的一个门类。一个比较完善的兵器工业体系是国家国防实力的重要标志，也是综合国力的体现。

现代常规兵器包括坦克、装甲战斗车辆、枪械、火炮、火箭、战术导弹、弹药、爆破器材和工程器材等。随着科学技术的发展，兵器工业分成坦克、枪械、火炮、弹药、火药与炸药和战术导弹等行业。

中国的兵器工业建设，服从于国家独立自主的基本国策，有节制地生产武器装备，更不参与军备竞赛。在和平时期努力发展民用产品，特别是1979年以来，认真贯彻

"军民结合、平战结合、军品优先、以民养军"的方针,充分发挥生产技术装备,运用兵工科学技术,大力开发民用产品,开始向军民结合型的生产体系转变。

(5)军事电子。军事电子工程学是军事学科。军事电子工程学,运用电子学的原理和方法,研究应用于军事领域的各种电子器件、设备和系统等电子工程设施的原理、结构、规划、设计、制造,及其维护、保养、管理和使用等的一门学科。电子工程,是电气工程的一个子类,是面向电子领域的工程学。是研究电路与系统、通信、电磁场与微波技术以及数字信号处理等领域的一门工程学。

(6)973计划。1997年由中国科技部组织实施的国家重点基础研究发展计划,简称"973计划"。"973计划"的目标是加强原始性创新,在更深的层面和更广泛的领域解决国家经济与社会发展中的重大科学问题,以提高中国自主创新能力和解决重大问题的能力,为国家未来发展提供科学支撑。该计划起初涉及蛋白质研究、量子调控研究、纳米科学研究、发育与生殖研究4大领域。后来,增加全球变化研究和干细胞研究,成为6大领域。

"973计划"的主要任务包括:紧紧围绕农业、能源、信息、资源环境、人口与健康、材料等对国民经济、社会发展和科技自身发展非常重要的重大科学问题进行研究。

(7)863计划。"国家高技术研究发展计划"(简称863计划)是科学家的战略眼光与政治家的高瞻远瞩相结合的产物,凝练了中国发展高科技的战略需求。1986年国务院组织了全国200多位科学家对计划建议进行了大半年的论证,在中国科学技术需要奋起直追的年代,863计划的实施有力推动了中国高技术的进步。

2016年,随着国家重点研发计划的出台,863计划结束了自己的历史使命。

(8)科技支撑计划。国家科技支撑计划是面向国民经济和社会发展需求,重点解决经济社会发展中的重大科技问题的国家科技计划。支撑计划主要落实《国家中长期科学和技术发展规划纲要(2006—2020)》重点领域及其优先主题的任务,以重大公益技术及产业共性技术研究开发与应用示范为重点,结合重大工程建设和重大装备开发,加强集成创新和引进消化吸收再创新,重点解决涉及全局性、跨行业、跨地区的重大技术问题,着力攻克一批关键技术,突破瓶颈制约,提升产业竞争力,为我国经济社会协调发展提供支撑。

(9)重大重点项目。重点建设项目简称"重点项目""重点工程"。是"一般建设项目"的对称。指对整个国民经济的发展起关键作用,是发展生产和改善人民生活所急需的建设项目。它不局限于新建性质,改建、扩建和大型技术改造等性质的项目都可以成为重点项目。

国家级重大工程指一般列入国家重点投资计划而且投资额巨大，建设周期特别长。由中央政府全部投资或者参与投资的工程，属于国家重大建设项目，如三峡工程。也包括有些虽然未列入国家重点投资计划，投资额不算巨大，但影响很大的工程项目。

二、实施模式

国防科工教育主题营地作为国防科工教育和爱国主义教育的重要场所，拓宽了新时代国防教育的主渠道，有利于加强国防、军事知识学习，促进军事、科技技能训练，提升全民综合素质，增进人们弘扬民族精神、继承革命传统、保家卫国的斗志和信念，增强国防意识和民族凝聚力。随着国家政策的大力支持，研学实践教育市场将越发壮大，国防科工教育主题营地前景广阔，业态的发展和市场的需求，促使营地机构和从业者顺应潮流，打造更加专业、更具创新力的营地实施模式。

1. 建立国防教育体系

聚焦青少年学生群体，着力打造青少年国防科工教育主题系列，形成营地教育亮丽名片。

国防科工教育主题营地要紧紧抓住新时代赋予的重大使命，探索和平年代国防教育的规律，要着眼培养担当民族复兴大任的时代新人，构建"营地教育＋基地教育＋学校教育＋家庭培育＋组织引导"的国防科工教育全体系运营模式，厚植青少年家国情怀，不断提高青少年国防素养，从小立志保家卫国。要把国防科工教育主题营地作为青少年国防科工教育的基本阵地，依托军事科学学科体系，积极联结相关基地，如安全教育基地、国防教育基地、科技馆、科技创新基地、高等学校、科研院所等资源单位，积极开发研学线路，走进工业遗产，探究军工企业，进行国防科工及科普类研学实践教育，扩展营地教育功能、体验功能、素质拓展功能、学习功能、服务功能，使国防科工教育主题营地成为教育广大青少年的平台，成为促进青少年全面发展的实践大课堂。

2. 创新国防教育形式

营地要采取扎实有力的措施，创新国防教育形式，丰富国防教育内容，加强师资力量建设，要将国防科工教育活动有机融入学校课程教材，纳入学校学生考评体系。营地要针对不同年龄阶段学生特点，研究制定加强青少年国防教育的措施办法，突出国防综合素养的重要地位。加强学生军训工作，采取营地化集训、轮训、错峰施训的方式，普遍开展大中学生军事训练，大学生安排21天，高中生14天，对有条件的学校开展初中生7天军训。营地要创新构建学校国防教育体系，可以和学校签订国防教育示范学校和特色学校创建协议，创新开展少年军校、青少年骨干军事训练营活动，规范有序地组织

军事夏（冬）令营活动，广泛开展军事、防空、国防、人防知识和技能的传授，深入进行沉浸式团队融合、战术设计训练、武器使用、军事装备训练、战地扎营、夜间装备训练等国防科工教育，探求贴近青少年生活实际、寓教于乐的方式，让青少年在潜移默化中接受国防教育，强化国防观念。

3. 打造全民国防科工教育系列主题

世界上许多国家都非常重视全民国防教育的普及工作，我国国防教育更具有全民性、全社会性的特点。国防科工教育主题营地要做好国防教育基地的建设，可以依托军地资源，优化结构布局，建成国防特色鲜明、功能设施配套的全民国防教育基地，充分发挥好新时代全民国防教育载体平台作用。利用纪念设施、公共文化设施和军史场馆等，有针对性组织开展国防教育和革命传统教育。依托新时代文明实践中心、融媒体中心和"学习强国"学习平台，推动基层全民国防教育走深走实。广泛开展群众性国防教育活动，充分利用"七一""八一""十一"等政治性节日，广泛深入组织各种主题活动，唱响共产党好、社会主义好、人民军队好的主旋律；在清明节、烈士纪念日、南京大屠杀死难者国家公祭日等重大纪念日和重要时间节点，精心组织公祭、瞻仰纪念碑、祭扫烈士墓等活动，引导青少年牢记历史、缅怀先烈、居安思危、奋发图强。着力打造"全民国防教育日"系列活动品牌，组织举办国防形势报告会、国防科普知识讲座、国防演讲比赛、国防知识普及竞赛活动，开展航模制作及表演、国防主题电影展映、民兵应急救援演练、战时医疗紧急救护演练、国防竞技比武、国防体育运动赛事等国防教育活动，营造浓厚的国防教育氛围。营地还可配合宣传部门开展中小学生喜欢的宣传活动，形成鲜明的价值导向。广泛开展网上和线下国防教育主题活动，开发国防教育慕课、微课录制，国防主题微电影、音乐、动漫、短视频现场创意拍摄等融媒体产品，形成网络舆论传播强势。以退役武器装备展示为特色，打造传承红色基因、开展国防科工教育的重要阵地。

4. 军民融合协调发展

实施军民融合式发展，推动国防科工教育良性互动，实现营地教育协调发展最佳路径。

军民融合是指把国防和军队现代化建设与经济社会发展结合起来，全面推进经济、科技、教育等各个领域的军民融合，在利用社会资本及技术加速实现国防和军队现代化的同时推进社会经济的可持续发展。推动军民融合的主流做法为军民一体化模式。该模式主要做法是在政府主导下，充分发挥市场的资源配置功能，推动军地人才、技术和资源的双向流动，促进国防建设与经济建设的良性互动。具体做法主要包括建立健全促进军民融合体制机制，制订实施军民融合科技计划，培育开放型产业链和军民结合型创新主体。

国防科工教育主题营地要依靠国家政策，全面贯彻可持续发展理念，坚持走中国特色军民融合式发展路子。

就国防科工教育主题营地而言，营地要积极争取地方政府、学校和军队等相关部门的大力支持，实施军地校协同，共建共享国防资源。在政策层面上，军地校三方在推动全民国防教育过程中有着各自重要的育人责任，在工作层面上，营地要积极推动各方联合共建、共享资源、共育师资，形成政策、科研、人力、资金等资源的互惠互通和有效利用，充分激发营地活力，实现协同育人目标。一是营地要积极参与和配合军地校联合开发地方国防教育资源。因地制宜，利用好已有地域优势资源及国防教育基地资源，充分挖掘国防科工教育资源、革命文化资源、红色革命教育资源等，不断丰富国防科工教育优质特色资源，开发系列主题课程。二是营地要积极争取军队支持，共建国防教育实践营地，为开展军事技能训练、组织国防实践教育活动、推进军民融合提供平台。营地要大力配合高校为军队输送优质兵员支持国防建设，同时积极促进高校国防科工教育成果转化，为地方的全面国防教育工作提供智力支持和社会服务。三是营地要进一步探索多样化专兼结合的国防教育师资队伍建设。组成"营地教师＋校内教师＋特聘军事课专家""退役军人＋现役军人""国防教育讲师团＋大学生教官队"等方式，组建多元化的国防教育师资队伍，建立国防教育辅导员制度，发挥全方位多角度的教育合力。

5. 创建国家国防教育示范基地

创新营地教育模式，创建国家国防教育示范基地，推动国防科工教育主题营地健康有序发展。

近年来，在党和国家政策的强力支持和推动下，国防科工教育受到了社会各个方面的青睐，也得到了业内人士的普遍关注。自2009年以来，国家国防教育办公室先后命名了4批共计340个国家国防教育示范基地。从长远发展来看，引导政策持续出台，可能从根本上影响研学实践教育及营地的结构和供给模式。未来中国营地产业面临的机遇与挑战并存，针对营地的企业资质、教师资格、课程内容等的市场监管将逐步完善。营地要培育市场竞争优势，唯有不断创新，加快产品更新迭代。一是加强营地资源挖掘和整合，发挥营地资源优势，建立自身产品研发和设计优势，不断推动产品创新，将文化元素和科技要素融入国防科工教育之中，提升学习、实践、体验环节的有机融合，丰富完善宣传手段，提升国防教育效果。二是以创新精神、务实作风和历史思维扎实推进营地建设。加强多渠道的合作和交流，通过公益活动、研学论坛等方式与社会各方建立广泛

联系，持续深化教育领域综合改革，不断提高营地教育水平，提升营地的综合吸引力和品牌认知度。三是营地要创新管理方法。要坚持以人为本、服务至上的理念。同时，营地也要与时俱进、不断创新，努力适应新期待、新要求，不断增强管理工作的科学性、针对性和有效性。营地要以客户为中心，为用户创造价值，全面提升管理服务数字化、标准化和规范化水平。要进一步挖掘市场需求，为研学消费者提供多样化、个性化、品质化产品，如打造营地党史、军史荣誉场馆，充分发挥教育功能，坚持"党史馆里讲党史，军史馆里话军魂"，通过设置战斗英雄班和战斗英雄墙、布设国防文化角和国防陈列室、修建军事体验场等方式，拓展、丰富国防科工教育实践活动，让青少年学生在国防科工教育主题营地学到知识，收获智慧，提升能力。

第三节 国防科工教育主题营地案例

一、主题营地概况与特色

烽火拓展训练营地以"科学育人、实践育人"为目标，以全面推进素质教育为主题，以加强思想道德教育为核心，以培养创新精神和实践能力为重点，以突出国防教育和军事训练为特色，努力提高营员的综合实践能力。通过十余年的国防科工教育工作实践，营地已经形成了比较成熟、操作性强的国防科工教育内容和活动课程，建立了中小学全方位的研学实践教育体系。

二、主题营地课程体系

烽火拓展训练营地秉承"丰富学识，突出实践，筑牢信念，历练品质"的创新理念，探究国防科工教育内涵，弘扬军工精神，赓续国防军工报国火种，激发爱国爱民、报国强国之志。

烽火拓展训练营地以国防科工教育主题为突破口，力求营地课程多样化、精细化、科学化，施行精准"订单式"设计，彰显营地主题活动课程的教育性、趣味性、科普性、实践性和探索性的特点。

国防科工教育主题营地课程有志在军营、迷彩世界、向往蓝天、问天寻梦、我是小小火箭专家、科技魅力、军工探秘、科技军工厂、我是一个兵、兵器知识小博士、国防知识百事通、户外军事拓展训练营等。

三、主题营地活动课程案例

铸就军魂

（第一天）

目标任务：

1. 学习军事知识和军事技能，学习解放军的优良传统。

2. 通过军训培养学生的纪律服从观念、团队合作意识、文明礼仪规范和生活自理技能，促进学生身心健康和综合素质的提高，练就铮铮铁骨。

3. 树立远大理想，坚定"四个自信"，形成正确的世界观、人生观、价值观，培养德智体美劳全面发展的社会主义建设者和接班人。

知识链接：

1. 课内知识：《国防教育读本》有关军事知识、习惯养成、集体荣誉、纪律观念等内容。

2. 课外知识：观看电影《建国大业》《建军大业》。

研学内容：

1. 按照《中国人民解放军内务条令》、《中国人民解放军纪律条令》和《中国人民解放军队列条令》开展军训活动。

2. 在营地进行规范训练。了解军事设备，学习兵器知识。

3. 参加军事实践体验活动，激发团队活力，活跃组织氛围。

思考探索：

谈谈你对国防建设重要性的认识。

活动设计：

活动一　我爱迷彩

1. 领迷彩服和生活用品。

2. 纪律教育。

3. 开营仪式。

活动提示：熟悉营地环境。

活动二　感受军营

1. 队列训练，齐步、正步、跑步、会操等。

2. 整理内务，学会叠被子等。

活动提示：训练过程注意安全，多饮水。

活动三 军人风采

1. 学习站军姿。

2. 学习军体拳。

活动提示：穿合适的鞋子，注意保护自己，小心摔伤。

活动四 战地救护

1. 由专业的医务人员实地讲解战地救护知识。

2. 学生进行实际操作和战地救护演练。

活动提示：遵守纪律，按要求操作。

活动五 逃生自救

1. 由专业的消防安全人员实际讲解火灾、地震等重大灾害的注意事项及逃生技能。

2. 学生进行实际操作和演练，学习和掌握避险、自救的相关知识和技能。

活动提示：要组织有序，切莫混乱。

活动六 投掷手榴弹

由带队连长现场教授手榴弹投掷方法，让学生在手榴弹投掷区用模拟手榴弹进行投掷训练，体验军事训练特色，锻炼身体协调性。

活动提示：听从指挥，注意安全。

活动七 研学总结与评价

以开展篝火晚会（晚上活动）形式进行。

主题：强国梦 我的梦

活动内容：

1. 团建活动。

2. 才艺大比拼。

3. 写给爸妈的一封信活动。

向天起航

（第二天）

目标任务：

1. 了解我国航空事业，特别是民用航空取得的巨大成就，激发学生爱科学、学科学，为实现中华民族复兴梦奠定基础。

2. 探究新舟60飞机研制过程，激发学生主动运用所学知识理解与解决问题，学会独立思考，初步形成探究问题的思维与能力，培养实践创新意识，提高动手实践能力。

3. 通过研学教育实践活动，了解我国科学技术的发展，坚定"四个自信"，形成正确的世界观、人生观、价值观，培养德智体美劳全面发展的社会主义建设者和接班人。

知识链接：

1. 课内知识：初中物理（人教版）：《作用力与反作用力》《受力分析》《浮力》《光的传播》《光的折射》《电路分析》《并联与串联》《热学》《蒸汽发动机》等。

2. 课外知识：中国航空工业的发展史，了解我国民航的发展史，我国飞机工业与其他国家的差距。

研学内容：

1. 参观航空博物馆，了解我国航空历史，开展航空科技模拟等互动体验及航模制作和飞行比赛，掌握基本航模飞行技术，提高学生的动手实践能力。

2. 参观飞行试验研究院，学习航空知识。

3. 了解中国在民用航空上取得的成就，认识新型飞机的性能、成就以及销售使用情况等。

思考探索：

新型飞机研发与性能研究。

活动设计：

活动一 移动课堂

1. 研学辅导员介绍研学基地和研学行程等情况。

2. 学生观看民航领域的宣传视频。

3. 研学辅导员与学生互动，进行航空知识问答、教唱航空歌曲等活动。

活动二 岁月记忆

1. 参观世界航空发展史专题馆。重点是了解民航飞机从购买到自主研发的过程，了解中国航空从无到有的艰难历程。

2. 翻阅电子书，进行航空知识趣味答题。

3. 分小组进行分享交流，谈体会。

活动提示：参观时注意听讲解和记录。

活动三 壮丽事业

1. 观看航空产业展区沙盘图和多媒体展示，探究展区航空产业的规划和发展蓝图。

2. 学生们在声光电的示意图中体验找寻航空地标的方法。学习飞机地标领航的专业知识。

活动提示：参观实物展区注意安全和展品保护。

活动四　体验驾驶

1. 坐进模拟体验舱，感受超级逼真的模拟飞机驾驶。

2. 难忘时刻，学生可相互拍照留念，可用笔记录下体验的感受进行交流分享。

活动提示：体验项目需严格按照工作人员的指引和要求来体验。身体素质较弱者或晕车晕船者、高血压患者、恐高者请勿体验。

活动五　向天起航

1. 聆听民用飞机知识专题讲座。了解民航的发展史、民用飞机主要类型、未来发展等知识。

2. 走上民航飞机，进行登机体验，坐进驾驶舱。探究机型、阐释原理，实现学生飞行员的梦想。

3. 重点探究新型飞机研制历程及特点，了解飞机机型从设计、制造到试验，最后到交付使用的过程，感受科学家和飞行员的奉献精神，体验工匠精神，激发学生航空报国理想。

活动提示：做好体验活动的组织和管理。

活动六　航模制作与放飞

1. 研学辅导员讲解航模制作的程序、方法和要领。

2. 学生分组领取零件，协作互助，动手制作航模，飞机以新型飞机为机型进行模拟编号。

3. 举行模拟航模比赛活动。

活动提示：室外活动听从指挥，注意安全。

活动七　参观飞行试验研究院

1. 远望试验飞机场，畅谈感想。

2. 走进飞行试验研究院。观看飞机从设计、制造到试验，最后到交付使用的过程。

3. 了解飞行试验的重要性。

4. 聆听飞行试验员的英雄事迹，感悟责任与担当。

活动提示：飞行试验研究院为重要场所，注意遵守纪律。

活动八　闭营仪式

1. 领导讲话，教师及学生谈体会。

2. 研学总结与评价。

注：此活动适合初中学段学生。

（本章编者：王备战）

第七章

营地教育 + 科学教育

当今世界以信息技术、人工智能为代表的新兴技术的快速发展，使科学以全新模式对社会与个人生活产生了广泛渗透。与此同时，全球科学教育的重心正在向提高全员科学素养转移。在新时代的科学教育中，营地教育的内容应该根据新目标和新要求进行设计和实施，应当注重培养学生的科学素养、创新精神、跨学科应用能力和环境意识。

第一节 科学教育

科学教育是科技创新的重要前提。作为全球有重要影响力的科技大国，我国作出实施创新驱动发展战略、建设世界科技强国等一系列重大战略部署，这对科学教育提出了高要求，赋予了科学教育高使命。在我国教育界和科技界联合推进下，我国的科学教育迎来了前所未有的发展机遇，同时也面临着更艰巨的挑战。为践行科学教育的高质量和创新发展，加快实现科技自立自强，建设教育强国，需要厘清科学教育的一些基本概念，重新审视相关途径的有效性。

一、科学教育的内涵

1. 什么是科学教育

对于什么是科学教育的回答，与对科学的理解紧密相关。不同国家因社会经济状况、文化情境的不同，在科学教育立场和发展道路上存在差异。各国科技发展战略需求的变化，使其科学教育的目标、内容和方式也发生着变化。尽管如此，我们仍可以就目标、内容、过程和时空这四个互相关联的特征性维度，概括出科学教育内涵的一些基本

共识①。

从目标上看，科学教育即科学素养教育。科学素养是 21 世纪科学教育的核心，几乎所有国家都将提升科学素养纳入各级各类科学教育的基本目标甚至终极目标。随着新一轮科技革命的到来，科学素养的内涵发生了深刻变化。目前国内外中小学发展科学素养主要通过运用科学知识进行科学探究、参与社会性科学议题的讨论和科学问题的解决②等途径实现，从而让学生认识科学本质、进行批判性思考、成为知情和负责的公民。

从内容上看，科学教育即自然科学教育，是指以自然科学内容为主，提升学习者科学素养的教育教学活动，狭义上指以科学类课程为主渠道的科学教育，包括以物理、化学、生物、自然地理/地球科学等学科为依托的分科教育，以及各学科相互渗透、交叉、融合形成的综合性教育，随着技术的发展，也涉及与科学的生产及应用紧密相关的学科，如信息技术、工程、通用技术等。自然科学被大部分国家定位为科学教育的内容载体，其中的人文意蕴也受到重视，科学教育应实现科学价值与人文价值的统一。

从过程上看，科学教育是关于科学知识、方法过程与社会建制的整体性教育。面对当今世界的复杂多变，科学教育的重要性不在于只传授科学及相关学科（通常指科学、数学、技术、工程等）的知识，而在于让学习者认识这些知识是如何产生的，理解与科学知识相关联的科学方法、过程和建制，从而帮助他们有效地利用科学知识和方法去探知世界，应对世界的变化与挑战。面向 21 世纪发展需要，中国科学院学部提出，科学教育是"将科学知识、科学思想、科学方法、科学精神作为整体的体系，使其内化为受教育者的信念和行为的教育过程"③。

从时空上看，科学教育是跨空间的持续养成教育。科学的不断演化、技术的日新月异，对公民科学素养的要求不同以往。面向我国建设教育强国、科技强国的发展目标，科学教育是所有人必需的科学素养的养成教育，同时担负着培养科技后备人才的使命④。尤其，我国在向全球创新中心迈进的过程中，更需要每一个人懂科学、关心科学的作用与限度，负责任地参与公共科学事务，批判性地分析问题和作出明智决策。因而对科学的学习是终身的、跨空间的。

---

① 裴新宁.重新思考科学教育的若干概念与实施途径[J].中国教育学刊，2022（10）：19-24.
② 裴新宁，郑太年.国际科学教育发展的对比研究：理念、主题与实践的革新[J].中国科学院院刊，2021，36（07）：771-778.
③ 中国科学院学部.面向二十一世纪发展我国科学教育的建议[J].科学新闻，2000，(36)：2.
④ 严晓梅，裴新宁，郑永和.我国科学教育发展问题的思考与建议[J].科学与社会，2018，8（03）：13-21.

2. 科学教育和科技教学

科学教育和科技教学在一定程度上是相互关联的，但也存在一些区别。科学教育主要侧重于培养学生对科学的基本理解、科学思维和科学方法等方面的能力。它涵盖了多个学科领域的科学知识，包括物理、化学、生物等。科学教育主要注重培养学生的科学素养和批判性思维，让学生能够理解科学的基本概念和原理，并能够运用科学方法进行观察、实验和推断。

而科技教学则着重于将科学知识应用于实际生活和解决问题。科技教学强调学生的动手能力和实践性，帮助他们运用科学原理和技术工具来设计、制作、解决技术问题。科技教学涉及计算机科学、工程技术、信息技术等方面的知识和技能，旨在培养学生的创新思维、解决问题的能力和实践能力。

科学教育注重学科知识的传授和基本理解，培养学生的科学素养；科技教学则强调培养应用科学知识解决实际问题的实践能力。两者相辅相成，共同促进学生全面发展。

对于中小学校基础教育来说，科学教育是非常重要的一部分。首先，培养学生的科学素养。科学教育能够培养学生的科学素养，包括科学知识的掌握、科学思维的培养和科学方法的应用。这有助于学生理解自然界的规律和人类科学的发展过程，为他们将来从事科学研究或应用科学知识打下坚实的基础。其次，培养批判性思维。通过科学教育，学生能够学会批判性思维，学会质疑、思考和推理。科学是通过实证和推理进行验证的，学生在科学教育中将学会提问、观察、实验和推断，培养出对信息的分析和评估能力。再次，培养问题解决能力。科学教育注重培养学生解决问题的能力，通过实践和实验，学生能够学会思考和探索，提出解决问题的方法和策略。最后，提供跨学科的综合知识。科学教育涉及多个学科领域的知识，如物理、化学、生物等。通过科学教育，学生能够获得跨学科的综合知识，增强对整个世界的认知。

而对于中小学生的科技教育则与科学教育存在一定的区别。首先，目标不同：科学教育注重学生对科学的理解和科学方法的应用，而科技教育则侧重于运用科学知识和技术工具来解决实际问题和开发新技术。其次，内容不同：科学教育涵盖了各个学科领域的科学知识，而科技教育则着重于信息技术、计算机科学、工程技术等方面的知识和技能。最后，方法不同：科学教育注重学生的观察、实验和推断能力的培养，而科技教育则更加注重学生的实践和动手能力，通过实际项目的设计和制作来培养学生的创新思维和解决问题的能力。

因此，科学教育和科技教育在中小学校基础教育中都具有重要的地位。

3. 一种新的教育方式——STEM 教育

出现于学校课程中的 STEM 教育在某种程度上被视作科学教育的新模式。STEM 是科学（Science）、技术（Technology）、工程（Engineering）、数学（Mathematics）四门学科英文首字母的缩写，其中科学在于认识世界、解释自然界的客观规律；技术和工程则是在尊重自然规律的基础上改造世界、实现与自然界的和谐共处、解决社会发展过程中遇到的难题；数学则是技术与工程学科的基础工具。

STEM 教育是一种将科学、技术、工程和数学融合在一起的教育模式。它强调跨学科的学习和实践，旨在培养学生的创新思维、问题解决能力和团队合作精神。在 STEM 教育中，科学作为基础学科，帮助学生理解自然界的规律和科学原理。技术和工程则提供了应用科学知识解决实际问题的工具和方法。数学作为一门基础学科，为技术和工程学科提供了必要的数学概念和计算能力。通过 STEM 教育，学生能够在实践中应用科学知识和技术工具，进行探究和创新。他们将学会提出问题、设计实验、收集和分析数据，并提出解决方案。STEM 教育还鼓励学生进行团队合作和沟通，培养他们的领导能力和解决复杂问题的能力。

由此可以看出，STEM 教育是一种综合性的教育模式，旨在培养学生的科学素养、创新能力和解决问题的能力。它与传统的科学教育有所不同，更加注重跨学科的整合和实践应用。

STEM 课程重点在于加强科学素养、技术素养、工程素养、数学素养方面的教育。除了在校园内的正式学习之外，学习者还可以通过参观科学中心、博物馆、动物园、图书馆和其他社区的非正式教育资源，享受 STEM 非正式教育体验。《STEM 教育战略》提出，要将正式的、非正式的学习结合起来，通过创新性、混合的教育机会和资源，能更好地培养学生的 STEM 技能[①]。

在裴新宁（2022）看来，STEM 教育的价值不在于几个学科内容的相加抑或不同学科的教师上同一节课，更不等同于"动手做"，而在于重建科学学科之间及与其他相关学科之间的真实联系，借此将学习者带回到科学的复杂系统中去认识真实科学，从而有机会发展处理复杂问题的技能。这样更利于践行科学教育的重要目的，如激发学习者创新潜质，掌握提出科学问题的方式和循证方法，培育求真求证的科学精神以及批判性思维，成为社会的积极共建者。因而，成功的 STEM 学习的关键在于"跨学科思维"的运作，是思维的重建。在我国，由于 STEM 教育活动相关展品缺少资源支持，

---

① 陈鹏，田阳，刘文龙. 北极星计划：以 STEM 教育为核心的全球创新人才培养——《制定成功路线：美国 STEM 教育战略》（2019—2023）解析［J］. 远程教育杂志，2019，37（02）：3-14.

致使我国 STEM 教育活动同质化现象比较严重。加强个性化 STEM 教育资源开发以提高 STEM 教育吸引力已经成为 STEM 教育发展的决定性因素之一[①]。

二、科学教育的时代意义

当前，我国进入创新驱动发展的新阶段。创新驱动，人才为本。自 2005 年的 4252 万人至 2020 年的 11 234.1 万人，我国科技人力资源总量持续增长，人才规模连续多年居世界首位，但是顶尖科技人才匮乏、高层次和高技能人才不足等问题依然突出，科技人力资源结构性短缺现象明显[②]。近年来，国际竞争格局发生深刻变化，受单边主义、保护主义和新冠肺炎疫情等冲击，逆全球化思潮也在不断发酵，全球贸易、资本、人员等流动障碍重重[③]，依靠国外回流高质量人才的模式很快就会难以持续。在此时代背景下，把科学教育摆在人才培养的核心位置，有利于我国解决科技创新顶尖人才的自主培养问题，突破打压和封锁，在国际竞争中扭转高端人才短缺的被动局面。同时，加速提升全民科学素养，引导和激发全社会关注科技创新、投身科技创新的热情，为科技创新培育规模更大、种类更多的创新主体，为国家产业升级和高质量发展持续提供高素质劳动大军。

全球科技创新空前活跃，以数字化、网络化、智能化、虚实融合为标志的新一轮科技革命和产业变革正在重构全球创新版图。科技飞速迭代和科技社会化趋势让科学教育的改革更加迫切，更具全球化特征。为适应科技时代人才需求和公民生活发展需要，当前科学教育已发展出新的内涵，提升以科学素养为核心的综合能力，以问题驱动、实践发现和创造生成为关键环节，把握新时代科学精神，培养理性思维、批判质疑、勇于探究的能力，传授科学思维、科学方法，培养具备问题解决能力、创新实践能力、数字素养的跨学科创新人才，是全球科学教育发展的共识。

"科学"概念被引入中国之初，是为了"救亡图存"，因此长久以来我国科学的实用主义倾向更突出。事实上，传统科学是不以实用为目的，为了摆脱无知而不断追求真理的认识活动[④]。近现代以来，科学技术成果深度融入人类社会的生产生活等各方面，在"祛魅"和促使人类进步过程中，也引发了信仰缺失、生态破坏、技术伦理等问

[①] 莎仁高娃，徐开，崔敏杰等.推动科技馆科学教育创新发展：美国探索馆经验与启示[J].科学管理研究，2022，40（05）：154-162.

[②] 黄园淅.2005—2021 年中国科技人力资源发展状况分析[G]//余兴安，李志更.中国人力资源发展报告（2021）.北京：社会科学文献出版社，2021：131-142.

[③] 张龙林，刘美佳.当前西方逆全球化思潮：动向、根源及纠治[J].思想教育研究，2022（05）：119-124.

[④] 吴国盛.科学精神的起源[J].科学与社会，2011（1）：94-103.

题，工具倾向的理性崇拜、科学与人文两种文化的割裂危机引起社会反思①。当前背景下，科学、技术与社会关系密不可分，科学所倡导的理性精神已经延伸至一切社会活动中，科学社会化和社会科学化进程交织②。因此，现代科学倡导的理性思维是与社会人文密不可分的、统一工具理性和价值理性的有机整体。现代科学教育更重要的是科学精神和科学思维的培养，从关注知识、技能转向提升行动力，强调理性思维指导下的求真求实。

此外，未来世界呈现出发展开放不可预测的状态，批判创新是最有力的应对途径。如何保护学生在科技领域的好奇心、激发学生的想象力和创造力是科学教育的改革重点。在青少年求真务实的探究实践中，要避免面向确定答案的"食谱"式、验证式的程序化实验，鼓励其运用创新的方案、工具和解释，形成自己的认识。总体而言，求真求实的理性思维和批判创新的实践探索是现代科学教育的教学宗旨。

批判创新以科学论证为基础，其核心是科学创造力。不仅需要用"批判性思维"来"质疑"，还需要用"科学创造力"的核心即"科学创造性思维"来"创新"。科学创造性思维不仅表现在产生更多数量的观念，还体现在观念的广度、维度及观念的独特性上③，这为指向培养科学创造力的教育提供了基本参照。同时，科学创造性思维并不等同于发散性思维，而是发散性思维与聚合性思维的统一。任何科学创造性活动的全过程，都要经过从发散性思维到聚合性思维、再从聚合性思维到发散性思维的若干循环，直至科学问题的解决，这就是科学创造性思维的基本方式④。因此，在科学教育中，既要鼓励学习者大胆发散，又要引导其适时将思维聚合集中以聚焦问题的解决。

科学思维是科学素养的重要组成成分，是21世纪学生科学素养的关键方面。我国的综合科学以及分科科学课程标准将其列为学科核心素养的重要维度之一。

根据胡卫平等专家的观点，科学思维的基本方法主要包括归纳与演绎，抽象与概括，类比、比较与分类，分析与综合等⑤。以往科学教育往往重演绎而轻归纳，轻抽象概括，甚至混淆了科学学科与其他学科教学的界限。明晰"归纳与演绎"及"抽象与概括"这两对科学思维的基本方法有助于教师从根本上把握科学教育的本质，进而引导学生经历、体会并最终形成内化的科学思维。

---

① 韩升，李筱.世界的"祛魅"与现代精神世界的重建：由马克斯·韦伯展开的思考［J］.内蒙古社会科学，2021（5）：47-56+213.
② 蒋道平.关于科学精神内涵的多维解析：基于文化差异和历史线索视角［J］.科普研究，2017（3）：8-18.
③ 韩泽宇，苏咏梅."科学思维"及其层次刍议：基于国际科学教育与教育心理学的视角［J］.物理教学，2023，45（01）：7-10.
④ 胡卫平.科学思维培育学［M］.北京：科学出版社，2004：133.
⑤ 胡卫平.物理学科核心素养的内涵与表现［J］.中学物理教学参考，2017，46（15）：1-3.

在当代科学教育的发展过程中，应积极将科学思维与科学探究的若干环节恰当关联。一方面在科学探究中促进形成高水平综合化的科学思维；另一方面，用科学思维来支撑高水平综合化的科学探究，以促进科学核心素养的整体发展。科学探究的每个环节正需要上述科学思维的综合驱动，可以说，科学探究是从科学问题发现和解决流程的视角、以科学思维为核心、对包含科学思维在内的科学核心素养的综合反映。

1. 中小学基础教育改革中"核心素养与学科素养"的培养

中小学基础教育改革中的核心目标之一是培养学生的核心素养和学科素养。

科学教育能够培养学生的科学素养，包括科学知识的掌握、科学思维的培养和科学方法的应用。通过科学教育，学生能够了解自然界的规律、科学原理和科学思维方式。这有助于学生形成科学的观念和态度，并为他们将来从事科学研究或应用科学知识打下坚实的基础。

科学教育能够培养学生的批判性思维能力。科学是通过实证和推理进行验证的，通过学习科学，学生将学会质疑、思考和推理。这将使学生发展出批判性思维和科学的思维方式，从而更好地理解和应用科学知识。

科学教育注重培养学生解决问题的能力。通过科学实践和探究，学生能够学会思考和探索，提出解决问题的方法和策略。科学教育帮助学生发展创新思维和解决实际问题的能力，这对他们未来的学习、工作和生活都具有重要意义。

科学教育不仅涉及科学学科的知识，还涉及其他学科领域的知识。通过跨学科的综合性学习，学生能够整合不同学科的知识和技能，形成更全面的认识和理解。这有助于学生建立学科之间的联系，培养对整个世界的综合认知能力。

总的来说，科学教育对中小学生的意义在于培养他们的科学素养、批判性思维、问题解决能力和综合知识融合能力。这些能力不仅对学生的学业发展至关重要，还能在他们的日常生活和未来的职业中发挥重要作用。科学教育不仅关乎个体学生的成长，也关乎整个社会的发展和进步。

2. 在"全人"教育视域下看营地教育＋科学教育对中小学生的意义

"全人"教育是一种综合性的教育理念，旨在培养学生的全面发展，包括他们的身心健康、社交情感、创造力和品德素养。在"全人"教育中，营地教育和科学教育在培养中小学生方面发挥着重要的作用。以下是对两者的意义的一些讨论。

（1）营地教育的意义：营地教育提供了一种与传统课堂教学不同的学习环境和体验。通过参与营地活动，学生能够接触自然环境、拓宽视野、发展社交技能和培养独立生活能力。在科学教育中，营地也可以被用作一个理想的实践场所，让学生亲身参与科

学探索和实验，加深对科学原理的理解。

（2）科学教育类营地建设的意义：科学教育类营地建设可以为学生提供一个特殊的学习环境，使他们能够更加身临其境地进行科学实验和探索。这样的环境能够激发学生的好奇心，增强他们对科学的兴趣，并激发他们的创造力和探索精神。通过与同伴一起参与实践，学生能够培养团队合作和沟通能力，同时加深对科学知识的理解和应用。

（3）中小学生进行科学教育的意义：科学教育对中小学生具有重要的意义。通过科学教育，学生能够培养科学素养、批判性思维和问题解决能力。科学教育还可以激发学生对科学的兴趣，并培养他们的创新能力。通过参与科学教育类营地活动，学生能够在实践中应用科学知识和技能进行探究和创新，从而提高参与度和动手能力，同时培养他们对自然环境的保护意识和可持续发展的观念。

因此，营地教育和科学教育在"全人"教育中对中小学生的培养具有重要的意义。它们提供了全方位的学习经验，促进学生的身心发展和全面素质的提升。这些教育方法不仅能够增强学生的学科知识和技能，还培养他们的社交能力、合作精神和创新思维，将在他们未来的学习和生活中产生积极的作用。

三、科学教育的时代内容

在新时代的科学教育中，营地教育的内容应该根据新目标和新要求进行设计和实施。在科学类营地教育中，可以设计与科学精神、科学家杰出代表人物、高科技领域及相关技术内容相关的学习、了解和制作的活动。

（一）培养科学素养和创新精神

科学教育的目标之一是培养学生的科学素养和创新思维。在营地教育中，可以通过开展科学实验、观察自然现象、解决实际问题等方式培养学生的科学意识和探索精神。鼓励学生提出问题、进行假设、设计实验和收集数据，培养学生的实验设计能力和问题解决能力，促使他们成为主动学习者和科学思维者。

（1）科学精神培养：组织学生参与科学实验、观察和探究活动，培养他们的科学精神和探索能力。例如，学生可以进行水质监测实验，观察和记录水体各项指标的变化，并了解环境保护的重要性。

（2）科学家杰出代表人物介绍：引导学生深入了解一些伟大的科学家，并展开讨论。学生可以选择一个科学家，研究他们的生平、贡献和影响，并可以通过小组讨论或展示的形式分享给其他同学。

（二）强调科学与实践的结合

新时代的科学教育强调理论与实践的结合。在营地教育中，营地可以提供丰富的实践环境和实验机会，让学生亲自动手进行科学探索和实验。学生可以通过参与营地活动、进行户外实地考察等方式接触真实的科学现象，并进行观察和数据收集，培养他们的观察力和实验技能。

（1）了解高科技六大技术领域：介绍高科技领域的六大技术领域，例如人工智能、生物技术、信息技术等。学生可以了解这些领域的基本概念、应用和前沿研究，并组织相关讨论或展示。

（2）了解十二项标志性技术：介绍十二项标志性技术，这些技术在当今社会中具有重要的影响和应用，例如基因编辑、量子计算等。学生可以了解这些技术的原理、应用和前景，并进行相关实验、模拟或讨论。

（3）了解九个高技术产业：介绍九个高技术产业，例如新能源、智能制造等。学生可以了解每个产业的基本概念、发展现状和前景，并组织小组讨论或设计相关项目。

（4）制作科学工具和模型：组织学生制作一些简单的科学工具和模型，例如太阳能小风车、水力发电模型等。通过制作和操作这些工具和模型，学生可以了解相关科学原理和应用。

（三）鼓励跨学科的综合应用

新时代的科学教育强调跨学科的整合和综合应用。在营地教育中，可以将科学知识与其他学科进行关联，开展跨学科的综合性学习活动。举例来说，学生可以通过学习自然地理和生态知识，了解生态系统的相互关系，并通过探索和实践了解环境保护的重要性。这样的学习模式可以帮助学生更好地理解和应用科学知识，培养综合素质和解决问题的能力。

（四）倡导环境保护与可持续发展

新时代的科学教育关注环境保护和可持续发展的问题。在营地教育中，可以借助自然环境提供的资源和场所，引导学生了解自然资源的重要性，培养他们的环境保护意识和可持续发展思维。学生可以通过参与环境保护活动、进行自然资源调查等方式，形成重视环境保护和可持续发展的意识。

以上内容，可以帮助学生了解科学的基本概念和原理，培养他们的科学思维和实践能力。通过参与这些活动，学生能够在营地中进行实践探索、团队合作和创造性思考，提高科学素养和解决问题的能力。

因此，在营地教育中进行科学教育的内容应当注重培养学生的科学素养、创新精

神、跨学科应用能力和环境意识。通过提供实践机会、强调环境保护与可持续发展等，营地教育可以为新时代的科学教育提供丰富的学习体验，促进学生全面发展，培养他们适应未来社会的能力。

第二节 科学教育主题营地模式

营地教育起源于美国，是一种基于营地的以研学实践、劳动教育、生活体验为主题的新型社会教育模式。近年来科学教育主题营地模式逐渐成为培育中国学生发展科学核心素养的重要路径，对于学生全面发展的平台支撑作用日益彰显，并成为国家推进五育融合、落实立德树人的重要途径。

一、营地教育的科学教育资源分类与开发

习近平总书记在党的十九大报告中指出"满足人民过上美好生活的新期待，必须提供丰富的精神食粮"，要求"弘扬科学精神，普及科学知识"；"完善公共文化服务体系，深入实施文化惠民工程，丰富群众性文化活动"[①]。经过"十三五"时期，我国公民科学素质进入全新的发展阶段。第十一次中国公民科学素质调查结果显示我国公民具备科学素质比例由 2015 年的 6.2% 增长至 2020 年的 10.65%。随着我国公民科学素质的提升，公民对科学教育主题营地资源的质量与数量提出了更高的要求。

（一）资源分类

科学教育营地是提供一定规模的开展研学实践、科学教育、科学体验等的综合性实践育人场所。其不仅需要有供学生实践的活动场馆、活动场景、食宿场所等硬件设施，也需要有指导学生实践学习的专业师资与后勤保障人员。这些软硬件投入对于地方政府而言，无疑是一个较棘手的问题，这就需要地方政府转变思维方式，创新政府与社会、高校、企业合作的体制机制，以此助推"共建—共享—共创"的科学教育营地多样化、高质量发展。由此，依据教育资源所处环境的不同，科学教育营地主要发展成了场馆营地、园区营地、高校营地三种主要资源形式。

科学教育的营地教育资源可以分为以下几类：

（1）自然环境资源：自然环境是科学教育的重要资源之一。例如，森林、山区、河

---

① 习近平.决胜全面建成小康社会　夺取新时代中国特色社会主义伟大胜利［N］.人民日报，2017-10-28（001）.

流、湖泊等自然环境都可以为学生提供实地观察和探索的机会。学生可以通过观察生物、搜集植物标本、研究地质构造等方式进行科学探索。

（2）实验设备和材料：营地可以配备一些基础的实验设备和材料，例如显微镜、实验器具、化学试剂等。学生可以借助这些设备和材料，在营地中开展各类科学实验，深入了解科学原理和实践操作技能。

（3）信息资源：利用现代科技手段，可以将科学知识和信息资源融入营地教育中。学生可以通过互联网、科学阅览室等途径获取科学书籍、期刊、科普视频等资源，拓宽科学知识面，了解最新的科学研究成果和技术应用。

（4）专业人才资源：邀请专业的科学教育者、教师或研究人员参与营地的科学教育活动，为学生提供专业的指导和知识分享。他们可以帮助学生解答问题、引导学生进行科学实践，并与学生进行深入的科学探索。

（5）合作伙伴资源：与科研机构、科学博物馆、企业、社区组织等建立合作伙伴关系，利用他们的资源和专业知识，为学生提供更丰富的科学教育体验。例如，组织参观科学实验室、科技企业或科学展览，与专业科学家交流互动等。

这些资源可以在营地中有机地结合起来，为学生提供全方位的科学教育体验。通过充分利用这些资源，学生能够在自然环境中进行观察和实践，进行科学实验和探索，了解科学的原理和应用，培养科学思维和探索精神。

（二）资源挖掘

场馆是具备科学教育功能与成规模的教育活动空间的社会机构。场馆营地主要以科技馆（科学中心）、自然博物馆、展览馆、动植物园等为代表，多展现现代天文知识、三航知识、VR技术、机器人编程、无人机等，侧重于学习知识、动手设计、创意物化。场馆营地是校外科学教育的重要空间，也是科学教育资源的重要集散环节，场馆营地资源发挥作用主要有"走进来"和"进校去"两种形式，通过馆校结合、家庭和群体学习、个体参观体验等途径满足学习者在不同阶段的科学教育需求。

园区营地是科学教育资源的重要提供者。当前，园区营地主要包括科技园区、智能工业园区、智慧农业园区、智能生活园区等，侧重于工业、农业、国防等前沿科技，通过为学习者提供参观考察的科学教育资源平台，培养其解决现实问题的科学思维和科学精神。

大量研究显示，科学教学的质量是影响学生科学兴趣保持的关键。因而，确保科学教育的高水平专业师资供给，是重中之重。高校与科研机构是科教融合的关键环节。高校营地通过科学教育研究支持和指导各学段教学，也因前瞻性、系统性、专业性的科学

研究氛围，成为孵化科技创新顶尖人才与数字经济产业大军的主战场，并且通过提供科教资源、科教服务等为科技后备人才早期发展提供关键引导和重要支撑①。高校营地主要包括高校院系、重点专业、实验室、高校科技馆等，侧重激励学生树立科学研究的职业理想，引导学生规划科技创新的职业生涯。

在营地中挖掘科学教育资源和进行资源的归类整合和综合利用，可以遵循以下思路和方法。

（1）调研和评估：首先，进行资源的调研和评估，了解营地周边的自然环境、科研机构、科学教育团队等资源情况。可以与当地的教育部门、科技馆、科研院所等合作，收集和整理相关资源信息。

（2）归类和整合：基于收集到的资源信息，对资源进行归类和整合。例如，将自然环境资源、实验设备和材料资源、信息资源、专业人才资源等划分到对应的分类中。可以根据资源特点、使用方式、学科领域等进行细分和分类。

（3）网络和数据库建设：建立科学教育资源的网络平台或数据库，将收集到的资源整理上传，便于教师和学生进行查阅和利用。可以包括资源介绍、操作指南、教学案例、参考资料等，提供给教师和学生进行科学教育的参考。

（4）合作与共享资源：与相关的科学教育团队、专家、科研机构等建立合作关系，共享资源和经验。可以通过合作开展科研项目、教学活动，互相借用设备和材料等，充分发挥合作优势，提升资源的利用效益。

（5）制定科学教育计划和活动：基于整合后的资源，制定科学教育的计划和活动。根据中小学生的年龄特点、课程目标等，确定合适的科学实验、探索活动、讲座、参观等，让学生能够全面地参与科学教育，发展科学素养和创新能力。

（6）持续更新和改进：科学教育资源的挖掘和整合是一个持续的过程。需要不断关注最新的科学发展和教育趋势，及时更新资源和内容，以满足学生不断变化的需求。可以通过定期的评估和反馈机制，改进资源的质量和可用性。

综合利用和整合科学教育资源，可以打造一个丰富多样的科学教育环境。通过充分发挥自然环境、实验设备和材料、信息资源、专业人才资源等的作用，营地可以为学生提供全方位的科学教育体验，激发他们的科学兴趣和创新能力。

（三）资源建构

在营地资源建构方面，为适应科学教育资源需求增长，国务院于2021年7月印

---

① 郑永和，杨宣洋，袁正等.高质量科学教育体系：内涵和框架［J］.中国教育学刊，2022，354（10）：12-18.

发《全民科学素质行动规划纲要（2021—2035年）》，提出创新现代科技馆体系，以解决公民科学教育资源需求增长和科学教育资源不足的矛盾，并提出通过加强实体科技馆建设和开展展教创新研发来构建服务于公民科学文化素质提升的现代科技馆体系[①]。《2021—2027年中国科技馆行业市场全面调研及发展趋势研究报告》显示，截至2020年我国科技馆数量达到1174个，同比增长20.04%，我国科技馆教育体系进入了新的发展阶段，但展品同质化严重、科技馆参与主体缺乏多样性等限制了我国科技馆为公民提供优质科学教育资源的能力。场馆营地应在协同共享、跨界合作机制下创新营地国际性、本土化、创意性的活动课程与研究成果，积极与在地知名学校及科研机构加强合作，努力促进营地教育与学校教育的有效衔接，校外科学教育实践与理论的互动融合，营内外资源的共创、共建、共享。

科学教育类营地的建设涉及营地模式、课程建设、师资建设和实施方法等方面，以下是建设的一些建议。

1. 营地模式

设定明确的科学教育目标和理念，确定营地的定位和特色，例如注重实践探索、培养创新思维等。设计合理的营地结构和布局，包括教学区、实验室、户外观察区等，根据活动需求进行规划。考虑营地的安全性和环保性，确保学生的安全和环境的可持续发展。

2. 课程建设

设计多样化的科学课程，覆盖不同学科领域和主题，将理论知识与实践结合起来。将课程内容分为适合不同年龄层次的教学模块，考虑学生的知识背景和认知能力。引入探究式学习和项目制学习的方法，鼓励学生自主探索和合作学习。关注科学与社会问题的联系，培养学生的社会责任感和创新解决问题的能力。

3. 师资建设

营地中的教师应具备科学教育的专业知识和教学经验，具备科学素养和实践能力。定期进行师资培训和专业发展，更新教师的科学知识和教育方法，提高教学水平。鼓励教师进行跨学科合作和资源共享，促进教师之间的互相学习和成长。

4. 实施方法

创设积极的教育环境，激发学生的学习兴趣和探索欲望。打造丰富的教学资源和实验设备，提供生动、互动和体验式的学习机会。组织学生参与实践活动，例如户外观

---

① 全民科学素质行动规划纲要（2021—2035年）[J]. 学会，2021，392（07）：5-13.

察、科学实验、项目调研等，培养学生的实践能力。引入科技手段，例如虚拟实验、模拟器等，提供更加灵活和多样化的学习方式。提供及时的反馈和评估机制，帮助学生纠正错误和提升学习效果。

以上是科学教育类营地建设的一些建议，营地的建设需要根据具体情况进行灵活调整和创新，以适应学生的需要和教育发展的趋势。

例如，在高校营地建设中，AR体验式教学资源在科学课堂上得到了初步的综合应用。AR能够在学习中突显学生的主体地位，创设逼真的情境，促进沉浸式学习，不仅有助于增加学习者的课堂参与感，激发学习动机，也有利于帮助直接具体经验向抽象概念转化。在科学教育中，体验式学习理论与AR教学资源相结合，给教育者提供了新的学科知识学习方式，也为学习者搭建了一个自主探索空间。但国内AR资源在科学教育中的应用案例中较少形成科学教学全过程的闭环设计，国内外研究中缺乏对AR教学资源应用实践的策略示范。考虑AR资源的可用性以及体验式课堂的实践性，同时从教、学和教学内容三个层面出发形成交互关系。AR资源作为交互的中介，具备呈现科学本质的能力和反馈学生学习效果的能力。学生通过操作AR交互资源加强彼此之间的协作学习，并在教学资源上进行学习效果反馈。教师通过AR教学资源接收学生的反馈，协助学生进行课程反思总结，并完善教学设计[①]。

当前，以湿地自然科学教育类型为例，我国园区营地主要分为自然学校、综合教育营地、专项教育营地、临时教育营地。自然学校拥有完备的自然教育体系，使儿童、居民能够真正走进自然，认知自然，与自然和谐相处，建立系统的自然教育体系。综合教育营地是基于传统公园的改造与提升，以"体验式学习"为核心思想，与各学校进行深度合作，从而打造的系统性、综合性教育载体：营地规模较大且配套设施完善，包含自然教育中心、自然教室、活动区、自然体验区、住宿区、后勤综合区等，能够满足不同场域、不同人群、不同时段多元化教育需求。专项教育营地针对某一类课程的专项营造，拥有更强的主题关联性，相较于综合营地而言自然资源转化更加垂直且更具深度：例如成长类的"青年领袖营""心理成长营"；体育类的"射箭营""水上活动营"；知识类的"昆虫营""天文营地"等。临时教育营地是短期自然体验活动，由活动组织者和学生共同参与营地空间临时搭建任务，营地多为帐篷、活动板房木制板房等。营内建筑物一般只够满足学生基本需求，如卫生间、饮水处等，学生需要自备食物、睡袋、帐篷等生活物资。临时教育营地属于非永久性建筑载体，场地条件需求较低，利于搭建拆

---

① 林晓凡，朱倩仪，吴倩意等.增强现实体验式教学资源的科学教育应用：策略与案例［J］.中国电化教育，2019，392（09）：60-67.

卸，具有较高灵活性和适应性。

二、营地教育的科学教育实施模式

国际学生评估项目（PISA）折射出我国科学教育存在如下短板：学生对科学知识的生产过程及科学本质缺乏深入理解，对科学方法的意义和运用缺乏真正的掌握，对科学的兴趣缺乏持久性，多数学生对科学事业认识不足等。对此，要真正提升科学教育的质量，应根据学习规律，将科学教育活动的重点转向让学生投入到对科学现象的探索中，为学生深度参与科学实践、在社会行动中理解科学[①]提供支持和帮助。

对此，有必要从场馆营地、高校营地、园区营地三个方面展开更多探索。

第一，要开展多样、新颖的科学实践活动。对小学高年级以上的学生，可将工程学方法用于科学探究，或将工程问题科学化，利用数学和信息技术进行科学建模、数智模拟和计算实验。这些实践都涉及借助合作、协商、权衡各种因素并作出决策等集体实践，利于科学素养的提升。

第二，科学建构与身份建构并行。让学生进入真实情境或模拟场景中，沉浸式学习处理科学、技术与社会因素的关系，了解科学家包容的科学经验和实践，批判性地使用科学，以逐步形成伦理判断力，涵养科学价值观。

第三，在科技馆建设方面，经过20多年的发展，我国大部分科技馆数字化平台已初具规模，但仍存在数字化平台展示形式大于内容、资源分配和资源利用不均衡、场馆同质化、创新能力缺乏、人才缺乏等问题，虽然协同创新将各个区域进行了联结，但尚未形成跨区域协同创新框架。科技馆科学教育的实质是构建包含政府、社会、科技馆、学校等多主体的科学教育环境，这些主体在科技馆教育的存在和结构形式上都需要根据不同科学教育需求进行布局。当前政府应着力于科技馆体系的信息化过程，以线下资源为重点，利用云平台大数据技术高效促进异地科技馆资源整合，从而促进科技馆集群化发展，加速优质展品数字化进程和共享资源平台建设；企业应将社会责任渗入产品设计和产品生产中[②]，同时政府应适当开放科学教育准入门槛，引入市场机制来激发企业参与积极性；公民作为科技馆消费群体，通过参与科技馆建设可获得更好的学习资源与展教资源。

[①] 朱晶.科学教育中的知识、方法与信念：基于科学哲学的考察[J].华东师范大学学报（教育科学版），2020，38（07）：106-116.

[②] 孟猛猛，陶秋燕，雷家骕.企业社会责任与企业成长：技术创新的中介效应[J].研究与发展管理，2019，31（03）：27-37.

在高校营地建设环节，学校为学生提供专门的课题研究机会和相应师资力量，鼓励他们参与到公民科学计划等研究过程中。与一般的科普活动不同，公民科学把民众作为科学研究的参与者。公民科学是国际上普遍认可的科学素养提升和科技人才早期培养的重要方式。我国越来越多的高校科学基地正积极设立面向青少年的公民科学计划，其中的实践鼓励参与者使用社交媒体和技术增强的数据获取方式，参与真实科学研究，接触科学共同体，有力地加强了科学、教育普及与科学研究之间的互动共进。此外，不同于学校课堂教学，高校营地教学具有典型的情境式、实践性特征，其中教师教的方法、学生学的方法，都要凸显情境性、体验式、反思性教学的基本原理、组织方式。高校营地要在国际视野、本土情境视野下自主探索、总结营地重要实践主题的课题研究，生成新时代"学营融合"的科学实践研究成果[①]。

园区营地拥有多个教育节点，以相应景观带串联整个园区，提供科学文化综合展示、知识解说、教育宣传等相关功能，为文化科普提供了文化长廊、生态/工业展厅、室内自然教室等公共空间，以满足多样化的教育需求。以自然园区营地为例，多坚持"政府主导、企业管理、公众参与"的创新管理模式，在实施模式上，奉行"三个一"运营理念，即"一间流动的教室、一套专业的教材、一支环保志愿教师队伍"，形成了系统的自然科学教育课程体系。在教育形式上主要为自然交互体验，通过自然探险方式进行实践。同时辅助以解说导视系统，形成立体化教材体系以丰富学习者感知体验度，例如：户外双筒和单筒望远镜、自然体验类教具、导视解说教材等。对于园区整体规划而言，受众期待增加更多教育空间，满足其多样化的身心成长需求。在空间性质方面，应增加更多交互性、娱乐性的现代化设计，同时在园区内提供更多学习、交流、分享等活动。

第三节 科学教育主题营地案例

一、主题营地概况与特色

将营地教育与带有意义的研学地点结合起来，利用研学地点本身具有的特殊属性，如历史层面的人文属性，或建造过程中出现的工程属性等，都能够使营地教育在特定的

---

① 张建，钟帅丽，梅彩丽.校外实践教育营地的组织样态与发展理路：基于开放—社会系统视角［J］.中国教育学刊，2023，357（01）：58-64.

良好教育情境之中，引导进入营地的人更好地参与活动。

圆明园遗址文源阁研学基地位于文源阁遗址，是圆明园管理处精心打造的以爱国主义教育和传统文化教育为主题的研学基地。文源阁研学基地传承圆明园深厚的历史文化基因，积极响应习近平总书记的号召，旨在用中华优秀历史文化教育增强广大青少年的文化自信，培养家国情怀。它入选北京市第一批科学教育实践基地，占地5000平方米，共设21间教室，设有圆明园历史文化长廊、爱国主义教育展厅、考古模拟探坑、历史科普展厅、非遗体验馆等，是集爱国主义教育、科学教育、传统文化研学、考古实践研学、科普教学、非遗体验、艺术与文化鉴赏于一体的综合性研学实践活动校外场所。

与传统的科普营地不同，文源阁研学基地依赖圆明园本身的历史属性进行科普课程的深入挖掘，将圆明园在建造过程中运用的工程物理知识、建筑结构技巧、人文历史事件、考古工具科普知识、传统民俗科普知识整合在课程中，形成以圆明园工程建筑科普为核心的营地科普课程体系，让参与圆明园科普课程研学的学生能够在情境教学的现境中，学习人文与科普知识。这种学习模式下，科普不再是略显冰冷的课程，而是充满人文的温度。

二、主题营地课程体系

工程实践知识的普及有利于引导青少年养成从实际问题出发不断创新解决问题的思维，加深青少年动手学习的能力，培养创新思维、创新能力，让青少年在积累知识、解决问题的过程中，不断对新的工程实践活动产生新的灵感和想法。

圆明园文源阁研学基地的科普教育课程是依据青少年不同教育阶段、不同年龄阶段的认知与实践能力的特点开发而成，在开发的过程中，基于文源阁处于圆明园的特殊位置，在工程科普课程的基础上，又增加了人文历史底蕴。

引导青少年走进文源阁研学基地，体验文源阁的研学课程，不仅能够让青少年感受到工程实践中的系统思维，增进青少年的创新意识和动手实践的能力，更能够通过情境教学的模式，在特殊的情境下，开展一系列的科普实践活动，介绍中国的历史，阐发中国古代建筑结构中的科学思维，从而培养青少年的爱国主义意识和乐学创新思维，进而培养青少年正确的世界观、人生观、价值观。

"建筑+"的向心式科普核心课程。

圆明园文源阁研学基地的科普课程是以中国古代建筑为核心开发的一系列营地课程，课程开发时，在结合中小学科学课程标准的同时，也关注到其他学科出现的跨学科思维培养模式，因而课程研发围绕建筑的科普核心，不断整合其他核心内容，从而形成

整个基地向心式的科普课程体系（见表 7-1）。在实践的过程中，文源阁研学基地不断地优化旧有课程体系，开发新的课程体系，形成基地独特的科普资源内容，目前已经累计接待中小学校学生、团体、亲子群体等超 5 万人次。

表 7-1　文源阁研学课程一览表

序号	课程名称	适用对象	课程时长	内容简介
1	文化守卫军——圆明园建筑科普系列	小学生	三线课程	实地探究圆明园不同建筑的建造过程、画出圆明园不同建筑的工程图，并利用材料进行某座建筑的复建工作，了解建筑的建造历史和被烧毁的过程
2	圆明园榫卯建筑科普系列	小学生	6 小时	了解圆明园中目前能够看到的榫卯结构，学习榫卯结构的原理，能够利用材料进行榫卯结构的制作
3	我是小小考古学家	小学生、初中生	四节课	在圆明园的考古探坑中，了解考古学家的工作内容，认识考古工具并学习使用，进行探坑挖掘的体验，感受现代不同职业的魅力
4	玉石修复	小学生	2 小时	结合圆明园的独特背景，利用情境教学的模式，为每一块儿玉赋予相关的身份，了解玉形成的地质原因以及玉在中国历史上的文化意义
5	北方传统院落制作系列	小学生、初中生	共四节	实地探究圆明园不同的建筑结构，结合圆明园中的建筑布局，利用数学、物理等知识，利用小木条等建筑材料，制作北方传统居民院落——四合院，在小组实践的过程中，养成科研合作的意识
6	大水法之谜	初中生	3 小时	结合英国的工业革命等知识，了解圆明园中大水法的使用原理和工作原理，体会工业革命的力量，了解当时中国的现状
7	非遗科普系列	小学生	6 小时	宫灯、毛猴等北京的非遗文化是中国优秀传统文化的重要组成部分，非遗科普系列课程将与非遗传承人合作，共同为青少年提供相关的科普课程，在课程的进行中了解文化历史，感受非遗文化中蕴含的智慧
8	圆明园植物学家	初中生	2 天	圆明园中许多建筑是以周边的植物命名的，我们将走近圆明园中的植物，了解中国古代园林是如何利用植物进行造园的，了解植物的生长习性，包含种子、花、叶等不同形态的，制作植物标本盒，了解中国古代园林的造林手法
9	圆明园中的动物学家	初中生	2 天	圆明园中有哪些可爱的小动物呢？如何为这些可爱的小动物制作它们的窝呢？从鸟类到哺乳动物，我们将记录下它们的生长环境，观察这些小动物的生活条件，学习科学思维，养成环保意识，感受天人合一的精神
10	圆明园与北京三山五园	高中生	3 天	这一系列课程以圆明园为核心，引导学生了解代表中国皇权的三山五园，感受它们庄严肃穆与休闲并存的建筑风格；同时，化身为古代样式雷家族，从建筑的三视图到建筑的设计图，在情境学习中，掌握中国古代建筑的建造过程，进行跨学科实践学习，最终完成圆明园的复原设计图，并与其他小组进行分享。在整个过程中，引导学生养成现代科学的意识和综合运用多种资源的能力

三、主题营地科普活动

圆明园文源阁研学基地主要借助圆明园这一特殊的IP，结合历史知识，采用情境教学的模式，在专业的基地导师的带领下，为青少年提供不同主题的系列科普课程，帮助青少年更好地从历史环境中了解中国古代建筑的精妙，培养他们的工程实践意识、严谨的科学态度、动手实践的科学能力、不断合作的科研方式，提升科学素养和创新能力。

（一）课程理念

通过三线课程认识圆明园中的不同建筑，在实地情境带入的过程中，在情境中导入学习任务，引导学生在其间探究、实践、归纳、总结，提升综合能力，而圆明园的实地场景可以为学生完成学习任务提供适切的"支架"和适宜的条件。通过感受圆明园原本建筑的巧妙与精奇，在过程中增进对圆明园的了解，了解中国古代建筑精奇与巧妙之处，体会其中蕴含的科学之美，增强课程的科普能力，让科普更有人文的温度与厚度。

（二）课程主题

文化守卫军。

（三）课程目标

"文化守卫军"系列产品以"行走的课堂"为设计理念，通过动线研究，深度解读圆明园承载的园林设计、工程科普、艺术，中国百年近代史与国家复兴等。在行走中感悟这座世界名园的兴衰，触摸历史的厚重。

1. 文化守卫军——西线　探秘万园之园

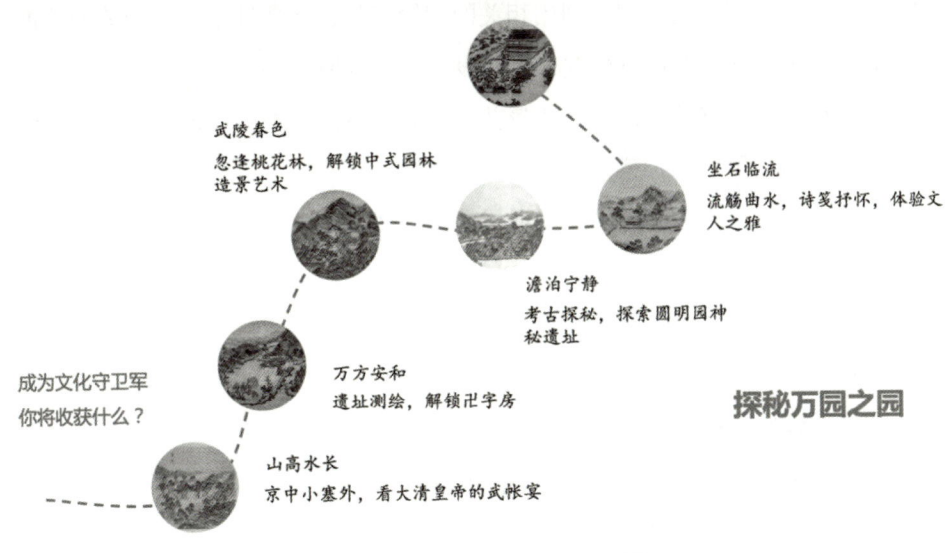

图7-1　西线——探秘万园之园

2. 文化守卫军——东线　梦回东方西洋城

路线：线法山—大水法/远瀛观—海晏堂/蓄水楼—方外观—养雀笼/谐奇趣—舍卫城—文源阁。

3. 文化守卫军——南线　博学多识的学霸养成记

福海北岸深探究：圆明园里的鸟类科学；古代城市发展的奥秘；南秀北雄的建筑对比。

福海东岸赏建筑：建筑遗迹与复原线索；亭子的建造；圆明园的造园艺术。

绮春园做调研：生态地图 DIY；一平方米自然调研。

正觉寺读历史：听兽首讲故事。

（四）课程内容

1. 圆明园西线——探秘万园之园

课程设计：

带着问题去探究：奇特的"卍"字房有多少间房子？"田"字房有什么寓意？圆明园的世外桃源在哪里？什么是"师法自然"的造园理念？"移天缩地"讲的是什么？

这条线路，将带孩子进入一个山复水转、层层叠叠、充满诗情画意的园林空间，解读圆明园的造园艺术。

具体内容：

（1）观京中小塞外，看大清皇帝的武帐宴：走进山高水长，了解清朝时期蒙古与中国的地缘关系以及政治联系。

（2）遗址测绘，解锁卍字房：利用相关的测绘工具，在遗址中测量相关的数据，详细解读遗址的数据，并根据遗址数据，进行设计图的复原。

（3）忽逢桃花林，解锁中式园林造景艺术：利用濂溪乐处的遗址，在情境中带领学生了解中国园林的造景艺术，感受天人合一的精神。

（4）考古探秘，探索圆明园神秘遗址：在文源阁基地中进行考古工具的辨识，并在探方中进行挖掘的工作。

2. 圆明园南线——博物学霸养成记

课程设计：

这是一场奇妙的博物之旅。

做一次小小历史学家：正觉寺里听兽首讲故事。

做一次小小植物学家：福海沿岸进行自然植物调研。

做一次小小动物学家：圆明园里做动物名片。

做一次小小建筑师：寻找建筑遗迹作复原。

具体内容：

（1）正觉寺里读历史：位于绮春园宫门以西的正觉寺，距今已经有接近250年的历史。两个半世纪后的今天，这座幸存的皇家寺院迎来了一位"老朋友"的回归，它会为我们诉说什么样的故事？

（2）绮春园中做调研：圆明园中曾盛放过哪些奇花异草和莺歌燕舞？每处庭园景观，植物如何巧妙组合？让我们走进缤纷多彩的动植物世界，共同领悟大自然的魅力。

（3）福海沿岸赏建筑：在圆明园残存的建筑基址中，我们是否能追寻到当时辉煌建筑的蛛丝马迹？

3. 圆明园东线——梦回东方西洋城

课程设计：

当西方的理想艺术遇上东方的幻想艺术，当纯白的汉白玉遇上流光溢彩的琉璃，这里便盛开了创意的、富丽的艺术之花。让我们踏寻故园遗迹，回到东方西洋城，找回逝去的富丽堂皇。

具体内容：

了解大水法的原理，从机器动力到人力，这中间发生了怎样的故事？我们现在应该如何复原相关的内容呢？

图 7-2　圆明园大水法

探方编号：＿＿＿＿＿＿＿＿＿＿　　　请在下方绘制出遗迹位置及形状示意图

探方发掘记录处

（五）课程特色

以人为本，沉浸式场景设计，角色代入，问题探究，全部课程采用体验式教育模式设计，取代传统博物馆以讲解为主的教育形式。

沉浸式演出采用模拟真实环境的空间设计，强调参与者的主动体验及其与演员之间的互动性，灵活而多元地调动参与者的多重感官（除了一般的视觉、听觉，还包括嗅觉、味觉和触觉），让演出真实、立体地包围参与者。

借鉴沉浸式体验的理念，营造仿真场景（如模拟考古发掘的场景式设计）、代入角色（考古学家、工匠、遣唐使）、任务背景（课程的故事背景和任务设置），营造一种模拟真实的场景，使学员沉浸其中。

后过程主义考古学是一种最新的考古学研究理论，认为考古学不应该停留在物上，应该关心人的精神、思想，主观能动性，人对器物的影响，对文化的影响。对客观的理解离不开主观，以及主客观的相统一，不同背景的人对过去的遗物有不同的理解。

因此，以人为中心，通过发掘遗址模拟、触摸遗存物、制作器物、角色代入、情境与故事设置，将今人直接带到古人的世界里，自己去观察、体验、思考和阐释，使每个人心中都有一个自己的圆明园。

（六）课程评价模式

主要分为过程性评价和终结性评价两个环节。

1. 过程性评价（80 分）

表 7-2　过程性评价表

评价项目	关键评估点	赋分（分）
科学观念	科学认知、科学服务、科学参与	10
科学能力	科学技能、科学常识、科学知识	20
科学精神	科学情怀、尊重科学、热爱科学	30
科学实践	合作科学、创意科学、科学精神	10
科研品质	认真负责、吃苦耐劳、自立自强	10

2. 终结性评价（20 分）

学生按照科学教育课程安排在导师的指导下确定课题名称。

表 7-3　研究课题

我的姓名	
我的探究/实践课题	
跟我的课题相关的学科	
我的导师	
我要准备的资源	
我的探究规划（内容、步骤和方法）	
我的学习成果的呈现方式	
我希望得到老师的帮助	

结束后一周内,学生通过平台将课题研究成果提交给课题指导教师,由指导教师依据标准(见表 7-4)完成终结性评价,并在平台上赋分。

表 7-4 终结性评价表

评价项目	观察评估点	赋分(分)		
		优秀	良好	一般
原创性	成果是否为原创?原创的分量有多少?	4	3	2
主题	主题是否明确?是否来自研学课程实践?	4	3	2
内容	内容是否精彩?是否丰富多彩?	4	3	2
形式	有没有特色?是否图文并茂?有没有最大限度地为主题服务?	4	3	2
表达	语言表达是否清晰?能不能体现自己对问题的独特理解或见解?	4	3	2

(本案例由北京世纪明德教育科技有限公司提供)

(本章编者:黄爱武)

第八章

营地教育+体育运动

如今，我国越来越注重将营地教育与体育运动有机结合。"营地教育+体育运动"的组合在多个层面具有重要意义。体育运动在"健康中国"建设中扮演着关键角色，将有力提高人民身体素质，落实全民健身战略。在政治、经济、文化和社会方面，体育运动展示了国家综合国力、外交政策和文化魅力。此外，体育运动的发展促进了城市化进程和经济增长，提升了人民生活水平。

第一节 体育运动

一、体育运动的内涵

体育运动是人类发展过程中逐步开展起来的有意识地对自身身体素质进行培养的各种活动。包含了走、跑、跳、投等多种形式的身体活动，也被称为身体练习。体育运动需要身体的参与和活动，具有一定的规则、标准和竞争性，在对健康和锻炼有益的同时具有社交和文化价值，可以激发人们的精神和情感。因此，体育运动是一个多维度的概念，涵盖了广泛的活动和价值，它不仅仅是一种运动方式，更是一种文化现象和社交活动，可以为人们带来健康、乐趣、社交、文化、精神和情感等多方面的收获和体验。

（一）体育运动的构成

体育运动的构成可以分为身体活动和竞技活动两个部分。身体活动是指通过各种有规律的身体运动和活动，进行身体锻炼和提高身体素质的活动。这些活动通常包括各种有氧运动（如跑步、游泳、骑车）、力量训练（如举重、引体向上、仰卧起坐）和柔韧

度训练（如瑜伽、拉伸等），以及一些团体身体训练（如健身操、舞蹈等）。身体活动是体育运动中非常重要的部分，通过这些活动可以增强人们的心肺功能、增强肌肉力量、提高柔韧性和协调性，从而对人体健康有重要的影响。

竞技活动是指通过各种形式的比赛、竞技，展示和提高体育技能的活动。这些活动通常包括田径、游泳、篮球、足球、网球、乒乓球、羽毛球、击剑、拳击等各种体育项目。在竞技活动中，运动员需要经过长期的训练，不断提高技能和战术水平，通过比赛来展示自己的实力和技能。竞技活动不仅能够锻炼身体，还能够培养人们的竞争意识、团队精神、创新思维和应变能力，同时也是体育运动中的重要部分。

需要注意的是，身体活动和竞技活动并不是相互独立的，而是相互联系、相互促进的。在实践中，很多体育项目都是综合了身体活动和竞技活动的特点，例如田径、游泳等项目需要进行身体训练，同时还需要在比赛中展示和提高技能水平。因此，身体活动和竞技活动是构成体育运动的两个重要方面，它们共同组成了广泛的体育项目和运动方式。

（二）体育运动的类别

体育运动的分类标准有多种。其中，常用的分类标准包括功能分类、项目分类、竞技性分类、场地分类、年龄性分类以及地域性分类。根据功能，即运动的影响和锻炼效果，分为有氧运动、力量训练、柔韧性训练和协调性训练等类型。根据不同的项目和规则，将体育运动分为田径、游泳、球类运动、格斗运动和水上运动等类型。根据竞技性将体育运动分为竞技体育和非竞技体育两种类型。根据比赛场地将其分为室内运动和户外运动两种类型。根据不同年龄段分为儿童体育、青少年体育、成人体育和老年体育等类型。根据不同地域和文化背景将体育运动分为中国传统体育、西方体育、东南亚体育、非洲体育等类型。此外，也可根据体育运动在社会中的地位和作用进行分类，例如分为大众体育、竞技体育、体育教育、体育产业等类型。需要注意的是，不同的分类标准之间相互影响和交叉，而一个运动可能同时符合多个分类标准。针对不同的研究目的和需求，可以选择不同的分类标准，以便更好地对体育运动进行分类和研究。

这些体育运动分类对体育运动营地项目的开发、运营、管理会产生影响。应结合营地的服务人群、场地、资源等条件因地制宜设置不同的体育运动分类，针对不同的运动项目来建设不同训练场地和设施，以满足不同营地消费者的需求。[①] 其次，体育运动分类还可以对体育营地的管理和运营产生影响。例如，营地拓展、攀岩等项目需要更高的

[①] 张俊杰.民族传统体育与学校教育耦合发展机理及路径研究［D］.兰州：西北师范大学体育学院，2022.

安全标准和更严格的管理，因此在体育运动营地开发过程中需要更多的安全保障措施和管理人员。同时，体育运动分类还可以影响营地的宣传和市场推广。对于不同的运动项目，可以采取不同的宣传方式，吸引更多的运动员和观众。因此，了解体育运动分类对体育运动营地的开发、管理和推广都有着重要的意义。

（三）体育运动的特点

体育运动是人类社会发展的产物，是人类文化和生活方式的体现，在不同视角审视下的体育运动特点也不尽相同。从社会学的角度来看，体育运动是社会现象和社会实践，是社会文化和社会交往的重要形式之一。体育运动通过各种方式影响和塑造着社会和个体，不仅是一种生活方式，还涉及社会结构、意识形态、文化认同、价值观念等方面。体育运动在社会中具有广泛的影响和作用，既可以促进社会和谐与稳定，也可以产生社会冲突和对抗。从人类学的角度来看，体育运动是人类文化的一部分，是人类社会生活和演化的产物。体育运动的发展与人类社会文化的演进密切相关，体育运动是人类文化多样性的一个重要体现。体育运动反映了人类对自然和社会环境的认识和应对，反映了人类对身体、健康、生命的关注和追求，反映了人类对竞争、合作、团队精神等方面的理解和实践。从教育学的角度来看，体育运动是学校体育的重要内容，也是提高全民身体素质的重要组成部分。体育运动不仅可以培养学生的体育技能，还可以促进学生的身心健康和全面发展。体育运动在学校中具有独特的教育价值，可以促进学生的认知、情感、道德、社交等方面的发展，可以提高学生的学习积极性和学习成果。同时，体育运动也是一种全民健身活动，通过普及体育运动和健康知识，可以提高公众的健康水平和生活质量。

除了社会学、人类学和教育学的角度，对体育运动也可以从其他角度来论述其特点。从生理学的角度来看，体育运动可以增强人体的肌肉力量、心肺功能、反应速度、协调性等方面的能力，同时还可以改善身体的新陈代谢、免疫功能和内分泌调节等方面的健康指标。从心理学的角度来看，体育运动可以促进人的身心健康，降低焦虑、抑郁等负面情绪，提高自尊心、自信心、应对压力的能力等方面的心理素质。此外，体育运动还可以激发人的积极性、竞争性和团队精神，培养人的责任感和合作意识。从哲学的角度来看，体育运动是人类对自然、社会和自我认识的一种表现和实践。体育运动体现了人的自由意志和选择权，也体现了人的价值追求和精神追求，从而拓展了人类的存在意义。

因此，体育运动具有多个角度的特点，包括生理学、心理学、哲学等方面，这些特点都为体育运动在营地建设、运营管理中的作用和价值提供了坚实的基础，进一步帮助

体育运动营地谋求更好的定位和发展。通过了解不同运动的特点，可以有针对性地开发相应的资源和服务，更好地满足营地消费者多样的需求，从而提升营地的竞争力和影响力。此外，了解运动的特点还可以帮助体育运动营地更好地进行市场定位和推广。不同运动的受众和市场需求不同，通过对不同运动的特点和市场需求的了解，可以更好地确定不同的市场定位和推广策略，从而提高品牌知名度并吸引更多的客户。

（四）新时代青少年体育运动的新内涵

青少年是祖国的未来，是民族的希望。青少年的身心健康、体魄强健，对于国家、民族、社会和家庭都具有不可替代的重要意义。青少年身心健康、体魄强健是国家强盛的基础。少年强则国家强，国家的建设与发展，靠的是一个个体魄强健的个体，如果没有了健康，何谈国家强盛。青少年的身心健康、体魄强健源自青少年参与体育锻炼所塑造的体质基础、学习的体育技能和养成的运动习惯。[①] 体育锻炼和体育运动，对于加强广大青少年的爱国主义和集体主义教育、磨炼坚强意志、培养良好品德，对于促进青少年思想品德、智力发育、审美素养的形成都有着不可替代的重要作用。

习近平总书记指出，"少年强则中国强，体育强则中国强"，号召全国广大青少年积极投身体育锻炼，做到德智体美全面发展，成为祖国建设的栋梁之材。近年来，我国青少年体育有了长足的发展进步，青少年体育活动广泛开展，青少年体育组织显著增加，体育后备人才不断涌现。然而，在肯定成绩的同时我们也应看到，青少年体育还未真正引起社会各界重视，学校、家长、学生本人对体育的功能和重要性的认识还不到位，重文化学习、轻体育锻炼的现象依然普遍。学生身体素质持续呈现下降趋势、视力不良检出率居高不下并呈现低龄化倾向、肥胖检出率持续上升等问题较为突出，青少年身体素质不断下降趋势还未得到根本性扭转。当前，中国特色社会主义进入了新时代。新时代开启新征程，新时代呼唤新作为。对于青少年体育这项关系民族未来的重要工程，必须从树立新认识开始。[②]

1. 是推进"健康中国"建设的关键举措

习近平总书记指出，健康是促进人的全面发展的必然要求，是经济社会发展的基础条件，是民族昌盛和国家富强的重要标志，也是广大人民群众的共同追求。体育代表着青春、健康、活力。从人身体发育成长规律来看，青少年时期身体发育得如何，关系到一生的健康和生命质量。国民体质的基础在于青少年体育，要通过实施青少年体育活动

---

① 王晓林.新时代青少年体育价值取向及行为特征关系研究[J].安徽师范大学学报：自然科学版，2021，44（05）：495-501+510.

② 李长江.习近平关于青少年体育重要论述的核心要义及其教育启示[J].体育教育学刊，2022，38（06）：1-7.

促进计划，促使青少年的骨骼、关节、肌肉正常发育，为一生打牢健康基础。

2. 是实施全民健身战略的必然选择

全民健身国家战略要求全体人民都参与进来，青少年是其中重要的群体，因此要把青少年作为实施全民健身计划的重点人群抓好、抓实。少成若天性，习惯成自然，习惯一旦形成，往往很难改变，还会伴其一生。儿童期是形成习惯的关键时期，在这个阶段着力，能取得事半功倍的效果，因此必须加强对青少年的引导，提高青少年的体育素养，养成健康行为方式，培养运动锻炼兴趣，最终形成终身坚持体育健身的良好习惯，从而带动更多人参与到体育运动中。

3. 是推动体育强国建设的根本保障

习近平总书记在党的十九大报告中指出，加快推进体育强国建设。要充分认识到，青少年体育在体育强国建设中占据着战略性、基础性地位。通过大力发展青少年体育，让广大青少年掌握一至两项体育技能，就会为群众体育发展奠定牢固基础，为竞技体育后备人才选拔提供巨大空间，也会带动体育产业的快速发展，从而最终实现建设体育强国的目标。因此说，青少年体育强，则国家体育强。

4. 是加快发展体育产业的固本之策

消费是带动经济增长的终极动力，如果缺少终极消费者，体育产业就是无源之水、无本之木。青少年恰恰是一个极其重要的消费人群，他们要观看比赛、要购服装装备、要参加培训、要参与活动。同时，随着体育产业的不断发展和全民健身战略的深入实施，体育需求正加速从低水平、单一化向多层次、多元化扩展，体育消费方式加速从实物型消费向参与型和观赏型消费扩展，其中，青少年扮演着越来越重要的角色。[①]因此，加快发展体育产业，必须紧紧抓住青少年这个重要基础。

二、体育运动的时代意义

（一）体育运动的政治意义

1. 体育是国家综合国力的一方面

100多年前，毛泽东发表了著名的《体育之研究》，强调学校教育要"三育并重""体育占第一位置"。培养身心健康、体魄强健、意志坚强、充满活力的一代新人，是一个国家具有旺盛生命力的体现，是社会文明进步的标志，也是实现中华民族伟大复兴的必然要求。[②]

---

① 余祥浩，汪洁志. 深刻认识推进新时代青少年体育工作的重大意义[J]. 南方论刊，2021（08）：84-86.
② 李鑫. 浅谈体育运动的意义[J]. 科技信息，2010（02）：283.

随着我国改革开放步伐的加快，经济建设日新月异。特别是党的二十大胜利召开，北京冬奥会成功举办，更激励全国人民满怀信心地建设中国特色社会主义事业，与此同时，体育事业也应与之协调发展。因为在未来社会中，国际竞争日趋激烈，世界范围内的经济竞争、综合国力竞争，实质上是科学技术的竞争和民族素质的竞争。我们要想在今后的国际竞争中继续发展壮大，把我国建设成为社会主义现代化强国，就必须把提高全民族的素质置于首位。党和国家高度重视体育的发展，我国成功地举办了北京冬奥会。中国在冬奥会上还显示了出色的组织能力，无论是现代化的场馆设施，还是观众爆满的体育场，抑或是无懈可击的后勤保障工作，都说明了这一点。北京成功地向世界展示了自己的风采，这不仅提高了中国人的自信心，而且也提升了中国的现代化形象。

2. 体育向世界展示我国"和平共处"的外交政策

北京冬奥会口号是"一起向未来"。这个口号集中体现了奥林匹克精神，生动反映了北京冬奥会的宗旨。这个口号表达了我们的真诚愿望，就是同各国一道在奥林匹克运动团结、友谊、和平的精神感召下，加强各国之间的交流合作，共同谱写国际奥林匹克运动的新篇章，共同创造人类更加美好的未来。

（二）体育运动的经济意义

体育经济的发展可以为当地创造更多的就业机会。随着经济的发展和休闲时间的增加，人们对体育的需求也越来越高，人们对体育的终端消费品——体育产品需求量也越来越大。为了满足体育消费品的需求，就必须增加体育产品的供应。就体育而言，体育产品的生产一般为劳动密集型生产，如体育服饰、球类、鞋类的制作以及体育旅游等，都需要大量的劳动力。发展体育产业不仅能解决就业问题，还能带动和促进相关行业岗位的增加，扩大就业容量。这对缓解当今我国社会日益突出的就业压力具有十分重要的现实意义，也推动了区域经济的健康发展。

在市场经济成为我国基本经济形式的条件下，体育正发展成为一种新兴的产业，它使体育在经营活动中建立自我补偿机制和增值机制，为体育的再生产提供了物质基础。体育发达国家的篮球、足球俱乐部每年都有相当可观的收入。体育生产和体育商品正成为一种新兴的商品部门和商品领域。体育职业化是社会发展和体育发展的客观要求，竞技体育将会成为一种新兴的社会职业，并具有广泛的市场。随着全球化经济的繁荣，人们已具备了投资和欣赏体育的能力，为职业体育的发展提供了社会环境。目前，国际体育明星收入相当可观，许多明星的年收入高达几亿元。

(三）体育运动的文化意义

1. 凝聚人心

奥林匹克运动以团结、友情、和平的信念把不同国度和民族的人聚集在五环旗下，体育文化的这种对人的聚合、团结功能首先源于体育文化的精神层面，且其影响最深、最强、最持久。

2. 教育、培育

高校校园体育文化不仅对当代高校生的身心健康起着积极的作用，而且可以考验高校生的意志和塑造他们的人格。对于自我意识强烈的当代青年，可以成立各类运动组织，使高校生在这种模拟的文化氛围中参与，以提高自身社会意识和社会情感，促进人际交往，培养社会适应能力。

3. 美育陶冶

体育以身体运动为特别手段，经由过程动作展示形象，体现身体美和活动美、天然美和艺术美的有机联络，能给人以美的享受。在多姿多彩的校园体育文化运动中，各类活动项目，各类体育竞赛和表演，以至体育摄影、体育雕塑、体育建筑等，都可以使大学生获得美的传染和陶冶，从而培养大学生健康的审美意识，提高大学生鉴赏美、发现美和表现美的能力。

（四）体育运动的社会意义

1. 体育经济的发展可以加快城市化进程

在和平年代，体育赛事是城市塑造形象最有效的催化剂之一。它不仅能刺激和打造城市文化，体现城市活力，丰富城市经济结构，而且还能加快城市化步伐，对城市进行扩容。众所周知，蒙特利尔、莫斯科、洛杉矶等城市，由于奥运会的成功举办，城市市区迅速扩容。广州天河体育中心区域原是广州市的郊区，由于成功举办了全运会，如今这里成了广州市经济最活跃、地价较高的地区之一，广州市最高大厦就建于此。①

2. 体育经济的发展可以提高人们的生活水平

体育可以丰富人民精神生活、文化生活的内容。随着经济的发展，人们的价值观念、社会习俗及生活方式、思维方式都在发生新的变化。健康文明科学的生活方式为广大人民所接受。台球、保龄球、门球、地掷球、壁球、足球、帆板、健身健美等体育内容，已在世界各地传播，有的地区已广为开展，真可谓五彩缤纷、丰富多彩。随着全面建成小康社会目标的逐步实现，人民生活水平日益提高，广大群众对休闲健身活动的参

---

① 陈晨. 青年体育运动参与的社会意义及其影响[J]. 中国青年研究，2022（10）：4.

与意识将不断增强,体育消费的增加成为城乡人民生活质量逐步提高的一个重要指标。"花钱买健康"将成为一种消费时尚,工作之余健身休闲逐渐成为人们的第一选择。

(五)体育运动对于个人的现实意义

1. 体育运动与我们的健康

体育运动对于每个人的健康都起到了非常重要的作用。生命在于运动,运动可以让人体格强健,体型美观,同时,运动可以加快体内新陈代谢,增强吸收功能,使人精力充沛、体力旺盛。运动可使心中积聚的不快和社会压力得到宣泄,对预防现代文明病有很大的作用。运动可以增强机体对疾病的抵抗力,预防和治疗疾病。大家都知道糖尿病是当今比较难治的一种疾病,它有许多的并发症,如冠心病、高血压等,运动可以产生胰岛素的作用,可以让人少吃药,运用运动自身的作用来治疗糖尿病。运动的核心作用是促进心脏的健康,运动能让心脏供血功能得到很大的加强。实践证明,一个经常运动的人比不常运动的人心脏供血能力更充足。现在,人们的生活水平不断提高,越来越追求生活质量的提高。①生活质量的提高首先体现为身体健康,那么如何提高身体健康水平呢?运动是最主要的手段,所以运动越来越被人们所接受。现代社会应将体育运动生活化,把它看成跟吃饭睡觉一样重要。我们要积极行动起来,参加体育运动,让身体更加健康。

2. 体育运动带给我们精神享受

体育自产生以来,强身健体及娱乐自始至终是其主要功能。体育是一种复杂的社会文化现象,以身体活动为基本手段,增强体质,以达到娱乐的目的。尤其是随着社会经济的发展,人们的生活水平得到了提高,人们精神方面的需要高于物质方面的需要,因而人们对于体育的认识不只限于强身健体方面,更希望通过体育活动的参与得到更多的精神享受。例如,人们观看体育比赛,优美的体育动作、扣人心弦的竞赛等都给人们以美的享受。还有在比赛现场,随着比赛的进行,人们可以大声地叫喊,可以尽情地宣泄自己的情感,使人们在精神上有一种轻松感。一次成功的射门,一个漂亮的投篮,随着快节奏的音乐跳健美操等,都不只是健身,更重要的是给人们的一种畅快感、成就感和心情的舒畅感,这些都是体育带给人们精神方面的价值。生活水平越高,人们越是注重体育精神层面的价值。

3. 体育运动有助于培养人们的品质

体育有助于培养人们勇敢顽强的品格,培养超越自我的品质、迎接挑战的意志和承担风险的能力,有助于培养人们的竞争意识、协作精神和公平观念。一些体育活动和体

---

① 张海军.体育运动对促进大学生身心健康发展的意义[J].文体用品与科技,2020(19):66-67.

育赛事对丰富人们的文化生活，弘扬集体主义、爱国主义精神，增强国家和民族的向心力、凝聚力，都有不可缺少的作用。

三、体育运动的时代内容

（一）新时代体育赛事的组织

体育场馆为体育赛事的组织提供必要的场所。体育场馆是指为了满足体育运动训练、运动竞赛、学校体育教育教学以及大众体育运动健身休闲而修建的各类体育场所的总称。它的涵盖范围十分广泛，包括学校体育场馆、专业训练馆、面向社会开放的有偿服务场所。体育场馆是提升我国国民身体素质的基本物质保障，是开展全民健身活动的重要场所。体育场馆种类较多，按不同的划分标准可以分为如下几类：根据体育场馆的使用性质分类，可分为体育比赛场馆、体育教学训练场馆、体育健身娱乐场馆；根据场馆的用途分类，可分为专用性体育场馆、综合性体育场馆；根据体育中心占地面积分类，可分为小型体育场馆、中型体育场馆、大型体育场馆以及特大型体育场馆。

在组织体育赛事的过程中，我们要在现有场馆的条件基础上，充分设置比赛项目，各个赛事的组织实施要符合赛事组织规范。赛事组织规范合理的根本目标在于创造精彩的比赛，同时为赛事欣赏者提供物有所值的赛事产品及服务。为实现体育赛事组织的目标，赛事经营管理者需要运用一定的知识、技能、方法、手段以及策略和措施等实施管理工作。体育赛事的资源包括人、财、物、信息、技术等，这些资源是实现不同体育赛事组织目标的重要条件和保障。体育赛事管理者的重要任务在于通过有效的管理方式，整合这些资源，以发挥它们的最大作用，为实现体育赛事的目标服务。

有了体育场馆和体育赛事组织的规范及要求，我们就可以进行体育赛事的策划。体育赛事策划指的是使用营销的理论与策略，结合媒体宣传、新闻炒作、名人效应等有效手段，对赛事本身实行知名度的导入和公众形象的树立。完整的体育赛事商业形象系统，必须有合理的内涵和外延，商业形象系统的组成包括政府形象、媒介形象、公众形象、商业形象等。

举办过体育赛事的人都知道，举办一场成功的赛事需要考虑方方面面的事情。简单来说，需要考虑赛事的规模人数、选择城市地区、选择场馆、保障观众的体验感良好、进行赛事活动的计划安排、审核报批、人员安排、预备方案制定、前期宣传、方案具体落实、观众反馈收集等。一场大型体育赛事的筹办，主要有四个阶段的工作，分别是赛事前期、赛事当天、赛事后期和赛事总结。赛事前期要召开赛事协调会并准备筹办赛事。召开赛事协调会主要包括明确赛事小组成员并且确认责任、各部门在赛事协调单

上确认工作任务并且签字、制定和印制赛事秩序册发送到各参赛队伍。准备筹办赛事主要包括确认参赛人数、确认特殊人员的出席情况、赛事奖品及相关用品的采购、宣传物料广告到位、比赛区域划分到位、服务及工作人员到位、赛场准备就绪、开幕式准备就绪、颁奖准备就绪等。赛事当天的工作内容主要包括签到、开幕式、赛事启动、比赛开始、成绩统计、颁奖仪式、赛后清场等。赛事后期的工作有赛后的宣传、赛后的回访。赛事总结包括总结经验、赛事资料存档。

（二）新时代体育运动项目

1. 常见运动项目

体育运动是在人类发展过程中逐步开展起来的有意识地对自己身体素质进行培养的各种活动。体育运动项目有田径、球类、游泳、武术、健美操、登山、滑冰、举重、摔跤、柔道、自行车等多种项目。

2. 民族传统运动项目

民族传统运动是人类体育文明的重要组成部分，它既是一种具有民族特色的文明的体现，也是一种具有传统风格的文明。它不仅是人类体育文明的组成部分，也是民族传统文明的重要组成部分，具有丰富的民族传统内涵。我国民族传统运动项目一般包括赛马、射箭和划龙舟等。国家鼓励、支持优秀民族、民间、民俗传统体育项目的发掘、整理、保护、推广和创新，定期举办少数民族传统体育运动会。新修订的体育法就传统体育项目的传承发展提出了明确规定。

3. 科技运动

新技术、新科技的出现，不断推动着经济的发展，科学技术与运动的结合也越来越广泛。科技运动是一种新兴运动，主要涉及无线电运动、航空模型运动等项目。

无线电运动是现代科技与体育相结合的产物。它要求运动员具有一定的无线电技术和其他有关方面的知识。无线电运动包括无线电工程设计制作、无线电快速收发报、无线电测向、无线电通信多项和业余无线电台五个项目。无线电工程设计制作以训练无线电理论为目的，参赛者按统一的规定装置和调试无线电设备，以速度快、性能好者为优胜。无线电快速收发报以练习抄收和拍发莫尔斯电码电报为内容。所谓莫尔斯电码，又称"大陆电码"，是利用电流通断产生的讯号进行信息传递，因由美国人莫尔斯发明而得名。快速收发报竞赛以收发报的速度快、错误少者为优胜。无线电测向是以无线电测向机为工具，寻找隐蔽发射台的运动，以在规定时间内找到的电台数量多者为优胜。因发射台隐蔽巧妙不易被发觉，被喻为"狐狸"，测向运动因此又叫"猎狐运动"。

航空模型运动是以放飞、操纵自制的航空模型进行竞赛和创纪录飞行的一项航空运动。这项运动有助于培养人们对航空事业的兴趣,可普及航空知识和技术,培养航空人才,发展智力,增进身体健康。航空模型是一种有尺寸和重量限制的雏形航空器,分为自由飞行(代号 F1)、线操纵圆周飞行(代号 F2)、无线电遥控飞行(代号 F3)、像真模型(代号 F4)4 大类,共计 26 种。竞赛分为比赛项目和纪录项目。

4. 户外运动

户外运动是一组在自然环境中举行的带有探险或体验探险的运动项目群,其中包括登山、攀岩、悬崖速降、皮划艇、潜水、帆船、定向运动等项目。户外运动多数带有探险性,属于极限和亚极限运动,有很大的挑战性和刺激性,能够让人拥抱自然,挑战自我。

第二节　体育运动主题营地模式

一、资源开发

20 世纪 80 年代,户外运动传入我国,逐渐成为一种时尚的运动项目和健康的生活方式。在西方,户外运动作为青少年户外营地教育课程的重要内容,旨在通过户外实践促进青少年培养独立、适应、合作等方面的能力。[①] 我国户外运动发展与青少年户外营地教育联系紧密。据此,"营地+体育"成为我国青少年户外营地教育在现阶段发展的初始路径。

(一)资源分类

"营地+体育是孩子成长教育中不可分割的部分。"美国营地协会副主席 Scott Brody 先生说,"美国的营地教育发展成熟,成为家庭教育和学校教育的补充,也为孩子们的发展提供了更多的可能性。"世界营地协会(ICF)秘书长约翰·乔根森(John Jorgenson)说:"一次特别的营地活动可能会改变孩子的一生。"体育营地的教育功能主要体现在:一是营地让学生融入自然,释放压力,野外生活体验和户外运动体验可以帮助学生促进其身心健康成长和人格完善;二是营地活动让孩子动手动脑,培养学生动手能力、解决问题的能力;三是营地活动可以通过集体生活和团队协作培养学生人际交往、团队意识和领导能力;四是营地活动中对自然的体验可以帮助学生了解生态系统、

---

① Beamess S,Atenciom.Building social capital throughout-door education[J].Journal of Adventure Education & Outdoor Learning,2008(2):99-112.

辨别生命形态；五是营地活动让学生走出教室，走出校园，了解社会，帮助他们处理好人际关系；六是营地特有的户外美丽风景、神奇的自然现象会激发孩子们的好奇心，培养其观察和探究的能力；七是营地活动往往尊重孩子的兴趣，为每个孩子提供参与和展示的机会，有利于孩子良好的个性发展，培养其自信心和独立品格。① 因此，体育营地是一种社会教育模式，在学生创新能力提升、社会责任感培养、科学技术普及、文体艺术素养培养、劳动技能锻炼、习惯养成等方面发挥着重要作用。

长期以来，我国的营地教育仅限于地方各级教育行政管理部门、地方各中小学校组织举办的寒暑假期间的冬令营、夏令营，学生利用寒暑假的时间参加内容较为单一的营地活动。此类营地教育不仅形式单一、鲜少有新意，而且大多数营地设置在城市区域里，如在学校或专属基地，而非在远离城区的大自然环境里。这种状况在近年有所改观，出现了体育运动主题营地教育分类多样化的态势。青少年户外营地有多种名称，例如假期计划、夏令营、冬令营、露营课堂等，它们都是一种以青少年团队过集体户外生活的方式，将教育与娱乐融合为一体的有计划活动。通常而言，青少年户外营地会依托于各种山地、林地、湿地等自然野营条件，让青少年一边培养集体生活所需要的技能，一边通过野外生活环境的熏陶成长，以达到身心双方面的教育和放松的目的。②

（二）资源挖掘

1. 自然环境的改善

黄安龙在我国体育营地建设实践路径研究中通过问卷调查的形式采访了450位受访者，结果表明：44%的受访者认为亲近大自然是客户选择体育运动营地的主要原因，13%的受访者选择了"周围是否有景点"。环境是否优美宜人，在选择体育运动营地的客户心中是极其重要的一个考虑因素。

2. 旅游的兴起需要体育营地建设

经济高速发展，私家汽车的普及率持续走高，公共交通基建设施日益完备，旅游出行品质逐年提高，百姓对旅游服务提出了更高的要求，也形成了多样性的旅行规划。传统的随旅行团游玩的人员比例在下降，在条件允许的情况下，人们会追求更富于个性化、更加有自主选择权的出行方式。对于拥有汽车的家庭来说，他们开车旅游已经不是什么难题，更何况汽车出租行业也逐渐步入正规化。同时，随着城市化进程的发展，更多生活在城市里的人，他们在旅游时对自然山水风光的向往十分强烈，也就会倾向于选

---

① 黄安龙，王娟. 我国体育营地建设实践路径研究：以皖东地区为例［J］. 南京体育学院学报，2020，19（04）：21-26.

② 国家体育总局办公厅. 国家级青少年户外体育活动营地资助办法（暂行）的通知［Z］. 2012-11-19.

择野外营地作为自己的出行目的地。旅游市场的新变化，是营地产业发展的动力，有了需求，自然也就有营地旅游服务业蓬勃发展的空间。另一方面，在发达国家，人们生活水平更高，有更多的人会在拥有代步的普通轿车之外，选择再购买一部专门的房车作为旅行工具。而在中国，房车还远没有那么高的普及率，大部分人自驾出行仍然选用普通小轿车，并不具备更多的生活功能，在这种情况下，能够提供充足后勤服务的营地产业就更加能够彰显其价值。

3. 节假日增加旅游的出勤率

周末双休日时间太短，不足以安排长距离的旅游度假，居民大多只能在城市周边范围内寻找一些消遣项目。相反地，在国家设定的较长时间的法定节假日中，人们的时间安排比较充裕，外出旅游的意愿也会大幅提高。政府部门也在尝试着调整法定节假日的规划，这也与更好地发展旅游行业的需求相呼应。2007年，国务院修订了文件《全国年节与纪念日放假办法》，其中调整了之前的假期设定，将清明节、端午节、中秋节增设为法定假日，一方面给自驾游群体增添了大量的出行机会，另一方面也更好地利用中华民族传统节日，同步推广文化旅游项目，很大程度上刺激了旅游业的发展。①2012年政府又通过并执行了《重大节假日免收小型客车通行费实施方案》。文件要求，在所有法定节假日中，私家车座位数少于等于7人的载人车辆，在全国所有路段一律无须缴纳过路费即可任意通行。②可以看出，国家很早就制定执行了有利于促进短途旅游的节假日规划，又在道路收费措施方面给予补助，这些都为营地产业发展创造了良好条件。

（三）资源建构

体育运动营地资源指的是适合进行体育活动和运动的营地或场地，包括室内和室外场地。体育运动营地资源建构可以围绕以下几点展开。

第一，地理位置。不同的地理位置会带来不同的体育运动资源。例如，海边的运动营地可以开展水上运动项目，而山区的运动营地可以开展登山、徒步等项目。

第二，自然环境。自然环境是运动项目开展的重要因素之一。不同的自然环境可以带来不同的运动项目。例如，丛林地区可以开展探险、攀岩等项目，而平原地区可以开展马术、自行车等项目。

第三，设施设备。设施设备是体育运动营地资源开发的重要方面。一个好的体育运动营地需要有足够的场地、设备和设施，以支持多样化的体育运动项目。

第四，人才资源。拥有优秀的教练、导师、志愿者等人才资源，能够提升运动营地

---

① 陈乾康. 自驾车旅游市场开发研究［J］. 旅游学刊，2004，3（3）：66-71.
② 赵鹏，李享，刘磊. 旅行社与汽车俱乐部经营自驾车旅游的比较研究［J］. 旅游学刊，2008，1（8）：76-80.

的管理、运营和服务水平，吸引更多的体育爱好者前来参与运动活动。

第五，运动项目。体育运动营地提供的运动项目，涉及是否有专业的教练团队、运动器材是否齐全、是否有不同级别的运动项目等条件，这些都会影响营地的市场竞争力。

第六，营地设施。体育运动营地的基础设施、住宿条件、餐饮服务、医疗保健等方面的设施是否完善，也会直接影响运动营地的吸引力。

第七，营地文化。营地文化也是一个很重要的方面，包括运动文化、教育文化、环保文化等，这些文化元素能够吸引更多的运动者、家庭和学生等群体来到体育运动营地，也是营地提高知名度的重要方面。

第八，营地活动。除主打体育运动项目外，营地结合地域文化进行整合、衍生和创新的丰富多彩、特色鲜明的营地活动，可以吸引更多的人来到营地，增强体育运动营地的品牌知名度。这些活动可以包括户外运动比赛、亲子运动会、营地体验课程、特色主题讲座等。

体育营地是一个集体育运动、教育、娱乐于一体的综合性场所。积极发掘、构建体育运动营地有助于为体育旅游行业注入新的活力，可丰富营地旅游产品供给，提升营地旅游体验。丰富多彩的体育项目、独特的户外环境和体验式的服务可为消费者提供一种积极向上的精神文化，提供一种减压、放松的方式。在促进体育营地发展的同时也将进一步拉动住宿、餐饮、运输等行业的提升，实现区域相关产业的发展。

二、实施模式

（一）加强师资队伍建设

营地培训师团队的建设是非常重要的。在师资力量建设方面，要根据营地自身条件的需要和青少年能力提升的需要，聘请高学历而又具有多种户外相关从业资格的专业人员。学历的高低很大程度上决定培训师的专业知识储备和教学方式的创新，应坚决杜绝培训师无证上岗的情况，吸引高学历、专业能力较强的培训师人才，加大对师资的培训。做强师资力量，才能让青少年学习到更多的知识，在活动中收获到不同的体验，同时营地也实现在知识教授、技能传授、社会引导等方面的发展。

（二）加强营内与营外课程体系的高度融合和开发力度

营地要积极探索营地教育与青少年学校教育以及教育部门紧密联系的户外活动，积极与学校教育体系有效结合，做到以青少年为主体。精品课程和特色课程的价值定位应围绕青少年的心理和生理进行改善，使青少年在玩中学、做中学，在一定程度上实现营地与学校教育的价值对等。实现营地课程体系的标准化建设，达到课程体系的建设与发展路径齐头并进的发展要求。营地在课程开发上应充分利用营地的丰富资源开发特色项目，组织培训师定期学习和掌握更多的技能，以多种多样的硬件设施吸引青少年，根据青少年的兴趣爱好创新活动项目。

（三）创新营地合作模式

营地数量少，尤其是在经济不发达地区营地匮乏的现状，对营地教育的发展极为不利。集聚多产业融合的营地教育离不开营地建设，涉及土地、基础设施、基础设备、建设规模、环境保护、资金筹措、科学规划等众多因素。建设营地需要投入大量的资金，这对于一些经济不发达地区的政府来说，压力很大，完全依靠政府投资已经远远不能满足营地建设的需求。另外，受到我国土地性质的影响，营地教育机构拿地相对比较困难，绝大多数的营地教育机构没有自有营地，只能在旺季临时租借营地。为解决营地教育的基地问题，地方政府和营地教育机构应创新营地建设新模式。

首先，营地教育机构可以与风景区、公园、户外拓展基地、特色小镇等机构合作，通过租赁、改建、托管等形式，利用对方优质的自然资产资源，将营地教育延伸作为景区、公园、地产、旅游等配套内容。这不仅可以提升合作机构的档次，增加合作机构的活动内容，而且也起到盘活这些存量资源的作用。同时在优质的自然资产开发上，政府应更加注重打造多元化、可持续性强的内容生态，让景区、公园与营地教育行业能够完美契合。

其次，吸引社会资本加入营地建设领域。营地教育的广阔发展空间已引起社会资本市场的极大关注，社会资本将成为营地教育建设的重要力量，一些资本雄厚的企业已经开始进入营地教育产业。应吸引更多的社会资本资金投入营地建设中，解决营地建设投资巨大的问题，减轻政府的资金压力，使政府将精力和注意力更多地放在政策服务和扶持方面，制定科学、合理的政策，以利于营地教育的健康发展。

最后，营地机构与社会资本强强联合发展。创投资本、产业资本、房地产商与营地教育机构可在确定双方责任权利的情况下，在资金上支持营地教育机构，建设自有营地。获得了巨额资金保证，有雄厚资本支撑的营地教育机构能够按照自身具有的特点、项目内容、人力资本，建设具有特色课程、特色内容、特色目标的营地，从而迅速占领营地教育市场，形成品牌优势，极大地提升核心竞争力。资源供给端的政府及房地产开发商可提供土地重资产，为营地教育机构创造相对优越的土地资源硬件条件，使营地教育以轻资产的形式输出落地，无形中加快了营地建设的速度。

总之，通过创新营地建设新模式，能够在全国范围内建设大量的营地，改变只有在经济发达地区设有营地的局面，满足全国青少年参加营地教育的需求。

第三节 体育运动主题营地案例

一、主题营地概况与特色

（一）营地概况

云南玉溪抚仙湖因湖水清澈见底、晶莹剔透，被古人称为"琉璃万顷"。这个美丽的淡水湖泊，是云贵高原上一颗晶莹的明珠，那蓝绿色的湖水，清澈而透明。这里群山环绕，景色秀丽，背山面海，古树成荫，冬季海鸥成群，东西南北景色各异，置身其间，能让人充分感受到人与自然的和谐美妙！

抚仙湖户外营地，位于云南玉溪市抚仙湖畔，占地200多亩，是目前中国绿地最多、活动场地最开阔、环境最为优美的青少年冬、夏令营营地之一。营地通过"教育+娱乐"双引擎驱动，拥有四大营地项目板块、五大营地教育体系，经过整合驱动抚仙湖项目相关资源，旨在打造中国顶级的综合型户外营地。截至2019年1月，研学教育机构已成功在这里开展四届冬、夏令营，共计10余期，深受家长和营员喜爱。

抚仙湖户外营地的主题为：引导孩子放下电子产品，走出户外，亲近自然，穿过丛林，去发现自然的神秘，学会对自然怀有感恩之心；以营地生活与户外生活为载体，培养营员的良好品格，学会表达自己，勇于挑战自己。课程目标在于以徒步、露营活动为载体，培养营员坚持不懈的精神；通过新的环境与新的集体，提高营员适应能力、表达能力；带领营员们重新找回与自然的联结，发现自然里无所不在的生命与智慧。

（二）课程特色

抚仙湖户外营地位于抚仙湖旅游度假区，具有优美的自然环境、适宜的气候环境、世界级深蓝湖区和浓厚的历史文化。沿岸有秀丽的奇峰异石、名山胜景，曾有很多文人墨客为其所倾倒，有"百里湖光小洞庭，天然图画胜西湖"的称誉。这里可以借助攀岩、徒步、露营等营地活动，鼓励孩子们勇敢地迈出第一步，突破舒适区，挑战自我，收获成就感，进而提高孩子们的自信心。在营期中，有美式Party、营火晚会、非洲鼓之夜等社交活动，给孩子们一个舞台，让孩子们学会表达自己，学会与他人相处。还可鼓励孩子们迈出独立生活的第一步，通过收拾床铺，整理自己的衣物，培养营员的独立生活能力；通过每日的餐桌礼仪，宿舍的自我管理，培养营员的良好礼仪与卫生习惯，让营员学会独立生活，成为生活小能手。

抚仙湖户外营地的课程体系有以下特点：

（1）入住国际营地，体验国际露营文化，感受不同文化魅力。

（2）帆船航海，理论+实践，亲手升帆掌舵，驾驶帆船，和队友一起远航。

（3）地质科考，解读帽天山"寒武纪生命大爆发"的秘密，启蒙少年探索精神。

（4）探讨抚仙湖淡水资源保护和发展的方法及措施，树立与自然共生意识。

（5）开启独立生活模式，突破自己的舒适区，学习自我管理及与他人共处的技巧。

二、主题营地课程体系

这里的营地教育经过多年发展，已形成了比较完整的课程体系。在课程开发和活动内容设计上，注重启发式、互动式、探究式等新模式，引导营员积极实践体验、主动思考、自主探究。通过营地这种集体活动的形式，让营员更好地认识真实的世界，增强沟通、合作和相处，丰富人生经验，锻炼交往能力，开阔眼界格局，提升品德修养。

抚仙湖户外营地课程包括：你好伙伴、探秘抚仙湖、扬帆出航、文体双修、科考少年、丰收之行。抚仙湖营地的课程安排共有六天。

Day 1 融入

初到营地，热情开始蔓延，穿过导师们搭建的人桥，Say Hello，欢迎来到抚仙湖户外营地，开启营地生活新篇章。下午，破冰团建，在导师的带领下，认识彼此，建立营地公约，养成良好习惯。晚上，在导师的带领下，于音乐的海洋里了解与学习击打非洲鼓的技巧，感受来自异域风情的非洲鼓文化。

Day 2 独立

开启崭新的一天，在精心设计的各种活动过程中，沟通交流，彼此磨合，增进营员间的感情；在团队的磨合中，锻炼营员的领导力。通过营区定向，快速熟悉营地，尽情地在草地上奔跑，玩转各式各样的项目，体验疯狂躲避球、平衡跷跷板、抱石接力等。初识户外，学习基本的绳结知识，为接下来的野外生存挑战打下基础。

Day 3 探索

了解飞盘高尔夫的由来与基本礼仪，通过系列的进阶式课程，掌握一项新技能。在活动过程中，学会与他人合作，激发营员的运动精神。当下，环保问题日渐严峻，作为地球的一员，我们有责任去了解生命之源——水的由来及其演变过程。通过了解水源净化知识，激发营员的环保意识，增强营员的责任感。体验一场关于智慧的较量，各式各样的桌游项目等你来挑战，如乐高积木、桌上足球、团队扭扭乐等。

Day 4 勇气

学习基本的户外技能，为接下来的野外生存挑战做准备。通过野外烹饪、搭建帐篷

等项目，锻炼营员的动手能力。突破舒适区，勇敢地迈出第一步。在攀岩与溜索的挑战中，收获满满的成就感，增强营员的自信。绚烂的灯光，酷炫的舞蹈，热闹非凡的美式 Party 等你来参与。活动可提供一个社交平台，以促进营员间的沟通交流。

Day 5 坚毅

走出户外，与大自然来个近距离的约会。走过栈道，穿过丛林，去探索自然的神秘，激发营员的好奇心。在实践中，运用所学的户外技能，迎接真正的团队考验，分工协作、齐心协力，完成挑战。夜幕降临，营火燃起，给予营员一个舞台，尽情展现自己，表达自己。狂欢过后，回到自己搭建的小窝，在自然的陪伴下，安然入睡。

Day 6 回顾

欢乐的时光总是短暂的，在一起的共同经历总是难忘的。回顾营期发生的点滴，感恩彼此的陪伴，度过一段美好的营期时光。结营仪式上，颁发的证书标志着营期的离别；走过的路、爬过的山，那特别的记忆，将成为下次再会的约定。

三、主题营地活动课程案例

抚仙湖户外营地研学第一日
（你好伙伴）

入住国际营地，体验国际露营文化，感受不同文化魅力，学会与他人共处，锻炼自我社交能力；在陌生的环境中学习自我管理，走出舒适区，开启自我成长模式，去迎接成长的挑战；搭建轻松自由的交流平台，促进营员沟通交流，消除隔阂。

上午：

集结报到，领营服及水杯等，前往抚仙湖户外国际营地。

下午：

开营仪式，分队授旗；团队构建与自我探索。

晚上：

小队融合，探讨共处技巧。

抚仙湖户外营地研学第二日
（探秘抚仙湖）

营员走近抚仙湖，用脚步丈量抚仙湖的宽广，用眼睛发现抚仙湖的秀美。营员采用科学仪器动手检测抚仙湖水质并分析结果，探讨抚仙湖的水质保护措施，学习与大自然和谐相处之道。

上午：

趣味定向：以定向运动方式深度感知抚仙湖的神奇，在定向运动中完成相应趣味任务，以完成各项任务的方式全面了解抚仙湖。

下午：

水质检测：科学检测抚仙湖水质情况，小组讨论并分析结果；了解 LNT（无痕山林）理念。

晚上：

带上头灯，夜观抚仙湖，去发现夜幕下大自然的精灵。

抚仙湖户外营地研学第三日
（扬帆远航）

帆船航海，理论＋实践，营员亲手升帆掌舵，驾驶帆船，和队友一起远航，探索抚仙湖的广袤与神秘。

上午：

学习帆船理论知识，了解帆船运动的发展现状。

下午：

学习掌舵和升帆技能，驾驶帆船，远航探秘。

晚上：

表演情景剧《如果》，借鉴戏剧教育的理念，发现更棒的自己。

抚仙湖户外营地研学第四日
（文体双修）

阳光明媚，绿草茵茵，我们相约在抚仙湖高尔夫球场，一起体验高尔夫球的魅力；营员通过与沙滩的亲密接触，创造属于自己的沙雕艺术；引进香港手工创作项目沙堡，营员在动手动脑的过程中，搭建自己的"沙堡王国"，建沙堡、健品格。

上午：

了解高尔夫运动的起源，学习高尔夫运动的礼仪，体验高尔夫运动的魅力。

下午：

了解沙雕艺术的发展历程，学习香港手工沙雕创作项目，创造自己的沙雕作品，分享作品设计理念。

晚上：

篝火晚会，才艺展示。

抚仙湖户外营地研学第五日
（科考少年）

少年古生物科考，探秘世界自然遗产澄江帽天山古生物化石群。这里是迄今为止地球上发现的分布最集中、保存最完整、种类最丰富的"寒武纪生命大爆发"例证。营员在老师及专家的指导下参观化石群首发地，体验化石发掘过程。

上午：

打卡古生物化石首发地，探索"寒武纪生命大爆发"的奥秘。

下午：

重走科考路，体验化石发掘过程。整理归纳，用思维导图总结科考之行。

晚上：

篝火晚会，成果展示。

抚仙湖户外营地研学第六日
（丰收之行）

他乡山水，一场丰收之行——进行莲藕采收。扛上锄头，挑起竹篓，和小伙伴们一起去万亩藕田挖藕，将收获的莲藕带回家和家人分享。结束一段旅程，收获一份成长。彩云之南，记录别样生活体验。

上午：

了解藕的生长环境、藕在食用中的价值、藕粉的制作与功效、藕对当地经济发展的影响。

下午：

去万亩藕田挖藕，将收获的莲藕带回家。

晚上：

颁发证书，闭营。

（本章编者：沈　纲）

第九章

营地教育 + 艺术教育

　　美是纯洁道德、丰富精神的重要源泉。美育是审美教育、情操教育、心灵教育，也是丰富想象力和培养创新意识的教育，能提升审美素养、陶冶情操、温润心灵、激发创新创造活力。艺术教育是实施美育的重要途径和内容，是素质教育的有机组成部分。通过艺术教育，可使学生了解我国优秀的民族艺术文化传统和外国的优秀艺术成果，提高文化艺术素养，增强爱国主义精神；培养感受美、表现美、鉴赏美、创造美的能力，树立正确的审美观念和情感态度价值观；可陶冶情操，发展个性，启迪智慧，激发创新意识和创造能力，促进学生全面发展。营地艺术教育作为校外艺术教育的重要途径，必将发挥重要的作用。

第一节　艺术教育

　　艺术教育作为衡量学生综合素养水平的重要指标，重在培养学生健康的审美观，促进学生在"真善美"的艺术学习与实践中坚持正确的审美取向、价值观、人生观和世界观。艺术的教化功能，在古代甚至更久远的时期就已被人类所关注，如包含礼仪、音乐、舞蹈的"礼乐"便是与人类文明演进同步的，"礼乐文化"奠定了中国"礼仪之邦"的基础。唐代张彦远《历代名画记》中"夫画者，成教化，助人伦，穷神变，测幽微，与六籍同功，四时并运"阐释了视觉艺术对人类道德的感染力。唐诗、宋词、元曲无不以其艺术美感化、教育、成就着一代又一代热爱生活的人们。在近现代，艺术教育是重要的公共教育内容，普及度较以往更加广泛，也更加规范和多样化。从国家层面而言，教育部从艺术特长、美育意见、教育评价等多个方面陆续出台了指导意见，各省、自治

区、直辖市结合区域实际出台了多种落地落实的办法，各地也涌现出各具特色的艺术教育案例，艺术教育在新时代将更加异彩纷呈。

一、艺术教育的内涵

（一）艺术教育的定义与内涵

艺术是人类精神文明的重要组成部分，是运用特定的媒介、语言、形式和技艺等塑造艺术形象，反映自然、社会及人的创造性活动。艺术教育以形象的力量与美的境界促进人的审美和人文素养的提升。艺术教育是美育的重要组成部分，其核心在于弘扬真善美，塑造美好心灵。

（二）与德智体美劳的关系

艺术教育与美育、德育、智育直接相关，并与体育、劳动教育紧密相连，是促进学生全面发展的重要内容。朱光潜在《谈美感教育》中讲道："世间事物有真善美三种不同的价值，人类心理有知情意三种不同的活动。这三种心理活动恰和三种事物价值相当。真关于知，善关于意，美关于情。人能知，就有好奇心，就要求知，就要辨别真伪，寻求真理。人能发意志，就要想好，就要趋善避恶，造就人生幸福。人能动情感，就爱美，就喜欢创造艺术，欣赏人生自然中的美妙境界。求知、想好、爱美，三者都是人类天性；人生来就有真善美的需要，真善美具备，人生才完美。"中国当代著名哲学家、教育家冯友兰认为艺术教育与"人"的意义直接相关，他阐释道："如何成为一个'人'？所谓'人'，就是对于世界社会有他自己的认识、看法，对已往及现在所有有价值的东西——文学、美术、音乐等都能欣赏，具备这些条件者就是一个'人'。所以大学教育除了给人一专知识外，还养成一个清楚的脑子、热烈的心，这样他对社会才可以了解、判断，对已往现在所有的有价值的东西才可以欣赏。"在当代教育中，艺术教育已成为培养"全人"不可或缺的部分，学生在艺术教育与艺术活动中接受审美教育、情操教育和心灵教育，感受美、体验美、鉴赏美、创造美，开阔艺术视野，领略中华民族艺术精髓，提高艺术素养和创造能力，在审美中丰富自己的人生。

（三）艺术教育的内容

艺术教育就当代在校学生而言，根据不同学段呈现出不同内容。在义务教育阶段，艺术教育主要教学内容包括音乐、美术、舞蹈、戏剧（含戏曲）、影视等。在普通高中阶段，艺术教育主要教学内容包括音乐和美术，其中，音乐包括鉴赏、歌唱、演奏、音乐编创、音乐与舞蹈、音乐与戏剧、合唱、合奏、舞蹈表演、戏剧表演、音乐基础理论、视唱练耳等必修和选择性必修内容，以及当地特色文化资源、民间艺术传承等选修内容；美术包括鉴赏、绘画、中国书画、雕塑、设计、工艺、现代媒体艺术等必修和选择性必修内容，以及素描、色彩、美术史论等选修内容。高校的公共艺术课程在现当代也得到了普及，涉及美学和艺术史论、艺术鉴赏和评论类、艺术体验和实践类三种类型课程。随着各阶段艺术教育的普及，艺术素养已逐渐成为学生全面发展的关键能力，对启发学生创造力和提高生活品位具有重要意义。

二、艺术教育的时代意义

中共中央办公厅、国务院办公厅《关于全面加强和改进新时代学校美育工作的意见》提出，美育的指导思想是：以习近平新时代中国特色社会主义思想为指导，全面贯彻党的教育方针，坚持社会主义办学方向，以立德树人为根本，以社会主义核心价值观为引领，以提高学生审美和人文素养为目标，弘扬中华美育精神，以美育人、以美化人、以美培元，把美育纳入各级各类学校人才培养全过程，贯穿学校教育各学段，培养德智体美劳全面发展的社会主义建设者和接班人。

（一）落实立德树人根本任务的有效途径

立德，就是坚持德育为先，通过正面教育来引导人、感化人、激励人；树人，就是坚持以人为本，通过合适的教育来塑造人、改变人、发展人。立德树人就是要使学生不仅政治坚定、思想进步，而且品德高尚、人格健全、行为良好、心智健康。只有把立德树人贯彻到教育事业发展的各领域、各方面、各环节，做到以树人为核心、以立德为根本，培养好德智体美劳全面发展的社会主义建设者和接班人，才能真正建成教育强国。

艺术教育是落实立德树人根本任务的有效途径之一。艺术教育能够培养人的审美能力，通过艺术鉴赏与艺术实践，引导学习者形成心灵美、语言美、行为美、科学美、秩序美、健康美、勤劳美、艺术美，完善道德修养。围绕"立德树人"这一根本任务，在艺术教育过程中应弘扬社会主义核心价值观，传递积极的人生理想、生活追求，培养高尚的道德情操和健康的审美品位，充分发挥艺术教育独特的价值与作用。

（二）贯彻社会主义核心价值观的有力举措

社会主义核心价值观体现出深刻的哲学价值意蕴，是我国在精神文明建设领域成果的重要表现，以公平促正义，以和谐促文明，以创新促改革，把社会主义核心价值观融入社会改革创新发展的大背景之中，符合马克思主义理论提倡的实现人的全面发展的价值标准和理论要求。

艺术教育以社会主义核心价值观为精神内涵，是文化发展的主旋律。将社会主义核

心价值观运用到艺术教育实践之中，学生不但能感悟艺术的魅力，还能够体会艺术只有在社会主义核心价值观体系中才能生存和发展，从而理解和树立正确的价值观，弘扬中华优秀传统文化。此外，通过艺术活动的策划与实践，以社会主义核心价值观为艺术主题，引导学生积极参与音乐会、画展、戏剧等艺术活动，让他们从中感悟社会主义核心价值观的精髓，产生共鸣，有利于他们树立正确的审美意识和艺术观念。

（三）提高学生审美和人文素养的基本方法

审美素养是人所具备的审美经验、审美情趣、审美能力、审美理想等各种因素的总和。审美素养既体现为对美的接收和欣赏的能力，又转化为对审美文化的鉴别能力和审美文化的创造能力。

人文素养即人的文化素质与修养，指向人的内在品质，是社会个体在以"人"为中心的各种文化方面所表现出的素质与修养，即其在所拥有的文化基础上形成的先进的价值观及行为规范。

（四）传承中华美育精神的最佳载体

中华美育精神是一个内涵丰富、层次多样的概念，它与中华美学精神之间存在着紧密联系，体现了中华民族的审美观念与艺术传统，其核心内涵之一就在于人的培育，终极目标不仅仅在于个体的情感陶冶，还在于由此而实现完整人格的养成，而中华美育精神尤其能体现中华审美观念与艺术传统的精神特质。中华美育精神是数千年来中华民族生存境遇及其共同价值体系孕育的结晶，凝聚着中华民族优秀文化传统的精华，具有绵长久远的生命力，在当前美育工作中具有重要的传承和弘扬价值。①

中华美育精神具有鲜明的价值导向和强大的教化功能，各级政府和各类学校要科学设计美育活动，统筹构建美育格局，创新美育评价机制。要引导学生在中华美育精神的滋育中传承文化根脉，把握时代脉搏，培育健全人格，提升精神境界，形成"更基础、更广泛、更深厚"的文化自信，激发"更基本、更深沉、更持久"的奋进力量，以大美之作引领审美风尚，以时代之美传播核心价值观，以中华美育精神涵养学生的精神世界。②

（五）培养合格接班人的积极探索

新时代教育对"五育并举"的强调，就是要从德智体美劳五个维度重塑人的全面发展。新时代美育融贯中华传统美育精神，以美育人、以美化人、以美培元，通过自然美、艺术美和社会美等积极内容陶冶学生情感，树立正确审美观念，提升审美鉴赏力，

---

① 赵思山.中华美育精神融入学校美育工作的原则与路径［J］.兰州工业学院学报，2021，28（6）：128-131.
② 崔敏.中国社会主义先进文化在艺术教育中的理论研究［J］.艺术教育，2021（07）：20-23.

净化学生的心灵，进而实现精神境界的提升。以美培元正是在新时代五育融合的背景下，以美育人，积淀内在精神力量，逐渐养成美好的人格，为人的全面发展塑造积极、正确的人性指向，因此，以美培元是深化人的全面发展的积极尝试。

以美培元需要美育渗透在生命发展的每一个阶段中。首先，在小学阶段强调"兴于诗"，以审美游戏唤起学生对世界的好奇。其次，在中学阶段注重"立于礼"，以纪律性、确定的美学知识内容让学生获得关于美的认知。最后，在大学阶段追求"成于乐"，以自由的审美精神、审美境界滋养学生人格的完善。

三、艺术教育的时代内容

（一）继承社会主义先进文化

社会主义先进文化是以马克思主义为指导，继承和弘扬中华优秀文化传统和五四运动以来形成的革命文化传统，吸收借鉴世界优秀文化成果，集中体现全国各族人民在新的历史条件下的精神追求，始终代表着当代中国发展前进方向的文化。

社会主义先进文化之于艺术教育的作用，不仅体现在价值观引领方面，更重要的是，以先进文化的精华促进艺术教育革新，推动先进文化在艺术教育中的发展。社会主义先进文化在艺术教育中的应用，并不排斥西方文化的优秀成果，而是在坚持文化自信的基础上，努力做到兼容并包、统筹发展，实现中华文化与艺术教育的深度融合。

艺术包括美术、音乐、舞蹈、表演等诸多分支，并且每一个分支都因民族、地域、时代等不同而呈现出丰富多彩的形式和内容，因而艺术教育具有多样化的特点。例如，音乐艺术既包含小提琴、钢琴、架子鼓、吉他等多种乐器的单一或组合演奏，也涉及不同的作曲风格、歌唱类型等。无论艺术教育内容和形式如何多样，都必须紧紧围绕社会主义核心价值观这一核心，保证艺术教学能够在正确价值观的引领下开展，艺术作品也应当展现出社会主义核心价值观的践行成效。社会主义先进文化是社会主义核心价值观在文化和艺术领域的体现，只有坚持社会主义先进文化，才能够确保艺术教育始终围绕着社会主义核心价值观开展。在推动社会主义先进文化与艺术教育的融合过程中，要以艺术创新提升艺术价值，使艺术实现科学化、人性化和可持续化发展。

艺术教育是先进文化的重要传播渠道，通过艺术的表达和展现，人们可以更加真切、直观地感受到社会主义先进文化的先进性和影响力，从而在潜移默化中坚定理想信念、树立文化自信。因此，社会主义先进文化与艺术教育的融合、传统文化精髓与现代艺术精华的深度结合，有助于促进文化与艺术教育的共赢发展。

（二）弘扬革命文化

1. 弘扬革命文化意义

革命传统教育，对于传承革命文化和社会主义先进文化，培养德智体美劳全面发展的社会主义建设者和接班人具有重要意义。开展革命传统教育，可以使学习者植入红色基因，增强对伟大祖国、中华民族、中华文化、中国共产党、中国特色社会主义的认同，提升政治觉悟、体认革命精神、培育优良作风，在思想上、行动上做到爱党、爱国、爱社会主义高度统一，使中华民族伟大复兴的理想信念更加坚定。

2. 革命文化分类

反映革命传统内容的重要载体形式可分为两类。一类是原始素材，另一类是基于原始素材创作的作品。

（1）原始素材。包含重要革命史实和关键事件（具体指中国共产党领导中国人民进行新民主主义革命、社会主义革命和建设、改革开放和社会主义现代化建设中的重要革命史实、关键事件）；革命英雄人物及事迹（具体指为革命、建设、改革作出杰出贡献或突出贡献的英雄人物，包括革命领袖、革命家、革命先驱、革命英雄、民族英雄、英雄模范以及仁人志士等）；革命文物、遗址、纪念场馆（具体指革命圣地、旧址与纪念设施以及革命英雄遗留下来的物品等）；重要纪念日及仪式（为纪念重大事件、伟人、先烈等设立的特定节日，开展的相关仪式活动）。

（2）基于原始素材创作的作品。具体指反映马克思主义真理和共产党人人格光辉的文章和文学艺术创作，既包括革命英雄人物自己撰写或创作的作品，也包括其他人以重要革命事件、革命英雄人物事迹为题材撰写或创作的作品。

艺术是落实革命传统教育的重要载体，在净化学生心灵、陶冶情操、提升精神境界中发挥着重要作用。在艺术实践中开展革命传统教育，要充分利用多种形式的艺术作品，以寓教于乐、潜移默化的方式，增强教育的感染力和实效性，培养学生深厚的爱党爱国情感，做有骨气、有品位、有修养的中国人。艺术教育中革命传统教育内容的主要载体为反映革命文化和社会主义先进文化的美术、音乐、舞蹈、影视、戏剧（含歌剧、戏曲等）、动画等。

3. 具体要求

接受革命文化的熏陶，不同年龄阶段有不同的要求。此处以中共中央办公厅、国务院办公厅发布的《革命传统进中小学课程教材指南》中关于革命传统学习的学段要求进行说明，可作为营地建设的参考依据。

（1）小学阶段。低年级艺术课程教材可将唱国歌、画国旗等内容纳入其中，激发学生对祖国的热爱之情。中高年级选择革命题材的歌曲（如《烽烟滚滚唱英雄》《中国少年先锋队队歌》）、舞蹈（如《白毛女》）、戏剧（如歌剧《洪湖赤卫队》选段）、电影（如《小兵张嘎》）、绘画（如油画《开国大典》）、雕塑（如《刘胡兰》雕像）、摄影作品（如斯诺拍摄的照片《毛泽东转战陕北》）等，引导学生学习与欣赏，加深对革命历史和革命英雄人物的认识，增强对中国共产党、中华人民共和国和中国人民的热爱之情，培育学生奋发向上的思想情感。

（2）初中阶段。注重将革命题材经典作品、优秀作品，如油画《狼牙山五壮士》、歌曲《游击队歌》《洪湖水，浪打浪》、音乐舞蹈史诗《东方红》、歌剧《江姐》、电影《英雄儿女》等，纳入音乐、美术、舞蹈、戏剧（戏曲）、媒体艺术等，使学生领悟作品所表达的革命英雄气概、高尚品德，初步认识中国共产党走过的艰苦卓绝历程、形成的光荣传统和取得的伟大成就，形成爱国奋斗、积极向上的精神面貌。

（3）高中阶段。选择的作品应主题鲜明，思想性与艺术性统一，覆盖多个门类与多种形式，如国画《江山如此多娇》，雕塑《歌乐山烈士群雕》，歌曲《长征组歌》《春天的故事》《走进新时代》《不忘初心》，舞剧《红色娘子军》，电视文献片《邓小平》，电影《上甘岭》等，都深刻反映了革命英雄气概、优良作风和高尚品德，使学生在艺术欣赏中提高思想政治觉悟，理解"没有共产党就没有新中国"的深刻道理，厚植爱国主义情怀，强化理想信念。[①]

（三）传承中华优秀传统艺术

中华优秀传统艺术是中华优秀传统文化的重要组成部分，是世界艺术宝库中的瑰宝，闪耀着举世瞩目、璀璨独特的光芒。在艺术教育中开展对中华优秀传统艺术成就的学习，能够使学习者掌握中华民族独特的艺术表现方式、艺术特征、艺术风格特点和文化内涵，形成关于传统艺术的系统认识，感悟中华优秀传统文化的魅力，有效提高学习者的艺术修养、审美素养和人文素养，弘扬中华美育精神，坚定中华文化立场，提升文化艺术传承能力与创新能力，增强民族自豪感。

1. 中华优秀传统艺术分类

（1）经典艺术作品。具体包括民族民间音乐、民族民间舞蹈、戏剧（戏曲）、曲艺、美术、书法，以及有关中华优秀传统文化的动画、影视作品等。

（2）特色技艺。具体包括年画、剪纸、泥人、刺绣、皮影戏、木偶戏、服饰等适合进入学校教育的非物质文化遗产项目。

---

① 出自教育部发布的《革命传统进中小学课程教材指南》。

2. 具体要求

对中华优秀传统艺术的学习，不同年龄阶段有不同的要求。此处以中共中央办公厅、国务院办公厅发布的《中华优秀传统文化进中小学课程教材指南》中关于中华优秀传统艺术的学段要求进行说明，可作营地建设的参考依据。

（1）小学阶段。对小学低年级的具体要求如下：基于艺术与游戏相结合的原则，结合活动主题，选择儿歌、童谣、寓言故事、神话故事、民间故事、古代诗词等简单明快、朗朗上口的语言艺术作品，如《咏鹅》；选择主题简明、技法简洁的歌曲、舞蹈、戏曲、绘画等综合性艺术作品，如《十二生肖歌》；选择情节简短、形象生动的动画片、故事片、纪录片、专题片等影视艺术作品，如《大闹天宫》（动画片）。学生通过接触、体验、表现这些作品或作品的片段，感知中华优秀传统文化的魅力，激发内心喜爱之情，增强中华文化认同感。

对小学中高年级要求如下：在音乐部分，选择主题思想鲜明、音乐表现技法上有初步要求的民歌民乐、民族民间舞蹈、经典戏曲的片段以及近现代作曲家雅俗共赏的作品等，如《阳关三叠》（古琴曲）、《千手观音》（舞蹈）；在美术部分，选择主题突出、有代表性的作品，类别包括中国画、书法、雕塑、建筑、民间美术（如剪纸、泥人、刺绣、皮影、木偶、陶艺、服饰等）等，如《步辇图》（中国画）、《兰亭集序》（书法）；在戏曲影视部分，选择情节丰富、角色鲜明的作品，如《宝莲灯》（动画片）、《铡美案》（京剧）。这些可使学生初步掌握与传统艺术相关的基本知识、技能和技法，体会中华民族独特的情感表达方式以及形神兼备、情景交融的美学追求，具有学习中华优秀传统艺术的愿望，增强保护与传承非物质文化遗产的意识。

（2）初中阶段。初中艺术课程包括音乐、美术、舞蹈、戏曲、影视艺术（含数字媒体艺术）等。在音乐部分，可选择比较完整的戏曲唱段，具有历史文化内涵的民歌民乐，以及近现代的经典创作，如《春江花月夜》（民族器乐）；在美术部分，选择人文底蕴丰厚的标志性作品，如中国画《千里江山图》、古典园林中的颐和园和拙政园、书法中的《曹全碑》《张迁碑》，此外还有篆刻、雕塑、民间美术等；在舞蹈部分，选择寓意深刻、情感丰富、审美体验较深的民族民间舞蹈，如《云南映象》《丝路花雨》；在戏曲部分，选择情节饱满、人物多样的作品，如《赵氏孤儿》（京剧）、《包公赔情》（吉剧、秦腔）；在影视艺术部分，选择层次分明、技术丰富的作品，如《三国演义》（电视剧）、《千古唐诗》（纪录片）；在数字媒体艺术方面，选择结构明确、技术简单的作品，如《清明上河图》（2.0版，2010年）。这些可使学生基本了解中国艺术史上的优秀作品，在艺术体验与创作中熟悉中华优秀传统艺术独特的表现方式、艺术特征、风格特点和文化内涵，培养文化艺术传承能力与创新能力，激发爱国情怀，陶冶道德情操。

（3）高中阶段。高中阶段艺术课程宜进一步加强艺术与生活、艺术与科学、艺术与文化的融合性，涵盖音乐、美术、舞蹈、戏剧（戏曲）、影视与数字媒体艺术等方面内容。

在音乐部分，可选择民族精神气质浓郁的民歌民乐，以及对传统经典音乐再创造、再诠释的现当代作品，如《炎黄风情》（中国民歌主题管弦乐作品）；在美术部分，选择系统性和专业性强、综合度高、文化意蕴深厚的作品，如中国画《韩熙载夜宴图》《富春山居图》；在舞蹈部分，选择气质高雅、动作元素质感强、艺术意蕴多样化的作品，如《春江花月夜》《红楼梦》；在戏剧（戏曲）、曲艺部分，选择结构立体、主题深刻的作品，如《屈原》（话剧）、《穆桂英挂帅》（京剧）；在影视艺术部分，选择意蕴生动、技术复杂的作品，如《侠女》（电影）、《复活的军团》（纪录片）；在数字媒体艺术部分，选择元素多元、方法多样的作品，如《清明上河图》（3.0版，2018年）。这些可使学生逐步拓展艺术视野，形成关于中华优秀传统艺术的系统认识，自觉接受中华优秀传统文化熏陶，提升对中华优秀传统文化的感悟能力和表达能力，提高审美情趣与人文素养，坚定中华文化立场，增强民族自豪感。

（四）培养学生核心素养

《义务教育艺术课程标准（2022年版）》指出，核心素养是课程育人价值的集中体现，是学生通过课程学习逐步形成的适应个人终身发展和社会发展需要的正确价值观、必备品格和关键能力。艺术课程要培养的核心素养主要包括审美感知、艺术表现、创意实践、文化理解等。

1. 审美感知

审美感知是对自然世界、社会生活和艺术作品中美的特征及其意义与作用的发现、感受、认识和反应能力。审美感知具体指向审美对象富有意味的表现特征，以及艺术活动与作品中的艺术语言、艺术形象、风格意蕴、情感表达等。审美感知的培育，有助于学生发现美、感知美，丰富审美体验，提升审美情趣。

2. 艺术表现

艺术表现是在艺术活动中创造艺术形象、表达思想感情、展现艺术美感的实践能力。艺术表现包括艺术活动中联想和想象的发挥，表现手段与方法的选择，媒介、技术和艺术语言的运用，以及情感的沟通和思想的交流。艺术表现的培育，有助于学生掌握艺术表现的技能，认识艺术与生活的广泛联系，增强形象思维能力，涵养热爱生命和生活的态度。

3. 创意实践

创意实践是综合运用多学科知识，紧密联系现实生活，进行艺术创新和实际应用的能力。创意实践包括营造氛围，激发灵感，对创作的过程和方法进行探究与实验，生成独特的想法并转化为艺术成果。创意实践技能的培育，有助于学生形成创新意识，提高艺术实践能力和创造能力，增强团队精神。

4. 文化理解

文化理解是对特定文化情境中艺术作品人文内涵的感悟、领会、阐释能力。文化理解包括感悟艺术活动、艺术作品所反映的文化内涵，领会艺术对文化发展的贡献和价值，阐释艺术与文化之间的关系。文化理解能力的培育，有助于学生在艺术活动中形成正确的历史观、民族观、国家观、文化观，尊重文化多样性，增强文化自信。

艺术课程的4个核心素养相辅相成，相得益彰，贯穿艺术学习的全过程。其中，审美感知是艺术学习的基础，艺术表现是学生参与艺术活动的必备能力，创意实践是学生创新意识和创造能力的集中体现，文化理解则以正确的价值观引领审美感知、艺术表现和创意实践。

社会主义先进文化、革命文化、中华优秀传统文化教育以及艺术学科核心素养的实现路径，可以在营地的特色与主题中体现，在研学课程中体现，在艺术实践活动中体现。

第二节　艺术教育主题营地模式

艺术教育资源的利用程度决定了主题营地对学员的吸引力。艺术教育主题营地要经过精准分析、精心策划，充分发掘当地资源，才能使营地独具特色，具有持久的生命力。在资源开发方面，要熟悉身边各类艺术资源的基本分类，区分自然资源和生活资源、物质形态的文化艺术资源和非物质形态的文化艺术资源、"六院二馆"等社会资源，做到定义清晰；要掌握不同资源（如自然资源、生活类资源、文化艺术类资源、场馆类资源）挖掘时的相应办法和注意事项，做到挖掘方法明晰；能够针对这些资源，在课程建设、管理制度、经营规划、研学模式等方面进行立体建构，做到资源合理配置。

一、资源开发

随着人民文化艺术需求的日益提高，我国的文化艺术产业也在不断优化发展，各地充分发挥本地资源优势,既有视觉艺术、音乐舞蹈,也有工艺美术和艺术主题旅游,涌现出乡土艺术文化资源、艺术文献资源、民间艺术资源、民间音乐资源、民族音乐资源、地方戏剧资源、博物馆资源、美术馆资源、城市文化资源、旅游艺术资源等多种资源开发样貌。究其本质,可将资源内容划分为自然资源和生活资源、物质文化资源和非物质文化资源、"六院二馆"资源等类型。

(一)资源分类

艺术资源依据人与自然的关系划分为自然资源和生活资源,依据存在形态分为物质资源和非物质资源,依据场域归纳为"六院二馆"资源。

1. 自然资源和生活资源

1972年联合国环境规划署(UNEP)认为自然资源是"在一定的时间、地点条件下能够产生经济价值的、以提高人类当前和将来福利的自然环境因素和条件的综合"。独特的自然资源可以启发人们进行美术创作、音乐创作和文学创作,优美的自然环境可以满足学习者进行绘画写生及山水画、风景画创作,在视觉和听觉感知中进行音乐编创,触景生情以诗歌散文抒发情怀等精神文化活动的需要。"外师造化,中得心源",唐代画家张璪阐释了绘画创作过程中大自然与人的内心感悟之间的联系。师法"造化",师法自然,小到狸奴小影、游鱼飞禽,大到五岳四渎、层峦叠嶂,在眼前一帧帧美景中领悟造物之理、万物之灵,审美素养得到提升,艺术作品应运而生。

生活资源主要来源于民俗文化,即民间民众的风俗生活文化,或民族、地区中聚居的民众所创造、共享、传承的风俗习惯。艺术教育主要涉及的生活资源有民间美术、民族民俗音乐、舞蹈、地方曲艺、生活环境等,它们常常寄托了人们的祝福(如福、禄、寿、禧、连年有余等),以及对未来美好生活的憧憬。例如,剪纸艺术、皮影艺术、刺绣、面花花、年画、泥塑、鱼皮服装、风筝等;劳动号子、山歌、小调等;京剧、秦腔、豫剧、蒲剧等;葫芦丝、马头琴、陶埙等;古院落、民居、家具、园林等。生活资源可以说是人们最为熟知,最容易产生共鸣的一种艺术教育资源,无论老少,都可以在生活资源中找到乐趣、受到艺术文化的滋养,对树立正确的民俗文化观、生活观以及认识人类文化的多样性具有重要意义。

在主题营地资源开发中,自然资源与生活资源往往是一个统一体。我们常说"风土人情""一方水土养育一方人",有什么样的自然资源,就会孕育出与其相称的生活资源。因而,建立营地要统筹协调好当地的自然资源与文化资源,达到在研学中让学生沉浸式深度学习的效果。

案例1

云南省丽江市位于滇西北高原，金沙江中游，是"南方丝绸之路"和"茶马古道"上的重要物资集散地，有玉龙雪山、泸沽湖、丽江古城等重要自然资源和人文资源。在营地教学资源开发时，可以"茶马古道——文明的交汇"为主题，设置自然地理、古道文明、美术写生、民族舞蹈、古镇风情、东巴造纸、象形文字等课程项目，引导学员深度学习。

案例2

贵州西江千户苗寨四面环山，白水河穿寨而过，近处有梵净山、黄果树瀑布等自然景观，亦有吊脚楼建筑群、嘎歌古巷、芦笙场等景区，为中国独有、世界独存的最大的苗寨，距今已有2000多年的历史。这里保存了大量苗族文化艺术，包括苗族刺绣、反排木鼓舞、苗族银饰等方面。进行营地教学资源开发时，可以"西江古风"为主题，设置传统手工艺、苗族歌舞体验、吊脚楼建筑原理、美术写生等课程项目，深化学员文化理解素养。

案例3

新疆地处亚欧大陆腹地，中国西北边陲，历史上是"丝绸之路"的重要通道，"亚欧大陆桥"的必经之地。著名景区有天山天池、伊犁河谷、高昌古城、吐鲁番、喀什古城等，兼顾自然与人文。新疆民族民间艺术丰富多彩，典型的有手鼓、十二木卡姆、新疆歌舞等，历史遗存有石窟建筑、壁画等。进行营地教学资源开发时，可以"天山音画"为主题，设置民族器乐、新疆歌舞体验、艺术史论、民族文创设计等课程项目，带领学员感受中华文化的多样性。

案例4

内蒙古自治区呼伦贝尔市拥有广袤的草原，并与大兴安岭相接，水草肥美，牛羊遍地，景区资源有呼伦湖、贝尔湖、阿尔山、额尔古纳河、金帐汗、敖鲁古雅鄂温克民族乡等，艺术资源丰富，包含马头琴、蒙古族长调、蒙古族短调、呼麦、蒙古舞、蒙古族服饰、鄂温克族服饰、民族建筑等方面，亦有每年一度的那达慕盛会。在进行营地教学资源开发时，可以"草原牧歌"为主题，设置器乐学习、歌舞体验、服饰设计、艺术摄影、美术写生等课程项目，培养学员的艺术素养。

2. 物质形态的文化艺术资源和非物质形态的文化艺术资源

物质形态的文化艺术资源聚焦物质文化遗产，是有形文化遗产，是具有历史、艺术和科学价值的文物，如古代建筑遗存、世界文化遗产地、发掘出的文物、流传有序的文物等，是依托物质而存在的实体。以古代宫殿建筑艺术为例，法国作家福楼拜曾经说："越往前进，艺术越要科学化，同时科学也要艺术化；两者在塔底分手，在塔顶会和。"建筑是科学，又是艺术，这是它的本质内涵、表现手段与形式所决定的，优秀的建筑更是科学与艺术相结合的奇葩。古代建筑往往完整保留了前代的历史史实、科技发展水平以及前人的艺术水平、审美取向。物质形态的文化艺术资源以其实体优势，为艺术教育的开展提供了建筑、绘画、雕塑、工艺美术、书法、乐器等多种门类的实物展示，使学习者对艺术的感悟更加直观和具体，融视觉、听觉、嗅觉、触觉于一体，具有不可替代的艺术教育资源优势。

案例 5

北京市的故宫宫殿建筑，承载了明清两代的宫殿建筑风格，占地 100 余万平方米，保存古建筑约 9000 间，是中国现存规模最大、保存最完整的古代宫殿建筑群。建筑分为内廷和外廷两部分，建筑形式包括门、殿、亭、斋、阁等建筑形式。故宫博物院院藏文物现有藏品总量 186 万余件（套），依据不同质地和形式，分为绘画、书法、碑帖、铜器、金银器等 25 大类，被誉为"世界五大宫之首"。在进行营地教学资源开发时，可以"宫殿艺术"为主题，设置紫禁城参观、明清艺术史、建筑样式、古代家居设计、工艺美术、园林艺术等课程项目，帮助学员理解宫殿艺术是古代艺术的综合体，并对知识进行立体建构。

案例 6

甘肃省酒泉市的敦煌莫高窟是典型的石窟寺艺术，它将建筑、壁画、彩塑等多个门类的艺术融为一体，并在藏经洞中出土了 5 万多件文献和绢画。大量艺术作品与历史资料不仅以佛教艺术形式记载了中西方交流的历史，更以图像还原了丝绸之路上各个年代人们生活的场景、古代器乐舞蹈以及天文地理等。在进行营地教学资源开发时，可以

"石窟艺术"为主题，设置石窟参观、石窟与地理、壁画鉴赏、石窟寺建筑样式、古代器乐、胡旋舞、文创设计等课程项目，带领学员理解古代丝路文明。

案例7

陕西省乾县的乾陵是唐高宗李治与女皇武则天的合葬陵，陵墓建筑体现了中国古人"事死如事生"的朴实生死观，反映出建筑、墓室壁画、书法、雕塑、工艺美术等多个门类的艺术成果，并记载了唐代仪仗、出游、狩猎、朝贡等多种生活场景。在进行营地教学资源开发时，可以"来世艺术"为主题，设置乾陵陪葬墓参观、唐代艺术史、墓葬建筑、唐代政治经济、壁画艺术、彩塑艺术等课程项目，引导学员通过历史遗存重新认识唐朝盛世。

案例8

湖北省随州市的曾侯乙墓出土的曾侯乙编钟，是"金声玉振"的先秦时代具有代表性的乐器，证实了先秦时代"一钟二音"的"双音钟"技术，可以敲击出130个音，使用"钟律"进行演奏。在进行营地教学资源开发时，可以"金声玉振"为主题，设置数字编钟演奏、古代音乐鉴赏、青铜器鉴赏等艺术实践课程项目，使学员充分了解中国古代音乐成果，建立文化自信。

我国是一个历史悠久的文明古国，不仅有大量的物质文化遗产，而且有丰富的非物质文化遗产。非物质文化遗产是各族人民世代相承、与群众生活密切相关的各种传统文化表现形式和文化空间。非物质文化遗产既是历史发展的见证，又是珍贵的、具有重要价值的文化资源。我国各族人民在长期生产生活实践中创造的丰富多彩的非物质文化遗产，是中华民族智慧与文明的结晶，是联结民族情感的纽带和维系国家统一的基础。非物质文化遗产与物质文化遗产共同承载着人类社会的文明，是世界文化多样性的体现。我国非物质文化遗产所蕴含的中华民族特有的精神价值、思维方式、想象力和文化意识，是维护我国文化身份和文化主权的基本依据。作为国家和民族发展的需要，也是国际社会文明对话和人类社会可持续发展的必然要求，非物质文化遗产日益受到人们的重视和保护，并得以推广、传承与创新，成为艺术教育中不可缺少的艺术文化资源。

案例 9

华阴老腔是明末清初以当地民间说书艺术为基础发展形成的一个皮影戏曲剧种，发源于陕西省渭南市华阴市境内的泉店村。华阴老腔擅长表演以古代战争为内容的历史剧，腔调粗犷豪放、高亢激昂，地方色彩明显。在进行营地教学资源开发时，可以"民间说唱艺术"为主题，设置曲艺鉴赏、老腔新唱等艺术实践活动，使学员了解民间说唱艺术的魅力。

案例 10

潍坊风筝是国家级非物质文化遗产，其独特个性是通过"扎、绘、糊、放"的四艺来具体表现的。潍坊风筝同中国许多民间艺术形式一样，产生于人们的娱乐活动，是寄托着人们的理想和愿望，与人们的生活有密切联系的娱乐品，寄托着"吉祥"和"吉庆"的美好祝愿。在进行营地教学资源开发时，可以"纸鸢纳吉"为主题，设置工艺、绘画、放飞活动、设计创新等实践类课程，寓教于乐，引导学员形成乐观积极的生活态度和审美情趣。

案例 11

皮影艺术是联合国教科文组织认定的"人类非物质文化遗产代表"。皮影戏是结合戏剧、音乐、美术等的综合艺术，长于表现人物的思想感情和内心活动，具有很强的艺术魅力。伴奏的乐手司掌琴、弦、钹、鼓以及铜制的打击乐器"碗碗"等。皮影制作精细，玲珑剔透，造型优美，人物个性特征明显，形象夸张诙谐，是被国内外皮影界公认的最古老、最精粹、最成熟、最完美、最经典的戏剧形式。在进行营地教学资源开发时，可以"中国影灯"为主题，设置皮影制作体验、皮影剧场展演等丰富的艺术实践课程，让学员在深度参与中完成中华优秀传统艺术的传承。

案例 12

丝竹是中国古代乐器中最重要的乐器，是汉族传统民族弦乐器和竹制管乐器的统称，"丝"指弦乐，包括弹弦乐和拉弦乐，"竹"指管乐。丝竹乐流行于江南一带，大多风格细腻、轻柔、秀丽、雅致，善于表达喜悦愉悦的情绪。在进行营地教学资

源开发时，可以"丝竹畅想"为主题，设置丝竹音乐赏析、丝竹乐器演奏等艺术实践课程，让学生在艺术研学营地的主题中感受江南丝竹的人文情致，提升审美感知能力。

3. "六院二馆"

"六院"指的是以美术学院、音乐学院、画院、电影学院、舞蹈学院和建筑学院为主体的高校艺术教育优质资源。高校作为社会有机体的一个重要组成部分，在社会分工体系中承担着特定的职责，由此产生相应的功能，推动着人类社会的文明与进步。现代高校承担着人才培养、科学研究和社会服务三大职能。社会服务作为高校的三大基本职能之一，主要是指高校在发挥教学和科学研究两个职能的基础上，利用自身所具有的智力等各方面优势，根据社会需要，直接参与服务社会的活动，为社会政治、经济、文化建设服务，从而促进社会各个子系统乃至整个社会的发展。现代高校服务范围不断拓展，逐渐扩大到科技、教育、文化各个领域，面对的服务对象也更加宽泛。高校可以为艺术教育提供多种多样的教学服务，如委托培养、讲座、培训等；可以提供信息服务，如共享一部分数据库、图书馆等；可以提供设备、场馆服务，如校建美术馆、校建博物馆、校建音乐厅、校建歌舞剧院、电教中心等。

"二馆"指的是博物馆与美术馆。博物馆是真善美的殿堂，是美育的场所。2007年，在《国际博物馆协会章程》中，国际博物馆协会把博物馆定义为"为社会及其发展服务的、向公众开放的非营利性常设机构，为教育、研究、欣赏的目的征集、保护、研究、传播并展出人类及人类环境的物质及非物质遗产。"博物馆美育具有实物性、故事性、趣味性、空间性等特点，每个展览均有想要表达的主题灵魂思想，每件展品凝聚了其特有的情感，拥有独特的故事和内涵。博物馆是一个可以让观众来回走动、自行控制时间和参观节奏的地方，观众在潜移默化、润物细无声中得到审美熏陶、知识拓展并得以拓展思路。美术馆教育是从社会教育的概念发展而来的。1972年，联合国教科文组织国际教育发展委员会的报告书中提出，在超越旧的义务教育和学校教育框架的基础上，建立"社会教育"的框架是十分必要的。而从社会教育的范畴上来分析，美术馆则是承担社会艺术教育的最佳载体。随着社会教育思想的日益深入人心"美术馆教育"一词也在教育界迅速普及开来。美术馆的实物性和直观性可以在很大程度上弥补学校课堂讲授资源的不足，可以为学生提供接触实际艺术品的机会，同时，馆藏作品的地域差异性可以促进学生们对多元艺术文化的了解。

除了上述资源，场馆资源里还有音乐厅与歌舞剧院等，由于公众普遍认为音乐厅、歌舞剧院需要音乐素养较高的观众群体，因而这两类场馆的使用目前还局限于小众群体范围。近年，随着歌剧《猫》《图兰朵》，话剧《李白》《蔡文姬》《哈姆雷特》等，以及新编儿童剧目、诗歌音乐会的推广，越来越多的人开始走进音乐厅和歌舞剧院，但即便如此，音乐厅与歌舞剧院对公众的普及性、教育性还是有待进一步发掘，以成为艺术教育营地建设中可开发利用的新高地。

（二）资源挖掘

1. 自然类

自然资源不等同于自然环境。自然环境需要根据营地建设目标进行一系列的综合改造，满足教学安全、教学场地、创作环境、食宿接待等艺术教育需求之后，才能转换成为自然资源。自然资源包括自然景区、城镇公园、植物园、动物园、风景名胜区、世界自然遗产基地、国家海洋公园、示范性农业基地、生态保护区、野生动物保护基地等单位。

自然类资源作为艺术教育营地进行挖掘时，要注意以下几个方面：

第一，在营地场地建设中，要保持自然资源原貌，不能对自然环境造成破坏。在艺术教育中注重引导学生感受祖国大好河山，树立爱护自然、保护生态环境的意识。

第二，自然美与艺术美相融合。要挖掘自然环境中能唤起人们审美情感与审美理想的资源，使人置身其中时能够陶冶性情、愉悦身心、游目骋怀、净化灵魂。

第三，自然资源在选取上要具备典型性。清代石涛在画论中提到"搜尽奇峰打草稿"，说的就是艺术创作需要典型的形象，那么，在自然资源的选取上就应尽可能选用有特色的资源。

案例 13

以徽派建筑为营地主题的场地建造，应使营地建筑与附近徽派建筑风格尽可能保持一致，衔接自然。应以砖、木、石为原料，以木构架为主体，白墙青瓦，运用马头墙，装饰以雕梁画栋，达到与周边自然景观相融合。

2. 生活类

生活资源在艺术教育中的开发利用一定要结合本地区、本民族独有的民俗文化艺术，从物象与技艺到生活空间与活动空间，由点到线、由线到面进行深层次挖掘，弘扬优秀传统和道德观念，在民俗文化艺术的沉浸式研学中树立优良家风，形成诚实守信、

助人为乐、尊师重教、尊老爱幼、廉洁奉公的优良作风。

生活类资源作为艺术教育营地资源进行挖掘时，要注意以下几个方面：

第一，独特性。挖掘本地区、本民族已达成共识的具有代表性的民俗文化艺术，与本地区独特的地貌特征、风土人情融为一体。切忌将别处的"经验"机械地植入。

第二，系统性。宜构筑地方民俗文化艺术的统一体，将生活中的艺术作品与生活习俗相联系，并给予真实的生活空间，带给学习者立体的、系统的认知。

第三，艺术性。艺术教育中的生活资源必须具有艺术性特征，可以带给学习者美的视觉感受、美的听觉感受、美的思想熏陶，引导学习者向美而行。所以，并不是所有的民俗都适用于艺术教育，在生活资源的使用上必须做到慎重筛选。

案例 14

剪纸是联合国教科文组织认定的"人类非物质文化遗产代表"，与中国年俗息息相关，且具有正确的思想导向。剪纸往往以民俗信仰、岁时节令、人生礼仪、神话传说为主要表现内容，其中既有以鱼、蛙、蛇、兔等为主题的装饰纹样，也有配合岁时节令、人生礼仪的民俗剪纸，还有以民间神话为题材的剪纸作品。剪纸多为单色，也有少数地区延伸出彩色剪纸。在陕北建设营地，就可以选择剪纸艺术资源，结合当地民风民俗，进行原生态的课程建构。

3. 文化艺术类（物质形态）

物质形态的文化艺术资源的开发利用，应力求让学习者在实地参观过程中观察、感知事物，通过讲解、观察、讨论等方式深度理解物质遗存所包含的时代意义与文化内涵，并结合物质遗产的艺术价值、科学价值、历史价值与城市内涵、当代生活，充分认识物质遗产对城市发展、城市规划的重要意义，学会保护物质文化遗产。

物质形态的文化艺术资源作为艺术教育营地资源进行挖掘时，要注意以下几个方面：

第一，明确物质形态的文化艺术资源的价值。古建筑、古人类遗存、文物、文献等物质遗存，普遍具有艺术价值、科学价值和历史价值，是人类智慧的结晶，折射出时代审美和技艺水平，并保存了大量历史信息，是人类了解自身发展的"资料库"。

第二，树立保护物质遗存的意识。在认识物质遗存的价值的同时，应当牢固树立对物质遗存的保护意识，杜绝损毁、乱刻乱画，为子孙后代挽留住宝贵的物质文化财富。

第三，物质遗存与城市文化具有内在联系。物质遗存是一座城市的历史，是一座城市的灵魂，守护物质遗存要在艺术教育中渗透城市发展的原则，使未来的建设者将城市建设得更具文化底蕴和城市个性。

第四，启发创新。在原有物质遗存的基础上，结合当代审美、当代科技、当代文明进行适应时代的创新，艺术教育的成果才能真正落到实处。

案例 15

在西安古城墙遗址、平遥古城、丽江古城、凤凰古镇等古城镇遗址主题的营地开发中，要充分体现古城镇的历史价值、文化价值、艺术价值、科学价值，倡导城市文化建设与历史遗迹相融合，并尝试以数字化手段介入研学全过程。

4. 文化艺术类（非物质形态）

非物质形态的文化艺术资源在艺术教育中应侧重对传统技术和传统艺术的学习。传统技术与传统艺术由各族人民世代相承，与群众生活密切相关，与当地历史、文化、民俗构成一个有机整体。

非物质形态的文化艺术资源作为艺术教育营地的内容进行挖掘时，要注意以下几个方面：

第一，明确非物质文化遗产保护的重要性和紧迫性。虽承载着人类文明，但因其容易受历史变迁及所承载的物质消失的影响，非物质文化遗产也会随之消失，消失的技艺便很难复原。因而，在艺术教育营地建设中，应当明确非物质文化遗产保护的重要性和紧迫性。

第二，非物质文化遗产开发利用宜多样化。已经开发非常充分的非遗技艺，需要进一步提取非遗中所蕴含的图像元素、音乐要素、表现形式，对非遗进行系统分析和创新应用，突破常见的模拟实践的体验形式，增强趣味性、应用性和创新性。

第三，注意挖掘即将消失、重视度不足的非物质文化遗产。非物质文化遗产名录还在不断审定中，许多非物质文化遗产遗落在人们记忆的角落，开发那些即将消失的、重视度不足的非物质文化遗产，是营地艺术教育的突破口之一。

第四，发掘的非物质文化遗产应具有美学特质。非物质文化遗产的种类多种多样，营地建设所涉及的非遗技艺，应当带给人美的感受，引导真善美的人生观、价值观。

第五，引导学习者建立文化自信。通过对非物质文化遗产的体验与学习、传承与创

新，目的在于建立学习者对本地区、本民族和对国家的文化自信。

第六，重视非物质文化遗产的艺术实践体验。对技艺的传承重在实践操作，营地建设应当用好艺术实践体验，使学习者经历"像艺术家一样创作的过程"，并对非遗技艺进一步鉴赏实践，从而达到深度认知的效果。

案例16

民间社火、长安鼓乐、掐丝珐琅技艺、扎染蜡染等技艺，在营地建设中要特色鲜明、主题突出，可以聘请民间艺人参与实践指导，使学员体验原生态的非遗技艺，并在体验中结合时代精神，找到创新立意，弘扬传统文化。

5. 场馆类

场馆类资源的发掘，要注重结合周边高校优质教学资源、场馆功能、受众范围等因素，进行合理的资源整合与活动设计。场馆类资源作为艺术教育营地资源进行挖掘时，要注意以下几个方面：

第一，制订丰富多元的文化活动计划。针对所用场馆的不同功能、不同性质、场域环境，制订启发学生探索实践的主题式研究型文化活动。在活动中侧重任务驱动，使美育活动充分调动学习者的积极性，提高学习者问题解决的能力。

第二，开展面向所有公众的艺术教育。各类场馆面向所有公众进行教育实践，已经成为场馆发展的必然趋势，营地艺术教育也应当重视场馆类教育的公众性和普及性，使教育活动既有广度也有深度。

第三，重视沉浸式体验。场馆类美育活动可以通过利用人的感官体验和认知体验，使学习者沉浸在主题式的学习活动当中。充分结合场馆建筑及内部主题分区，调动视觉、听觉、触觉体验，带给学习者良好的学习感受。

第四，充分运用互联网和数字技术手段普及艺术知识。线上学习如今已经成为人们普遍接受的高效完成学习且不受场地限制的一种学习模式。众多博物馆、艺术展览馆、美术馆已采用直播、全景导览、动画短片、视频短剧等数字技术进行艺术知识的传播和普及。营地也当与时俱进，将线上与线下教育优势相结合，开拓创新，开创研学新模式。

案例 17

敦煌石窟研学营地的开发，可以充分利用莫高窟、榆林窟、西千佛洞等博物馆资源，结合敦煌研究院等研究机构的专家资源，以及数字化全景影院、莫高窟游戏程序等，带领学员全方位、多角度感知学习石窟艺术，打造实地参观＋高校（科研院所）＋数字媒体的营地模式。

（三）资源建构

1. 课程建构

艺术教育的实施有赖于艺术课程资源的合理开发与有效利用，艺术课程资源是艺术课程内容的重要来源和艺术活动的重要载体，也是艺术课程教学实施的基本保障。没有艺术课程资源的广泛支持，再美好的艺术课程设想也很难变成实际艺术教育成果，我们必须重视艺术课程资源的开发与利用。

《关于全面加强和改进新时代学校美育工作的意见》指出：学校美育课程以艺术课程为主体，主要包括音乐、美术、书法、舞蹈、戏剧、戏曲、影视等课程。学前教育阶段开展适合幼儿身心特点的艺术游戏活动。义务教育阶段丰富艺术课程内容，在开好音乐、美术、书法课程的基础上，逐步开设舞蹈、戏剧、影视等艺术课程。高中阶段开设多样化艺术课程，增加艺术课程的可选择性。职业教育将艺术课程与专业课程有机结合，强化实践，开设体现职业教育特点的拓展性艺术课程。高等教育阶段开设以审美和人文素养培养为核心、以创新能力培育为重点、以中华优秀传统文化传承发展和艺术经典教育为主要内容的公共艺术课程。

营地艺术课程在参照学校艺术课程设置的基础上，应突出营地主题与特色，建构起系列化、项目化、主题化的校外艺术课程，做到研学目标清晰、学段梯度明确、实践难度适中，使课程适合不同群体，并突出实践性特点。

2. 跨学科建构

《关于全面加强和改进新时代学校美育工作的意见》指出，美育要树立学科融合理念。加强美育与德育、智育、体育、劳动教育相融合，充分挖掘和运用各学科蕴含的体现中华美育精神与民族审美特质的心灵美、礼乐美、语言美、行为美、科学美、秩序美、健康美、勤劳美、艺术美等丰富美育资源。有机整合相关学科的美育内容，推进课程教学、社会实践和校园文化建设深度融合，大力开展以美育为主题的跨学科教育教学

和课外校外实践活动。

《义务教育课程方案和课程标准（2022年版）》提出：学校要统筹各门课程跨学科主题学习与综合实践活动安排，注重统一规范与因校制宜相结合，统筹校内外教育教学资源，将理念、原则要求转化为具体育人实践活动。

依据美育意见和课标要求，营地艺术教育在突出自身主题与特色的基础上，在进行课程开发与课程实施时应从以下四方面入手：

一是注重音乐、美术、建筑、戏曲等姊妹艺术的深度融合；二是注重艺术与德育、智育、体育、劳动教育的有效融合；三是注重各学科中的美育内容的挖掘与融合；四是注重国家课程与校外艺术资源的融合。

3. 综合建构

《关于全面加强和改进新时代学校美育工作的意见》提出：加强美育的社会资源供给，推动基本公共文化服务项目为学校美育教学服务。城市和社区建设规划要统筹学生艺术实践需要，新建文化艺术项目优先建在学校或其周边。鼓励学校与社会公共文化艺术场馆、文艺院团合作开设美育课程。有条件的地方和学校每年组织学生现场参观1次美术馆、书法馆、博物馆，让收藏在馆所里的文物、陈列在大地上的文化艺术遗产成为学校美育的丰厚资源，让广大学生在艺术学习过程中了解中华文化变迁，触摸中华文化脉络，汲取中华文化艺术精髓。要充分挖掘学校艺术场馆的社会服务功能，鼓励有条件的学校将艺术场馆向社会有序开放。

《义务教育艺术课程标准（2022年版）》指出：鼓励学校与美术馆、博物馆、音乐厅、歌剧院、影院、青少年宫、社区和新时代文明实践中心，以及当地社区艺术家工作室和民间艺术作坊携手，开展多种形式的艺术教育教学活动，以便通过优质校外艺术资源共享，提升艺术教学的质量。广泛而有针对性地利用地方和社会文化资源，如有特色的自然和人文景观、乡土音乐、民间美术、民间舞蹈、地方戏剧（含戏曲）资源，历史、政治、经济、民俗等领域的事件，文化景观、文化遗产和遗迹、各类传统艺术等，发掘其蕴含的中华文化精神和核心价值观，引导学生增进对中华文化的理解与认同，树立文化自信。

依据美育意见与课标建议，校外艺术营地的资源建构，在考虑自身主题与特色的基础上，可以与当地社会艺术资源广泛合作，建立起全方位、立体式的综合资源库，以便更好地服务于艺术教育营地的建设与发展。

4. 师资建构

《关于全面加强和改进新时代学校美育工作的意见》指出，有条件的地区可以通过购买服务的方式，与相关专业机构等社会力量合作，向中小学提供美育教育教学服务，缓解美育教学师资不足问题。鼓励优秀文艺工作者等人士到学校兼任美育教师。推动实施艺术教育专业大学生支教计划。全面提高美育教师思想政治素质、教学素质、育人能力和职业道德水平。

艺术教育营地应配备一批懂专业、善讲解、会实践的营地师资队伍，营地师资建构要坚持不培训则不上岗的原则。要根据艺术营地的分类，精心设计培训内容，既要让参培者准确理解和把握营地艺术课程的育人价值，也应能结合国家教育方针和有关政策文件深入理解运用课程标准，并通过实践案例对营地艺术课程实施的思路和方法进行示范与引导。

营地艺术教育师资建构除加强营地从业者的培训之外，还可以参照《关于全面加强和改进新时代学校美育工作的意见》，多渠道加强师资配备，可从以下两方面入手：

一是利用自身营地优势，吸引区域内民间艺人或非遗传承人加入，同时可以在营地设立民间艺人或非遗传承人工作室。

二是可以招募当地艺术院校的大学生志愿者参与艺术实践活动，作为营地艺术师资的有效补充，在条件允许的情况下，可以设立艺术院校大学生实践基地。

二、实施模式

艺术教育营地自身或周边应拥有良好的餐饮住宿条件、必备的配套设施，具有独特的艺术研学旅行资源、专业的运营团队、科学的管理制度以及完善的安全保障措施，能够为参加校外艺术实践的学生或团体提供良好的学习、实践、生活等活动的场所。

（一）建设规划

艺术教育营地的建设规划应突出自身主题与特色，结合学生身心特点、接受能力和实际需要，注重系统性、知识性、科学性、实践性和趣味性，为提升学生艺术素养和学生综合素质的全面发展提供良好成长空间。

艺术教育营地建设与规划应从资质条件及场所条件两个方面入手。

1. 资质条件

应具备法人资质；应具备相应经营资质和服务能力；应具有良好的信誉和较高的社会知名度；应取得工商、卫生、消防、食品、公安、旅游等管理部门颁发的许可经营证照。

2. 场所条件

规模适当，容量能满足开展校外艺术实践研学的基本需求，自身或合作单位能够保

证学生的就餐、住宿等；应具备基本的医疗保障条件，配备有数量适宜的专职医护人员；艺术营地内水、电、通信、无线网络等应配套齐全，运行正常；应建设或规划由室内或室外场所构成的专门实践场地，确保学生活动的安全性，特殊设备需具备主管单位的检测验收报告；应具备健全的安全设施与管理制度，保证营运秩序良好、管理人员到位；应有相应的接待设施、基础配套设施，保证布局合理、环境整洁、安全卫生达标。

（二）管理制度

1. 人事保障

艺术教育营地建设应设立专门机构，组织制定人事规章制度，督促、检查制度的贯彻执行。应完善营地的组织机构，明确责任分工，建立健全岗位责任制。要进行人力资源开发，负责人员招聘。负责制订职员培训计划，组织实施绩效考核。

2. 教育保障

艺术教育营地在建设与运营中，应合理开发研学课程，做好艺术师资保障。应严格按照行业规范标准运作实施，严禁利用营地从事非法活动。从业者要充分认识校外教育的目的、意义，不从事学科类教育教学活动。

3. 财务保障

艺术教育营地的开发建设，应有资金保障，做好艺术教育主题和特色发展的中长期发展规划，有效防控经济活动风险，保障学生、家长、从业人员等利益相关方的合法权益。应坚持公益性原则，对经当地相关主管部门核准的贫困家庭学生、烈士子女及退伍军人等特殊群体可适当减免费用。

4. 安全保障

艺术教育营地应始终坚持安全第一，配备安全保障设施，建立安全保障机制，明确安全保障责任，落实安全保障措施，确保学生的安全；营地应远离地质灾害和其他危险区域，有完整的针对艺术教育校外实践的接待方案和安全应急预案。

（三）实施模式

《关于全面加强和改进新时代学校美育工作的意见》指出，要科学定位课程目标。构建大中小幼相衔接的美育课程体系，明确各级各类学校美育课程目标。学前教育阶段培养幼儿拥有美好、善良的心灵和懂得珍惜美好事物。义务教育阶段注重激发学生艺术兴趣和创新意识，培养学生健康向上的审美趣味、审美格调，帮助学生掌握1~2项艺术特长。高中阶段力求丰富审美体验，开阔人文视野，引导学生树立正确的审美观、文化观。职业教育强化艺术实践，培养具有审美修养的高素质技术技能人才，引导学生完善人格修养，增强文化创新意识。高等教育阶段强化学生文化主体意识，培养具有崇高审美追求、高尚人格修养的高素质人才。

《义务教育艺术课程标准（2022年版）》指出，艺术教育的课程总目标是感知、发现、体验和欣赏艺术美、自然美、生活美、社会美，提升审美感知能力。丰富想象力，运用媒介、技术和独特的艺术语言进行表达与交流，运用形象思维创作情景生动、意蕴健康的艺术作品，提高艺术表现能力。发展创新思维，积极参与创作、表演、展示、制作等艺术实践活动，学会发现并解决问题，提升创意实践能力。感受和理解我国深厚的文化底蕴和党的百年奋斗重大成就，传承和弘扬中华优秀传统文化、革命文化、社会主义先进文化，坚定文化自信，铸牢中华民族共同体意识。了解不同地区、民族和国家的历史与文化传统，理解文化与构建人类命运共同体的关系，学会尊重、理解和包容。

艺术教育营地在实施的过程中，要充分理解和把握美育目标，应把艺术教育营地的主题特色呈现到实施过程中，并在营地特色课程开发的实践中融通美育课程与教学目标。在具体的实施中可以采用多种模式进行。

1. 讲解说明

艺术资源包括民间艺术资源、城市艺术资源、红色艺术资源、公共艺术资源、地方艺术资源、文化艺术资源、民族艺术资源、高校艺术资源以及社会艺术资源等。艺术资源可以有多种分类方法，无论是自然与生活类艺术资源，还是物质形态与非物质形态的文化艺术资源，每个艺术教育营地都会体现一种或多种资源形态。面对不同的校外艺术教育学习者与实践者，营地从业者都有义务和职责向学习者与实践者进行营地主题与特色的讲解与说明，以便让他们能够客观真实地了解营地状况，比如知晓营地的文化艺术现象、发展脉络、课程体系、资源开发等情况。营地的讲解说明应脉络清晰，突出重点，强调文化，语言精准，表达流畅。形式可以是人员讲解，也可以是宣传视频，具体讲解方式可根据艺术营地的主题与特色以及学习实践者的认知水平确定。

2. 专题讲座

艺术教育营地的主题与特色不但体现在资源利用与挖掘上，还体现在营地课程的开发建设上，因此，每个艺术教育营地都应在课程开发上下功夫，既要参照国家有关美育的意见和艺术课程标准中关于艺术课程开设与开发的有关要求，也要反映各自营地的主题与特色，形成系列化、特色化、项目化的适合各个学段、不同层次人群的课程体系。营地还可根据规模与特色，准备针对性强、指向性明确的专题讲座，以便学习者通过课

程学习与专题讲座能够学有所悟、学有所获、学有所用。

3. 参观品鉴

艺术教育营地应根据各自主题与特色，为学习者设计好参观内容与参观路线，让学习者能够"听中赏，赏中听"或"看中赏，赏中看"，通过参观欣赏，对营地所展示的艺术资源、艺术形式、艺术风格有一定的认识与理解，对艺术教育营地开展活动的意义、主题思想及其中蕴含的人生经验、道德判断等有一定的感悟与认同，更进一步说，在艺术的参观欣赏中，学习者还能通过作品深入认识和理解广阔的现实世界。

4. 体验实践

《义务教育艺术课程标准（2022年版）》指出：要重视艺术体验，重视学生在学习过程中的艺术感知及情感体验，激发学生参与艺术活动的兴趣和热情，使学生在欣赏、表现、创造、联系和融合的过程中，形成丰富、健康的审美情趣；强调艺术课程的实践导向，使学生在以艺术体验为核心的多样化实践中，提高艺术素养和创造能力。

艺术教育营地拥有学校无法提供的艺术资源，比如艺术环境、艺术场地、艺术内容等，学习者在校外艺术教育营地需要更多的体验与实践，才能发挥艺术教育营地在培育发展学生核心素养和提升人的审美水平与人文素养方面的作用。因此，营地应根据艺术主题与特色，设计主题实践内容，让学习者有充分的时间和机会参与艺术实践活动。

5. 创意展示

《义务教育艺术课程标准（2022年版）》指出：创意实践是综合运用多学科知识，紧密联系现实生活，进行艺术创新和实际应用的能力。创意实践包括营造氛围，激发灵感，对创作的过程和方法进行探究与实验，生成独特的想法并转化为艺术成果。创意实践的培育，有助于学生形成创新意识，提高艺术实践能力和创造能力，增强团队意识。

艺术教育营地要根据各自的主题与特色，为学习者提供创意与创造的空间和展示的平台，让学习者通过营地艺术资源与素材，综合运用所学知识、技能和创造性思维，参与实践活动，表达个人想法与创意，提升创意实践素养。此外，对于实践活动的设计，还可加强艺术与姊妹艺术、其他学科以及社会生活的关联与融合，并在欣赏、表现和创造等实践中结合相关文化，理解艺术所表现的人文内涵和社会功能，开阔文化视野，提升文化理解素养。

6. 交流评价

《义务教育艺术课程标准（2022年版）》指出，要努力营造促使学生积极参与、敢于质疑、乐于交流的学习氛围，保护学生的好奇心、求知欲，激发学生艺术学习的内驱力；尊重学生的个体差异、艺术个性及独特发现，提供多种选择，加强个别指导，满足学生多样化的艺术学习需求；鼓励学生分享、交流艺术学习体验和成果。围绕学生艺术学习实践性、体验性、创造性等特点，注重观察、记录学生艺术学习、实践、创作等活动中的典型行为和态度特征，运用作品展示、技艺表演等形式，对学生艺术学习情况进行质性分析，同时兼顾其他评价方式的应用。注重引导学生对自己的学习历程进行写实记录，丰富评价内容，提高评价的全面性、准确性。

通过艺术教育营地的学习与实践，学习者学到了什么？收获了什么？只有通过交流与评价，才能激发兴趣、增进认知、提升素养。因此，艺术教育营地可采用多种形式，为学习者创造更多展示交流机会，激发每一位学生的艺术潜能，调动学生学习的积极性，提升学生的艺术素养，培养学生的艺术特长。

第三节 艺术教育主题营地案例

特色化的艺术教育主题营地尚在发展初期，现将发展较为成熟的艺术教育主题营地案例作为经验介绍和成果分享，给读者提供借鉴、考察和研究的基本样板。案例因各地资源不同而具有一定的地域特色，案例呈现偏重对应用理论的归纳与具体操作的指导，旨在为艺术教育主题营地建设探寻一条较为清晰的入门路径。希望读者在把握艺术教育主题营地建设基本要领的基础上，能够有更多的联想与思考，勇于创新，敢于实践，加快步伐，不断扩大艺术教育主题营地的建设规模，提高艺术教育的整体水平。

一、主题营地概况与特色

特色化的艺术教育主题营地就全国而言尚在发展初期，案例因各地资源不同而具有一定的地域特色。

陕西省铜川市陈陶民间工艺瓷厂根据铜川市关于"利用'风景资源'及陶瓷陶艺文化资源，发展人文、生态旅游业，形成新的城市总体布局"相关要求，通过耀州瓷研学游基地提升改造项目，成立铜川市印台区陈炉古镇艺术写生基地。

铜川市陈陶民间工艺瓷厂和其艺术营地位于铜川市印台区东南20千米处陈炉古镇核心位置，区域优势明显，历史文化丰富。居东侧陵壑之上，向西临陈炉沟谷，周围住户分居南北两侧。陈炉镇是北宋名窑耀州窑的直接承袭地,继承了其生产工艺,创造了民间陶瓷产品的新天地,形成了包括周围立地坡、上店等村镇的又一庞大的瓷业基地,明代设镇,陶业发达,以"炉山不夜"美誉位列古同官八景。2006年,陈炉古窑址被公布为第六批全国重点文物保护单位之一。同年,耀瓷烧制技艺被列入首批国家级非物质文化遗产名录。2008年,陈炉古镇被选入第四批中国历史文化名镇,是陕西省目前唯一一个中国历史文化名镇。同年,陈炉古镇被命名为中国民间文化艺术之乡。

该艺术营地升级改造后,装修建设中式古典韵味陶瓷艺术展馆1000平方米,大师工作室130平方米,耀州瓷研究基地130平方米,学员生活服务中心及师生宿舍300平方米。营地为耀瓷爱好者及学员提供良好的生活环境,并为耀瓷大师提供研究及展示技艺的平台,成为陈炉古镇耀州瓷传统技艺发扬光大的亮点之一。营地目前是陕西省工艺美术学会研学交流基地、渭南师范学院陶艺实习基地(图9-1)。国家工艺美术协会会长周郑生、陕西省经济联合会会长潘志玉等都亲临考察调研并给予高度认可,强调要做好耀瓷非遗文化的传承工作,将耀瓷文化和技艺发扬光大。

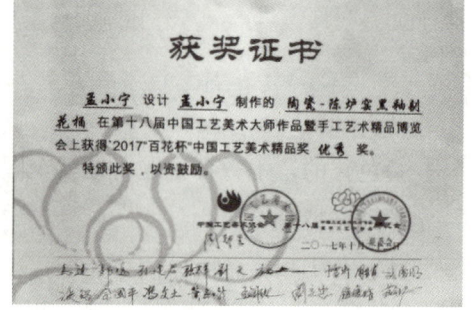

图9-1 营地荣誉

营地在耀州瓷传统工艺研究、耀州瓷烧制工艺与陨石研究、耀州瓷技艺传承方面做了大量的基础工作(见图9-2、9-3、9-4)。

图 9-2 学员艺术体验

图 9-3 艺术家指导　　　　　图 9-4 产品展示区

营地管理方面，本着精心组织、精心设计、精心实施、服务学员的原则进行组织管理，教学、生产、观摩、大师聘请等均有专门人员负责管理和调度，责任到人。

铜川市印台区陈炉古镇艺术营地不仅有促进教育、旅游、陶瓷生产的作用，对当地乡村振兴也起到重要作用。营地、工厂为当地提供了更多的就业机会，文化宣传吸引了更多的本地人、外地游客来参观学习制瓷的工艺，感受陈炉陶瓷的深厚文化，让更多的人爱上陶瓷文化，自愿对耀州窑手工制瓷工艺进行传承与创新，使陶瓷文化得以世代延续。

二、主题营地课程体系

艺术营地背靠丰富的历史资源、地理资源、文化资源，恢复传统瓷的烧制，以"文

化+旅游"双创，以陈炉古镇制瓷艺术文化为线索，以陈炉古镇风土民俗为特色，形成以市场为导向，集瓷文化创意研发生产、文化旅游、教育培训、展览展示等功能于一体的综合性文化创意产业基地，打造完整的文化创意产业链，成为陈炉古镇经济发展的支柱产业。

课程设置方面，铜川市印台区陈炉古镇艺术营地独具特色，采用"生产线参观+实践体验+创新指导"的基本模式，将工艺厂、景区、教学有机结合，形成拉坯、修坯、刻花、剃花、流行纹样装饰、掐塑、施釉、烧成等特色课程。

营地课程实践仍在不断探索创新，未来还将与国际陶瓷机构交流合作，达到"融文物保护、手工制瓷工艺展示与生产于一体"的目的。

三、主题营地课程案例

中小学研学主题课程

Day1 课程安排：

报到—参观耀州窑博物馆（让同学们了解耀州窑的历史发展、窑口迁移和工艺的兴衰等知识）—午餐—住宿安排—陈炉古镇参观讲解

Day2 课程安排：

早餐—参观陈炉陶瓷的制作工艺流程—大师讲座（邀请省级工艺美术大师袁双庆给学员系统讲解陶瓷工艺）—午餐午休—兴趣体验

Day3 课程安排：

早餐—系统体验陶瓷制作—大师指导（邀请省级工艺美术大师童胜利教授展示陶瓷拉坯技艺）—午餐午休—大师指导（邀请省级工艺美术大师童胜利教授泥塑技艺）

Day4 课程安排：

早餐—学校教师指导创作（营地提供青花瓷、铁锈花瓷、黑釉剔花瓷类型技术支持）—设计图稿—午餐午休—自由参观寻找灵感，完成设计图稿。

Day5 课程安排：

早餐—根据图稿自由创作（教师、艺人指导）—午餐午休—完成创作—教师评价—学员整理行李—回程。

营地课程提供作品烧成服务，学员作品免费烧成，并寄送至预留地址。

（本章编者：刘胜杰）

第十章

营地教育+劳动教育

2022年新修订的《中华人民共和国教育法》明确了党的教育方针，"教育必须为社会主义现代化建设服务、为人民服务，必须与生产劳动和社会实践相结合，培养德智体美劳全面发展的社会主义建设者和接班人"。劳动教育已成为新时代教育的强音。建立"营地教育+"的劳动教育课程体系，运行保障体系，打造劳动过程体验型、专题劳动实践型、社会志愿服务型、传统文化传承型、项目式学习型等不同类型的劳动教育营地刻不容缓。

第一节 劳动教育

一、劳动教育的内涵

（一）劳动

劳动是指生产物质资料的过程，通常是指能够对外输出劳动量或劳动价值的人类运动，劳动是人维持自我生存和自我发展的唯一手段。

简单而言，劳动是人类特有的，为满足自身的物质和精神需要，有目的地调整和控制人和自然界之间的物质变换过程的一种改变自然物的社会实践活动。

劳动包括脑力劳动和体力劳动。劳动的质量受到劳动者的劳动技能、受教育程度和经验积累程度高低等的影响，而劳动的数量受劳动时间长短和劳动效率高低等的影响。劳动是创造价值的手段之一，每个人都希望用自己的尽可能少的劳动换取别人的尽可能多的劳动。在市场经济条件下，劳动者用自己的劳动换取一定的货币报酬，是市场对劳

动的一种定价。在商品生产体系中，劳动是劳动力的支出和使用。

因此，马克思给劳动下了这样的定义："劳动力的使用就是劳动本身。劳动力的买者消费劳动力，就是让劳动力的卖者为其提供劳动。"

马克思曾对劳动含义做过如下的描述："劳动首先是人和自然之间的过程，是以自身的活动来引起的、调整和控制人和自然之间的物质变换的过程。人自身作为一种自然力与自然物质相对立。为了在对自身生活有用的形式上占有自然物质，人就使他身上的自然力——臂和腿、头和手运动起来。当他通过这种运动作用于他身外的自然并改变自然时，也就同时改变他自身的自然。他使自身的自然中沉睡着的潜力发挥出来，并且使这种力的活动受他自己的控制。"

我们可以这样来理解劳动的含义：

劳动是人的客观物质活动。是以人自身的活动来引起的、调整和控制人和自然之间的物质变换的过程。

劳动是人的有目的的能动的活动。"为了在对自身生活有用的形式上占有自然物质"而"使他身上的自然力——臂和腿、头和手运动起来"。"他使自身的自然中沉睡着的潜力发挥出来，并且使这种力的活动受他自己的控制。"劳动一开始就是社会活动。劳动的目的、方式和劳动能力的发挥都受到当时社会历史条件的限制。人的劳动具有双重效果。"当他通过这种运动作用于他身外的自然并改变自然时，也就同时改变他自身的自然。"劳动不仅改变了劳动对象，同时在劳动中也改变了人本身及人类的社会状况。

（二）劳动教育

1. 学校劳动教育回顾

新中国成立以来，学校劳动教育几多变化，可大体划分为四个阶段，由体力劳动到为政治服务，由单一技能到综合素养。新时代基础教育变化巨大，而劳动教育现状不容乐观。

新中国成立 70 多年来，我国中小学劳动教育始终伴随着社会政治、经济的变化而变化，学校劳动教育的地位、内容在不同时期，随着教育方针的发展而发展。了解我国学校劳动教育的发展和历史演变后，我们可以将 70 多年的历史粗线条地划分为四个大的时期，在这四个大的历史时期里，来认识学校劳动教育地位、内容的变化过程。

（1）新中国成立后的 17 年。作为一个传统的农业大国，我们历来重视劳动教育，"耕读传家"就是最好的例证。新中国成立前夕，《中国人民政治协商会议共同纲领》中就写到了"爱劳动"。1950 年，教育部提出当前新民主主义教育的中心方针是"为工农服务,为生产建设服务",把劳动教育作为学校教育的主要内容,号召学生参加生产劳动,学习生产技能,以体力劳动为主。但在学校教育教学当中,劳动教育并未列入正式的教学计划。当经济恢复、社会发展以后,毕业学生数量越来越多,导致就业出现了问题。所以,1954年,国家颁布实施《关于高小和初中毕业生从事劳动生产宣传提纲》,明确今后进行劳动教育除要培养学生劳动观点和劳动习惯外,还应该注意劳动技术教育。我国进入全面社会主义建设时期后,毛泽东主席1957年在《关于正确处理人民内部矛盾的问题》中提出"我们的教育方针,应该使受教育者在德育、智育、体育几方面都得到发展,成为有社会主义觉悟的有文化的劳动者"。强调了"劳动者"要有社会主义觉悟、有文化。

新中国成立初期的这8年,劳动教育政策的着力点在促进工农业生产上。

1958年中共中央、国务院发布《关于教育工作的指示》,指出党的教育工作方针是"教育为无产阶级的政治服务,教育与生产劳动相结合"。此时,劳动教育被简单地理解成为"政治服务",偏向了阶级斗争,"与生产劳动结合"简单化为体力劳动。此时,劳动教育提到了空前的政治高度,勤工俭学、课余劳动、校办工厂、校办农场、半工半读、上山下乡等应运而生,在某种程度上,劳动教育的地位高过了学科学习。

"文革"时期,劳动教育的内容更加强调体力劳动至上,文化知识学习不受重视,普通高等学校招生全国统一考试被取消,师生到工厂和农村去,和广大工农群众相结合,从小学到高中的劳动教育内容一律以生产劳动为主导。

这一时期,劳动教育政策的着力点在思想改造上。

(2)改革开放后的20年。1977年,我国恢复高考制度,教育的春天到来了。1978年3月,邓小平同志提出"科学技术是第一生产力"。1978年12月18日—22日,在我党历史上具有深远意义的十一届三中全会召开了。同年,教育部在《全日制小学暂行工作条例》(试行草案)及《全日制中学暂行工作条例》(试行草案)中,开始把劳动知识、劳动技术纳入劳动教育中。1982年,教育部《关于普通中学开设劳动技术教育课的试行意见》发布,正式在中学开设劳动技术教育课,并规定了课时,明确了优、良、合格、不合格的成绩考核要求。1983年,邓小平同志提出"教育要面向现代化,面向世界,面向未来"的著名论断。"三个面向"对教育地位的提升和教育方针的制定产生了重要影响。1985年《中共中央关于教育体制改革的决定》指出:"教育必须为社会主义建设服务,社会主义建设必须依靠教育。"1987年,国家教育委员会在《全日制小学劳动课教学大纲(试行草案)》中明确,劳动课程内容增加现代科学技术知识的比重,强调把劳动教育与工农业生产劳动的技术教育结合起来,使学生初步学会一些基本的生产技术知识和劳动技能。1990年3月，劳动技术教育课作为必修课程开始在高中教学中实施。1993年国务院印发的《中国教育改革和发展纲要》，指出教育要服务现代化建设并与生产劳动相结合。1995年，《中华人民共和国教育法》中教育方针表述为"教育必须为社会主义现代化建设服务、为人民服务，必须与生产劳动和社会实践相结合"，"生产劳动""社会实践"以法律的形式确定了下来。1999年，中共中央、国务院发布《关于深化教育改革全面推进素质教育的决定》，提出教育与生产劳动相结合是培养全面发展的人才的重要途径。

至此，劳动知识与劳动技术被纳入劳动教育范畴，助力我国现代化建设。

（3）基础教育改革实施以后，历史进入21世纪。2001年，我国教育部印发《基础教育课程改革纲要（试行）》，规定"从小学至高中设置综合实践活动并作为必修课程，其内容主要包括：信息技术教育、研究性学习、社区服务与社会实践以及劳动与技术教育"。劳动与技术教育被纳入综合实践活动课程，劳动教育由学生掌握单一技能向培养学生综合素质转变。

2015年7月20日，教育部、共青团中央、全国少工委联合发布《关于加强中小学劳动教育的意见》，提出"要充分发挥劳动综合育人功能，以劳树德、以劳增智、以劳强体、以劳育美、以劳创新，促进学生德智体美劳全面发展"；强调"抓好劳动教育的关键环节，落实相关课程，将国家规定的综合实践活动课程、通用技术课程作为实施劳动教育的重要渠道，开足开好"，劳动教育更加注重综合全面育人。

同年12月，《中华人民共和国教育法》修订，"教育必须为社会主义现代化建设服务、为人民服务，必须与生产劳动和社会实践相结合，培养德、智、体、美等方面全面发展的社会主义建设者和接班人"。这一教育方针，在教育的性质中增加了"为人民服务"，在教育基本途径中增加与"社会实践"相结合，在教育的目标上增加了美育方面的要求。劳动教育的外延也在不断拓展，从"教育与生产劳动相结合"拓展为"教育与生产劳动和社会实践相结合"，从劳动技术课拓展为包括信息技术、通用技术、生产技术、职业技术、社会服务与社会实践、研究性学习等内容庞杂的综合实践活动课。但这种外延的不断拓展也造成了劳动教育实质内涵日益模糊不清，综合实践课程代替了劳动教育，劳动教育没有很好地落地实施，劳动教育及其课程被弱化。

（4）新时代之前劳动教育现状。当一些青少年中出现不珍惜劳动成果、不想劳动、不会劳动的现象，劳动的独特育人价值在一定程度上被忽视，劳动教育被淡化、弱化的时候，2017年8月17日，教育部颁布《中小学德育工作指南》，再次明确强调加强劳动实践，并提出"在学校日常运行中渗透劳动教育。将校外劳动纳入学校的教育教学计划，小学、初中、高中每个学段都要安排一定时间的农业生产、工业体验、商业和服务业实习等劳动实践"。

2. 新时代劳动教育的提出

2017年10月18日，习近平总书记在党的十九大报告中指出"中国特色社会主义进入了新时代"，新时代是中国发展新的历史方位。

时代是思想之母，实践是理论之源。

2018年9月10日，具有历史意义的全国教育大会召开，习近平总书记提出"要在学生中弘扬劳动精神，教育引导学生崇尚劳动、尊重劳动，懂得劳动最光荣、劳动最崇高、劳动最伟大、劳动最美丽的道理，长大后能够辛勤劳动、诚实劳动、创造性劳动"。特别明确了新时代中国特色社会主义教育的根本任务，培养德智体美劳全面发展的社会主义建设者和接班人成为我们教育人的历史使命。

劳动教育成为新时代教育的响亮口号。

2020年3月20日，《中共中央 国务院关于全面加强新时代大中小学劳动教育的意见》发布，文件提出，大中小学劳动教育要以习近平新时代中国特色社会主义思想为指导，全面贯彻党的教育方针，落实全国教育大会精神，坚持立德树人，坚持培育和践行社会主义核心价值观，把劳动教育纳入人才培养全过程，贯通大中小学各学段，贯穿家庭、学校、社会各方面，与德育、智育、体育、美育相融合，紧密结合经济社会发展变化和学生生活实际，积极探索具有中国特色的劳动教育模式，创新体制机制，注重教育实效，实现知行合一，促进学生形成正确的世界观、人生观、价值观。

4个月之后，教育部印发了《大中小学劳动教育指导纲要（试行）》，明确了劳动教育是什么、教什么、怎么教等问题。

根据2021年4月29日第十三届全国人民代表大会常务委员会第二十八次会议决定修正的《中华人民共和国教育法》，将教育方针规定为："教育必须为社会主义现代化建设服务、为人民服务，必须与生产劳动和社会实践相结合，培养德智体美劳全面发展的社会主义建设者和接班人。"再次将党的教育方针落实为国家法律规范。

德、智、体、美、劳"五育"并举，成为新时代教育的强音。

3. 劳动教育的概念

2020年7月，教育部印发《大中小学劳动教育指导纲要（试行）》，指出劳动是创造物质财富和精神财富的过程，是人类特有的基本社会实践活动。劳动教育是发挥劳动的育人功能，对学生进行热爱劳动、热爱劳动人民的教育活动。

当前实施劳动教育的重点是在系统的文化知识学习之外，有目的、有计划地组织学

生参加日常生活劳动、生产劳动和服务性劳动，让学生动手实践、出力流汗、接受锻炼、磨炼意志，培养学生正确的劳动价值观和良好的劳动品质。

我们应该明确，劳动教育中的"劳动"，它与我们通常说的"劳动"（生产劳动）是有区别的，学校劳动教育中的"劳动"不是我们通常说的从事真正意义上的"劳动"，但从"劳动"的角度来说，它们是有一定内在联系的。学校劳动教育重在"教育"，旨在通过一定的劳动方式，让学生树立正确的劳动观念，具有必备的劳动能力，培育积极的劳动精神，养成良好的劳动习惯和品质。这与我们通常意义上所说的"劳动"根本的区别就在于重教育品质培养，轻劳动价值创造。

4. 劳动教育性质理念

（1）劳动教育性质。劳动是创造物质财富和精神财富的过程，是人类特有的基本社会实践活动。劳动教育是发挥劳动的育人功能，对学生进行热爱劳动、热爱劳动人民的教育活动。

由此可见，劳动教育具有三个基本特征：一是鲜明的思想性，强调劳动者是国家的主人，一切劳动和劳动者都应该得到鼓励和尊重，反对一切不劳而获、崇尚暴富、贪图享乐的错误思想；二是突出的社会性，要求引导学生走向社会，认识社会，强化责任担当意识，体会社会主义社会平等、和谐的新型劳动关系；三是显著的实践性，以动手实践为主要方式，引导学生在认识世界的基础上，学会建设世界，塑造自己，实现树德、增智、强体、育美的目的。

（2）劳动教育理念。强化劳动观念，弘扬劳动精神。将劳动观念和劳动精神教育贯穿人才培养全过程，贯穿家庭、学校、社会各方面。注重让学生在学习和掌握基本劳动知识技能的过程中，领悟劳动的意义价值，形成勤俭、奋斗、创新、奉献的劳动精神。

强调身心参与，注重手脑并用。把握劳动教育的根本特征，让学生面对真实的个人生活、生产和社会性服务任务情境，亲历实际的劳动过程，善于观察思考，注重运用所学知识解决实际问题，提高劳动质量和效率。

继承优良传统，彰显时代特征。在充分发挥传统劳动、传统工艺项目育人功能的同时，紧跟科技发展和产业变革，准确把握新时代劳动工具、劳动技术、劳动形态的新变化，创新劳动教育内容、途径、方式，增强劳动教育的时代性。

发挥主体作用，激发创新创造。关注学生劳动过程中的体验和感悟，引导学生感受劳动的艰辛和收获的快乐，增强获得感、成就感、荣誉感。鼓励学生在学习和借鉴他人丰富经验、技艺的基础上，尝试新方法，探索新技术，打破僵化思维方式，推陈出新。

5. 劳动教育时代成绩

"十三五"期间,劳动教育取得了不凡的成绩。

(1) 广泛开展劳动教育实践探索。为落实立德树人根本任务,培养广大青少年儿童社会责任感、创新精神和实践能力,中小学广泛组织学生参加家务劳动、校内外劳动。各地创建了一批省级劳动教育实践基地和劳动教育特色学校,带动全国中小学劳动教育深入开展。

与此同时,普通高校结合专业特点,加强实践育人,人文社会科学类本科专业的实践教学不少于总学分的15%,理工农医类本科专业不少于25%。职业院校广泛开展了校园技能文化节、劳动文化节、劳动周活动等。各高校还组织大学生广泛开展志愿服务,持续开展暑期"三下乡"等活动,建立学生志愿者星级认证制度。

(2) 全面做好劳动教育顶层设计。习近平总书记在全国教育大会上明确指出,把劳动教育纳入社会主义建设者和接班人的总体要求,构建德智体美劳全面培养的教育体系。中共中央、国务院以贯彻落实全国教育大会精神为契机,针对劳动教育被淡化、弱化的问题,对新时代大中小学劳动教育制度进行了系统设计,颁布了《中共中央 国务院关于全面加强新时代大中小学劳动教育的意见》(简称《意见》),以及《意见》的配套文件《大中小学劳动教育指导纲要》(简称《指导纲要》)。

其中,《意见》面向全党全社会,立足国之大计、党之大计,提高劳动教育站位,把劳动教育摆在突出位置上,作为当前全面贯彻党的教育方针的重点工作。以马克思主义劳动观为指导,坚持全员、全方位、全过程设计,明确劳动教育总目标及不同学段、不同类型学校的课程设置、内容要求和考核评价办法,形成劳动教育体系。强调劳动教育是一项系统工程,涉及面广,各级政府要在党委统一领导下,统筹家庭、学校和社会各个方面的力量,为劳动教育全面实施提供场所、人员、经费、安全等保障条件,把劳动教育的"四梁八柱"搭建好。《意见》2020年3月由中共中央、国务院印发。《指导纲要》则面向教育系统特别是学校,明确劳动教育是什么、教什么、怎么教等问题,加强劳动教育实施指导。《指导纲要》由教育部2020年7月印发,供各地和学校试行。

(3) 大力推进大中小学劳动教育。根据中央新要求,教育系统应内外相互配合,各级政府和教育行政部门共同努力,推动建立新时代大中小学劳动教育目标内容体系、组织实施体系和支持保障体系。

具体工作有:印发实施意见,出台行动方案;开展培训研讨活动,提升对劳动教育的认识;组织学生参加劳动实践,提高学生劳动素养;研发劳动实践手册,为学校劳动教育提供支持。

二、劳动教育的时代意义

（一）背景分析

劳动教育是中国特色社会主义教育制度的重要内容，直接决定社会主义建设者和接班人的劳动精神面貌、劳动价值取向和劳动技能水平。长期以来，各地区和学校坚持教育与生产劳动相结合，在实践育人方面取得了一定成效。同时也要看到，近年来一些青少年中出现了不珍惜劳动成果、不想劳动、不会劳动的现象，究其原因，主要有以下三个方面。

1. 劳动教育重视程度不够

由于教育方针的几次嬗变，整个社会对劳动与劳动教育的重视程度不够，劳动及劳动教育在中小学基础教育中时有时无，很长一段时期重视"劳动"而轻视"教育"，甚至没有"教育"。人们思想观念上的模糊认识，社会的舆论导向，使"劳动光荣"的思想歪曲，甚至扭曲，价值观出现偏差，时常存在鄙视劳动的现象。

2. 劳动课程体系不完整

现行的课程体系中，"生活与劳动""劳动技术课程""通用技术课程"或"综合实践课程"等，绝大部分是在课堂上完成的，偏重学生劳动知识的掌握，忽视劳动技能的培养，忽视劳动的育人功能，窄化了劳动及劳动教育的概念，没有把社会劳动和家庭劳动纳入学校劳动教育课程体系，学生的实践操作能力弱化，劳动教育成为坐而"谈"劳动、"说"劳动，"做"而无体力、无能力。近年来，随着中小学研学实践活动的开展，劳动教育逐渐走出学校，走向社会，但仍然依附于研学实践，是研学实践活动的一个部分，没有当作劳动教育课程来开展，同时，劳动教育课程体系和课程设计开发上也存在问题，课程设计开发人员不足，课程体例不一，劳动教育的目标任务不系统，也没有劳动教育课程评价体系和标准。

3. 教育场地和师资严重不足

学校的劳动教育，在"学工学农"的时期，大部分学校有自己的学农基地、实习工厂。近20年来，随着社会对劳动教育的忽视，中小学校已经难见学农基地、实习工厂。当我们意识到学校劳动教育必不可少之时，劳动教育的场地已经越来越少了。有些学校不得不开发楼顶、走廊、边角地，建设"楼顶园地""走廊种植""劳动教室"来进行"劳动教育"，然而绝大部分学校没有可以利用的楼顶（况且也存在安全问题）和边角地，劳动教室某种程度上受空间限制，也缺乏实用性。在社会经济形态和劳动教育资源性质的巨变下，学校进行劳动教育的场地少得可怜。近两年随着劳动教育的呼声高涨，学校农业生产基地在逐步增加，但工业生产、职业体验、生活服务基地还有待建设。同时，劳动基地的课程开发及实施人员，相关技能、技术人员急缺，师资队伍严重不足，制约了学校劳动教育充分、有效的开展。

因此，全党全社会必须高度重视，采取有效措施切实加强劳动教育。

（二）时代意义理解

2020年是劳动教育政策顶层设计元年。3月20日，《中共中央 国务院关于全面加强新时代大中小学劳动教育的意见》印发，这是新中国成立以来第一次以党中央、国务院名义发布的劳动教育文件。全面加强劳动教育是新时代贯彻党的教育方针，保证社会主义教育属性的必然要求；是新中国从站起来、富起来到强起来历史发展的重大现实需要；是造就全面发展的时代新人，增强教育实效的关键举措。站在新的历史方位，全面分析新时代劳动教育的新要求、新格局，充分认识其内容鲜活、方式灵活、资源激活等重要特色，精准把握新时代劳动教育的内涵、特征和价值，采取精准发力、形成合力、焕发生命力等关键举措，将有助于立足新时代，切实激发劳动教育新活力，增强劳动教育的实效性，促进大中小学生在热爱劳动、尊重劳动的社会氛围中健康成长，是顺应时代发展变化的应然之举，是培养德智体美劳全面发展的社会主义建设者和接班人的应有之义。

具体来讲，新时代加强劳动教育的意义体现在以下几个方面。

1. 丰富党的教育方针

习近平总书记在全国教育大会上指出，培养什么人，是教育的首要问题……我们的教育必须把培养社会主义建设者和接班人作为根本任务，培养一代又一代拥护中国共产党领导和我国社会主义制度、立志为中国特色社会主义奋斗终生的有用人才。"有用人才""时代新人"的一个重要特征，就是具备劳动的素质，能够弘扬劳动精神、崇尚劳动、懂得劳动最光荣，能够辛勤劳动、诚实劳动、创造性劳动。习近平总书记把劳动教育纳入社会主义建设者和接班人的要求之中，提出"德智体美劳"的总体要求，丰富发展了党的教育方针。

2. 落实立德树人任务

加强劳动教育，倡导劳动最光荣、劳动最崇高、劳动最伟大、劳动最美丽的价值观念，必将使受教育者崇尚劳动价值、追求劳动创造、尊重劳动主体，以辛勤劳动为荣、以好逸恶劳为耻，不断成长为有理想信念、有过硬本领、有责任担当的社会主义建设者和接班人，进一步营造劳动光荣的社会风尚和精益求精的敬业风气，从而做到"以劳树德、以劳增智、以劳强体、以劳育美、以劳创新，促进学生德智体美劳全面发展"。

3. 培养学生劳动品质

劳动是一个辛苦并且需要坚持的过程，我们所拥有的一切都是人们通过劳动所获得的劳动成果。应当从小为学生创造种种学会劳动的机会，只有这样才能让学生切身体会劳动的不易与艰辛，磨炼吃苦耐劳的品质。

4. 树立劳动光荣意识

学生德行的养成、奋斗精神的培养始于辛勤的劳动教育。引导学生在成长过程中能辛勤劳动并以此为荣，树立劳动最光荣、劳动最崇高、劳动最伟大、劳动最美丽的信念，这是教育的重点与方向；在劳动体验中应使学生感悟自身的变化与成长，理解辛勤劳动对于丰富和发展自我的重要性，激发学生在未来学习和生活中努力奋进、自主追求与努力实现梦想的勇气。

5. 提高学生创造能力

劳动是创造的基础。学生在劳动中既要动手，又要动脑，进行的是一种创造性活动。如能让孩子做成一件产品，如小板凳、小书架，自己设计、自己制作，在老师的帮助下克服困难，这就培养了他的创造意识和精神。劳动教育不仅能培养学生的生活技能，而且能促进人的体力发展和智力发展，培养学生的创新精神和实践能力，养成尊重劳动的思想品德。

6. 提高学生审美能力

劳动教育利于加强和改进学校美育，形成以劳育美、以美育人、以文化人的育人模式，促进学生树立"劳动最光荣、劳动最崇高、劳动最伟大、劳动最美丽"的劳动审美观，让学生在劳动创造中形成发现美、体验美、鉴赏美、创造美的意识和能力，从而提高学生审美能力和人文素养。

三、劳动教育的时代内容

教育目标决定教育内容，所以，我们必须明确新时代劳动教育的培养目标，在此基础上，理解、丰富新时代劳动教育的内容。

（一）新时代劳动教育的目标

1. 劳动教育总目标

《中共中央 国务院关于全面加强新时代大中小学劳动教育的意见》明确了劳动教育总目标。

（1）树立正确的劳动观念。正确理解劳动是人类发展和社会进步的根本力量，认识劳动创造人、创造价值、创造财富、创造美好生活的道理，尊重劳动，尊重普通劳动者，牢固树立劳动最光荣、劳动最崇高、劳动最伟大、劳动最美丽的思想观念。

（2）具有必备的劳动能力。掌握基本的劳动知识和技能，正确使用常见劳动工具，增强体力、智力和创造力，具备完成一定劳动任务所需要的设计、操作能力及团队合作能力。

（3）培育积极的劳动精神。领会"幸福是奋斗出来的"内涵与意义，继承中华民族勤俭节约、敬业奉献的优良传统，弘扬开拓创新、砥砺奋进的时代精神。

（4）养成良好的劳动习惯和品质。能够自觉自愿、认真负责、安全规范、坚持不懈地参与劳动，形成诚实守信、吃苦耐劳的品质。珍惜劳动成果，养成良好的消费习惯，杜绝浪费。

2. 理解总目标

这样的总目标，可以从以下三个方面来理解。

（1）明确劳动教育目标框架。具体包括树立正确的劳动观念、具有必备的劳动能力、培育积极的劳动精神、养成良好的劳动习惯和品质四个方面。

（2）明确劳动教育的育人定位。劳动教育有一定的育人价值，不同的劳动教育，育人的价值定位不同。日常生活劳动教育、生产劳动教育、服务性劳动教育这三类不同形态的劳动，育人功能也不相同。其中，日常生活劳动教育要让学生立足个人生活事务处理，培养良好生活习惯和卫生习惯，强化自立自强意识；生产劳动教育要让学生体验工农业生产创造物质财富的过程，增强产品质量意识，体会平凡劳动中的伟大；服务性劳动教育要注重让学生利用所学知识技能，服务他人和社会，强化社会责任感。

（3）明确劳动教育主要内容与具体要求。依据小学、初中、普通高中、职业院校、普通高等学校劳动教育主要内容和三类劳动教育的具体要求，各地和学校应结合实际，制定更为具体的劳动教育清单，切实解决劳动教育教什么的问题。

（二）劳动教育的时代内容

1.《中共中央　国务院关于全面加强新时代大中小学劳动教育的意见》（2020年3月）中劳动教育的内容

根据教育目标，针对不同学段、类型学生特点，要求以日常生活劳动、生产劳动和服务性劳动为主要内容开展劳动教育。结合产业新业态、劳动新形态，注重选择新型服务性劳动的内容。

（1）小学低年级要注重围绕劳动意识的启蒙，让学生学习日常生活自理技能，感知劳动乐趣，知道人人都要劳动。

小学中高年级要注重围绕卫生、劳动习惯养成，让学生做好个人清洁卫生，主动

分担家务，适当参加校内外公益劳动，学会与他人合作劳动，从而切实体会到劳动的光荣。

（2）初中要注重围绕增加劳动知识、技能，加强家政学习，开展社区服务，适当参加生产劳动，使学生初步养成认真负责、吃苦耐劳的品质和职业意识。

（3）普通高中要注重围绕丰富职业体验，开展服务性劳动，参加生产劳动，使学生熟练掌握一定劳动技能，理解劳动创造价值，具有劳动自立意识和主动服务他人、服务社会的情怀。

（4）中等职业学校重点是结合专业人才培养，增强学生职业荣誉感，提高职业技能水平，培育学生精益求精的工匠精神和爱岗敬业的劳动态度。

（5）高等学校要注重围绕创新创业，结合学科和专业积极开展实习实训、专业服务、社会实践、勤工助学等活动，重视新知识、新技术、新工艺、新方法应用，创造性地解决实际问题，使学生增强诚实劳动意识，积累职业经验，提升就业创业能力，树立正确择业观，具有到艰苦地区和行业工作的奋斗精神，懂得空谈误国、实干兴邦的深刻道理；注重培育公共服务意识，使学生具有面对重大疫情、灾害等危机主动作为的奉献精神。

2. 《大中小学劳动教育指导纲要（试行）》（2020年7月）中劳动教育内容

主要包括日常生活劳动、生产劳动和服务性劳动中的知识、技能与价值观。日常生活劳动教育立足个人生活事务处理，结合开展新时代校园爱国卫生运动，注重生活能力和良好卫生习惯培养，树立自立自强意识。生产劳动教育要让学生在工农业生产过程中直接经历物质财富的创造过程，体验从简单劳动、原始劳动向复杂劳动、创造性劳动的发展过程，学会使用工具，掌握相关技术，感受劳动创造价值，增强产品质量意识，体会平凡劳动中的伟大。服务性劳动教育要让学生利用知识、技能等为他人和社会提供服务，在服务性岗位上见习实习，树立服务意识，实践服务技能；在公益劳动、志愿服务中强化社会责任感。

（1）小学低年级。以个人生活起居为主要内容，开展劳动教育，注重培养劳动意识和劳动安全意识，使学生懂得人人都要劳动，感知劳动乐趣，爱惜劳动成果。

指导学生完成个人物品整理、清洗，进行简单的家庭清扫和垃圾分类等，树立自己的事情自己做的意识，提高生活自理能力；参与适当的班级集体劳动，主动维护教室内外环境卫生等，培养集体荣誉感；进行简单手工制作，照顾身边的动植物，关爱生命，热爱自然。

（2）小学中高年级段。小学中高年级以校园劳动和家庭劳动为主要内容开展劳动教育，引导学生体会劳动光荣，尊重普通劳动者，初步养成热爱劳动、热爱生活的态度。

指导学生参与家居清洁、收纳整理，制作简单的家常餐等，每年学会1~2项生活技能，增强生活自理能力和勤俭节约意识，培养家庭责任感；参加校园卫生保洁、垃圾分类处理、绿化美化等，适当参加社区环保、公共卫生等力所能及的公益劳动，增强公共服务意识；初步体验种植、养殖、手工制作等简单的生产劳动，初步学会与他人合作劳动，懂得生活用品、食品来之不易，珍惜劳动成果。

（3）初中阶段。初中生兼顾家政学习、校内外生产劳动、服务性劳动，安排劳动教育内容，开展职业启蒙教育，体会劳动创造美好生活，养成认真负责、吃苦耐劳的劳动品质和安全意识，增强公共服务意识和担当精神。

指导学生承担一定的家庭日常清洁、烹饪、家居美化等劳动，进一步培养生活自理能力和习惯，增强家庭责任意识；定期开展校园包干区域保洁和美化，以及助残、敬老、扶弱等服务性劳动，初步形成对学校、社区负责任的态度和社会公德意识；适当体验包括金工、木工、电工、陶艺、布艺等项目在内的劳动及传统工艺制作过程，尝试家用器具、家具、电器的简单修理，参与种植、养殖等生产活动，学习相关技术，获得初步的职业体验，形成初步的生涯规划意识。

（4）普通高中阶段。《指导纲要》具体明确了高中劳动教育的内容：要注重围绕丰富职业体验，开展服务性劳动和生产劳动，理解劳动创造价值，接受锻炼，磨炼意志，具有劳动自立意识和主动服务他人、服务社会的情怀。

指导学生持续开展日常生活劳动，增强生活自理能力，固化良好劳动习惯；选择服务性岗位，经历真实的岗位工作过程，获得真切的职业体验，培养职业兴趣；积极参加大型赛事、社区建设、环境保护等公益活动、志愿服务，强化社会责任意识和奉献精神；统筹劳动教育与通用技术课程相关内容，从工业、农业、现代服务业以及中华优秀传统文化特色项目中，自主选择1~2项生产劳动，经历完整的实践过程，提高创意物化能力，养成吃苦耐劳、精益求精的品质，增强生涯规划的意识和能力。

（5）中等职业院校。《指导纲要》明确了中等职业院校家庭劳动教育的内容：重点结合专业特点，增强职业荣誉感和责任感，提高职业劳动技能水平，培育积极向上的劳动精神和认真负责的劳动态度。

组织学生持续开展日常生活劳动，自我管理生活，提高劳动自立自强的意识和能力；定期开展校内外公益服务性劳动，做好校园环境秩序维护，运用专业技能为社会、为他人提供相关公益服务，培育社会公德，厚植爱国爱民的情怀；依托实习实训，参与真实的生产劳动和服务性劳动，增强职业认同感和劳动自豪感，提升创意物化能力，培育不断探索、精益求精、追求卓越的工匠精神和爱岗敬业的劳动态度，坚信"三百六十

行，行行出状元"，体认劳动不分贵贱，任何职业都很光荣，都能出彩。

（6）普通高等学校。《指导纲要》明确了高等院校劳动教育的具体内容：要强化马克思主义劳动观教育，注重围绕创新创业，结合学科专业开展生产劳动和服务性劳动，积累职业经验，培育创造性劳动能力和诚实守信的合法劳动意识。

使学生掌握通用劳动科学知识，深刻理解马克思主义劳动观和社会主义劳动关系，树立正确的择业、就业、创业观，具有到艰苦地区和行业工作的奋斗精神；巩固良好日常生活劳动习惯，自觉做好宿舍卫生保洁，独立处理个人生活事务，积极参加勤工助学活动，提高劳动自立自强能力；强化服务性劳动，自觉参与教室、食堂、校园场所的卫生保洁、绿化美化和管理服务等，结合"三支一扶"、大学生志愿服务西部计划、"青年红色筑梦之旅"、"三下乡"等社会实践活动开展服务性劳动，强化公共服务意识和面对重大疫情、灾害等危机主动作为的奉献精神；重视生产劳动锻炼，积极参加实习实训、专业服务和创新创业活动，重视新知识、新技术、新工艺、新方法的运用，提高在生产实践中发现问题和创造性解决问题的能力，在动手实践的过程中创造有价值的物化劳动成果。

对比《意见》和《指导纲要》对劳动教育内容的表述，我们可以看出，《意见》中的内容是方向性的、提纲挈领式的；《指导纲要》中的内容是具体的、操作性强的，《指导纲要》中的内容很好地让《意见》的要求落地了。

第二节　劳动教育主题营地模式

一、资源开发

《中共中央 国务院关于全面加强新时代大中小学劳动教育的意见》中要求，根据教育目标，针对不同学段、类型学生特点，以日常生活劳动、生产劳动和服务性劳动为主要内容开展劳动教育。结合产业新业态、劳动新形态，注重选择新型服务性劳动的内容。因此，劳动教育资源的开发应该牢牢把握日常生活劳动、生产劳动和服务性劳动这三类劳动来开发。打造主题营地，也必须按照日常生活劳动、生产劳动和服务性劳动进行资源开发。

（一）劳动教育资源分类

1. 日常生活劳动资源

营地教育有自己的特点，模拟建设以日常生活教育为主的劳动教育营地，也要遵循营地教育的特点，符合营地教育的规律。资源的开发利用以利于营地教育为要。

（1）家庭类资源开发

家庭劳动教育新要求：家庭劳动教育是新时代家庭教育的重要内容，是时代赋予每个家庭、家长全面育人的重要使命，体现综合育人思想，是基于生活和生存需要，调动多学科知识和经验，在劳动实践中完成"树德、增智、强体、育美"等综合育人目标。

劳动教育营地安排的家庭日常生活劳动必须充分考虑当下和未来社会经济和科技文化的发展水平，深刻认识到家庭劳动教育是家庭教育的重要组成部分，不可或缺，不能忽视。要将新的劳动知识、劳动技术、劳动文化纳入家庭劳动教育之中。

家庭类日常生活劳动资源：每一个人在家庭这一特定场域中，生活劳动无非是吃和住，涉及客厅、厨房、卧室、书房、卫生间，营地教育+劳动教育中的家庭日常生活劳动教育资源就要模拟这些方面。

家务劳动：制作简单的茶点、饭菜，洗碗、除油、拖地、清理垃圾。煤气灶、电磁炉等家用烹饪器具使用。冰箱、彩电、空调、热水器、洗衣机等家用电器使用维修。开展学习智慧+劳动，正确使用电脑和人工智能机器人，建立健康、绿色的生活方式。传承优良家风。

生活自理：整理个人房间、书桌、书包，清洗鞋袜、红领巾、衣物，居室收纳、整理、保洁，个人卫生。上下学，自主购物。自己安排衣食住行，规划自己的日常生活。

劳动技能：种植花草、养殖小动物，创意美术、创意手工、创意搭建以及小发明、小创造。刀、钳、螺丝刀等小五金工具使用，家具、电器维修。制作小型生活用品。

才艺培养：学习剪纸、插花、茶艺、刺绣、农民画、陶艺、编织、扎染、蜡染等传统家庭手工艺，学习家庭装修、装饰方面的知识，了解相关材料和工艺环保常识。

（2）社区类日常生活劳动资源

模拟学生居住的社区，在劳动教育营地挖掘社区劳动教育资源。

社区服务：社区环境清扫、草地整修、老年服务、政策宣传等志愿服务。承担社区义工，在社区指导下，自发对社区困难居民、孤寡老人和残疾人群等开展长期、定点的公益性家庭劳动服务。

学校类日常生活劳动资源非劳动教育营地资源的组成部分，这里不做赘述。

（3）社会类日常生活劳动资源

社会事务中与人们生活活动、生产活动等息息相关的日常生活劳动。

公共服务：餐饮酒店、交通服务、绿化环卫、导医导购、银行影院、邮政快递、社区公益等职业体验。

公共安全：医疗急救、消防应急、交通指挥、危险处置等职业体验。

2. 生产劳动资源

生产劳动主要包括：物质产品的生产和运输，建筑，邮电，生产技术咨询服务，应用科学研究和设计，商品分类、包装、保管和修理，公共饮食，耐用消费品和水暖设备维修，水电资源开发，自然保护森林的植造，工业基础设施和农业水利建设，废气、废水、废渣的污染处理等劳动。

劳动教育营地教育中谈到的生产劳动主要指的是农业生产、工业生产。

（1）农业生产资源

广义的农业是指包括种植业、林业、畜牧业、渔业、副业五种产业形式。狭义的农业是指种植业，包括生产粮食作物、经济作物、饲料作物和绿肥等农作物的生产活动。在这里，我们按照传统农业和现代农业分析农业生产资源。

① 传统农业生产资源：传统农业是在自然经济条件下，采用人力、畜力、手工工具、铁器等为主的手工劳动方式，靠世代积累下来的传统经验发展，以自给自足的自然经济居主导地位的农业。

中国地域辽阔，南北农业差异较大，种植养殖也有区别，传统农业生产资源开发要依据地域特点，体现地域特色。如：

农时资源：四季农时，春耕夏管、秋收冬藏，二十四节气、七十二物候，农事农谚，光照、雨水、温差等。

农事资源：下种育苗，五谷播种，土地轮作，土壤灌溉，农具使用，水田作业，六畜养殖，果树栽植，等等。

农俗资源：与农业相关的非物质文化遗产，婚丧嫁娶礼仪等。

生活资源：与农家生活相关的醋、酒酿制，陶器制作，特色食品的制作等。

② 现代农业生产资源：作为发展经济学概念的现代农业指智慧农业，是与工业4.0或后工业时代对称的农业现代化。现代农业不同于农业产业化，也不同于农业工业化，而是智慧农业，是智慧经济为主导、大健康产业为核心的自动化、个性化、艺术化、生态化、规模化、精准化农业。

现代农业包括设施农业、观光农业、无土栽培、精准农业、太空农业等农业生产经营模式。因此,现代农业资源开发可以从这一方面进行考虑。

设施农业:

智能温室——计算机应用,天窗开启、遮阳系统、保温系统、升温系统、湿窗帘/风扇降温系统、喷滴灌系统或滴灌系统、移动苗床等。

生产型温室——蔬菜种植、花卉、水果以及育苗组培等。

观光农业:

生态餐厅——集建筑学、园林学、设施园艺学、生态学等进行规划建设,涉及使用设施调控技术、农艺栽培及管理技术来维护餐厅的优美环境等。

观光温室——观光游览、技术展示、科普教育景观植物栽培(设施作物为主)、人文景观、园林艺术、地域文化等。

无土栽培:

水培、三层水培;雾(气)栽培,基质栽培,立柱栽培,墙体栽培,A字架栽培,管道式栽培,树状栽培,PVC管组合,鱼菜共生,太空栽培,水肥一体化,营养液配制等。

(2)工业生产资源

工业生产主要在工厂里进行。在工厂里,劳动力(工人、技术人员等)利用动力(燃料、电能)和机械设备,将原料制成产品。一种原料可以生产不同的产品,而一种产品又可能由多种原料加工、组装或化合而成。工厂生产的正常进行,除需要劳动力、动力、厂房设备等基本条件外,还会受到科学技术、政府政策、资金、管理等因素的制约。工业产品最终要在市场上销售出去,才能实现其价值。

以下按照工业分类类型来分析工业生产资源。

资源密集型工业:采掘工业(包括生产煤炭、开采石油、采伐林木等)、制糖工业、水产品加工工业等。

劳动密集型工业:纺织工业、服装业、装配业等。

资金密集型工业:钢铁工业、化工工业等。

技术密集型工业:电子工业、核工业、航空航天工业、生物工程工业等。

这四种工业类型的划分,严格来说,并没有一个确切的界限,就多数工业部门而言,它们的工业类型是交叉的。具体判断某种工业属于哪一种发展类型,我们应看其最主要的投入要素,或者看其生产、分布最主要的限制因素。

从原料投入到成品产出,通过一定的设备按顺序连续地进行加工的过程,也就是我们常说的工艺流程或加工流程。从原材料到成品的制作过程中,诸多要素组合成工

业生产。

由于工业生产中各种因素的制约，工业生产劳动尚未大范围、有规模地开展，目前只限于以参观为主、以小型产品包装为主的劳动教育，资源开发方面显得不足。

3. 服务性劳动资源

（1）认识服务性劳动

服务性劳动指在从事服务生产和经营活动过程中，劳动者运用特定的设备和工具，直接满足消费者对服务产品的需要的劳动。服务劳动有广义和狭义两种概念。广义的服务劳动，把社会的分工与协作都看成彼此提供服务。狭义的服务劳动，同农业劳动、工业劳动和商业劳动等专业劳动相并列，是社会分工的产物，因而服务劳动亦称服务业劳动。

（2）服务性劳动资源

个人生活服务：常用电器的维修、缝纫、编织、刺绣、理发、烹饪、扫地抹桌、洗晒衣服、个人卫生等自我服务的家务劳动。

社区生活服务：社区公共卫生（公共区域、道路与人行道），服务社区居民，整修社区绿化园地，社区志愿者服务等。

社会生活服务：商业服务、通信服务、建筑及有关工程服务。

商业服务：包括专业服务、计算机及其有关服务、研究与开发服务、房地产服务、无经纪人介入的租赁服务及其他的商业服务，如广告服务等。

通信服务：包括邮政服务、快件服务、电讯服务、视听服务。

建筑及有关工程服务：包括建筑物的一般建筑工作、安装与装配工作、建筑物的完善与装饰工作等。

总之，劳动教育要求充分利用社会各方面资源，工厂企业、文化场馆、示范园区、农场乡村、科技公司、城乡社区、福利院和公共场所等，处处有资源，处处能劳动，处处现教育。

（二）资源挖掘

1. 资源挖掘思路

（1）资源价值最大化

掌握政策，加强新时代劳动教育资源理论研究。深入学习《意见》和《指导纲要》，充分理解、认识新时代提出劳动教育的背景、意义、要求和具体做法；理解现阶段劳动教育现状和存在的问题，在此基础上，提出相应的对策；理解学生身边和学校周边劳动教育资源的价值，突出劳动教育的核心是对劳动观念、劳动意识、劳动思维、劳动能力、劳动品质的培养。

（2）资源建设体系化

分析资源，加强新时代劳动教育资源体系建设。在资源开发的运行机制、融合机制等方面加强保障。

资源运行保障机制从内部运行和外部运行两方面来考虑。内部运行机制从专业人员配备、专业研究制度、调查研究、资源开发、编制方案等方面进行资源体系建设的经费保障。外部运行机制从地域全域合作、学校营地合作、营地与研究机构合作、营地与政府的教育部门和文化旅游部门的合作等方面进行保障。

分析资源，建立营地学校联系机制。与学校劳动教育教研室紧密联系，融合学校学科劳动资源，结合学校劳动教育实际，按照学校需要挖掘资源，打造主题劳动教育营地。

分析资源，建立学段劳动教育贯通机制。营地教育＋劳动教育，必须在研究劳动教育的专业人士帮助下，充分利用学校学科课程资源、区域课程资源和校本课程资源，进行深度开发、重构整合，形成内容丰富、形式多样、体现学段贯通、核心素养明确的资源挖掘。

分析资源，建立劳动教育营地联盟。每一个地域都有丰厚的历史文化、灿烂的革命文化、特色鲜明的民俗文化和现代工业农业文化，为开展大中小学生社会劳动提供了得天独厚的资源。把区域地域内协同或相似的营地进行融合和联盟，在营地各自劳动教育特色基础上，打造营地教育＋劳动教育的区域地域特色品牌。

探索挖掘劳动资源教育元素，把教育元素课程化，建立营地教育＋劳动教育课程体系，以课程引领劳动教育。开展特色劳动教育课程，加之科学的课程评价，劳动教育资源才能充分得到使用。除了要在学校语文、历史、思政等学科中渗透劳动观念，在数学、物理、化学、生物等学科中增加动手实践环节以外，还可充分利用地域特色文化中的劳动教育资源，将劳动教育与红色基因传承、绿色生态文明、高新科技、现代农业、地域文化深度融合，把具有地域特色的劳动资源开发成营地教育劳动课程。

2. 劳动资源挖掘

（1）资源挖掘基本原则

劳动教育资源挖掘利用，要在新时代劳动教育思想指导下，结合学生成长实际，立足资源，观照课程，聚焦实践，把劳动教育纳入人才培养全过程。

坚持思想引领，把握育人导向，挖掘资源教育性。劳动教育资源挖掘要把准劳动教育价值取向，引导学生树立正确的劳动观，崇尚劳动、尊重劳动，增强对劳动人民的感

情,报效国家,奉献社会。资源挖掘既要让学生学习必要的劳动知识和技能,更要通过劳动帮助学生形成健全人格和良好的思想道德品质。

遵循教育规律,家校社协同,凸显资源融合性。新时代劳动教育要根据学生年龄特征、性别差异、身体状况等特点,选择合适的劳动项目和内容,安排适度和符合学生年龄特点的劳动。在体力劳动基础上,注意手脑并用、安全适度,注重学科知识融合,强化实践体验,让学生亲历劳动过程,提升育人实效。劳动教育不能唱"独角戏",营地教育+劳动教育要演"大合唱"。家庭劳动教育要日常化,学校劳动教育要规范化,社会劳动教育要多样化,形成家校社协同育人格局。发挥学科教学、社会实践、校园文化、家庭教育、社会教育的劳动教育功能,根据各地区和学校实际,结合当地在自然、经济、文化等方面的条件,融合行业企业、职业院校等可利用资源,宜工则工、宜农则农,采取多种方式开展劳动教育。

把握时代特征,坚持体验操作,侧重资源实践性。新时代劳动教育要适应科技发展和产业变革,针对劳动新形态,注重新兴技术支撑和社会服务新变化。深化产教融合,改进劳动教育方式。强化诚实合法劳动意识,培养科学精神,提高创造性劳动能力。让学生直接参与劳动过程,增强劳动感受,体会劳动艰辛,分享劳动喜悦,掌握劳动技能,养成劳动习惯,提高动手能力和发现问题、解决问题的能力。

合理利用资源,挖掘资源特色,突出资源共享性。以劳动教育资源激发劳动兴趣,以特色劳动提高劳动热情,以劳动过程诱导劳动欲望,以劳动成果体现劳动幸福,让特色劳动资源得以充分利用。

(2)资源挖掘流程

整理资源。把营地教育+劳动教育的资源进行梳理,分门别类归纳主题,结合营地教育实际,确立营地教育特色,使其具有独特性和唯一性。

评估资源。在主题下对资源进行综合评估,从知识层面、能力提升、品德培养、思想教育等方面评估资源教育性和可行性,契合学生特点、学段实际、学生需求、学校需要。

资源利用。综合考量,科学利用。利用有形资源和无形资源,利用营地劳动资源及营地辐射范围劳动资源,生成营地劳动教育课程,塑造学生劳动品德,培养学生兴趣,利于学生职业规划。

课程实施。在整理、评估、利用资源的基础上,在专业人员的指导下,开发营地劳动教育课程,编写劳动教育方案,培训课程实施人员,把资源变成课程,把课程落实在教育上。

（三）资源建构

1. 劳动教育资源建构路径

（1）由劳动资源确定营地劳动内容

新时代，新生活，催生出许多新的劳动形态，比如知识型、智能化生产生活劳动、职业体验、家政服务型劳动，志愿者公益劳动等各类劳动。新时代营地教育中的劳动教育内容基本形态可以概括如下。

生活型劳动：买菜做饭、洗碗倒垃圾、清理厨房及卫生间、洗衣叠衣、扫地拖地、擦洗门窗、系鞋带钉纽扣、购买生活用品、收纳整理书包房间等。

生产型劳动：参加现代农业基地的小型机器生产劳动，家乡农田的除草、培土、施肥、灌溉、采摘等劳动，菌种基地培养、采摘劳动，果园的剪枝、挂袋、采摘劳动，花草树木的种植等。

艺术型劳动：插花茶艺、编织布艺、面塑泥塑、家居家装设计、废旧用品改造、书法绘画装裱、服装设计与缝制等创意劳动。

智能型劳动：家庭智能化管理系统设计、家庭信息技术设备管理维护、智能生活用品使用维修、网络售购平台运营、蔬菜花木无土栽培、金融理财、小视频制作、微网站设计等各种利用现代技术发展成果开展的劳动内容和形式。

公益型劳动：社区环境保洁、植树护绿活动、社区防疫宣传、军烈属优抚活动、义卖义演活动、孤寡老人和留守儿童关爱行动等。

项目式劳动：结合学校学科学习主题和内容，统整劳动教育资源，多学科融合，形成多学科知识应用的劳动教育项目，开展研究性学习。

（2）由劳动内容确定主题取向

劳动教育是对大中小学生提出来的，营地教育中开展劳动教育，大中小学生是参与者、受益者，营地主题要面向大中小学生。同时，营地教育中的劳动教育也会面向社会各界人士，所以，营地劳动教育的主题价值取向也要关注到他们。

①社会主义核心价值观的价值取向

培育大中小学生核心价值理念，体现社会主义国家、社会制度和公民道德价值取向，是一项功在当代利在千秋的大事。因此，加强大中小学生思想道德建设，培育和践行社会主义核心价值观，是培养全面发展的社会主义建设者和接班人的需要，是学校落实"立德树人"根本任务，全面发展教育的组成部分。作为面向大中小学生的劳动教育营地主题，必须符合社会主义核心价值观的要求。

②"五育"并举的价值取向

2019年6月23日,颁布了《中共中央 国务院关于深化教育教学改革全面提高义务教育质量的意见》,明确要求坚持立德树人,着力培养担当民族复兴大任的时代新人。强化德育、智育、体育、美育和劳动教育,创建一批劳动教育实验区,因地制宜,城乡区别,宜农则农,宜工则工,为学生参加农业生产、工业体验、商业和服务业实践等提供保障。

所以,营地劳动教育主题要高举"五育"并举的旗帜,"五育"并举自然而然是我们营地劳动教育主题确立的价值取向。

③劳动教育目标的价值取向

大中小学开展劳动教育,就是要着力培养学生的劳动观念、劳动习惯、劳动技能、实践能力和创新精神。习近平总书记的讲话精准阐明了劳动教育的重要意义,他指出"要在学生中弘扬劳动精神,教育引导学生崇尚劳动、尊重劳动,懂得劳动最光荣、劳动最崇高、劳动最伟大、劳动最美丽的道理,长大后能够辛勤劳动、诚实劳动、创造性劳动"。这种价值取向无疑是建构营地劳动教育主题的路标。

(3)由主题取向确定营地特色

营地教育"+农业""+工业""+科技""+中医""+互联网""+非遗"等主题,决定了营地劳动教育的特色,应开发特色课程,培育种植、农耕、养殖、中草药等营地教育品牌。

2. 劳动教育师资资源建构

劳动教育资源开发成为课程,课程的实施需要专业的师资。在"营地教育+劳动教育"师资的建构中,营地必须建立自己的专业技术队伍,承担劳动教育课程实施。

应根据自己的劳动教育内容,在相关专业领域招募品德正、会讲解、能示范、技术好、有经验的人员来营地担任劳动教育老师。

在相关高校和技术学院招聘优秀毕业生来营地担任劳动教育老师。

依据劳动教育课程,培训营地工作人员兼职劳动教育老师。

聘请农技师、园艺师、技术工、展馆优秀讲解员、知道营地周边资源掌故和风土人情的能人担任劳动教育营地兼职老师。

3. 劳动教育资源建构方法

在《意见》和《指导纲要》中,劳动教育划分为日常生活劳动、生产劳动、服务性劳动三大类,那么,营地教育中劳动资源建构,可以从生活领域、自然生活、社会生活三个方面来进行。

生活领域。对大中小学生而言，生活领域包括家庭生活和学校生活。"营地教育＋劳动教育"的生活领域资源建构应以家庭生活为主，从"日常生活劳动清单"入手，清单由家务劳动、家居自理、服务他人等部分组成。

自然生活。自然生活包括生活场域、自然环境、风俗风情、非物质文化遗产等，在这些领域进行劳动资源开发，学习动植物和自然知识以及探索人与自然之间的相互影响、相互作用，探讨社会、经济、生态协调发展和可持续性发展。

社会生活。指社会日常生活，有物质资料的生产活动和物质生活资料（在吃、穿、住、用、行等方面的生存、享受和发展资料）的消费活动。内容主要表现为个体、家庭及其他社会群体在物质和精神方面的消费性活动，包括吃、穿、住、用、行、文娱、体育、社交、学习、恋爱、婚姻、风俗习惯、典礼仪式等广泛领域。

二、实施模式

（一）营地劳动教育模式

大中小学生劳动教育分为日常生活劳动、生产劳动、服务性劳动。在日常生活劳动基地课程建设中，其劳动内容包括家庭生活、学校生活、学习生活、社会生活。生产劳动教育实践基地课程内容包括农业生产的种植养殖、传统农业与现代设施农业、四季特色农业、专题性农业；工业生产的工厂工业、高科技企业、智能化制造、物化创造、现代化设备、设计创造、中小学生综合实践课程的创意物化。服务性劳动教育实践基地课程内容包括传统场馆讲解、社会公益、社区服务、服务业、第三产业、新兴服务性行业。

因此，营地劳动教育模式有劳动过程体验型、劳动参观技能辅助型、专题劳动实践型、社会志愿服务型、传统文化传承型、项目式学习型等几种模式。

（二）实施环节

大中小学劳动教育要把握劳动教育任务的特点，抓住关键环节，选择适宜的劳动教育方式。

1. 讲解说明

讲解说明劳动的意义和价值，明辨是非，重视劳动，懂纪律懂法律；了解知识技能，掌握操作方法；与启发思考、示范、练习等结合起来。

2. 淬炼操作

学会做，会劳动；注重示范与练习，严守规则，关注细节；强化规范意识、质量意识、品质意识；重视评估。

3. 项目实践

根据现实生活需要，整体构思，强化规划设计意识，制定劳动方案，通过任务群、项目式完成劳动。

4. 反思交流

总结交流，学会反思，分享得失，收获教育。

5. 榜样激励

树立大国工匠、劳动模范、普通劳动者榜样，学习领悟他们的高尚精神和优良品质，培养劳动精神。

（三）营地教育 + 劳动教育实施方法

1. 研究课程，分析课程

确定劳动实践基地授课老师。梳理劳动实践基地课程内容，按照日常生活劳动、农业生产、工业生产、服务性劳动，确定家政师、烹饪师、农技师、农艺师、园艺师、大国工匠、服务明星、服务模范、行业标兵来承担劳动实践基地课程的讲授。

2. 依据内容，讲解课程

培训劳动实践基地专业辅导员。劳动实践基地应该做好对专业辅导员的课程培训，让专业辅导员明确劳动实践基地课程名称、劳动目的、劳动难点、劳动方法、步骤环节、劳动流程、工具使用、劳动时间、安全事项，这是课程实施的核心。

3. 编写方案，具体实施

组织授课老师编写课程实施方案。在劳动实践课程实施前，编写劳动实践基地课程实施方案，讲解说明劳动的具体内容，与之相关的知识以及劳动工具的使用方法。

4. 实践为主，重视专业

安排专业技术人员讲解和指导。在劳动中，指导老师要把劳动涉及的知识和技能讲解给学生，采取集体示范和个别辅导相结合、劳动小组小竞赛等方式，教会大中小学生劳动技能和方法，重点在操作方法上。

5. 反思交流，提高认识

劳动结束后，要让大中小学生进行反思，明白劳动的得失，交流劳动的心得体会和经验，提高劳动知识和技能，在学生中树立榜样，并激励其他学生。

总之，在劳动课程实施上，我们要关注学生的年龄特征和兴趣爱好，满足他们的各种发展需求。从学校、家庭、社会生活、自然现象等入手，着眼于学生的综合素质发展，开展劳动教育实践活动，培养学生适应社会发展、立志服务社会的能力。

（四）营地 + 劳动教育建设条件

1. 基本设施要求

劳动基地基本设施建设是保证大中小学劳动基地正常运转的基本条件。

（1）劳动基地合法。具有营业执照或民办非企业单位登记证书等法人证书，基地使用的场地购置、租赁等合同合法规范，且在有效期内。

（2）保障设施完备。教育设施有足够同时容纳300人及以上的室内或半封闭式教学场所，生均3平方米。提供无干扰无线讲解系统。配备有知识、有能力、懂劳动的专兼职教师，教学用具、器材，生产工具、设备性能完好，劳动场地在200亩（合13.34万平方米）以上或有足够的劳动空间。配备足够的劳动工具和设备，无安全隐患，可满足中小学生劳动实践需要。可以提供中小学生集中学习、体验、休息的场馆场地，生活保障功能齐全，布局合理。

（3）师资队伍合格。劳动教育实践基地建设有专兼职的课程实施队伍，符合教师资质或具有专业机构认证的资格证书，有一定的教育教学能力，能完成劳动课程的教学目标，有一定的心理学知识，懂大中小学生心理。

（4）道路交通便利。外部道路应配有交通标志和标线。停车场总面积不小于2000平方米，地面应硬化处理，道路平整干净。按车辆车型分区，并提供交通导引服务人员，保证车辆行驶顺畅。

（5）卫生设施达标。环境整洁，空气清新。公共厕所布局合理，蹲位数量满足需要，冲洗设备完好，有专职保洁员。垃圾分类，日产日清。

（6）食品安全卫生。符合国家规定，餐饮服务配备消毒设施；禁止使用对环境造成污染的一次性餐具。

（7）消防应急到位。设备配置齐全，包括消防栓、灭火器、逃生锤、应急照明灯、应急工具、处置设施等。设有安全出口、紧急出口和紧急避险通道，出入口应方便集散。

（8）安保设施完善。配备充足的治安室（岗）和常规治安设施，有专职治安人员，有完善的安保方案。监控系统影像需保存一个月以上。

（9）标识设施明显。设置劳动基地功能分布图，标识清晰。饮水处、私人物品寄存处、遮阳避雨场所、医疗点、厕所、餐饮、购物等场所醒目，在危险地段、安全通道设置警示标识。

（10）医疗配置达标。设有一般伤病医务室，配有医务工作人员，人员须具有一定资质，配备必要的急救药品和仪器。附近30分钟车程范围内，有可以随时实施急诊医

疗的医院及救助资源。

2. 运行管理要求

（1）组织管理。建立健全内部管理制度，接受教育主管部门的年度考核。配齐项目专职人员。建立与教育、文化和旅游、食品药品监管、公安、消防等部门定期联系沟通的反馈机制。有健全的服务质量标准、岗位责任制度和工作规范。

（2）课程管理。能结合基地的具体实际研发适合小学、初中、高中等不同学段的劳动教育实践课程，建设基地劳动教育课程体系。课程体现劳动体系专业观念、劳动能力、劳动精神、劳动习惯和品质。

（3）安全管理。配备专职安全人员，定期接受培训。健全安全责任机制，明确各方责任，落实到人。根据不同劳动教育主题和项目，制定针对性的安保方案。定期对教学、场地、交通、餐饮及卫生等设施进行检测。与有资质的交通运输公司签订用车合作协议。制定应急预案及操作手册，定期对场所、交通、餐饮、参观线路进行风险预测评估，并开展应急演练。

（4）财务管理。健全财务制度，规范会计工作，实行项目管理、独立核算。建立经费保障制度，确保各项经费落实到位。为参加劳动教育的师生购买在基地活动的公众责任险。

第三节　劳动教育主题营地案例

一、主题营地概况与特色

劳动教育主题营地建设多是对综合实践基地、青少年校外活动场所、农林生产空间等现有的场地加以利用，难以突出因地制宜原则和劳动教育主题营地地域特色，更难以适应中小学校劳动教育的实情。要在中小学生中开展日常生活劳动、生产劳动、服务性劳动，需量身定制，建设专门的、专业的、有针对性的中小学生劳动教育主题营地，弥补学校劳动教育在校外劳动实践方面的不足，满足中小学生日益增长的提高综合能力方面的需求。因此，劳动教育主题营地建设刻不容缓。

中小学生劳动教育主题营地分为日常生活劳动教育营地、生产劳动教育营地、服务性劳动教育营地。当然，这三类营地也有交叉的方面，只不过侧重点不同罢了。日常生活劳动的一部分，生产劳动和服务性劳动的绝大部分要在劳动教育主题营地进行，因此，劳动教育主题营地的教育性、公益性、安全性、因地制宜、开放共享是其显著特色。

二、主题营地课程系列

劳动教育主题营地课程不同于劳动课程，它是中小学生在主题性突出的基地进行的劳动教育，因此，基地教育实践劳动课程与中小学劳动教育课程相比较，有其自身的特性。从劳动内容的广泛性、劳动目标的具体性、劳动技能的独特性、劳动知识的专业性角度考虑，主题营地课程可以有：农业生产技能实践课程；工业生产技能实践课程；科技与生态创新实践课程；生活技能和社会服务实践课程；非遗文化与旅游服务实践课程；其他实践体验课程等。

三、劳动教育主题营地课程案例

劳动教育主题营地活动课程

劳动课程名称：

番茄研究所的直播间。

劳动课程目标：

高中劳动教育的重要一环是学生"自主选择1~2项生产劳动，经历完整的实践过程，提高创意物化能力，养成吃苦耐劳、精益求精的品质，增强生涯规划的意识和能力"。

西安番茄研究所劳动教育基地确定以下教育目标：

1. 参观番茄博物馆，听劳动模范讲科研故事，体会农业科研工作的艰辛，了解我国番茄现代化发展的水平。

2. 通过农事劳作，感受耕种过程的艰辛，树立劳动观念，锻炼劳动能力，培育劳动习惯和劳动品质。

3. 进行项目式学习，引导学生创意物化，培养思维发展和职业意识。

劳动课程内容：

（一）劳动内容

1. 聆听劳模讲故事。

2. 学习、实践现代化栽培技术。

3. 田野直播。

4. 全天活动可以拍摄微视频。

（二）课程重点

1. 学习劳模精神，致力农业科技。

2. 项目式学习，树立职业理想。

（三）知识准备（学生参加劳动前自学）

1. 课内知识

人民教育出版社出版的初中生物课本七年级上册第四章第一节"现代化温室"。

人民教育出版社出版的高中生物课本选修二第二章"生物科学与农业"第6节"设施农业"。

2. 课外知识

了解番茄从哪里来。

了解番茄的营养成分。

了解古代中国的农作物。

学习微视频的制作，以及网络直播。

（四）研究性课题

1. 番茄的病虫害综述。

2. 番茄育种方法优劣之比较。

3. 对我国现代农业的认识。

4. 现代化宣传手段在农产品销售中的应用。

（五）劳动教育读本

1. 知识读本：番茄的基本知识；农作物知识；番茄的病虫害与防治；现代农业；现代设施农业。

2. 指导手册：番茄田内常见的劳动种类；常用工具及使用方法；番茄的田间管理；番茄采摘的技巧；番茄的衍生产品。

（六）辅助工具

1. 番茄栽种工具。

2. 拍摄微视频、进行直播的设备。

3. 自备晕车药、帽子、防晒服、防滑运动鞋、便携水杯等。

劳动课程组织：

1. 参加学校：_____学校_____年级

2. 实施单位：番茄研究所

3. 劳动地点：开发区

4. 技术指导：研究所技术员

5. 指导方法：参观、听讲座、访谈、实践操作

劳动课程实施：

（一）课程一——"粉提"的前世今生

1. 活动目的：

了解番茄发展史，感悟劳模精神。

2. 重点难点：

中国特有的番茄——粉提的培养过程；番茄育种知识。

3. 活动过程：

（1）组织学生参观并讲解。

番茄研究所选育品种给广大种植户带来了巨大的经济效益。

（2）认识"粉提"新品种。

学习研究：品种优点，品种花序，果实果子，品种价值，果实采摘方法。

（3）听劳模讲故事。

4. 注意事项：

（1）讲述的角度为：劳动创造价值，劳动创造幸福生活，培养学生吃苦耐劳、严谨细致的工作态度，学习劳模的精神。

（2）劳模讲故事时注意应用学生语言，突出重点。

（二）课程二——番茄"现代化"

1. 活动目的：

了解番茄发源的相关知识，通过劳动探究番茄的现代化生产，培养学生对农业科技的兴趣。

2. 重点难点：

了解现代化番茄种植技术。

3. 活动过程：

（1）技术员做番茄知识专题讲解。

内容包括番茄来源、生长周期（发芽期、幼苗期、开花坐果期和结果期）。

（2）学习番茄种植。

学习处理种子方法、选择土壤技术、播种移栽方法、整枝搭架技能、浇水施肥实践。

（3）了解现代栽培技术。

设施系统：地形选择—大棚结构—排水设施—棚膜选择—透气设施—灌溉设施。

栽培技术：无土栽培。

育苗—（种子处理与催芽后，基质栽培、水培）—定株—定株后管理（光温、水肥、植株、采收；病虫害防治）。

栽培设备：基质栽培—种植槽—水培设备。

（4）学生配制基质和营养液。

配制基质方法：

选择使用当地资源丰富、价格低廉的轻基质。在通常情况下，应充分挖掘和利用当地适合穴盘育苗的轻基质资源，降低育苗基质成本，从而降低穴盘苗的销售价格。根据各地实际情况，选用炭化稻壳、棉籽壳、锯末、蛭石、珍珠岩等价格低廉基质作穴盘育苗基质。

水培营养液配制方法：

水培营养液采用环境生物生态共生技术和菌根共生原理经生物发酵、化学螯合、物理活化等工艺合成的一种新型水培植物营养液，具有植物营养和水质改善的功效，可代替土壤向植物提供水、肥、气、热等生长因子，能满足水培植物生长所需的条件。莫拉德营养液配方是被广泛应用的水培植物配方。

4. 注意事项

（1）掌握现代栽培知识概要。

（2）配制水培营养液时注意安全。

（三）课程三——我在栽番茄

1. 活动目的：

参与番茄栽种劳动，体会农业劳动的辛苦，热爱劳动，尊重普通劳动者；认识劳动创造价值、创造财富的道理；树立劳动最光荣、劳动最崇高、劳动最伟大、劳动最美丽的思想观念。

2. 重点难点：

栽种技术。

3. 活动过程：

（1）认识番茄。

根系：主根深入土壤达 1.5 米以上。

茎：半直立性匍匐茎。

叶：分为子叶、真叶两种。

花：两性花，每一花序的花数一般为 5~8 朵，多的 20 余朵。

果实：果实形状多种多样，有圆球形、扁圆形、梨形、长圆形等。果实颜色多种多样，有红色、粉红色、橙红色、黄色、绿色、白色等。

种子：肾形，千粒重 3~3.3 克，寿命 4~5 年，生产上多用 1~2 年的新种子。

（2）栽种幼苗。

预先平整好土地，处理土壤，达到"齐、平、松、碎、净、墒"。

学生栽种，按照以下技术要领进行劳动。

确定行距：行距即一行与一行之间的距离。行距为 50 厘米。学生分组用软尺（或 50 厘米长的竹竿）确定行与行之间的距离。

确定株距：株距即番茄苗与苗之间的距离。株距为 30 厘米。

确定深度：栽种幼苗的坑穴深度为 10 厘米。移栽时可适当深栽。

坑穴里撒满草木灰，再浇透水。

把幼苗直立在坑穴里，用土埋严，轻轻压实。

（3）采摘品尝：

掌握方法，正确采摘，品尝果实。

4.注意事项：

挖坑穴时注意安全，不要伤到自己。

5.思维拓展：

想一想，怎样才能又快又好地栽种番茄幼苗。

（四）课程四——我要做网红

1.活动目的：

项目式学习。

（1）认识番茄的衍生产品，认识劳动创造价值、创造财富的道理。

（2）制作微视频，进行网络直播，学生进行职业体验。

2.重点难点：

番茄产品的微视频、直播创意。

3.活动过程：

（1）学生参观制醋车间。

（2）学生划分学习小组，合作进行项目式学习。

拍摄微视频。

写出故事梗概、大纲。

在构思一条微视频的脚本时，应先从商品的本身出发，了解其个体性及销售后的情况，确定好商品定位，同时再运用影视言语的艺术技巧，经过情与理、虚与实、调和与

对比、节拍与旋律，采用线条、影调、颜色与感情等表现技巧描写商品形象，实现宣传和推广的目的。

为不同产品拟定广告语。

拍摄素材：番茄园、番茄、番茄醋、番茄酱、番茄面膜、番茄口红。

剪辑：将素材拖入剪辑区剪辑，上方是画面，下方是音频。剪辑完成后导出，微视频制作完成。

（3）微视频展示。

每一个学习小组拍摄3~10分钟的微视频展示，播放前介绍拍摄理念。

（4）进行田野直播（研究所提供直播平台）。

网络直播推介研究所的番茄等产品，训练自己成为网红。

直播流程大致为：

环境确认：确认设备、网络环境、直播环境的稳定与安静。

平台调试：测试、试音，可以与直播间听众进行小的互动。

直播开始：自我介绍，暖场破冰。

直播过程：说明主题和内容，与听众进行互动，穿插答疑，同时上传PPT图片；直播进行到一半的时候，要请听众点击上方"关注"；在快要结束的时候，告诉大家本期福利内容，提示大家扫码领取。

直播结束：总结内容，引导听众加入社群，关注公众号，下单购买。

（5）直播比赛。

学习小组组成直播团队，明确各人的分工。

人员分为五组，根据销售额评出每组第一名，依次奖励5箱小番茄，其他小组成员奖励一箱作为纪念。

4. 注意事项

（1）注意灯光和像素。

直播的灯光、角度很重要，调试不对容易偏暗或者过度曝光，会降低观众的体验感，所以整体效果一定要做好。在选择直播手机的时候，一定要选择像素好的。

（2）注意开播时的封面。

封面一定要好看，就算颜值不在线，也得尽力放最美的照片。背景选择番茄田，简洁大方，色彩丰富，和谐有意境。

（3）选好封面的标题。

有封面就会有标题，标题和封面同样重要。一定要有吸引人的点，具备一定的话题性,让人看见产生思考,能够吸引观众进入直播间。

(4)提前准备资料。

提前想好番茄田园直播的内容,想好"粉提"的广告词,现场直播时就会有稳定的发挥。

活动流程:

(一)出发仪式

详见表10-1。

表10-1 出发仪式流程表

时间	地点	内容	管理与要求
07:30—07:40	操场主席台	集合	班主任清点人数,对接 班主任向研学小组汇报学生到校情况
07:40—07:45	操场	授旗	校长授旗
07:45—07:50		安全动员	说明安全要求
07:50—08:00		分组登车	辅导员与随班教师在队伍的前列,班主任在队伍后,有序登车

(二)劳动流程

详细流程见表10-2。

表10-2 劳动流程表

时间	地点	课程	课程内容
08:00—09:00	前往劳动基地	知识问答	番茄知识问答,安全教育
09:00—10:00	番茄博物馆	番茄"前世今生"	番茄的起源、种类,劳模故事
10:00—11:30	番茄种植区	番茄现代化栽培	种植方法,现代栽培,营养液配制
11:30—12:30	生态餐厅	用餐	培养勤俭节约习惯
12:30—13:30	制醋车间	番茄衍生品	了解番茄产品
14:00—16:30	番茄大田	我要做网红	拍摄微视频,番茄大田直播带货
16:30—17:30	返程车上	分享劳动收获	展示自己的收获

劳动课程评价:

具体评价项目见表10-3。

表10-3 学生劳动教育自我评价表

一级目标(维度)		二级目标(内容)	评价描述
知识内容	1	番茄知识	掌握 一般 没有
	2	劳动知识	掌握 一般 没有
	3	课外知识	懂了 一般 没有

续表

一级目标（维度）		二级目标（内容）	评价描述
综合能力	4	劳动技能	掌握　一般　没有
	5	合作能力	提高　一般　没有
	6	实践能力	主动参与　被动参与　未参与
思维发展	7	问题发现品质	多次　很少　没有
	8	问题解决途径	自己钻研　合作探究　放置不管
兴趣与审美	9	活动内容审美性	美好　一般　不好
	10	活动体验愉悦性	高兴　一般　不高兴
你对活动课程的建议			

劳动安全：

（一）安全教育

本次劳动实践活动目的地为西安市番茄研究所，为保证活动的正常进行及各位同学的安全，请严格执行以下注意事项。

1.各位同学统一穿校服、佩戴校徽；严格遵守乘车、参观和活动纪律，不得独自行动和自由结伴擅自离队，有事及时向带队老师汇报。

2.活动中不得携带火柴、打火机、刀具等危险物品。

3.未经允许不能乱动劳动基地内任何农作物，以防过敏或造成作物损伤；也不能乱动劳动基地内设施。

4.在技术员指导下正确使用农具，不得随意堆放或挥舞，以防自伤或伤及他人。

（二）学校劳动教育安全管理机构

1.组长（略）

2.副组长（略）

3.成员（略）

4.安保人员安排

①各年级安保人员安排表

②各班安保人员安排表

③安全管理信息一览表（见表10-4、10-5）

表 10-4　班级安全主要负责人一览表

班级	班主任		跟班老师		班级安全员	
	姓名	电话	姓名	电话	姓名	电话

表 10-5　安全小组划分一览表

第 1 小组			第 2 小组			第 3 小组		
组长			组长			组长		
副组长			副组长			副组长		
电话			电话			电话		
第 4 小组			第 5 小组			第 6 小组		
组长			组长			组长		
副组长			副组长			副组长		
电话			电话			电话		
第 7 小组			第 8 小组			第 9 小组		
组长			组长			组长		
副组长			副组长			副组长		
电话			电话			电话		
第 1 小组成员	第 2 小组成员	第 3 小组成员	第 4 小组成员	第 5 小组成员	第 6 小组成员	第 7 小组成员	第 8 小组成员	第 9 小组成员

说明：本表一式三份，上交学校一份，活动时班主任、跟班老师各随身携带一份。

（三）学校劳动教育活动安全预案（略）

（四）劳动基地劳动安全预案（略）

劳动课程资料：

（一）劳动基地介绍（略）

（二）课程相关知识介绍

1.番茄品种与营养价值

番茄即西红柿，是茄科番茄属一年生或多年生草本植物，体高 0.6~2 米，全体生黏质腺毛，有强烈气味，茎易倒伏，叶羽状复叶或羽状深裂，花序总梗长 2~5 厘米，常 3~7 朵花，花萼辐状，花冠辐状，浆果扁球状或近球状，肉质厚而多汁液，种子黄色，花果期夏秋季。

番茄的食用部位为多汁的浆果。它的品种极多，按果的形状可分为圆形的、扁圆形的、长圆形的、尖圆形的；按果皮的颜色分，有大红的、粉红的、橙红的和黄色的。

红色番茄，果色火红，一般呈微扁圆球形，脐小，肉厚，味道沙甜，汁多爽口，风味佳，生食、熟食均可，还可加工成番茄酱、番茄汁；粉红番茄，果粉红色，近圆球形，脐小，果面光滑，味酸甜适度，品质较佳；黄色番茄，果橘黄色，果大，圆球形，果肉厚，肉质又面又沙，生食味淡，宜熟食。

每人每天食用 50~100 克鲜番茄，即可满足人体对几种维生素和矿物质的需要。番茄所含的"番茄素"有抑制细菌的作用；所含的苹果酸、柠檬酸和糖类，有助消化的功能。

番茄含有丰富的营养，又有多种功用，被称为神奇的菜中之果。番茄内的苹果酸和柠檬酸等有机酸，有增加胃液酸度，帮助消化，调整胃肠功能的作用。番茄中含有果酸，能降低胆固醇的含量，对血脂高的人很有益处。

2. 番茄的种植历史

起源中心是美洲的安第斯山地带，在秘鲁、厄瓜多尔、玻利维亚等地，至今还有大量的野生种分布，为茄科一年生草本植物。番茄属分普通番茄和秘鲁番茄两个复合体种群。普通番茄为栽培种，秘鲁番茄为野生种。

早在 15 世纪末，印第安人就开始种植番茄，18 世纪初传入欧洲，18 世纪末人们开始食用番茄。据考证，大约在 2000 年以前我国就有番茄，我国种植的番茄是从欧洲以及东南亚传入的。清朝的《广群芳谱》的果谱附录中就有"番柿"记载："茎似蒿，高四五尺，叶似艾，花似榴，一枝结五实或三四实……草本也，来自西番，故名。"由于番茄有特殊味道，在当时多作观赏栽培，到 20 世纪初，城市郊区开始有栽培食用。我国的栽培番茄，是在 20 世纪 50 年代初迅速发展起来的。目前番茄已成为特大城市蔬菜面积中的主栽品种。西红柿除作蔬菜食用之外，亦作鲜果食用。

第一个记载西红柿的文献见于明赵函的《植品》（1617 年），赵函在书中提到，番茄是西洋传教士在稍早的万历年间，和向日葵一起带到中国来的。

3. 营地种植的主要番茄品种

番茄品种繁多，主要栽培的品种有毛粉 802、渝抗 4 号、渝抗 5 号、秦粉二号、西粉二号、西粉三号、红宝石、超级早丰、早魁、强丰、台湾红、中蔬 4 号等。在品种选择上应注意，作春提早或秋延晚栽培时，应选择早熟品种，正季栽培选择中晚熟品种。

（本章编者：蔡荣尚）

第十一章

营地教育 + 自然教育

自然教育，作为培养人与自然和谐共存的认知和行为体系，在现代社会中扮演着越发重要的角色。这一章将深入探讨营地教育与自然教育的结合，以及如何通过这种创新的教育方式，培养学生的生态素养、环保意识和责任感。

第一节 自然教育

自然孕育了人类，是人类生存发展的家园，人类的身体与心灵思想都与自然有着密切的关系。人与自然从来不是相互分离、相互割裂、互不相关的，而是相互依存、相互促进、相互成全。与自然和谐共存也是人类生存发展所必须遵循的根本法则，人类社会越发展，越是要正确认识和对待自然，处理好人与自然的关系。

一、自然教育的内涵

自然教育是一种基于自然环境和自然体验过程的教育方法，是一种通过与自然互动来促进个体成长和发展的教育形式。它的目标是让学生通过亲身经历、观察和探索来发现自然界的奥秘，并培养他们对自然环境的尊重和保护意识。

自然教育的核心理念是：通过自然体验，与自然互动，培养学生对自然的理解和尊重，并鼓励他们探索和学习自然的规律和奥秘，从而获得深刻的生态学知识、自然科学知识、环境意识、社交技能以及自主学习的能力。自然教育可以为学生提供丰富的机会，让他们接触到真实的世界，从而培养他们的思考能力、创造能力和解决问题的能力。自然教育的方法通常包括户外探索、实地考察、自然观察、环境调查、社区参与

等。这种教育方式强调学生主动参与、独立思考和实践操作，让学生在自然环境中亲身体验和探索，从而激发他们的好奇心和创造力。自然教育还注重学生与自然环境的情感连接，让他们深刻感受自然的美丽和神秘，培养对自然的热爱和关怀。

（一）认识自然教育

如前所述，自然教育是一种基于自然环境和自然体验的教育模式，旨在通过让学生亲身体验自然的奇妙之处来培养他们的兴趣和探究精神。在自然教育中，学生通过各种活动，如探索自然、观察野生动物、参加生态保护等，来认识自然，从而学习自然科学、社会科学、人文科学等多个领域的知识。

在自然教育的过程中，学生将获得更深层次的思考和创造能力，了解和认识自己与自然的关系，懂得如何尊重和保护自然资源，同时还能培养出勇气、决策能力和团队合作精神等。

自然教育的目的是帮助学生建立与自然的关系，培养学生的环境意识和保护意识，促进他们的身心健康发展。自然教育可以为学生提供丰富的机会，让他们接触到真实的世界，从而拓宽他们的视野，培养他们的兴趣爱好和独立思考能力。在自然教育的过程中，学生还能通过参与各种实践活动来锻炼自己的实践能力和创新能力，增强自信心和自尊心。

总之，自然教育是一种具有积极意义的教育模式，它不仅可以帮助学生学习知识，还可以培养他们的素质和能力，帮助他们更好地适应未来的社会发展。因此，我们应该加强对自然教育的推广和实践，让更多的学生从中受益，从而为构建更美好的未来作出贡献。

（二）自然教育的育人目标

自然教育的育人目标是培养学生对自然的认识和理解，以及尊重和保护自然的意识和能力。具体来说，自然教育的育人目标包括以下几点：

培养学生对自然的认知能力。通过实践和探索，学生可以学习到各种自然科学知识，了解自然的规律和奥秘，从而提高自己的科学素养和认知水平。

培养学生尊重自然的意识和能力。通过接触自然，学生可以更好地理解自然和人类之间的关系，从而更好地尊重自然、珍视自然资源，同时也能够更好地意识到环境保护的重要性。

培养学生的探究和创新精神。通过自然教育，学生可以在实践中探究和发现自然的奥秘，同时也能够在实践中创新和发展自己的能力，从而更好地适应未来社会的发展。

培养学生的合作和团队精神。通过自然教育，学生可以在团队合作中学习到相互协作、相互支持的精神，同时也能够更好地发挥自己的特长和能力，从而更好地实现个人和团队的发展。

总之，自然教育的育人目标是培养学生对自然的认知能力和尊重自然的意识和能力，同时也要培养学生的探究和创新精神、合作和团队精神。自然教育实践，可以帮助学生更好地理解和适应自然，更好地实现自身和社会的可持续发展。

（三）生态素养培养要素

生态素养是指个体或群体在环境与生态方面的认识、知识、技能、态度、价值等素质，是现代社会全面发展的必要素质之一。在自然教育中，生态素养的培养是非常重要的一个方面，包括：

环保意识的培养。自然教育的一个重要目标是培养学生和大众的环保意识。环保意识是指一个人对环境保护的认识和态度，是实现可持续发展的前提条件。在自然教育中，可以通过亲身接触自然、观察自然现象等方式，让学生和大众了解到环境保护的重要性，提高对环境的认识和尊重。

知识的传授。在自然教育中，知识的传授是非常重要的一环。通过科学的教学方法，让学生了解自然的规律和特点，同时也让他们掌握一些实践技能和科学知识，如树木的种植和养护、动物的保护等。

实践能力的培养。在自然教育中，实践能力的培养也是非常重要的。通过实践，学生可以更好地了解自然，增强实践能力和创新能力。比如，在营地教育中，可以组织一些团队活动，如架设帐篷、搭建火堆等，让学生在实践中学习技能，同时增强合作精神和自信心。

体验式学习的推广。体验式学习是指通过亲身体验和感受，更好地了解自然和环境。在自然教育中，可以多开展一些实践活动和体验式学习。

社会参与的推进。在自然教育中，社会参与也是非常重要的。学生应该积极参与到环境保护和生态建设中去，通过自己的实际行动，推动社会的可持续发展。

二、自然教育的时代意义

研究认为，人与自然接触越多，日后越可能产生积极的环境行为，并增加参与自然教育的意愿。同时，自然教育可以加深参与者对自然的认知，提高尊重自然、热爱自然的意识，使其愿意将保护自然环境作为自觉行为，以此实现人与自然和谐相处，保障后代拥有更优的生存空间。此外，为应对生态系统退化等问题，我国出台了《建立国家公园体制总体方案》（以下简称《方案》），并在《方案》等相关政策中明确提出

应利用国家公园、森林公园等拥有丰富自然资源的场所开展自然环境教育工作，希望达到人与自然的共生共荣。另一方面，21世纪的城市化进程导致自然景观数量减少，同时，网络和数字化的发展使得知识的获取更加便捷，人们接触自然的机会与兴趣减少，尤其是儿童及青少年。而他们在成长过程中，很有必要与自然进行有效互动，以获得身心的健康成长，并完善人格，激发潜在能力。因此，近年来自然教育不断受到关注。2016年12月，教育部等11部委联合印发《关于推进中小学生研学旅行的意见》，其中，将自然教育视作实现素质教育的重要方式，提高其在整个教育活动中的地位。2020年，全国关注森林活动组委会印发的《全国三亿青少年进森林研学教育活动方案》中，提出继续全面开展青少年进森林研学教育活动，力争到2025年，基本建立"全国三亿青少年进森林"研学教育活动体系，以提高青少年的生态文明意识，促进其全面发展。

自然教育作为一种教育方式和理念，具有非常重要的时代意义。它不仅是当代教育发展的一种趋势，更是实现可持续发展和人与自然和谐相处的关键。

首先，自然教育可以促进可持续发展。当前，全球各地都面临着环境破坏、资源枯竭等问题。而这些问题的背后，往往是人类对自然的盲目开发和滥用。因此，培养人们对自然的认知和尊重，让他们更加了解自然规律和生态系统，有利于保护生态环境，促进可持续发展。

其次，自然教育可以帮助人们建立正确的世界观和人生观。在当今社会，人们的生活节奏日益加快，物质欲望日益膨胀，而忽视了自然和环境的重要性。自然教育的教育方式和理念，可以让人们更好地认识自然，建立起对自然和环境的尊重和敬畏，从而形成一种积极的、健康的生活态度和人生观。

再次，自然教育也是推进教育变革的关键。随着时代的发展和社会的变迁，传统的教育方式和教学模式已经不能满足当今社会的需求。自然教育提倡以学生为中心、以实践为基础的教学模式，强调自主学习和团队合作，可以培养学生的创新思维和实践能力，更好地适应当今社会的发展。

最后，自然教育还有助于促进文化多样性和跨文化交流。自然是全人类共同的资源，而各个国家和民族之间，对自然的认知和理解往往存在差异。通过自然教育，人们可以了解不同文化背景下的自然观念和生态价值，促进文化的多元性和交流。

综上所述，自然教育作为一种教育方式和理念，具有非常重要的时代意义。它不仅可以推进可持续发展，建立正确的世界观和人生观，推进教育变革，促进文化多样性和跨文化交流，更是实现人与自然和谐相处的关键。随着人们对自然和环境认识的提高，自然教育也将在未来的发展中发挥越来越重要的作用。通过自然教育，我们可以培养出更多具有环保意识、创新能力、实践能力和团队合作能力的人才，为推动社会的可持续发展和建设美丽中国作出更大的贡献。

三、自然教育的时代内容

生态文明建设是中国特色社会主义的重要组成部分，是新时代中国特有的发展理念和行动指南。生态文明建设强调人与自然和谐共生，让人们更好地认识到自然与人类的关系，建立起"人与自然和谐共生"的新型关系，这也是自然教育的核心理念之一。

在生态文明建设的背景下，山水林田湖草沙是生命共同体的系统思想成为国家的重要发展方向。这一思想提出了生态环境和经济社会发展之间的辩证关系，以生态文明为导向，以山水林田湖草沙为主要保障对象，构建起了生态环境和经济社会发展的新格局。

"两山理论"是中国生态文明建设的重要理念，强调"绿水青山就是金山银山"，即只有保护好自然环境才能实现可持续发展和经济繁荣。自然教育作为一种教育方式和理念，也与"两山理论"息息相关，具有重要的时代意义。自然教育作为一种新型的教育方式和理念，正是在这一时代背景下应运而生。自然教育强调通过自然环境的学习和体验，让学生深入了解自然规律，认识到自然与人类的关系，从而树立起人与自然和谐共生的观念。自然教育也将帮助我们认识到生态环境和经济社会发展之间的辩证关系，以山水林田湖草沙为主要保障对象，推动生态文明建设，实现经济社会可持续发展。

首先，自然教育要提高对自然环境的重视和保护意识。自然教育强调人与自然的和谐相处，通过亲身体验和实践活动，帮助人们了解自然的规律和价值，增强环保意识，形成生态文明的生活方式和价值观念，从而更好地保护和改善自然环境。

其次，自然教育要体现教育变革和素质教育。现代教育要培养具有创新能力、实践能力、合作能力和生态素养的人才，可通过自然教育促进这一目标的实现。学生亲近自然、感悟自然、探究自然，培养环保意识、科学素养和生态伦理，增强综合素质，从而推动教育变革，实现素质教育的目标。

再次，自然教育要促进文化多样性和跨文化交流。随着经济全球化的加深和文化多样性的日益突显，跨文化交流和融合成为人们关注的重要话题。自然教育不仅可以让学生了解本地的自然环境和文化，更可以通过户外拓展、文化交流等活动，让学生了解不同国家和地区的自然环境和文化，增进对其他文化的理解和尊重，促进文化多样性和跨

文化交流。

最后，自然教育要以山水林田湖草沙为主要学习对象，并以其为重要实践场所。自然教育强调学习者要了解山水林田湖草沙的生态价值、地位、功能，学习它们的生命过程、生态关系、生态功能及其演替变化规律，掌握自然生态系统的基本知识和生态学原理。同时，学习者还需要了解人类活动对生态环境的影响、生态破坏的根源和危害，探索人类与自然之间的和谐共生之道。

在山水林田湖草沙中，学习者可以近距离观察自然生态系统的运作，了解保护生物多样性、管理自然资源、保护环境的意义。通过参与实践活动，学习者可以获得切身的体验，培养感性认识和实践技能，同时也可以增强学习的兴趣和乐趣，激发对自然的热爱和探究的精神。

综上所述，自然教育不仅是推动环境、生态保护和可持续发展的重要途径，也是促进文化保护和传承的有效手段。作为一种新型的教育方式和理念，自然教育将成为未来教育的重要发展方向，为我们的未来提供更加美好的发展前景。自然教育作为一种重要的教育方式和理念，与生态文明、山水林田湖草沙是生命共同体的系统思想以及人与自然和谐共生等思想紧密相关，具有重要的时代意义。它可以促进人类与自然的和谐共生，推动人类实现可持续发展，创造更美好的未来。

第二节　自然教育主题营地模式

一、资源开发

（一）资源分类

在自然教育中，营地模式是一种常见的教育方式，它强调在自然环境中进行教育活动，将自然界的元素融入教育过程中，以便让学生更好地认识和理解自然环境，并培养他们的环保意识和责任感。

1. 山水林田湖草沙

山水林田湖草沙涵盖了自然界中各种不同的元素，从而能够为自然教育提供丰富的资源和内容。

在自然教育主题营地模式中，开发"山水林田湖草沙"的资源非常重要。这涉及如何在营地中规划和利用不同类型的自然资源，以及如何将这些资源与教育活动相结合，为学生提供一个丰富的学习环境。

对于山水资源，可以在营地中规划自然步道、游乐区等，以便让学生亲身感受大自然的美妙之处。通过徒步旅行、划船、游泳等活动，学生可以深入了解山水间的生态环境、地貌地形等，从而提高他们的环保意识和探索精神。

对于林田资源，可以在营地中开辟农田、果园、花坛等活动区，让学生了解农耕文化，体验耕种、收割等过程。同时，通过参观森林公园、野生动植物园等，学生可以更深入地了解植物和动物的生态习性，培养他们的环保意识和保护动植物的责任感。

对于湖草沙资源，可以规划休闲钓鱼、观鸟、野生动物拍摄等活动，让学生亲身感受水域中生物的多样性和自然景观的美丽。此外，通过采集、观察水中生物、草地植被，学生可以进一步了解水生态系统和草原生态系统，从而促进他们的环保意识和保护自然的责任感。

2. 自然风景名胜区

自然风景名胜区是指以自然风光为主要景观，以保护自然生态环境、开发旅游资源为主要任务的旅游景区。它具有得天独厚的自然资源优势，是自然教育主题营地模式资源开发的重要领域之一。

首先，自然风景名胜区可以作为自然教育主题营地的理想场所。自然风景名胜区丰富的自然景观和资源为自然教育提供了优越的教学环境，比如可以通过开展生态探究活动，让学生深入了解不同的自然生态系统，观察生态环境变化和生物多样性等现象，提高他们的生态环境意识和保护意识。

其次，自然风景名胜区也是提高公众生态素养的重要场所。自然教育主题营地可以通过开展多样化的自然教育活动，向公众传递生态文明理念和环保知识，培养公众环保意识，提高公众生态素养。比如可以通过开展自然环境保护志愿活动，让公众了解保护环境的重要性，从而形成一种良好的环保习惯。

再次，自然风景名胜区还可以提供一系列的资源支持，比如游客服务设施、自然科学博物馆等。这些资源不仅可以为自然教育提供场地和设施保障，还可以为自然教育提供丰富的教学资源，让学生在互动、体验、观察中学习环境保护、科学知识等内容。

最后，自然风景名胜区的开发也需要与自然保护相结合。自然风景名胜区的开发要注重生态文明理念的引导和生态保护，不能单纯追求经济效益。只有在自然保护和经济发展的相互促进下，自然风景名胜区才能真正发挥自己的价值。

3. 生态保护区

关于生态保护区内的自然教育营地，资源的开发需要考虑到对自然环境的保护。

首先，自然教育主题营地的资源开发应当考虑到生态保护的原则。资源开发的过程中应当遵循"不破坏、不干扰、不污染"的基本原则。在建设过程中应该避免破坏生态环境，尽可能地保留原有的植被和野生动物栖息地，保护水资源，减少土地开发对生态的影响。

其次，自然教育主题营地的资源开发应该注重环境教育的宣传。在青少年入住前，应该通过各种途径向青少年传达环保理念，引导青少年爱护环境，减少对生态环境的影响。建立可回收利用的垃圾分类系统，开展环境保护的宣传教育活动，培养青少年的环保意识，是自然教育主题营地资源开发中非常重要的环节。

最后，自然教育主题营地的资源开发还需要考虑青少年的需求和安全。在资源开发过程中，应该注重青少年的安全问题，建立健全安全管理制度，保证青少年的人身财产安全。同时，还需要满足青少年的需求，提供完善的旅游服务设施和多样化的旅游活动，满足青少年对自然环境的探索和体验。

总之，自然教育主题营地的资源开发需要注重生态保护原则、环境宣传和青少年的需求和安全，达到保护生态环境和满足青少年需求的平衡。只有这样才能保证自然教育主题营地的可持续发展，为青少年提供更好的自然体验。

4. 野生动物保护基地

野生动物保护基地作为自然教育主题营地的一种资源开发模式，具有独特的优势和特点。在野生动物保护基地中，青少年可以近距离观察和接触野生动物，了解它们的生态习性和保护意义，同时还能够参加各种与野生动物相关的教育活动，加深对自然环境和生态保护的认识和理解。以下将从野生动物保护基地的角度出发，探讨自然教育主题营地野生动物保护基地模式的资源开发。

野生动物保护基地模式的资源开发需要充分考虑三个方面的内容：

第一，保护野生动物和生态环境。保护野生动物和生态环境是野生动物保护基地模式资源开发的首要任务。在野生动物保护基地中，青少年与野生动物的接触需要受到一定的限制，避免对野生动物造成伤害或干扰其正常生活。同时，野生动物保护基地的建设需要充分考虑对周边生态环境的保护，避免破坏生态平衡。

第二，提供有趣、实践性强、富有创意的自然教育活动。这些活动需要紧密结合基地的特色和资源，例如开展野生动物饲养、观察和饲喂等活动，组织野生动物保护主题演讲、讲解、讲座和研讨等活动，设置自然教育主题营地和户外野营地，开设野生动物保护科普展览和游客互动体验等活动。这些活动不仅可以让游客感受到野生动物和生态环境的魅力，更可以激发游客的探索欲和自然保护意识，加深对自然环境和生态保护的认识和理解。

第三，提供具有经济可持续性的旅游服务。野生动物基地模式资源开发需要兼顾经济可持续性和生态保护。为了实现可持续发展，需要开展经济活动来支持基地的运营和维护。例如，可以开展生态旅游和科普教育，提供住宿、餐饮、交通等服务，吸引更多游客前来参观和体验，增加基地的收益。同时，为了避免过度开发和降低旅游业的负面影响，需要建立相应的规划和管理制度，严格限制游客数量和活动范围，保护野生动物和生态环境的稳定和安全。

综上所述，野生动物基地模式的资源开发具有独特的优势和特点，将会为自然教育主题营地的可持续发展和生态保护作出重要的贡献。

5. 世界自然遗产

世界自然遗产是由联合国教科文组织颁布的一种特殊的保护地区。被认定为全球自然遗产的地区必须具有独特的自然景观和生态系统，并且具有全球重要的自然价值和生态功能，同时需要得到有效的保护和管理。这些地区包括自然保护区、野生动物保护区、自然保留区、国家公园和自然景观保护区等。世界自然遗产地区的保护和管理涉及多个层面，其中自然教育是一个重要的方面。

自然教育是通过在自然界中的学习和探索来增加人们对自然环境的理解和关注。世界自然遗产地区的自然景观和生态系统具有独特性和全球性的重要性，能够为自然教育提供独特的教育资源。自然教育主题营地在这里开展活动，不仅可以提供学习自然科学知识的机会，还可以激发青少年对自然环境和生态保护的兴趣和热情，进一步促进人与自然的和谐共处。

基于世界自然遗产地区的特点，自然教育主题营地的资源开发需要注意以下四个方面内容。

第一，联合保护和旅游管理机构开展活动。世界自然遗产地区通常由政府和非政府组织联合保护和管理，自然教育主题营地需要与这些机构密切合作，制定适合地区特点的教育方案和活动，确保活动与保护和管理目标相符合，并避免对地区生态系统和自然环境造成影响。

第二，利用现有的保护和管理措施。世界自然遗产地区通常已经采取了一系列的保护和管理措施，如限制游客数量、设立保护区和警戒线等。自然教育主题营地可以利用这些措施来确保活动的安全性和合法性，并且避免对地区生态系统和自然环境造成

影响。

第三，引入多元化的教育手段和资源。自然教育主题营地需要提供多元化的教育手段和资源，例如讲座、讲解、互动体验、实地探索等，以满足不同年龄青少年的需求。同时，自然教育主题营地在资源开发过程中还应引入多元化的教育手段和资源。其中，数字化技术可以为自然教育提供更广泛、深入的教育机会。例如，通过虚拟现实技术让青少年在营地中感受不同的生态系统，或通过移动应用程序提供有关野生动植物的信息。此外，将现代技术应用于教育活动中可以吸引更多年轻人参与，同时提高自然教育的效果。

除了数字化技术，自然教育主题营地还可以引入其他多元化的教育手段和资源。例如，引入艺术、手工制作等文化元素，让青少年通过亲身参与手工制作、绘画等活动，更好地了解和感受自然。同时，引入社交媒体等新型媒体，可以帮助青少年更广泛地分享和传播自然教育的体验和知识。

第四，需要注意教育资源的质量和可持续性。教育资源的质量包括内容的准确性、完整性和深度，应该由专业人员进行规划和设计。教育资源的可持续性包括资源的更新和更新频率，应该与自然保护的原则相一致。因此，在开发和引入新的教育资源时，需要考虑其对环境和野生动植物的影响，确保教育资源的可持续性和环境友好性。

6. 世界文化遗产

世界文化遗产是指在文化、艺术、历史和社会等方面具有特殊意义和价值的文化遗产。这些遗产是人类文明发展的重要历史见证，代表了人类智慧、创造力和多样性。世界文化遗产的保护与传承不仅是一个文化遗产的问题，而且是一个人类文明的问题。因此，世界文化遗产被广泛认为非常适合作为自然教育营地的资源。

首先，世界文化遗产能够为自然教育提供丰富的历史、文化和社会背景。世界文化遗产作为人类文明的重要遗产，其背后有着丰富多彩的历史和文化故事，这些故事可以为自然教育提供更多的背景和情境。例如，在教授自然生态系统时，可以通过讲解当地文化的发展和演变，让游客更好地理解自然生态系统的演变和对人类文明的影响。这样的教育方式不仅可以更好地吸引游客，同时也可以增加他们对自然的兴趣和热爱。

其次，世界文化遗产可以提供多样的自然教育资源。文化遗产往往和自然景观相互关联，例如自然公园、自然保护区、历史遗迹等，这些资源可以被充分利用来进行自然教育。例如，在世界文化遗产的历史古迹中，可以进行文化遗产和自然生态系统的关联性探究；在自然公园中，可以进行野外探险、生态监测、生态保护等自然教育活动。这些活动不仅能够让青少年更深入地了解自然，也能够让他们更好地认识文化遗产，并将自然教育与文化遗产保护紧密结合。

最后，世界文化遗产还可以为自然教育提供独特的教学机会。文化遗产往往是一个社区、一个城市、一个地区乃至一个国家的象征，它们代表了一个地方的独特文化和历史。因此，教育机构可以利用这些资源，在本地社区和文化遗产保护组织的支持下，进行自然教育的实践活动，包括采样、监测、调查、研究等，探索文化与自然之间的联系，促进学生对于文化遗产和自然资源的理解和保护意识。例如，可以组织参观文化遗产景点、参与文化传统手工艺制作等活动，通过亲身体验和实践加深青少年对文化遗产的理解和认知。同时，也可以将自然保护和文化保护结合起来，探索文化遗产与自然环境的协调发展，如对于文化景观的保护和修复，以及对于环境污染和生态破坏的预防和治理。

此外，世界文化遗产还可以作为教育资源的载体，包括文化遗产的历史和文化背景、文化遗产的设计和建造技艺、文化遗产的故事和传说等。通过对这些教育资源的利用，青少年可以深入了解文化遗产的内涵和价值，以及人类在历史进程中的智慧和创造力。这种教育模式不仅能够提高学生的文化素养和创造力，也能够培养青少年的文化认同和自然保护意识，为人类的可持续发展作出贡献。

总之，世界文化遗产作为自然教育主题营地的资源，既具有独特的历史和文化价值，也蕴含着丰富的自然资源和教育资源。利用这些资源，可以通过多种形式的自然教育活动和教学资源，增强青少年的自然保护意识和文化素养，培养青少年的创造力和创新思维，为实现人类的可持续发展作出贡献。

7. 自然馆

自然馆是一个专门展示自然、地理、生态、环境等方面知识的场所，通常设在自然保护区、公园、博物馆等场所，它通过图文、模型、多媒体等方式展示有关自然的信息，让人们通过观看、互动等方式了解和认识自然，以提高公众对自然环境的认知和保护意识。因此，自然馆非常适合作为自然教育主题营地，为青少年提供学习自然知识和体验自然的机会。

在自然教育主题营地的资源开发方面，自然馆可以提供丰富的资源和手段。首先，自然馆可以提供相关展品和设施，如自然标本、地球仪、展板、模型等，通过这些展品和设施，青少年可以更好地了解自然环境和生物多样性等相关知识。同时，自然馆还可以通过视频、影像等方式展示自然环境和生态保护的内容，通过多媒体技术，让青少年更加形象地了解和认识自然环境。

其次，自然馆可以通过开展一系列的自然教育活动来提高青少年的环保意识和保护能力，如举办自然科普讲座、主题展览、环保宣传活动、科学实验等。这些活动可以让参与者更深入地了解自然环境和生物多样性，从而提高他们的环保意识和保护能力。

最后，自然馆还可以结合当地的自然环境和文化背景，开展有特色的自然教育活动。例如，在自然馆周边的自然保护区或景区内组织自然探索、野外考察、生态游等活动，让参与者深入了解当地的自然环境和文化背景，以利于提高他们的环保意识。

总之，自然馆作为一个专门展示自然、地理、生态、环境等方面知识的场所，通过展示和活动等多种方式，为自然教育主题营地提供了丰富的资源和手段。在自然教育主题营地的资源开发中，自然馆可以发挥重要作用，为青少年提供更好的学习和体验自然的机会。

（二）资源挖掘

1. 山水林田湖草沙

山水林田湖草沙是自然生态系统的基本组成部分，它们相互联系、相互依存，构成了地球上丰富多样的生态系统。作为自然教育主题营地，山水林田湖草沙模式具有独特的资源优势和教育价值。

第一，山水林田湖草沙是自然的载体，它们展现了地球上最基本、最真实的自然景观。在这样的环境中，人们可以亲身体验自然的美妙与神奇，感受大自然的力量和温暖。同时，山水林田湖草沙也是自然生态系统的重要组成部分，通过对其进行学习和了解，人们可以更深入地认识和理解生态系统的运作机制，提高自然保护意识和环保素养。

第二，山水林田湖草沙具有多样性和独特性。不同的地域、不同的季节、不同的气候条件下，山水林田湖草沙的组成和特征都有所不同。因此，通过探索不同的山水林田湖草沙，人们可以感受到丰富多彩的自然景观和文化气息，增加对地域差异的认识和理解。

第三，山水林田湖草沙模式的自然教育主题营地也具有多元化的教育资源。例如，山区和林区的自然教育主题营地可以注重探索山地、森林生态系统的特点和地质背景，引导青少年感受自然之美；而水系和湖泊则可以提供丰富的水生生态资源，了解水生动植物的习性和保护知识；农田和草地可以进行田野调查和观察，学习耕作和种植技术，了解生态农业和环保农业的理念和实践。

第四，山水林田湖草沙模式的自然教育主题营地还可以通过多种教育手段和互动方式，加深青少年对自然生态系统和生态保护的认识和理解。例如，组织探险、远足和徒步活动，让青少年亲身体验和了解自然环境；举办环保教育、生态讲座和互动体验活动，培养青少年环保意识和生态保护意识，引导他们学习和掌握生态保护知识；提供互动展览和多媒体演示，让青少年了解自然生态系统的运作和演化过程；开展手工制作和文化体验活动，让青少年感受和传承当地的传统文化，以及其与自然生态系统的融合关系。

第五，为了提高青少年的参与度和体验感，山水林田湖草沙模式的自然教育主题营地可以结合现代科技手段，如虚拟现实、增强现实、3D打印等，创新教育方式，打造互动体验馆和科技展示中心，提供更加丰富多彩的自然教育活动，让游客身临其境，亲身感受自然生态系统的奥妙和神奇。

2. 自然风景名胜区

自然风景名胜区是自然风景和人文景观融合的地方，其丰富的自然资源和独特的人文遗产可以成为自然教育主题营地的宝贵资源。在这些区域内，自然教育主题营地可以通过多种方式和手段，开展各种自然教育活动，深度挖掘和利用其资源。

首先，自然风景名胜区可以作为生态系统的典型代表，用于开展自然环境教育。在这里，可以开设专门的讲座和课程，介绍区域内的生态系统和生物多样性，引导青少年认识和理解自然环境的重要性，培养保护生态环境的意识和行动。

其次，自然风景名胜区还可以作为文化遗产的代表，进行人文教育。这些区域内保存了丰富的人文历史和文化遗产，包括历史古迹、传统建筑、民俗文化等。通过游览这些景点，参加文化活动和体验，青少年可以深入了解本地区的历史、文化和传统，增强对传统文化的尊重和理解。

除此之外，自然风景名胜区还可以作为开展探索、研究和实践活动的基地。青少年可以参加探险、考察、研究等活动，深入了解本地生态系统的特点和发展趋势，探索和发现自然界的奥秘，增强自然科学知识和技能。

3. 生态保护区

生态保护区是指为了保护特定生态系统和生物多样性而划定的一定区域，其中包含了众多珍稀濒危物种和生态环境。生态保护区作为一种自然保护区域，具有许多自然教育的潜力。自然教育主题营地可以通过在生态保护区内组织实地考察、生态体验和探险活动，提供关于自然保护、环境保护和可持续发展的教育内容，促进青少年对自然生态系统和生物多样性的认识和理解，同时也可以帮助青少年意识到保护生态环境的重要性。

首先，生态保护区是自然教育的理想场所，因为它包含了丰富的自然资源和生态系统。在生态保护区内，青少年可以亲身体验和了解到各种不同类型的生态系统和生物群落，包括森林、湿地、草原、沙漠等。通过这些实地体验，青少年可以更加深入地了解不同的生态系统及其生态特征，加深对生态环境的认识和理解。

其次，生态保护区也为自然教育提供了一个独特的机会，即通过接触和探索生态保护区内的珍稀濒危物种和生态环境，来促进青少年的保护意识和环保理念。在生态保护区内，青少年可以参加生态调查和监测活动，掌握科学研究的方法和技巧，学习如何收集、记录和分析生态数据，同时还能够学习到如何保护珍稀濒危物种和生态环境，以及如何建立生态系统的平衡和维护稳定。

最后，生态保护区还可以提供各种多样化的自然教育活动。这些活动可以包括生态讲座、生态展览、生态实验等，以及其他基于自然保护、环境保护和可持续发展的教育项目。通过这些活动，游客可以了解到生态保护的必要性，掌握自然保护的基本知识和技能，增强对生态环境的保护意识和责任感。

4. 野生动物保护基地

野生动物保护基地作为野生动物栖息地，可以为青少年提供近距离观察和接触野生动物的机会，从而增加青少年对野生动物的了解和保护意识。教育机构可以结合野生动物保护基地的特点，开展各种野生动物保护和研究的实践活动，如开展野外考察、动物标本制作和展示、野生动物摄影等活动，以增加青少年对野生动物生态系统和生态保护的认识和理解。

野生动物保护基地可以作为生态教育基地，开展生态教育课程和活动，包括生态知识、生态技能、环境保护和可持续发展等方面的课程和活动。例如，野生动物保护基地可以通过组织讲座、培训和工作坊等活动，向青少年介绍野生动物生态系统和生态保护知识，并引导他们进行实践活动，如进行生态监测和调查等。

野生动物保护基地还可以作为生态旅游的重要组成部分，为青少年提供野生动物保护和生态旅游体验。例如，组织野生动物观赏、野外拓展和探险等活动，为青少年提供多样化的野生动物保护和生态旅游体验。同时，教育机构也可以利用野生动物保护基地的优势，开展生态旅游的实践活动，如组织生态旅游的线路规划、导游培训和实践活动等。

野生动物保护基地还可以作为环保教育的重要平台，开展各种环保教育活动，例如组织环保志愿者和生态义工活动，推动青少年和当地社区居民参与环保和生态保护活动。同时，野生动物保护基地可以向青少年提供环境保护和生态保护方面的培训和指导，提高他们的环保和生态保护意识。

总之，野生动物保护基地作为自然教育主题营地的模式，不仅可以提供参观和观察野生动物的机会，还可以通过多种教育手段和互动方式，让青少年更加深入地了解野生动物和生态保护的知识和技能。

例如，基地可以设置专业的导览员和讲解员，为青少年提供更加深入和系统的野生动物和生态保护知识；组织特色互动体验活动，让青少年亲身参与到动物保护、研究和监测等工作中，提高他们对野生动物和自然保护的认识和责任感；组织义工服务和实习活动，让有志于从事野生动物保护事业的青少年积累实践经验，提高动物保护意识和能力。

此外，基地还可以借助先进的科技手段，如虚拟现实和人工智能技术，提供更加生动、丰富和多样化的自然教育体验。同时，基地也可以发挥社区和地方政府的协同作用，联合当地的学校、科研机构、非政府组织等共同开展自然教育活动，建立起完整的自然教育网络和体系。

通过这些措施，野生动物保护基地可以成为一个充满教育和实践意义的自然教育主题营地，为青少年提供更加深入、系统和丰富的自然教育体验，促进他们关注野生动物和自然保护，提高环境保护意识和责任感。

5. 世界自然遗产

世界自然遗产作为全球独特的自然景观或具有历史、文化价值的地点，其自然生态、文化遗产的保护与传承已经成为全球性的重要议题。如何将世界自然遗产转化为自然教育主题营地，发挥其教育和传播价值，让更多人认识和保护自然，是一项重要的工作。

世界自然遗产地以其独特的自然景观、野生动物种类、地质构造、气候特点等吸引着众多青少年前来观赏、体验，也为自然教育提供了得天独厚的条件。例如，一些地质遗产地能够利用地质构造展开地质科普活动，深入讲解地球演化的历程和地球科学的基本知识；一些生态遗产地能够通过野外考察、生物标本展示、生态讲座等形式，带领青少年深入了解当地的生态环境、生物多样性保护等重要议题。

世界自然遗产地拥有先进的科技设施和科学研究机构，这些资源可以被用来展示和解释当地的自然现象和生态系统。例如，一些自然遗产地的科学研究中心或自然博物馆，可以通过展品、实物、多媒体等形式，向青少年介绍生物分类、动植物特征、生态保护等方面的知识，增强青少年对自然的认识和保护意识。此外，科技资源还可以用于增强青少年的参与感和互动性。比如，一些遗产地会利用虚拟现实技术、交互式展示和

数字化解说等手段，让青少年更好地了解当地的生态环境和自然现象，并提供互动体验，如模拟野外探险、生物观察等活动。这种方式可以更好地激发青少年的兴趣和好奇心，加深他们对自然的理解和关注。

总之，世界自然遗产地拥有丰富的自然资源和科技资源，这些资源可以被用来开展自然主题教育。通过充分挖掘和利用这些资源，可以为青少年提供更加深入、全面、生动的自然教育和参观体验，加强他们对自然生态系统的认识和保护意识，推动生态文明建设的进程。

6. 世界文化遗产

世界文化遗产所在地拥有悠久的历史文化和丰富的文化遗产，这些遗产不仅是历史的见证，更是一个个珍贵的文化宝库。通过游览这些历史文化遗产，青少年可以了解相关文化背景、历史人物、当地生活习俗等多方面的知识。这些知识不仅可以拓展青少年的历史文化视野，更可以让他们对当地的自然环境有更深入的认识和理解。

利用文化艺术活动。世界文化遗产所在地通常有着独特的文化艺术风格，如建筑风格、传统手工艺等。利用这些文化艺术活动可以吸引青少年的注意力，让青少年在参观文化遗产的同时，了解到当地的文化艺术，从而增强他们的文化艺术鉴赏能力。

利用当地特色食品。世界文化遗产所在地通常有着独特的地方特色食品，如川菜、鲁菜等。利用这些特色食品提供特色的美食体验，可以让青少年了解当地的饮食文化，从而增强他们的文化认知和对当地自然环境的认识和理解。

7. 自然馆

自然馆是一种专门用于展示和介绍自然科学知识的场所，通常由专业的科学工作者和展览设计师设计和管理。作为自然教育主题营地，自然馆具有丰富的资源和优势，可以为青少年提供多种形式的自然教育体验和学习机会。

展示自然科学知识。自然馆的展览通常涵盖了自然界的各个方面，包括生物、地质、气象、环境等多个学科领域，展品形式也多种多样，如标本、实物、模型、多媒体展示等。青少年可以通过参观自然馆了解自然科学知识和现象，深入认识自然世界的奥秘和美妙。

提供交互式体验。除了静态的展品，自然馆还可以通过各种互动形式，提供更加丰富和生动的学习体验。例如，设置生态模拟环境，让青少年感受自然环境的变化和生态平衡的重要性；或者通过VR技术和沉浸式体验，让青少年身临其境地感受自然景观和野生动物的生活。

开展自然科学活动。自然馆通常也会开展各种自然科学活动，如讲座、科普展示、实验室体验等,为青少年提供更加深入和系统的自然科学知识学习机会。同时,也可以开展一些自然保护、环保等主题的活动,提高青少年的环保意识和生态保护责任感。

拓展文化艺术视野。在自然馆内,除了自然科学方面的展览和活动,还可以融入一些文化艺术元素,如自然题材的艺术作品、自然主题的音乐演奏等,通过多元化的文化体验,让青少年更加全面地了解和认识自然世界的魅力和多样性。

发掘当地自然资源。自然馆所在地通常拥有丰富的自然资源和文化历史背景,可以通过挖掘这些资源,为青少年提供更加多元化的自然教育体验和学习机会。例如,结合当地的自然风景和历史文化,开展探险、寻宝、摄影等主题活动,让青少年更加深入地了解当地的自然环境和文化特色。例如,开展一些生态旅游和户外运动活动,如徒步旅行、自行车骑行、滑雪、漂流等,让青少年更加身临其境地感受大自然的魅力和神秘。此外,自然馆还可以与当地的农业机构或企业合作,开展农业体验和农耕文化活动,让青少年体验农民的生活和工作,感受大自然赐予人类的恩惠,加深对生态环境的认识和保护意识。还可以利用当地自然资源,开展一些手工艺品制作和文化传承活动,如制作陶器、编织工艺、绘画等,让青少年感受到自然与文化相融合的美好。

另外,自然馆还可以发掘当地的生态资源,开展生态农业、生态畜牧等生态产业活动,推广可持续发展的理念,促进当地经济和生态的协调发展。此外,自然馆还可以与当地的社区和学校合作,开展生态课堂和科学实验活动,让孩子们在游戏和趣味中学习自然科学知识和环境保护知识。这些活动可以帮助孩子们增强环境保护意识和生态文明素养,使他们从小就热爱自然,懂得珍惜自然资源,成为未来的生态环境保护者。

总之,自然馆作为自然教育主题营地资源,可以通过发掘当地自然资源和文化历史背景,开展多样化的自然教育和文化体验活动。

(三)资源建构

自然教育主题营地是一个集自然探索、科学实践、文化体验于一体的综合性教育场所,其目的是通过对自然和文化的深入了解,提高青少年对生态环境和文化遗产的保护意识和能力。在进行自然教育主题营地模式的资源建构时,需要考虑文化内涵、硬件设备、营地选址、营地规划等。

1. 文化内涵

文化内涵是自然教育主题营地建构的基础,要充分挖掘营地所在地的文化历史、传

统习俗和民俗风情。例如，如果自然教育主题营地所在地是一个古镇或历史遗迹地，可以在营地内设立相应的展馆或文化体验区，让青少年通过观赏文物、听取历史讲解、参与传统手工艺制作等方式，深入了解当地的文化底蕴和历史传承。

2. 硬件设备

硬件设备是自然教育主题营地的重要组成部分，它包括基础设施、交通工具、活动器材等方面。例如，营地需要有完备的住宿设施和餐饮设施，可以为青少年提供舒适的住宿和美味的餐饮；同时还需要配备专业的交通工具和活动器材，确保青少年在进行户外活动时的安全性和体验感。

3. 营地选址

营地选址是自然教育主题营地建构中非常重要的一步，选址要考虑多方面因素，例如自然环境、地理位置、文化背景等。在选址时，需要选择自然资源丰富、生态环境优美的地区，以便更好地展示自然景观和生态保护知识；同时还需要考虑营地所在地的交通便利程度、容纳能力等因素，以便更好地满足需求。

4. 营地规划

营地规划是自然教育主题营地建构的重要环节，它需要考虑到营地的整体布局、空间分配和环境设置等方面。在规划营地时，需要将营地划分为不同的区域，例如住宿区、餐饮区、活动区、休闲区等，使得每个区域的功能清晰、明确，相互之间协调有序。以下是几个需要注意的方面。

安全规划。在规划营地时，安全问题是需要优先考虑的。为了保证青少年的安全，需要在营地内设置消防设备、紧急救援设施、警示标识等，同时要规划出合理的逃生路线和应急预案。

环保规划。作为自然教育主题营地，环保是必须考虑的因素。在营地规划中，需要将环保理念贯彻到每一个细节中，例如采用绿色环保材料、减少不必要的用水用电等，保护自然环境。

设施规划。为了让青少年能够更加舒适地参与自然教育活动，营地规划中需要设置适当的设施。例如住宿区需要有足够的床位、洗手间和淋浴设施；餐饮区需要有厨房和用餐区域；活动区需要有多功能厅和户外活动场地等。

整体布局规划。自然教育主题营地的整体布局需要考虑营地的自然环境和人文景观，以及青少年参与活动的需求。可以借鉴传统园林设计的思路，将营地规划成有机的、自然的整体，让青少年在自然环境中感受到更多的文化内涵和历史底蕴。

营地活动规划。自然教育主题营地的活动规划是整个营地建构中最重要的一环。需要根据营地的特色和青少年的需求，设计各种精彩纷呈的自然教育活动。例如，在山水林田湖草沙等自然环境中，可以组织野外探险、生态考察、星空观测等活动；在文化遗产保护区，可以组织历史考察、文化体验、手工制作等活动，让青少年充分了解当地的文化底蕴和自然环境。

总之，营地规划是自然教育主题营地建构的重要环节之一，需要综合考虑安全、环保、设施、整体布局和活动规划等方面，为青少年提供一个舒适、安全、有趣的自然教育主题营地。

二、实施模式

自然教育主题营地实施模式包括师资建设和课程实施模式两个方面，其中师资建设是自然教育主题营地的重要组成部分。在师资建设方面，需要根据自然教育主题营地的特点和需求，招募具备相关专业背景和教育经验的教师和辅导员，以确保营地课程的质量和有效性。

（一）师资建设

1. 教师招募

自然教育主题营地的教师招募需要根据营地特点和需求，选择具备相关专业背景和丰富教学经验的教师。招募过程中需要注意以下几点。

专业背景。自然教育主题营地教师需要具备相关的自然科学、生态学、地理学等专业背景，以便更好地理解和传达营地课程内容。

教学经验。自然教育主题营地教师需要具备一定的教学经验，尤其是针对儿童和青少年的教学经验，以便更好地引导和激发学生的学习兴趣和热情。

团队合作能力。自然教育主题营地的教师需要具备一定的团队合作能力，能够与其他教师、辅导员和工作人员紧密配合，共同完成营地的各项工作。

2. 辅导员招募

自然教育主题营地的辅导员招募同样需要根据营地特点和需求，选择具备相关背景和经验的人员。辅导员的主要工作是协助教师完成各项工作，并照顾学生的日常生活和安全。辅导员需要具备以下方面的能力。

心理承受能力。自然教育主题营地的辅导员需要具备一定的心理承受能力，能够合理应对紧急情况和突发事件。

日常管理能力。自然教育主题营地的辅导员需要具备一定的日常管理能力，能够照顾学生的日常生活，保证营地的秩序和安全。

团队合作能力。自然教育主题营地的辅导员需要具备一定的团队合作能力，能够与教师和其他辅导员紧密配合，相互支持、协作，共同完成营地活动和课程。团队合作能力包括领导能力、沟通协调能力、组织能力和团队精神等方面。辅导员需要具备团队领导能力，能够带领团队完成工作，并做好团队管理和协调工作；同时需要具备良好的沟通协调能力，能够与不同背景、不同文化的人进行有效沟通和协调，化解矛盾，达成共识。此外，辅导员需要具备组织能力，能够安排好每个人的工作和时间，保证活动的顺利进行。最重要的是，辅导员需要具备团队精神，能够尊重他人、信任他人，协作完成工作，共同成长和进步。

专业素养。自然教育主题营地的辅导员需要具备相关的专业素养，包括自然科学知识、教育心理学、营地管理等方面的知识和技能。他们需要熟悉自然教育的理论和实践，了解儿童和青少年的心理发展特点和需求，能够根据不同年龄段的学生设计相应的活动和课程。

（二）课程实施模式

自然教育主题营地的课程实施模式包括固定课程和活动课程两种模式。

1. 固定课程模式

自然教育主题营地的固定课程模式指的是固定的课程体系和课程内容，通常包括自然科学、生态环境保护、生存技能、团队合作等方面的知识和技能。这种模式可以为青少年提供一定的基础知识和技能，帮助他们了解自然环境和生态保护的重要性，同时也可以帮助他们培养团队合作和领导能力。固定课程模式通常适用于长期营地，如夏令营、寒假营等。

2. 活动课程模式

自然教育主题营地的活动课程模式指的是根据青少年的需求和特点，设计不同的活动课程，包括探索自然、认识野生动物、观察植物、登山徒步、露营野炊、水上活动等。这种模式可以根据青少年的兴趣和需求，设计多样化的课程，以增强他们的参与感和学习兴趣，同时也可以根据不同的天气和季节进行灵活调整。活动课程模式通常适用于短期营地，如周末营、假日营等。

在实施课程时，需要考虑到青少年的年龄、性别、学科背景和兴趣等方面，为不同年龄段学生群体设计不同的课程和活动。同时，还需要考虑到课程难易度和安全问题，保证参与者的学习效果和人身安全。

除了固定课程和活动课程，自然教育主题营地还可以采用互动式课程模式，通过游戏、角色扮演等方式增加青少年的参与感和体验感，促进他们的学习和交流。这种模式可以提高青少年的学习积极性和学习效果，同时也可以增加他们之间的互动和交流，提高团队凝聚力和合作精神。

总之，自然教育主题营地的课程实施模式需要根据青少年的需求和特点，设计多样化、具有挑战性和互动性的课程和活动，要既能够满足青少年的学习需求，又能够增加他们的参与度和体验感，促进他们的学习和交流。同时，在实施课程时，还需要考虑到安全问题，确保安全和健康。

第三节 自然教育主题营地案例

一、北京市自然教育体系建设与实践

北京市自然教育的发展规划坚持生态保护优先的原则，立足全局，以全民共享绿色福祉为目标，以公益化与产业化并举为特色，因地制宜做好自然教育发展的顶层设计。2020—2021 年，北京市编制了《北京市自然教育发展规划》。该规划说明了北京自然教育发展背景、现状和存在的问题，指出当前自然教育发展正处于从部门分治、政府主导到跨部门合作引导、行业自主创新的过渡阶段，产业化发展将是未来北京市自然教育发展的必然趋势。规划具体包括以下两个方面内容。

一是自然教育空间布局规划。自然教育空间布局规划致力于实现北京自然教育标准化和体系化建设，打造 10 分钟绿色生活方式社区公园圈、半小时城市森林户外休闲圈、1 小时自然教育近郊游憩圈、2 小时环首都森林生态保护与森林游憩圈的战略布局，探索自然教育北京模式。

二是自然教育重点工程规划。北京市提出"强化三大工作、建设七大工程"项目实施计划。"三大工作"是建立"政府主导、部门联动、全民参与"的工作机制，建立"智能化"的公共服务机制，建立"一个品牌＋多种渠道"的市场营销管理机制；"七大工程"是自然教育体验馆工程、京郊森林健康步道工程、科普解说牌示系统工程、"城里城外"自然课堂工程、"自然＋"创意文化产业孵化工程、"绿色人才"培养与管理工程以及十万青少年进森林工程。

北京市针对自然教育基地建设和科普服务两个方面，出台了 3 部地方标准和 2 部团体标准，初步形成自然教育发展的标准体系，见表 11-1 所示。

表 11-1 北京市自然教育标准体系

	基地建设类	科普服务类
地方标准	《森林文化基地建设导则》(DB11/T 1304—2015)。该标准规定森林文化基地建设原则、地址选择要求、资源调查、主要功能类型与要求、森林功能调整、设施与道路建设，以及运营与管理等内容。该导则提出"保护优先、文化主导、低碳节能、互动体验"的建设原则；从权属、运营、交通、面积、森林资源等方面提出选址要求；同时明确森林文化基地科普教育、健身疗养、休闲娱乐、景观欣赏、历史人文等功能，并结合功能分类，提出对森林文化基地进行森林调整 《森林体验教育基地评定导则》(DB11/T 1660—2019)。该标准规定森林体验教育基地评定内容和评定程序等技术要求，明确申报主体、基地权属、管理保障、资源环境、设施、人员、课程七大类评定内容，提出申报、审查、评定程序	《园林绿化科普标识设置规范》(DB11/T 1615—2019)。该标准规定了园林绿化科普标识设置的原则、分类、设计与选址、施工与管理等技术要求。对北京市域内自然保护区、森林公园、湿地公园、风景名胜区、地质公园、公园绿地、苗圃等进行园林绿化科普标识的设置与管理提供了规范
团体标准	《森林类自然教育基地建设导则》(T/CSF 010—2019)。该导则主要从基地主体、管理保障、资源环境、设施建设、人员配置以及课程设置等方面，对自然教育基地进行规范，为自然教育从业者进入行业提供了基地建设准则，也在很大程度上保证自然教育基地的整体建设质量	《自然教育标识设置规范》(T/CSF 011—2019)。该标准规定了自然教育科普标识设置的原则、分类、设计与选址、施工与管理等技术要求。对全国范围内国家公园、自然保护区、自然公园、城市绿地、林场、苗圃等进行自然教育科普标识的设置与管理提供了规范

（一）自然教育基地

北京自然教育基地建设主要包括森林文化示范区和北京园林绿化科普基地两个类型。这些各具特色的自然教育基地为北京市发展自然教育产业提供了合适的场域，也为自然教育课程的设计提供了更多的可能。

1. 森林文化示范区

通过深入挖掘各森林公园、林场资源特色，发挥森林多重功能，北京市先后重点打造了八达岭森林体验中心、西山国家森林公园、百望山森林公园、长峪沟自然教育示范基地等森林文化示范区（见表 11-2），为北京自然教育加入更多富有特色的森林文化元素。

表 11-2 北京森林文化示范区

示范区	主要特色
八达岭森林体验中心	多功能森林体验自然教育场馆和多主题的自然教育户外体验线路，面向各类人群设置自然教育课程，注重体验式的自然教育，坚持"互动体验为主、娱乐科普兼顾"的发展模式
西山国家森林公园	以森林文化体验活动中心、自然观察区、游乐体验区、健康休闲区组成的"一心三区"式自然教育发展格局，面向全体市民打造的空间布局较大、森林文化浓厚的集自然教育、休闲游憩、健康养生为一体的森林文化示范区
百望山森林公园	深入挖掘百望山森林资源和历史文化资源，面向学生群体开展自然教育课程和森林体验活动，将生态科普教育和红色文化教育充分融合，配备有自然教育解说牌、互动展示牌、野餐桌椅、活动平台等一系列完整的自然教育配套设施

续表

示范区	主要特色
长峪沟自然教育示范基地	围绕京郊富有特色的森林环境和多样化生态物种基础建设的首都近郊森林文化自然教育示范区,是集森林疗养、体验教育、野外露营、休闲娱乐为一体的综合性自然教育示范基地

2. 园林绿化科普基地

从 2017 年起,北京市启动了园林绿化科普基地认证工作,通过自由申报、现场查验、专家评审、网上公示等几个阶段,对符合要求的林场、苗圃、花圃、森林公园、城市公园等授予"北京园林绿化科普基地"称号。截至 2021 年,北京市共建成 50 家园林绿化科普基地。据不完全统计,这些基地每年累计组织线上线下自然教育科普活动 500 余场次,累计辐射受众群体逾 10 万人次。北京园林绿化科普基地已发展成为北京园林绿化科普工作的宣传阵地、实践阵地。

(二)自然教育活动

自 2010 年起,北京市依托现有森林生态资源,将生态文明教育活动和森林文化系列宣传活动深度融合,探索出北京市"森林与人"品牌系列活动,呈现出森林与艺术、手工、科技和健康等多元素融合的特点。经过多年的实践,系列活动已取得显著的社会效果。

1. 零碳森林音乐会

2010 年,北京市启动零碳森林音乐季活动。截至 2020 年,零碳森林音乐会已连续开展 11 届,累计举办 260 场次演出及自然教育宣传活动。经过多年的赓续发展,零碳森林音乐会不断推陈出新,在创新和变革中为北京市民献上了一场场森林与音乐的盛宴,逐渐成为北京市自然教育品牌活动(图 11-1)。

图 11-1　森林音乐会(邵丹摄影)

2. "悦"读森林

"悦"读森林是面向社会公众的体验式自然教育活动。截至 2021 年，"悦"读森林活动累计举办 352 场，紧密结合自然，在活动内容和形式上不断寻求创新和突破。活动分为森林阅读、森林手工、森林课堂三部分。森林阅读开创阅读新模式，阅读不再拘泥于课堂，而是将知识学习与森林体验相融合；森林手工充分利用自然枯落物、森林经营产生的废弃物等，将自然物创作成艺术品；森林课堂则以植物、动物、昆虫等为主题，在森林中通过讲解、识别等方式，带领青少年深入了解自然、感受自然。

3. 森林大篷车

森林大篷车活动在 2014—2021 年累计开展了 418 场，获得第六届梁希科普奖、北京市第三届社会公益服务品牌活动称号等。经过改造的"大篷车"作为森林在城市的代言人，穿梭于众多市内公园之间，通过知识讲解、自然游戏等形式，向公众传播森林文化理念。

4. "森林与人"长走活动

"森林与人"长走活动自 2011 年开始，已连续举办 11 届，参与者可以在健步长走过程中，了解更多关于森林的知识。活动唤起人民群众走进森林、融入自然的热情，宣传生态文明、绿色发展理念，号召全社会一起行动，让每一个公民、每一个家庭都成为自然教育的宣传者、实践者、推动者。

5. 青少年研学科考活动

2019 年，北京市结合"三个文化带"资源，设计了 3 条研学路线，编制了《北京文化带研究性学习活动指导手册》，打造富有北京特色的青少年研学科考项目。同时，在松山自然保护区进行了青少年研学科考实践，通过对北京冬奥场馆周边生物多样性进行科学调查，提升青少年的科学素养。

图 11-2　森林文化示范区——西山自然观察径（邵丹摄影）

二、西安市西电中学校园自然教育景观

近年来，学校逐步重视自然教育，不少学校开设相关课程和课外活动，并组织学生在植物园、自然风景区中开展自然教育研学活动，但存在路程远、频率低、花费大等问题。而校园景观是学生接触时间最长的户外环境，是引导青少年认知自然的重要媒介，但目前大部分中学校园仍是单一的操场、硬质铺装、简单的器械和种植绿地，缺少能让学生真正参与互动的户外场所，无法为自然教育开展提供有益的环境。

1. 场地概况

西安市西电中学位于西安市莲湖区，占地约 18 667m^2，建筑面积 10 691m^2。学校主体建筑为南北两栋教学办公楼，中间为标准操场和主席台，绿地空间较少且较为零散。由于学校已投入使用多年，不会进行大面积的拆改，且景观空间较为零散细碎，因此更适合用景观微更新的方式进行介入。其中一期的设计场地位于校园西北侧，面积为 650m^2，为东西向带状空间。该场地紧邻学校主入口，为学生和教职工的主要出入通道，人流量较大，道路北侧到学校围墙处为整体绿化并辅以雕塑和墙面浮雕进行点缀，道路南侧到教学楼处为硬质铺装并有列植的法桐，道路两侧的空间为本次景观微更新的场地。场地存在的问题：首先，景观特色不鲜明，以大面积铺装和绿化为主，绿化方式为简单的绿篱加乔木种植，形式较为单一；其次，教育功能不突出，目前场地仅有通行功能，缺少功能性空间；再次，缺少校园文化主题，场地中有一些景墙雕塑，但形式过于陈旧，对于当代学生缺少吸引力；最后，缺少互动参与性，使用者很少在该空间驻足停留。

2. 设计理念

根据场地中存在的问题，将自然教育理念融入景观微更新中，赋予3种景观设计理念。

将校园景观环境营造为教育的第二场所，通过自然观察认知和增加交流学习空间等方式，让校园环境的教育特征对学生的成长起到潜移默化的作用。

将可持续生态理念融入景观环境，以可持续的方式进行设计和营建，如雨水循环利用、生物多样性设计和废弃物的再利用等，以减少营建成本及建成后的养护和维护投入，并培养学生可持续的生活态度和环保理念。

通过参与式景观的设计，让学生能够动手操作和亲身实践，如进行小型节点的搭建、周期性的耕作、植物灌溉修剪等，培养学生的动手能力和团队合作能力。

3. 分区设计

场地由校园主干道分为南北两侧，北侧以自然教育为主题，南侧以校园文化展示为主题。由于场地较为狭长，多个功能性的分割容易造成景观破碎，因此在整体形式上采用长曲线和折线式贯穿各个节点，增强场地的整体性（图11-3）。

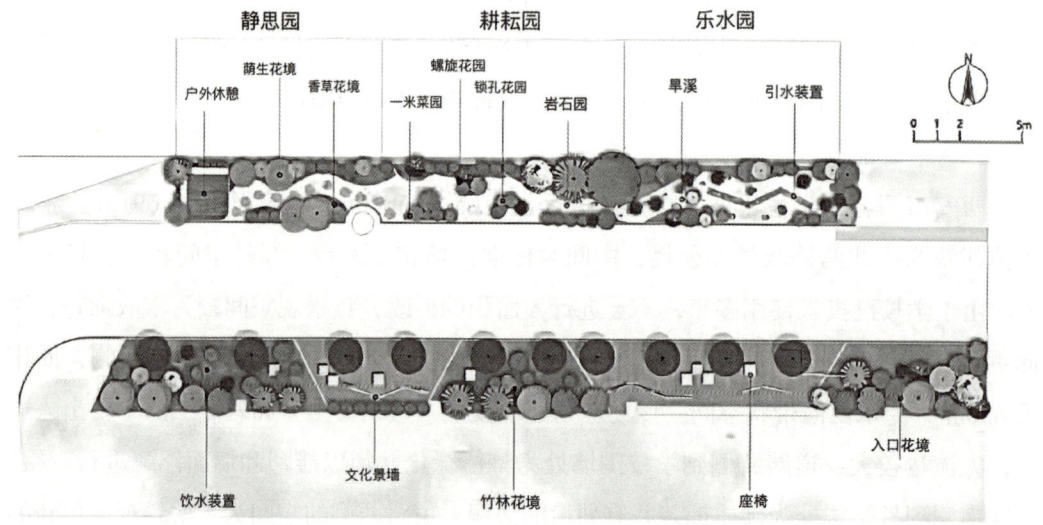

图 11-3 景观平面图（刘凡祯供图）

（1）道路北侧场地

道路北侧原为种植区，缺少功能性与观赏性。设计将场地由东向西划分成为3个区域：乐水园、耕耘园和静思园，将自然教育理念融入其中，增加学生的参与性和体验感，达到寓教于乐的功能。

乐水园位于场地东侧，紧邻学校大门，并且此处有上下水系统，校方希望在此处设置水景，活跃整个校园景观。在设计过程中考虑到水景的参与性和教育意义，同时加入生态可持续理念，减少后期水资源浪费与维护费用，因此设计了可进行参与互动的引水装置，以及具有雨水收集下渗作用的旱溪。引水装置和水渠式水景相连，平时无水，只有按压时才会有水流动，流出的水体落入到旱溪中，顺着旱溪流入旁边的种植区中，浇灌植物，减少水资源浪费（图11-4）。同时旱溪在雨季时能够滞留雨水，并起到过滤下渗作用，形成临时性水景景观。此处的水景观设置能够让学生参与互动，并能够通过旱溪中水量的深浅感知自然的变化。

图 11-4 水渠装置（刘凡祯供图）

此园的植物设计充分考虑了植物对水因子的生态习性。旱溪边界处经常被水淹，为半湿润半干旱区，因此选择种植湿生类植物，如鸢尾、狼尾草、千屈菜、金叶女贞等。旱溪到围墙处区域地形逐步抬高，形成自然起伏的种植坡地，辅以观赏类植物。在旱溪的尾端延续砾石铺装，设置了岩石园，以展示旱生类型植物（图 11-5）。通过设置自然科普的标识牌，还能让学生了解植物不同的生态习性。

图 11-5 岩石园（刘凡祯供图）

耕耘园位于场地中间，紧邻乐水园。由乐水园中旱溪的砾石延伸到该区域并成为道路铺装，两区域由同一种材质联系并形成了自然过渡。

耕耘园中设置了一米菜园、锁孔花园和螺旋花园，让学生能够动手实操，有播种、养护、观察、收获植物等过程，结合学校生物课程或社团活动，将学生的课堂引入户外。通过周期性耕种和记录物候观察笔记，让学生深入体会"一分耕耘、一分收获"的古训，同时培养其动手能力和自然观察能力。

其中一米菜园紧靠学校围墙，设置了2个弧形区域，距地面抬高50厘米，种植各类蔬菜瓜果可食植物，靠围墙位置添加了攀爬网，可以种植攀缘类可食植物，如黄瓜、豆角等，既满足了植物的生长需要，又美化了围墙界面。锁孔花园为1个"U"形空间，在凹空间中可容纳1~2人，可以不用像直线种植区一样来回走动就能照顾四周的植物，操作方便。螺旋花园位于区域中央，呈螺旋上升的结构，形成了丰富的朝向和干湿区域，适合不同生态习性的观赏植物和可食植物进行混搭，以丰富生物多样性（图11-6）。

该园的植物营造考虑到学生要进行种植、观察和维护，运用了可食植物、蜜源植物和药草植物。可食类植物以一、二年生农作物为主，校方提供不同节令适合种植的植物，让学生根据植物生态习性进行混合种植，用到的植物种类有根茎类、绿叶菜类、葱蒜类、茄果类、瓜类、豆类、薯芋类以及玉米、小麦等其他农作物。蜜源植物能够分泌花蜜供蜜蜂采集，为开花的草本类植物和木本类植物，在场地中运用了油菜、向日葵、芝麻、桂花等。药草植物则运用了麦冬、薄荷、紫苏、车前草、金银花等。

图11-6　耕耘园（刘凡祯供图）

静思园位于场地西侧,被其西侧和北侧的墙体围合成 L 形空间,相对较安静,在此处设置了木平台和座椅,形成户外休憩区,用于学生平日在此处进行交流、研讨,且该区域视线开阔,能够观赏到整个园区景观。由东向西延伸过来的碎石铺装在此区延续,并辅以石块汀步,暗示空间的分割。在休息区旁布置了香草花境、荫生花境和小鸟投食器,增加该区域的嗅觉、视觉和听觉体验,以及对鸟类动物的观察。香草花境主要选用了丁香、薰衣草、马鞭草、天竺葵和藿香等,荫生花境选用了玉簪、鼠尾草、绣球、落新妇等。香草花境和荫生花境的主题植物都有一定的季相性,冬季面临着凋零,因此搭配一些园林骨架植物,如小叶女贞、黄杨、八角金盘等,丰富秋冬季的景观效果(图 11-7)。

图 11-7　静思园(刘凡祯供图)

(2)道路南侧区域

道路南侧区域是主入口进来正对的景观区域,同时紧邻学校主教学楼。主教学楼的建筑外立面有多个空调挂机,美观性差。因此在这块主要考虑入口视线的景观效果、校园文化的展示以及对建筑外立面消极界面的遮挡。正对大门处设置植物景观,以形态优美的点景大乔与花境相结合,突出景观视觉效果(图 11-8)。由东向西延伸长折线线条,与对面的曲线相呼应并有所变化。折线将场地划分成多块不规则的种植区和铺装区,以种植空间和景墙装置进行穿插式设计。铺装区上设置多块景墙,高低前后错落,部分延伸到种植区中,展示西电中学的发展历史、学校特色和校园文化等。在铺装上和草坪中分散布置多个正方体装置,可以起到装饰作用,也可成为座椅,供临时休息或欣赏对面园区景观。景墙和正方体座椅以黄色和白色为主色调,增加校园青春活跃的氛围感(图 11-9)。

图 11-8　入口植物景观（刘凡祯供图）

图 11-9　校园文化景墙（刘凡祯供图）

（本章编者：谢　屹　王秀珍）

第十二章

营地教育+新文旅

文化是旅游的灵魂，旅游是文化的载体。相对于"传统旅游"的提法，"新文旅"多出来的"新"和"文"，要从新时代背景、新经济背景方面来认识。新时代旅游发展的任务，要让旅游有"远方"也更有"诗意"，为文化自信、文化传播、文化输出明确载体，这不仅可以铸民族之魂，还能有效提升中华文化软实力，服务于我国新时代社会主义文化强国战略建设。

营地教育作为青少年研学教育的重要组成部分，它的发展也要契合新文旅发展目标及要求，要科学整合地方文化特色，融入更多新业态，在营地设计、营地建设、营地活动策划、营地活动执行、营地教育目标及意义等方面体现出"新"，挖掘出"文"，实现营地教育的地方性、主题性、特色性、创新性、科学性及思政性。

第一节 新文旅

一、新文旅的内涵

新文旅，是指在原有旅游发展基础之上，以新型旅游市场消费为导向，以挖掘旅游资源文化内涵作为核心驱动，注重文旅融合，开展的具有深度参与及体验属性的文化和旅游活动，具有教育性、传承性、拓展性、创新性及多元性。

2018年4月，文化部和国家旅游局合并成立了文化和旅游部，国家在顶层设计上为文旅深度融合指明路径。文化和旅游部提出"宜融则融、能融尽融，以文促旅、以旅彰文"的工作思路，成为新时代背景下文旅融合的探索发展新方向。

2018年11月，文化和旅游部发布《关于提升假日及高峰期旅游供给品质的指导意见》，提出重点开发11种旅游新业态，包括文化体验游、乡村民宿游、休闲度假游、生态和谐游、城市购物游、工业遗产游、研学知识游、红色教育游、康养体育游、邮轮游艇游、自驾车房车游。在新经济背景下，旅游的形态不断变化发展，如近年来新上市的一批文旅小镇、露营（自驾）基地、房车营地、田园综合体、沉浸式剧本杀体验等。这些新文旅项目，拓宽了传统旅游产业链的生态圈，重视跨界联动，服务内容涵盖了体育竞技、非遗传承、文化传播、生态建设、现代科技、康养服务等。

二、新文旅的时代意义

文旅融合发展下的新文旅行业，对教育生态圈影响巨大。"双减"政策落地，将推动基础教育整体变革，围绕《中国学生发展核心素养》，文化旅游资源的育人价值理应被重塑。

（一）新文旅对"大教育"的深远影响

文旅产业的外部性、带动性要求文旅行业应积极融入教育生态圈的外循环，到学校教育的外围去补齐学校教育无法实现的部分功能，校内教育溢出部分急需依靠社会补充的需求意识日益强烈。

在文旅融合的过程中，文旅资源的教育、文化、政治、经济等多元化、多层次价值的挖掘会受到更大重视，文旅融合的内核支撑会变得具体。旧项目提升为"新文旅"需要启动新一轮的内涵升级行动，深度挖掘当地文化，通过创意、创新、创造打造项目差异化，资源价值将得以放大。

大教育的需求会反推新文旅向生命、生活、生态、生产四个方面去汲取营养，将会催生农文体旅融合、营地+"五育"融合、生产场景+职业见习等系列跨界产品。这些跨界产品的落地也会释放对新文旅项目的运营管理、专业指导师等专业人才需求。

（二）新文旅对行业更新的要求

高质量发展是新的时代主题。文旅产业过去多是看投资、看体量、看稀缺性，在新文旅时代，文旅产业要看发展、看价值、看未来，新文旅由资本驱动早已变为内容驱动。

新文旅行业要坚持立体思维。文旅项目要向上生长，用比淘汰更快的速度去更新，用新的内容去叠加，深入挖掘地方要素禀赋、资源优势和文化底蕴，提高创意设计水平，提升产品和服务的优质内容。文旅项目要向内扎根，始终立足资源做内涵建设，与时俱进完善服务功能，打造充满文化味的沉浸式、交互式、启发式项目，提供情景交融、情感互通的精神体验，推动项目在更广范围、更深层次、更高水平上融合发展，加强与公众的文化情感联系。

新文旅行业要坚持长期主义。我国巨量的人口和地区间发展不平衡，使得旅游消费需求将长期存在，庞大的客群表现出多元化、差异化的个性化需求。经济宽裕、时间富裕的群体将出国和定制旅游视为首选，生活节奏快压力大的都市中青年群体则将自驾露营和快旅游作为不错的选择。对于学业与成长需要兼顾的中小学生，参加研学旅行、报名营地教育是最有意义的事情。这些市场端的需求，让旅行社、景区、研学营地（基地）等都可长期打磨和更新自己的产品，不断提升服务，获得高质量发展。

（三）新文旅对营地教育的引领作用

营地教育是校外教育的重要形式，是家庭和学校教育的延伸部分，是活动的育人载体。与学校教育和家庭教育不同，营地教育是特定的场景下融合各类主题教育的特殊形式，以育人为目标，以课程为载体。营地设计挖掘或依托的文化教育资源，是营地课程规划的源头活水。新文旅思维要求营地走融合发展之路。过去很多营地主要以活动为主，如冬、夏令营或其他集中食宿活动，主要是为满足少年儿童集体生活的需要，注重娱乐感受，忽略了处处育人、全面育人的教育功能。

随着"文旅+教育"的深度融合，营地建设将高度重视教育功能的挖掘与呈现，需要增加营地活动的内容，融合各种教育元素。新文旅对营地软硬件建设提出了更高要求。

根据国外青少年营地教育发展规律预测，未来5年我国将有更多的青少年参与营地教育，以参加1次营地教育的花费为4600元左右计算，营地教育未来5~10年的市场规模为千亿元左右，营地教育市场发展空间十分可观。"营地+教育"发展，未来可期。

三、新文旅的时代内容

从大教育大旅游经济发展层面看，"新文旅"本质上应该是"新文化休闲与旅游"，因为适应新时代、新变局、新市场、新人类、新诉求、新消费而催生出了与过去迥然不同的新理念、新模式、新套路、新产品、新体验。

新文旅受益于文旅融合、科旅融合、体旅融合、农旅融合、工旅融合、商旅融合、康旅融合以及诸多行业管理机构下发的指导性文件、标准性要求。《"十四五"旅游业发展规划》提出：顺应大众旅游多样化、个性化消费需求，创新旅游消费场景，积极培育旅游消费新模式。一些依托景区（点）、运动场馆等建设的营地，可以通过提升服务内容、丰富营地体验，成为新的微度假、亲子游、专题游的场所，从单纯营地服务增加休

闲度假元素,提高客单价,增加营地的经营收益。

从教育深化改革需求看,营地教育+旅游模式,核心是教育,载体是营地,落地靠旅游。在教育部等11部门推出《关于推进中小学生研学旅行的意见》之后,研学旅行成为素质教育的刚需,在转变的过程中,催生了艺术类、拓展类、军事类等各式各样的研学实践活动。营地作为承载这些活动的载体,占据相当大的市场份额。随着素质教育和综合实践活动的深入推行和实践,营地教育在中国的未来,会呈现出专业化、国际化、全域化的发展趋势,并彰显出生态与人文结合、传统与现代融合、经典与未来融汇等诸多具有时代背景的显著特点。

各级各地教育主管部门在大教育背景下,将面向社会购买服务,由实践教育运营机构为教育系统提供专业内容和专业服务,实践教育运营机构与研学实践营(基)地、文化场所(馆)、景区景点等达成合作,完善校外教育链条,带动营地教育发展。

第二节 新文旅主题营地模式

一、资源开发

新文旅思维指导下的营地资源开发,要秉持新时代教育理念并坚持科学教育方法论,以研学旅行综合实践教育课程开发为执行指南,采取顺应时代发展、符合教育规律、服从服务地方教育政策、满足青少年核心素养提升需求的教育教学手段,推动文化、教育、旅游的多元融合与资源整合,形成各方协同、共同发展的运营模式。

(一)资源开发原则

1. 价值原则

对资源进行价值评估,找准开发着力点。

(1)找准教育价值。从"五育并举"的教育思想出发,评估营地服务德、智、体、美、劳综合实践活动的资源条件,发挥推动素质教育发展的辅助作用。如与农业园区合作开发营地,可以围绕农业耕作设置劳动课程,同步开发智慧农业研究课程。

(2)找准时代价值。从生态文明、美丽乡村、城乡治理、环境保护等方面思考营地的时代价值,保证课程的现代化。如与乡村振兴项目合作开发营地,可以开发乡村综合治理、产业振兴方面的课程。

(3)找准文化价值。从物质和非物质文化资源、自然遗产、民俗民族文化、民间艺术、历史文化、名人故居等方面评估资源独特性，采用挖掘、活化、传播、创新等方式丰富营地课程。

（4）找准政治价值。围绕红色文化、革命遗址（产）、国际影响地、创业创新地、劳模英模精神发源地等方面思考课程开发着力点。如在革命遗址建设营地，除了开发爱国主义教育、革命精神教育课程之外，还可配套红色团建、干部教育学校等功能，提高营地开发可利用价值。

2. 成长原则

营地建设不能一蹴而就，需要科学制定三年、五年规划。在资源具备的前提下，营地建设可以分期分步实施。一方面，要根据营地所在地政策释放节奏逐步建设，从可参加营地教育的学校组织人数、冬夏令营招生数量制定规划。另一方面，要从营地可辐射区域的青少年人口数量，根据交通可接入条件建设市场渠道，指导营地建设。营地开发还要思考可持续性，一是内容（课程）建设的更新与升级，打造多主题复合型教育服务；二是注重营地空间可拓展或复制举办分中心的条件，以满足区域内中小学生重复进营地的需要。

3. 协作原则

营地建设不能只由单方推动，要多方驱动，要深入探讨合作协作模式。一是异业合作，营地作为研学实践活动的食宿供给单位时，要把营地的课程延伸到周边可利用的文化教育旅游资源上去，营地可以作为链主单位，通过课程合作等方式，延长营地的服务链条，应对多元化市场需求。二是校企、单位协作，积极对接学校、单位资源方的个性化需求，围绕资源方的核心工作，推出个性化定制营地教育服务，双方或多方共同开展共建、共享、共治工作，与学校、单位一起创建品牌，支持学校、单位挂牌要求，切实搭建校企、单位协作关系，让营地逐步成长为服务学校的延伸课堂，从而增强与学校、单位的连接。三是区域内外合作，对区域内强化资源、内容互补，避免同质竞争，对区域外强化渠道合作和流量置换，双方或多方联动，共同打造服务联盟、课程联盟和品牌联盟，实现营地"1+1+N"共同成长。

4. 绩效原则

党的十九大提出"全面实施绩效管理"，把绩效原则放到营地建设指导思维中来，是资源运转的效率和效益的双重考量目标。营地开发建设，不仅有资本资产投入，还有资源整合与利用，改造或升级闲置房产、土地等资源，盘活存量等问题。通过营地教育的市场支持，可以把死资产盘活、慢资产盘快，提升资产效率。新建设营地需要首先考虑投入与产出的关系，立足市场需求，做好调研和投资规划，围绕市场规律办事。

（二）资源分类

教育部先后公布了第一批、第二批"全国中小学生研学实践教育基地、营地"名单，有基地581个单位、营地40个单位。按照研学内容分为五大板块：优秀传统文化、革命传统教育、国情教育、国防科工、自然生态。2020年中共中央、国务院印发《关于全面加强新时代大中小学劳动教育的意见》，研学旅行与劳动教育、综合实践活动的结合更加紧密。

随着国家系列政策的出台，教育和市场的双重需求逐步释放，越来越多的文旅景区和各类文旅综合体在内容建设和项目升级方面发力，把研学和营地教育作为内容创新、吸引流量、提高消费水平的赋能手段，探索出"教育＋文化＋旅游"的多元业态与发展模式，促进文旅与教育的跨界融合。

营地作为研学旅行和劳动教育的服务平台，资源分类既要参照研学旅行和劳动教育的分类原则，又要有不同的形式。新文旅背景下的营地资源类型可以分为自然生态、人文历史、现代化城市、高科技工业、"三农"、旅游新业态等。

1. 自然生态

以自然地理知识体系中的山脉、河流、湖泊、湿地、森林、草原、自然遗迹、特殊地质地貌等资源为主体。这类资源以世界自然遗产、国家自然保护区、国家公园、风景名胜区、森林公园、地质公园、海洋公园、化石公园等形式存在，有地质科普、水域研究、山水风貌、生物种群、自然遗迹等方面的自然、生态研学价值，是建设自然资源类营地的重要承接主体。可以开发自然地理类、生态文明类资源型营地课程，帮助青少年完成地理知识体系构建。

2. 人文历史

以人文历史为统领，立足文学艺术、地方民俗、乡土历史、传统技艺、特色美食、民间传说等方面的人文资源本底，开发地方特色营地教育课程，活化、物化本土人文历史资源，让这些资源都成为营地教育的支撑要素。同时，挖掘不可移动的物质文化遗产，如人类活动遗址、古建筑、摩崖石刻、古寺庙、传统与乡土建筑、特色街巷、特色社区、名人故居与历史纪念建筑等资源中的教育元素，用新时代教育思维指导开发特色营地，用营地教育的方式助力传承、传播本土文化。

3. 现代化城市

2019年，清华大学、武汉大学《社会治理与地方经济文化转型升级》重大课题组提出研学城市的理念。在这一理念的指导下，通过深度发掘城市的资源优势，挖掘特色文化，对城域内的文旅资源、公共空间、工业资源、营地基地等进行有针对性的统筹、规划、整合，在现有物理空间的基础上叠加研学功能。在现代城市中开展营地教育，落地工作相对容易，资源的整合利用程度更好，城市研学资源保障非常充分，加上市场基础好，城市营地的抗压性相对更强。

4. 高科技工业

航空航天、人工智能、智慧城市、基因工程、智能制造等都是高科技研学实践的重要方向。国家对科学教育的重视，让高科技工业与教育教学结合的程度日益加深，青少年获取先进科技信息的渠道也更加多元。高科技工业本身并不能直接成为教育素材，需要对其进行深入浅出的"翻译"和再加工，用青少年听得懂、悟得透的表达方式来开展科学教育。开发高科技工业类营地，顺应国家科学教育的大战略，这类主题营地应回归高科技工业本身，用科学的语言开展科学教育，只要课程设计切实有用，城市营地发展就会前景明朗。

5. "三农"主题

作为世界上最古老的农业国家，"三农"主题已融入中华文化基因，农业农村农民问题是关系国计民生的根本性问题，"三农"主题营地是必需品和必消品。全面推进乡村振兴，是新时代做好"三农"工作的总抓手，营地开发围绕"产业、人才、文化、生态、组织"五个角度振兴将大有可为。国家对乡村振兴的利好政策会不断叠加，农业农村现代化建设，是新文旅背景下的产业融合，在文化和旅游融合方面表现得更为充分。"三农"主题营地门槛低、易实施，非常考验开发者的认知、执行和创新方面的能力。

6. 旅游新业态

近几年新上市了一批文旅小镇、露营（自驾）基地、房车营地、乡村振兴综合体等，这是因市场环境、需求变化对旅游业态的一次更新，得益于各行业深度融合条件下的产品创新和运营创新的驱动。旅游新业态对营地教育的发展也有一定的影响：一是教育内容设计要与时俱进，课程的时代属性要进一步加强，课程的实施及评价要对接教育主管单位的需要；二是营地建设要引入新的服务理念，在健康保护、人性化设施等方面提升服务能力；三是要积极思考营地的运营能力提升，学习和借鉴旅游新业态的先进经验，坚持品牌思维，创新营地运营方式，持续提高营地发展质量。

（三）资源挖掘

营地教育的推动，需要认真研究青少年群体的学情，资源挖掘应根据不同年龄阶段不同的认知水平、理解能力、接受能力分类分层进行，设计出不同的课程类型，采取不同的活动形式，保证资源挖掘的有效性。下面列举新文旅背景下营地资源挖掘的一些做法。

1. 自然生态——绿水青山

中华民族始终对大自然保持敬畏的态度。党的十八大以来，我国秉持"绿水青山就是金山银山"理念，在推动经济实现高质量发展的同时，在生态文明建设方面取得举世瞩目的成就。"两山论"凝结了中国智慧，是我们开展生态文明教育永不枯竭的源头活水。"绿水青山"是人类活动所处的自然环境，"金山银山"指的就是人与自然的协调发展。我们在开发自然生态课程时，围绕科学保护"绿水青山"与有效利用"绿水青山"，可以梳理出系列有价值的课程资源，如：动植物资源考察调研、人类生活对生态环境的影响、保护生态环境的理念及做法、自然资源的合作开发与利用、生存技能实践与培养等。这些课程资源的挖掘，不仅丰富和升华了营地教育的内容，更是学校教育和家庭教育的有力充实，让孩子通过自然营地这个窗口，去走进自然、接受自然、热爱自然，激发孩子对大自然的敬畏之心，帮助青少年树立绿色生活理念，成为生态文明建设的传承者。

2. 历史文化名城——风情体验

历史文化名城是城市名片，能集中体现地方优秀的传统文化，承载文化内涵和民族精神，符合《文物保护法》对文物历史价值、艺术价值和科学价值的评价，具有独特的文化价值和社会价值。每个城市都有自己丰富的故事，各级别的文化遗产、非物质文化遗产等历史文化资源都融在文物保护点或由历史街区承载。只有在城市层面，这些文化资源才能被充分地整合起来。历史文化名城研学实践，主要以风情体验为基础，触摸城市历史，融入文化氛围，感受城市文脉，增强文化自信。如，2022年西安市主办的"品读长安·研学赋能"研学旅行推广活动，共推出追寻历史、光辉历程、亲近自然、筑梦少年、盛世古韵、素质拓展6个主题30余个研学点位；推荐励志拓展型、体验考察型、文化康乐型、自然观赏型、知识科普型5种类型60余个研学基地（场所）；大明宫国家遗址公园、中国铁路西安局集团有限公司、秦岭野生动物园等单位围绕人文、历史、工业、生态、自然等方面推出研学课程和研学活动。这一系列举措完善了西安研学旅游产品供给体系，促进了研学与科技、人文、历史、工业、文物等领域的深度融合，推动了国家历史文化名城西安的研学实践活动得以持续发展。

3. 现代化城市——智能、智慧

现代化城市是当代科学技术集中地和展示地，智慧城市与智能制造的发展水平，决定现代化城市的综合竞争力。在智慧城市里，智慧技术、智慧产业、智慧应用、智慧服务、智慧治理、智慧人文、智慧生活等都是现代城市的优质研学资源，环境友好城市、海绵城市、公园城市等则与城市治理贴合紧密。

现代化城市是文明的聚合体，现代城市的军警教育中心、博物馆、规划展览馆、公园广场、大学校园、纪念馆、剧场、工厂、大型基础设施、公益性企事业单位、特色街区（巷）都可以成为研学实践场地，城市文脉、城市肌理、城市治理都可成为现代城市研学主题。

许多城市都有自己的城市研学实践活动。武汉用城市定向研学探索老武昌，杭州开展博物馆的中国通史城市研学，广州推出"岭南古韵"行走研学，重庆实施"母城记忆"项目式研学，深圳举办海绵城市研学考察，柳州面向大中学生启动车联网科技主题研学。

4. 工业——高科技工业、工业遗址

走进高科技工业开展研学实践，开设科学主题营地，为青少年提供体验高科技、触摸高科技的研学机会，这是深化工业研学的重要战略方向。当前，可以寻找物联网、新能源技术、绿色科技、新材料等类别的高科技企业，合作打造高科技工业企业研学。

新文旅背景下，工业+旅游+教育融合变得更加紧密。轻工企业、民用科技项目、科工院所、工业博物馆、工业遗产等都可作为主体开展研学实践、工业文化教育、生产职业体验等综合实践活动。这类活动能为青少年提供难忘的学习经历，通过工业文化通识教育、职业素养的培育、浅性工业技术知识普及等内容，可促进中小学生接受与传承工业文化、工匠精神，提高综合能力和素质。

工业研学已经受到普遍重视。如，广西壮族自治区工业和信息化厅印发工业遗产管理办法，支持利用广西工业遗产资源开发具有生产流程体验、历史人文与科普教育、特色产品推广等功能的工业旅游（研学）项目，开展工业文化教育实践，培育工业文化研学实践基地（营地）、高校思政课实践教育基地。

5. "三农"——乡土乡情、民居民俗、传统村落

挖掘"三农"教育资源，可以从现代农业产业园、田园综合体、生态休闲农场、农业产品展览馆、农业博览园或博物馆等场所入手，开发农业历史介绍、农业生产技术科普、增长农业知识的研学旅行课程。以现代农业产业园为载体，可利用科研设施作景点，以高新农业技术为教材，向青少年开展农业生产、科技示范、科研教育实践活动；以田园综合体为载体，可利用当地农业园区的资源环境、农业设施、农业生产过程、优质农产品等，开展农业观光、娱乐休闲、自然体验和农耕文化教育等活动；以生态休闲农场为载体，可利用当地农业种植、畜牧、饲养、农耕文化、农业技术等，让中小学生参与休闲农业活动。

同时，农村的风土人情，也是"三农"主题研学实践的资源宝库。当地农村风俗习

惯、农家美食、特色农产品、传统技艺、民间艺术等，都是优质的课程资源。乡村治理进入新时代，乡村的传统与现代治理方式，乡村的经济社会演进，乡村人际代际关系，都是深度思考和研究的课题来源。乡村承载了千百年中国文化的基因，传统村落的古建筑、历史遗迹、生活设施、治世名言、文化遗存等，都是开展乡村深度体验活动的实践教材。

6. 旅游新业态——民宿、房车、露营、星空帐篷

这些新业态可以归为家庭或小团队自发式组织的研学实践活动，这些活动主要从培养青少年自然审美、生活美学、生活能力、实用常识、社群交流等方面着力。我们要坚持营地教育的核心是教育，营地是为教育服务的思维看待旅游新业态。

在新文旅产品供给方面，依托现代城市商业综合体和文旅项目升级发展，"沉浸式＋文体旅商"融合发展模式，催生了各类沉浸式体验产业，表现为密室、夜游、实验戏剧等新兴业态。个性化沉浸式体验产品日趋多元，产业边界不断拓展，旅游业态更加丰富。这类产品的组织形式，也可以成为营地教育的创新性元素，对营地课程组织进行趣味化、潮流化、个性化优化包装，提升营地的服务质量。

7. 专题教育——博物馆、高校、国防教育

随着文旅融合走深走实，一些新建博物馆配套建设了文创酒店，为博物馆主题营地教育提供了可能。在这些新博物馆的研学实践体系中，青少年不仅可获得更实用的实践空间，也拥有在博物馆周边更多的研究性学习时间，一些因为时长、场地等原因无法落地的博物馆研学课程可以通过配套的营地（酒店）实现，使得博物馆研学的深度得以继续深化。

高校的工科实验室、科研中心是专题研学的精尖之地，是研学实践课程的"天花板"。一方面因为高校的内部管理制度导致中小学生难以进入，过程管理也面临巨大挑战；另一方面，高校资源的有限性和专业性导致高校研学的课程指导人员稀缺，优质的资源难以发挥作用。只有坚持"总量控制、选择开放"的原则才能推动高校工科实验室、科研中心的研学实践课程发展。但高校的人文场所则比较容易成为研学实践活动的教育场所，优秀的大学生可以成为研学导师，并且高质量参与课程执行。

开放的军事场所是国防教育研学的根本支撑，地方政府为军警应急队伍配套的营房或军民融合体、部分不涉密的军警训练中心在闲置时间可以成为青少年研学的营地，这些营地可以开展周期性的国防教育训练，课程可以包括基础军事训练、国防科普、保密意识、团队建设、精神锻造等方面内容。

(四) 资源建构

教育营地资源建构是一项系统工程，既有认知层面的工作，也有实操层面的任务。教育营地资源建构的过程也是营地孵化的过程，大致分为四个阶段。

1. 第一阶段：前期工作

（1）市场分析。不论是面向青少年学生开展营地教育，还是面向成人团队策划营地活动，教育属性都是教育营地的根本属性。政府投资类教育营地多以综合实践基地、军民融合项目等形式存在，有改造学校建成营地的，也有新建的专用营地，这类营地属于政府资源配置，市场化程度低。社会投资类营地由市场主体投资兴建，需要认真研究市场，既要了解营地辐射区域的在校学生人数，围绕研学旅行、综合实践活动、冬夏令营的需求，测算大致收益，又要研判营地与当地旅游、体育、商业化教育活动等的需求，以及在非教育教学周期之外可能发展的业务，提高资源周转率。

（2）政策分析。深入了解当地关于研学旅行综合实践教育等的相关政策，尤其要关注周期性长期性政策，明确营地建设的方向，控制好投资。

2. 第二阶段：硬件建设阶段

（1）资源分析和组织。建设教育营地至少需要组织4个方面的资源支持：一是教育资源，周边要有文化（博物馆、纪念馆、人文景点、红色展馆、大型公共设施等）、旅游（景区景点、陈列馆、农文旅综合体等）、教育（高校、可开展教育活动的工业企业、产业示范园等）等有形的教育资源，也要有历史传说、民俗故事、名人遗迹、民族习俗等方面的无形资源；二是人力资源，教育营地的教学服务团队需要知识化专业化，营地建设必须考虑人力资源；三是硬件资源，合法的建设用地、高级别道路、营地的水电气网、安全环境都是必备资源；四是合作资源，营地教育的课程不能仅限于营地之内，营地周边的农田、森林、工厂、商业体等，都是合作资源。

（2）硬件建设。教育营地的硬件要求标准可以参照学校建设标准，在空间设计上，住宿、餐饮、室内研学场地、室外研学场地、配套空间在容纳量方面要进行仔细审量，包括预计占地面积、住宿床位、餐厅饭堂等。可以利用闲置的学校、厂房、居住区等进行改造，改造前要进行严格的安全检测，满足条件后再请专业团队进行合理化硬件升级，比如增加空调、现代化卫生间、食堂等。如没有可利用的闲置资源，则可根据投资预算，以介于建新学校和旅游服务设施之间的标准实施建设，以满足营地教育和一般性旅游服务的双重需求。

3. 第三阶段：内容建设阶段

（1）课程开发。围绕营地特色，建立课程开发工作机制，分期、分批、分学段开发营地课程。一是打造营地内的标准化课程，如军事化管理课程、家务学习课程、手工技艺课程、农技课程、生命安全课程、科技创客课程、团队建设课程等。二是打造营地周边共建类课程，与农业综合体、各类场馆、社区配套机构等共建综合实践课程。三是根据学段开发深度不同、内容不同、目标不同、评价不同的立体化课程，如：针对小学生要注重生活技能、生活习惯养成教育，对初中生要强化环境育人、实践育人、责任担当的任务型课程，对高中生要推出理论、思考、实操到感悟的思考型、研究型、创新型课程。

（2）制度建设。建设营地的内控制度，涵盖安全管理、质量管理、常规流程管理、应急管理、人力资源管理、宿舍管理、食堂管理等，制度的周密程度不能亚于学校的内控制度。

（3）运营架构。营地的运营管理要建立明确的运营架构，包括课程开发、人员培训、市场营销、风险管理、售后服务等完整的流程，要建立各个环节的管理制度，制定操作规范及流程，加强各部门的协同合作。

4. 第四阶段：品牌推广阶段

（1）渠道对接。在当地政策的指导下，自主建立市场渠道，包括学校、单位、合作商、渠道批发商、招生门店，以满足营地教育团队需求和冬夏令营等招生需求。

（2）品牌孵化与输出。营地教育可以通过标准建设、品牌课程、优质服务、专业输出、合作引流等方式，强化品牌建设，增强品牌实力。优质运营的营地品牌，具备品牌输出和复制的巨大潜力，从而创造更大的价值。

二、实施模式

营地教育的实施，既是一般性教育行为，也是生活化教育行为。营地教育的课程区别于学校课程，具有更多实操性和社会性。营地要将周边的研学资源等纳入课程设计框架，最大限度地满足不同年龄阶段学生需求，做到资源与营地条件相匹配。

（一）师资建设

教育营地的工作人员可以分为4类。一是课程开发与执行团队，该团队负责设计与营地相匹配的课程主题、学习方法、活动模式，同时能根据市场需求推出定制课程。二是生活辅导员，该团队负责营员生活指导和服务，帮助学生掌握基础生活技能，主要围绕吃、住、行三个方面协助完成课程执行任务。三是专职班主任，随时观察营员行为和特点，关注安全状况，面对受伤状况具备基本的处理能力，对于突发状况能有基本应变及反应能力，具备某项专业的素质。四是支撑保障人员，负责进行设施设备维修维护、物资准备、后勤保障，协调项目流程，负责人、财、物调度安排，应变处置紧急状况。

新文旅背景下，教育营地的兼任教师可以有：新农人、非遗传承人、乡村手工艺人等。

新农人是最热爱、了解、熟悉"三农"的群体之一，他们有知识有见识有能力也有创意，他们身上的创业精神和综合素质，能带动青少年积极热情参与新时代农村生产生活，还可以在乡村直播、电商服务等方面予以体验指导和平台支持，提高青少年在营地的学习质量。

非遗传承人都有自己传承的非遗项目。非遗项目进营地，可以丰富营地的课程，提升学习体验感。营地可以和皮影、地方戏、地方特色美食、特色技艺等领域的非遗传承人建立合作关系，共同开发特色营地课程，增加营地课程的本土文化特色。

乡村手艺人。过去，人们生产生活中有很多用品都是手工制作，各个行当都有匠人，有制作木器家具的木匠，有做竹编的篾匠，有打制石器用具的石匠，有打造铁具的铁匠，有缝皮衣的皮匠，有擀毡的毡匠，还有补锅修盆的、磨剪子菜刀的、捏面人的、吹棉花糖的、修鞋的。这些匠人靠手艺养家糊口维持生计，被统称为手艺人。现在，这些乡村手艺人已难以寻访。营地作为固定的实践活动场所，可以和乡村手艺人一起，合作开发传统手工艺的体验型课程，让青少年直观了解历史，培养乡土情怀，留住乡愁这个文化基因。

（二）营地课程的实施模式

新文旅时代，营地课程实施必须与时俱进。一方面全面贯彻党的教育方针，落实立德树人根本任务，积极参与构建高质量的"五育并举"育人体系，培养担当复兴大任的时代新人；另一方面，营地教育的实施方式，要紧扣大教育工作目标，立足填补学校教育和家庭教育无法覆盖的部分，不断创新课程组织和实施方式，为青少年核心素养提升提供优质的服务。

1. 行走式教学

营地教育的课程是移动的课程，是一段值得青少年回味的人生经历。行走式教学，以营地为中心，推出行走式课程，强调"行前"资料学习准备、"行中"任务打表、"行后"感悟抒怀。行走式学习，可以把问题前置，开展问题式学习、项目式学习，在特定的情境或预设的场景中，青少年通过自主选择学习、主动探究学习来获得个性化的学习体验。

2. 实践式教学

营地教育要带领青少年认知社会、了解社会，让他们将所学知识应用到社会真实场

景中，全方位培养学生的实践能力。营地教育本质上是实践教育，其内容应包括我国中小学综合素质评定所需的综合实践、研学实践、劳动教育、思政实践、职业体验、体育美育、社会调研、志愿服务、实习实训等。在课程实施过程中，联合学校与社会多方机构，提倡多学科知识融合，强调在真实社会中的应用，在动态与创新的过程中培养学生的科学素养和技术能力。

3. 沉浸式（体验式）教学

沉浸式体验项目是新文旅时代不断迭代升级的新产品，一些古镇、商场等都在不断增加沉浸式体验项目。这些项目大致可以分为三类：一是历史情境类，利用古建筑、古镇的环境，还原对应的历史朝代，通过NPC角色为青少年提供线索或任务，青少年深度参与，沉浸式融入任务背景的时空，开展自主学习活动，通过高度互动和自主思考才能获得知识、提升技能、完成任务。二是采取虚拟现实技术，创设虚拟场景，把知识具象化、直观化、场景化，让青少年在虚拟环境中开展学习活动，让青少年能深度参与知识形成过程并最终形成知识的固化积累。三是通过模拟情景参与学习，运用新兴的科学技术，通过沙盘、VR、环幕、激光、编程等方式，完成创意编程、交互体验、结构探究等学习任务，激发青少年浓厚的探究兴趣，激发创造意识与动机，培养创造性思维品质，塑造创造性人格。

第三节 新文旅主题营地案例

一、主题营地概况与特色

三峡民俗文化研学营地是重庆市市级中小学社会实践教育/综合专项基地，由城市营地和自然营地组成，城市营地前身为公园服务建筑，自然营地前身为乡镇旅游综合服务配套建筑，均为仿古建筑，建筑形态优美，交通便利，非常契合研学基地建设的各项要求。营地立足境内深厚的长江文化、盐文化等文化本底，高度结合地理区位、建筑风貌和文化内涵，融入新内容、新课程，努力打造高品质、有特色的主题营地，践行"讲好三峡故事，传播三峡文化"的新文旅使命。

二、主题营地课程体系

在极具地方特色的传统文化基础上，该营地结合新型农业和自然科学等内容，挖掘出"三峡文化""乡土民俗""美育生活""智创未来"等关键词,确定了"三国文化在三峡""三峡历史文化传说""三峡道地中医药""三峡石"等主题,打造了三峡文化中医药、三峡石、国学与传统文化、美育与生活、科技创客、生命安全等探索体验型课程,以及三峡地形地貌布局研究、古法制盐、山地民俗和智勇冲关等实践行走型课程等,形成了具有三峡民俗特色的研学课程体系。

这些研学课程资源独特、主题鲜明、内容丰富,课程目标明确,课程效果良好,形成了一个以研学基地为枢纽、站点的研学实践教育网络,切实贯彻了"营地教育"+新文旅的指导思想及运作模式,致力于实现"助力学生成长""提升少年儿童的综合素养及家庭的幸福指数"的目标,在优化地方旅游产业结构,发挥旅游效用,弘扬地方特色文化,树立地方文化自信,达成研学实践活动的教育目的和意义等方面取得了良好的成效。

三、主题营地活动课程案例

"行奇山秀水·学民俗文化"主题营地活动之一
(第一天)

课程导入:

长江三峡是世界地标,孕育三峡文化。三峡文化是一种地域文化,是生活在三峡地区的人类团体在历史的发展过程中所创造的物质财富和精神财富的总和。在三峡文化环境中开展营地教育,可感受文化浸润,探寻劳动智慧,发现世界之美,提升核心素养。

目标任务:

1. 体验三峡民俗文化,学习三峡相关历史文化和背景知识,践行劳动教育、美育教育及自然教育。

2. 走进土家族乡村,学习土家文化的代表性元素。

3. 能介绍喀斯特地貌形成的基本原理及特征。能用关键词汇、图表、思维导图等学习工具进行提炼、归纳、整理、逻辑推理。

4. 能在自主探究、团队合作中完成观察、思考、探究、记录、总结、展示等任务。

5. 能通过倾听讲解、观看视频、观察营地、查阅资料、询问探讨、动手操作、表达展示等方式对研学营地进行主题研学。

6. 培养科学探究兴趣,激发好奇心、求知欲、创造力,形成并逐步提升对自然、社会和自我之间内在联系的整体认识。

7. 培养团队合作精神,养成共学共游、同吃同住的良好行为习惯,塑造积极健康的

人格和良好的心理品质。

知识链接：

1. 课内知识

人教版，八年级上册《语文》，郦道元《三峡》。

人教版，八年级下册《语文》，第二单元第6课《恐龙无处不有》。

人教版，七年级上册《地理》，第二章，陆地和海洋，第二节海陆的变迁。

人教版，七年级下册《地理》，第六章，我们生活的大洲——亚洲，第二节自然环境。

人教版，八年级上册《地理》，第一章，从世界看中国，第三节民族；第二章，中国的自然环境，第一节地形和地势。

人教版，九年级上册《化学》，第一单元，走进化学世界，了解石灰石的化学变化。

人教版，九年级下册《化学》，第九单元，溶液，了解溶液的基础知识，加深对盐溶液的认识；第十一单元，盐、化肥，了解盐的基础知识，加深对石笋、钟乳石形成的认识。

人教版，高中一年级，《地理》第一册，第四章，地表形态的塑造。

人教版，小学五年级下册《科学》，一、物质的变化，3.溶解与分离；4.燃烧与灭火；三、地表的变化，1.多样的地表形态；2.自然因素对地表的作用。

人教版，小学四年级上册《科学》，一、考察前的准备，二、认识更多的生物，三、蓝色的地球之多样的岩石。

2. 课外知识

（1）长江三峡历史与文化特色、民俗活动。

（2）三峡地质演变情况。

（3）知识准备：

身为长江三峡人，你对长江三峡了解多少？生活和学习当中有哪些和长江三峡相关的事项？你身边有哪些地区特色节日和活动？

参加长江三峡主题研学活动，你最想收获哪方面的知识（历史、人文、自然、科学、劳动、娱乐等）？

长江三峡历史悠久，文化绵长，还有跨区域的特征。结合实际，你认为当地该如何建设好"三峡名片"？如何在学生群体中宣传地方特色文化？

研学内容：

1. 通过学习三峡历史文化，使学生了解长江三峡的自然和发展历史，特有的地域文化以及新三峡的建设成就，着力于以三峡特色文化激发学生家国情怀和文化自信。

2. 学习制作三峡石和碑刻拓片，接受地方特色文化和民俗教育。

思考探索：

1. 了解三峡历史文化，完成"我眼里的三峡"的小课题。

2. 参与碑刻拓片制作，收集资料，结合实际，讨论如何做好文物保护和传承。

3. 学习三峡地质地貌情况，思考"千里江陵一日还"与"高峡出平湖"的不同内涵。

活动设计：

活动一 三峡石，家乡情

1. 从体验三峡石制作的过程引导学生明白"艺术源于生活"的基本道理，领悟三峡石中蕴含的浓浓三峡情、家乡情，同时培养学生对三峡石的艺术鉴赏能力。

2. 知行合一，培养学生尊重、热爱家乡文化，感受三峡石的艺术魅力。

活动提示：了解背景，亲自体验。提前做好课题研究的准备工作。

活动二 三峡风韵，翰墨情怀

1. 导师围绕千年古庙的背景知识讲解拓片的由来。

2. 导师讲解、演示拓片的工具用法和制作步骤。

3. 学生认识制作拓片所用到的工具，掌握用法和制作拓片的步骤。

4. 学生自主制作拓片。

5. 导师点评总结。

6. 学习文物保护知识，可结合所学，完成文物保护与传承建议书。

活动提示：导师讲解，小组实操；认真学习，步骤严谨；组织有序，分工明确。

活动三 三峡风物，云盐传承

1. 了解井盐是如何挖掘开采的，了解制盐的步骤，了解当地云安盐和海盐的区别。

2. 在研学导师的指导下进行制盐，观察卤水到盐结晶的变化过程，提高动手能力，通过制盐的过程提高团队协作能力。

3. 感知本地千年盐文化，培养学生热爱家乡的情怀，激发学生家乡自豪感。

活动提示：积极参与，认真学习，实践体验。注意安全，做好课题资料收集。

活动四 三峡特产 道地药材

1. 实物感知三峡道地中草药，感悟中医药文化、民间中草药传统习俗，体会祖国医

学无穷魅力。

2.认识并学会使用中药房常用器具，制作传统香囊，掌握7味三峡药材的功效。

活动提示：知识奠基，动手体验，感统训练，生成成果。

篝火晚会
（晚上活动）

主题：美丽新三峡，少年好风采

活动内容：

1.学生按照分组，入住营地。

2.学生代表发言谈体会。

3.了解摆手舞的民俗文化背景和价值，学跳摆手舞，感受土家民俗。

4.齐跳篝火晚会舞蹈，团队展示，优秀小组展示，学生代表说心得体会。

5.校领导做研学旅行一天的小结。

活动提示：团队协作，努力创新；自我展示，尽显风采；自娱自乐，温暖愉快。

"习三峡民俗文化·探龙缸地质之美"主题研学活动之二
（第二天）

活动一　地心之旅，探秘自然

1.环看龙缸，了解喀斯特地貌的形成原因及过程。

2.了解三峡地区喀斯特地貌的分布、形态及级别，结合课题内容，思考如何进行家乡推广和生态环境保护。

3.走栈道，观察栈道建造技术。

活动提示：探秘自然，情境学习。学习自然科学，牢记安全第一。

活动二　龙缸奇趣动物大课堂

1.了解龙缸的生态环境和生物多样性。

2.重点学习了解猕猴的习性和动物观察方法。

3.学习动物保护的相关知识。

活动提示：龙缸徒步，学习体验；关注生态，爱护环境。活动时，注重锻炼身体素质，磨砺意志；爱护环境卫生。

活动三　天下龙缸，奇境廊桥

1.了解云端廊桥修建原理。

2.了解物理力学结构。

3. 按小组拍摄风光大片，呈现家乡之奇美。

活动提示：结合课本，践行课本知识；结合课题内容，完成"推广家乡"任务。注意安全，严禁单独行动。

活动四　溶洞探险，挑战自我

1. 深入溶洞，了解溶洞形成原因及过程，描述及记录各种钟乳石的形态。

2. 感受大自然的鬼斧神工。

活动提示：自然教育，体验式学习。做好过程知识点记录，牢记安全第一。

活动五　闭营活动

1. 举行研学实践成果展示会，总结活动内容，提炼知识关键信息，公布学习成果。

2 组织师生开展研学评价，着重评价以下方面：知识内容、综合能力、思维发展、兴趣与审美、反思与建议等。

（本章编者：吴　辉　哈丽丹·巴克）

第十三章

营地教育 + 乡村振兴

设置在乡村或郊外的青少年实践营地，能让孩子们亲近自然，融进田野，体验劳动艰辛，感受丰收喜悦，培育热爱劳动的品质，激发建设新农村的情怀，为推动实现乡村振兴提供后备人才支撑。

第一节 乡村振兴

开展营地教育，农村具有广阔天地。党的十八大以来，党中央坚持把解决好"三农"问题作为全党工作重中之重，在打赢脱贫攻坚战的基础上，全力推进实施乡村振兴。2017年，党的十九大报告正式提出实施乡村振兴战略。2018年，中央一号文件《中共中央 国务院关于实施乡村振兴战略的意见》出台，对乡村振兴工作进行全面部署。2021年，全国人大常委会表决通过《中华人民共和国乡村振兴促进法》，为乡村振兴提供法治保障。2022年，党的二十大报告再次提出要全面推进乡村振兴。作为探索新时代青少年校外实践教育工作的研究机构，一定要与党中央决策部署同频共振，充分利用党和国家出台的政策优势，围绕服务地方乡村振兴战略规划和产业布局，积极寻找建设教育营地助推当地经济发展的契合点，推动青少年校外实践教育活动持续、有效、健康发展。

一、乡村振兴的内涵

党的十九大报告提出的乡村振兴"产业兴旺、生态宜居、乡风文明、治理有效、生活富裕"二十字总要求，作为乡村振兴的基本内容和发展愿景，已成为各地开展农业农村工作的出发点和落脚点。《中共中央 国务院关于实施乡村振兴战略的意见》进一步强调，乡村振兴要"统筹推进农村经济建设、政治建设、文化建设、社会建设、生态文明建设和党的建设，加快推进乡村治理体系和治理能力现代化，加快推进农业农村现代化，走中国特色社会主义乡村振兴道路，让农业成为有奔头的产业，让农民成为有吸引力的职业，让农村成为安居乐业的美丽家园"。理解乡村振兴战略，需要把握以下核心内容。

（一）把握乡村振兴总要求的内在关系

乡村振兴总要求提出的产业兴旺、生态宜居、乡风文明、治理有效、生活富裕五项任务，分别对应经济建设、生态文明建设、文化建设、政治建设、社会建设，与党中央统筹推进的"五位一体"总体布局高度吻合、完全一致。五项任务中，产业兴旺是重点，是解决农村一切问题的前提；生态宜居是关键，是乡村振兴的内在要求；乡风文明是保障，是乡村振兴的紧迫任务；治理有效是基础，是乡村振兴的重要保障；生活富裕是根本，是乡村振兴的主要目的。准确理解乡村振兴总要求五项任务的各自属性，有助于我们寻找开展营地教育工作的突破口和对接点。

（二）把握乡村振兴的阶段性目标任务

实施乡村振兴战略的总目标是农业农村现代化，具体目标分解为三步走：到2020年，乡村振兴取得重要进展，制度框架和政策体系基本形成（目前已完成脱贫攻坚、全面建成小康社会的历史任务，实现了第一个百年奋斗目标）；到2035年，乡村振兴取得决定性进展，农业农村现代化基本实现；到2050年，乡村全面振兴，农业强、农村美、农民富全面实现。实施乡村振兴战略，是一项谋长远、重长效工作。营地教育要随着乡村振兴不同时期的中心任务，做好不同阶段的规划、建设和运营工作。

（三）把握实施乡村振兴战略的遵循原则和发展路径

《中华人民共和国乡村促进法》指出，全面实施乡村振兴战略，应当坚持中国共产党的领导，遵循以下五项原则，即：坚持农业农村优先发展，坚持农民主体地位，坚持人与自然和谐共生，坚持改革创新，坚持因地制宜、规划先行、循序渐进。

习近平总书记在2017年12月召开的中央农村工作会议上，对实施乡村振兴战略提出了"七条之路"的实施路径：一是必须重塑城乡关系，走城乡融合发展之路；二是必须巩固和完善农村基本经营制度，走共同富裕之路；三是必须深化农业供给侧结构性改革，走质量兴农之路；四是必须坚持人与自然和谐共生，走乡村绿色发展之路；五是必须传承发展提升农耕文明，走乡村文化兴盛之路；六是必须创新乡村治理体系，走乡村善治之路；七是必须打好精准脱贫攻坚战，走中国特色减贫之路。

营地教育工作的规划及其推进，只有在遵循国家乡村振兴总原则的前提下，紧随各地不同时段开辟的不同实施路径应运而生、顺势而为，方能达到相互促进、事半功倍的效果。

二、乡村振兴的时代意义

实施乡村振兴战略，是党和国家的重大决策部署，是新时代"三农"工作的总抓手，是实现中华民族伟大复兴的一项重大任务。

（一）实施乡村振兴战略，是破除城乡二元结构、实现城乡融合发展的重要举措

在新中国成立后的相当长时间里，由于城乡二元结构体制限制，城乡收入差距拉大，农业农村发展滞后。近年来，国家先后采取取消农业税、开展新农村建设、实施脱贫攻坚行动等办法，促进了农业农村加速发展，但发展不平衡不充分问题在绝大多数乡村仍然突出。实施乡村振兴战略遵循的第一条原则是坚持农业农村优先发展，实施的第一条路径是重塑城乡关系、走城乡融合发展之路，都有助于农业农村优先、快速、优质发展。习近平总书记2020年12月28日在中央农村工作会议上强调，今后15年是破除城乡二元结构、健全城乡融合发展体制机制的窗口期。

（二）实施乡村振兴战略，是从根本上解决新时代"三农"问题的总抓手

农业农村农民问题是关系国计民生的根本性问题。没有农业农村的现代化，就没有国家的现代化。面对农业供给质量不高、农村环境和生态问题突出、农民适应生产力发展和市场竞争的能力不足、农村基层党建比较薄弱、乡村治理体系不够完备等问题，需要综合施策，整体推进。实施乡村振兴战略，将围绕二十字总要求，分三步走，"坚持五级书记抓乡村振兴，让乡村振兴成为全党全社会的共同行动"，稳扎稳打，步步为营，推动农业全面升级、农村全面进步、农民全面发展，谱写新时代乡村全面振兴新篇章。

（三）实施乡村振兴战略，是"五位一体"总体布局和"四个全面"战略布局在农村的深入实践

统筹推进经济建设、政治建设、文化建设、社会建设、生态文明建设"五位一体"总体布局，协调推进全面建成小康社会、全面深化改革、全面依法治国、全面从严治党"四个全面"战略布局，是党和国家开创事业新局面的经验所在，并将长期作为今后治国理政的总方略。乡村振兴的总要求，涉及"三农"问题的方方面面，涉及"五位一体""四个全面"在乡村需要不断提升和完善的具体要求。乡村振兴战略将这些要求构成一个有机整体，突出乡村产业和文化建设，加强现代乡村社会治理，促使农业农村在建设中国特色社会主义现代化强国的征程上发挥重要作用，城乡融合发展，共同实现中

华民族伟大复兴重大任务。

三、乡村振兴的时代内容

2018年3月，习近平总书记参加十三届全国人大一次会议山东代表团审议时指出，实施乡村振兴战略是一篇大文章，要统筹谋划，科学推进，重点是五个振兴。

一是产业振兴。紧紧围绕发展现代农业，围绕农村一二三产业融合发展，构建乡村产业体系，实现产业兴旺。

二是人才振兴。把人力资本开发放在首要位置，强化乡村振兴人才支撑，让愿意留在乡村、建设家乡的人留得安心，让愿意上山下乡、回报乡村的人更有信心，打造一支强大的乡村振兴人才队伍。

三是文化振兴。培育文明乡风、良好家风、淳朴民风，改善农民精神风貌，提高乡村社会文明程度，焕发乡村文明新气象。

四是生态振兴。坚持绿色发展，加强农村突出环境问题综合治理，扎实实施农村人居环境整治三年行动计划，推进农村"厕所革命"，打造农民安居乐业的美丽家园。

五是组织振兴。打造坚强的农村基层党组织，培养优秀的农村基层党组织书记，建立健全现代乡村社会治理体制。

乡村振兴的五个振兴内容与发展营地教育息息相关，需大量注入青少年校外实践教育元素。

（一）产业振兴：推动农村一二三产业融合发展

2018年4月，习近平总书记在海南考察时指出：要鼓励和扶持农民群众立足本地资源发展特色农业、乡村旅游、庭院经济，多渠道增加农民收入。2019年9月，习近平总书记对河南旅游工作给予了肯定：依托丰富的红色文化资源和绿色生态资源发展乡村旅游，搞活了农村经济，是振兴乡村的好做法。《中共中央 国务院关于做好2022年全面推进乡村振兴重点工作的意见》明确要求："实施乡村休闲旅游提升计划""支持农民直接经营或参与经营的乡村民宿、农家乐特色村（点）发展""将符合要求的乡村休闲旅游项目纳入科普基地和中小学学农劳动实践基地范围"。营地教育作为研学旅行和劳动教育的重要载体，将迎来快速发展的黄金时期。同时，随着居民消费水平的逐步提高，私家车普及，"自驾游"的旅游方式将超过"跟团游"，营地成为服务自驾游的最佳业态，也将催生乡村旅游露营产品和露营地的发展。

（二）人才振兴：打造乡村懂管理善经营的人才队伍

各地在贯彻落实乡村振兴促进法的过程中，将"采取措施鼓励和支持社会各方面提

供教育培训、技术支持、创业指导等服务,培养本土人才,引导城市人才下乡,推动专业人才服务乡村,促进农业农村人才队伍建设""国家鼓励城市人才向乡村流动,建立健全城乡、区域、校地之间人才培养合作与交流机制"。营地教育建设在乡村、活动在村庄,在吸纳当地人力资源广泛参与的同时,必将培育出一批旅游管理乡土人才。同时,让青少年在营地身临其境参与乡村振兴活动,也必将培育出他们热爱农村、建设家乡的情怀,成为乡村振兴的潜在人才。

(三)文化振兴:提高乡村社会文明程度

乡村振兴促进法要求:各级人民政府应当采取措施丰富农民文化体育生活,倡导科学健康的生产生活方式,普及科学知识,推进移风易俗,提倡孝老爱亲、勤俭节约、诚实守信,促进男女平等,创建文明村镇、文明家庭,培育文明乡风、良好家风、淳朴民风,建设文明乡村。营地教育充满着先进文化氛围和现代文明气息,可以用科学的教育理念和通俗易懂的宣传方式,把现代文明播撒到周边农户,引导农民改善精神风貌,推动乡村焕发文明新气象。

(四)生态振兴:打造农民安居乐业的美丽家园

按照乡村振兴促进法的要求,县级人民政府和乡镇人民政府应当按照尊重农民意愿、方便群众生产生活、保持乡村功能和特色的原则,因地制宜安排村庄布局,依法编制村庄规划,分类有序推进村庄建设。营地教育建设规划要纳入美丽乡村规划之中,并积极参与开发观光农业、生态教育等服务,打造绿色生态环保的乡村生态旅游产业链,为创建特色生态旅游示范村镇作出贡献。

(五)组织振兴:打造坚强的农村基层党组织

教育事业的社会属性决定了营地教育必须坚持党的领导,全面贯彻党的教育方针。做好营地教育工作也必须取得当地党组织的大力支持,接受地方政府和村集体经济组织的管理。营地教育工作者要以更高的政治自觉、更强的责任担当协助当地加强基层组织建设,使其成为帮助农民致富、维护农村稳定、推进乡村振兴的坚强战斗堡垒。

第二节 乡村振兴主题营地模式

相比于城市营地,乡村振兴主题营地的最大不同在于自然资源赋予它独特、多彩的乡土风貌。乡村静谧的田园、优美的风光、淳朴的乡情、独特的乡村体验、纯净的空气、良好的生态以及浓烈的乡土文化等丰富的乡村旅游资源,是开发建设乡村振兴主题营的基础和必要条件。充分认识乡村旅游资源才能更好地开发、利用和保护，并依托丰富的乡村旅游资源建成特色鲜明的主题营地，使乡村旅游及营地教育走上可持续发展之路。

一、资源开发

（一）资源分类

乡村旅游资源元素组合的复杂性，形成了乡村旅游资源的内在文化丰富、外在类型多样的特点。可以从成因、属性、特征、开发利用等不同层面，对乡村旅游资源进行不同的类型划分。以下根据乡村振兴主题营地依托的乡村旅游资源，介绍两种常见的分类方法。

1. 按旅游资源的结构、组合方式划分

（1）乡村田园景观资源。自然田园风光是乡村旅游资源中最主要的构成部分，包括大规模连片的农田带、多种类型的经济果林与蔬菜园区、一定面积的天然或人工水面等。

（2）乡村聚落景观资源。聚落是人类活动的中心，它既是人们居住、生活、休息和进行社会活动的场所，也是人们进行生产劳动的场所。我国乡村聚落分为：集聚型，即团状、带状和环状村落；散漫型，即点状村落；特殊型，表现为帐篷、水村、土楼和窑洞。乡村聚落的形态、分布特点及建筑布局构成了乡村聚落景观旅游资源丰富的内涵。这些旅游资源景观具有整体性、独特性和传统性等特点，反映了村民们的居住方式，往往成为区别于其他乡村的显著标志。

（3）乡村建筑景观资源。乡村建筑包括乡村民居、乡村宗祠建筑以及其他建筑形式。不同地域的乡村民居风格迥异，代表不同的地方文化，给游客以不同的感受。比如，青藏高原的碉房，内蒙古草原的毡包，喀什乡村的"阿以旺"，云南农村的"干栏"，苗乡的寨子，黄土高原的窑洞，东北林区的板屋，客家的五凤楼、围垄及土楼等，千姿百态，具有浓郁的乡土风情。乡村宗祠建筑，如气派恢宏的祠堂、高大挺拔的文笔塔、装饰华美的寺庙等，是乡村发展的历史见证，反映出乡村文明发展的时代特征。

（4）乡村农耕文化景观资源。我国农业生产源远流长，乡村劳作形式种类繁多，有刀耕火种、水车灌溉、围湖造田、鱼鹰捕鱼、采药摘茶等，这些都充满了浓郁的乡土文化气息，体现出不同的农耕文化，对于城市居民、外国游客极具吸引力。

（5）乡村民俗文化景观资源。乡风民俗反映出特定地域乡村居民的生活习惯、风土人情，是乡村民俗文化长期积淀的结果。乡村传统节日五彩纷呈，汉族有元宵节、端午节、中秋节等，藏族有浴佛节、雪顿节等，彝族有火把节，傣族有泼水节等。还有农村的游春踏青、龙舟竞渡、赛马、射箭、荡秋千、赶歌、阿细跳月等多种民俗活动,具有较高的旅游开发价值。乡村风俗习惯,如各地的舞龙灯舞狮子、陕北的大秧歌、东北的二人转、西南的芦笙盛会等都脍炙人口,令人流连忘返。还有各地民间工艺品,如潍坊年画、贵州蜡染、南通扎染、青田石刻以及各种刺绣、草编、泥人、面人等,无不因其浓郁的乡土特色而深受游客青睐。

2. 按组成成分、景观功能划分

(1)农业景观。有田原风光,如水乡景观、干旱区景观、梯田景观;林区风光,如森林景观、种植园景观;渔区风光,如海洋渔场景观、淡水鱼场景观;草场景观,如草原景观、草山草坡景观;城郊景观等。

(2)聚落景观。有集镇景观,如旅游型集镇景观、交通型集镇景观、乡行政中心型集镇景观、工业型集镇景观、商贸型集镇景观;有村落景观,如农村景观、牧村景观、渔村景观、山村景观等。

(3)民俗文化景观。有传统民居、传统服饰、传统饮食、娱乐、民间文艺、节日庆典、婚恋习俗、礼仪、信仰等。

(二)资源挖掘

营地建设可以依托国家各部门推出的乡村振兴落地项目,充分利用项目中的产业业态、环境场所、设施设备及人员等既有资源,将营地的内容建设融入项目的建设内容要求,以营地功能赋能乡村振兴落地项目,拉长产业链,提升价值链。目前,国家推出的乡村振兴项目、培育的乡村振兴新业态主要有:

1. 美丽乡村

2013年2月,农业部印发《关于开展"美丽乡村"创建活动的意见》,提出以促进农业生产发展、人居环境改善、生态文化传承、文明新风培育为目标,创建一批天蓝、地绿、水净、安居、乐业、增收的"美丽乡村",随后出台《农业部"美丽乡村"创建目标体系》推动实施。

2. 田园综合体

2017年5月,财政部发布《关于开展田园综合体建设试点工作的通知》,提出围绕实现农村生产生活生态"三生同步"、一二三产业"三产融合"、农业文化旅游"三位一体",逐步建成以农民合作社为主要载体,让农民充分参与和受益,集循环农业、创意农业、农事体验于一体的田园综合体。

3. 特色小镇

2017年12月,国家发展改革委等四部委联合印发《关于规范推进特色小镇和特色小城镇建设的若干意见》，解释特色小镇，是在几平方千米土地上集聚特色产业、生产生活生态空间相融合、不同于行政建制镇和产业园区的创新创业平台；是立足产业"特而强"、功能"聚而合"、形态"小而美"、机制"新而活"，推动创新性供给与个性化需求有效对接，是打造创新创业发展平台和新型城镇化的有效载体。

4. 国家现代农业产业园

2017年3月，农业部、财政部《关于开展国家现代农业产业园创建工作的通知》指出，国家现代农业产业园是在规模化种养基础上，通过"生产+加工+科技"，聚集现代生产要素，创新体制机制，形成了明确的地理界限和一定的区域范围，建设水平比较领先的现代农业发展平台。

5. 农业科技园区

2018年2月，科技部等六部门共同制定《国家农业科技园区发展规划（2018—2025年）》，提出到2020年，构建以国家农业科技园区为引领，以省级农业科技园区为基础的层次分明、功能互补、特色鲜明、创新发展的农业科技园区体系；到2025年，把园区建设成为农业科技成果培育与转移转化的创新高地，农业高新技术产业及其服务业集聚的核心载体，农村大众创业、万众创新的重要阵地，产城镇村融合发展与农村综合改革的示范典型。

6. 国家农村产业融合发展示范园

2017年8月，国家发展改革委等七部委印发的《国家农村产业融合发展示范园创建工作方案》指出，各地要结合本地区实际，充分挖掘地域特色，围绕农业内部融合、产业链延伸、功能拓展、新技术渗透、产城融合、多业态复合六种类型，有针对性地创建农村产业融合发展示范园。2018年10月制定《国家农村产业融合发展示范园认定管理办法（试行）》《国家农村产业融合发展示范园认定评审标准（试行）》，全面推动实施。

7. 国家农业公园

2008年，中国村社发展促进会、亚太环境保护协会等5家单位根据农业部制定的农业公园的相关标准，联合制定了《中国农业公园创建指标体系》。中国农业大学发布的《中国农业公园发展研究报告（2016）》指出，中国农业公园是在农业园区、科技园区、观光园区的基础之上，融合农业产业发展、农耕文化与传统民俗、生态环境保护、新农村建设等多种形式发展起来的一种农村一二三产业融合新模式、休闲旅游发展新业态。

8. 中国特色农产品优势区

2017年10月，国家发展改革委、农业部、林业局联合印发《特色农产品优势区建

设规划纲要》，要求围绕特色粮经作物、特色园艺产品、特色畜产品、特色水产品、林特产品五大类，创建中国特色农产品优势区。区内形成以特色农产品生产、加工、流通、销售产业链为基础，集科技创新、休闲观光、配套农资生产和制造融合发展的特色农业产业集群，打造一批"中国第一、世界有名"的特色农产品优势区。

9. 全国农村一二三产业融合发展先导区

2017 年 12 月，农业部《关于支持创建农村一二三产业融合发展先导区的意见》对农村一二三产业融合发展先导区给出了明确定义：是指农村一二三产业融合发展中，部分县乡等行政区或某一产业集聚区，坚持产前产中产后有机衔接和一二三产业融合发展，已经形成了相对成型、成熟的融合发展模式和全产业链条，产业价值链增值和区域品牌溢价效果已初步显现，市场竞争已经由产品竞争上升到产业链竞争的新高度，并且其做法经验可复制、可推广，能够在全国发挥标杆引领和典型示范作用的区域。

（三）资源建构

乡村振兴主题营地是教、文、旅、农、艺等多业态融合而生的新事物，是教育链接"三农"、文化、旅游的连接器，是组合教育活动、旅游活动、文化活动的集成品，因此营地建设要遵从教育的本质和需求，要服从文化旅游的属性和特征，要体现主题为先、活动为本、体验为要的营地教育特质。其要素建构主要包括以下四个：

1. 研究教育政策，确立营地建设规划方向

改革开放以来，党中央、国务院和教育部等部门颁布了一系列关于教育改革发展以及关于学校各种专题教育的文件，如中共中央、国务院《关于全面加强新时代大中小学劳动教育的意见》，中共中央办公厅、国务院办公厅《关于进一步加强和改进未成年人校外活动场所建设和管理工作的意见》，教育部等 11 部委《关于推进中小学生研学旅行的意见》，以及教育部《完善中华优秀传统文化教育指导纲要》《中小学德育工作指南》《中小学综合实践活动课程指导纲要》等系列文件。这些文件不仅强调了教育与生产劳动和社会实践相结合，加强实践教育和校外实践教育基地建设，培养学生的社会责任感、创新精神和实践能力，促进知行统一，也为营地的规划设计提供了内容和方向（教育需求）指引，是营地规划设计和建设发展的重要依据。

2. 发掘农业农村类项目资源，为营地建设遴选支撑项目

目前我国发改、财政、农业、林业、工信、水利、文旅、科技、合作总社等部门均有专项补贴资金用于农业农村类项目。要深刻把握和理解各项政策的宏观背景，紧盯扶持政策，结合项目实际，确定项目实施的方向和重点，主动对标，找准切入点、契合点，为项目后期形成政策优势叠加、最大限度争取项目资金提前做好准备。目前国家大

额类的农业扶持资金主要集中在现代农业产业园、优势产业集群、田园综合体等类别项目上，建设乡村振兴主题营地要向这些大的农业项目积极靠拢，依托这些高端高效农业项目作支撑，拓展营地教育功能，推动实施高质量乡村营地教育。

同时，挖掘项目自身及周边资源，确定至少一项符合培养学生发展核心素养的研学主题，如优秀传统文化教育、红色传统教育、国防教育、劳动教育、综合实践等，作为营地活动课程的主打方向和教育主题，统领活动课程和线路的开发设计，形成营地特色。

3. 分析农业农村类项目软硬件条件，统筹规划设计营地的功能布局及场馆设施

分析现有农业农村项目的产业业态、功能分区、环境设施、硬件条件，包括基础设施、教育设施及其他配套设施的总体布局，整体统筹、规划设计营地教育项目的功能布局、场馆设施，增其所不足。主动参与乡村工作谋划，力争将营地建设纳入乡镇、村庄乡村振兴规划建设总体布局。

4. 厘清支持保障系统，融入营地教育项目需求

主动向当地党政部门、群团组织报告营地教育工作设想，争取有关部门大力支持并将营地教育纳入自身工作内容体系，如宣传部门负责的文明创建、妇联负责的家长教育、农业部门负责的农民丰收节、文化部门负责的农耕文化展览、民政部门负责的关爱留守儿童、教育部门负责的研学旅行等，都可通过营地教育方式承办和协助实施。分析现有农业农村项目的机构设置、工作流程、人员队伍、安全管理系统、卫生管理系统、医疗及应急系统等各项保障措施，将营地教育项目需求整合其中。

二、实施模式

（一）实施理念

1. 乡村振兴主题营地建设要贯彻生态化发展理念

习近平总书记曾指出，新农村建设要遵循乡村自身发展规律，充分体现农村特点，注意乡土味道，保留乡村风貌，留得住青山绿水，记得住乡愁。这就是关于农村地区发展的"绿水青山就是金山银山"的生态化发展理念。乡村营地的建设发展也要走生态化发展之路，实现生态资源的价值化。

2. 乡村振兴主题营地的教育活动要能留住乡愁

乡愁在某种程度上而言是一种文化概念，因而农村营地教育还应当充分地与乡土文化相结合，尤其是要通过乡愁文化及其载体，留住学生心中乐乡、思乡、怀乡、盼乡的乡愁。留住乡愁就是留住乡土文化及其载体的多样性，而保持多样性正是内嵌于生态化发展的核心要义。因而，贯彻"绿水青山就是金山银山"的生态化发展理念，走生态产

业化和产业生态化的发展道路，打造乡村营地"百里不同风"的发展样态，即是乡村营地教育的一个鲜明特征。

（二）实施模式

1. 感悟式

依托良田、特色蔬菜、花卉苗木、乡村农舍、溪流河岸、园艺场地、绿化地带、产业化农业园区、特种养殖业基地等乡村自然、人文景观，让青少年在大自然中感悟原始美、天然美、生态美，在山清水秀的自然风光和多彩多姿的民族风情中放松心情，获得愉悦，纯净心灵，陶冶情操。

2. 体验式

依托当地的民俗文化、农业生产和农副产品等乡村资源，让青少年操作推磨磨面、水车灌溉、石臼舂米、木机织布、手工刺绣、制作陶制品、采摘瓜果蔬菜等农活，体验乡村生活的质朴，体验耕种的智慧和收获的喜悦。还可品尝花卉花粉、野生植物食品、特色风味小吃、禽畜水产佳肴等乡村土特产品，体验生态文明成果。

3. 实践式

教育部《义务教育劳动实践教育课程标准》安排的劳动教育十个任务群，其中有清洁与卫生、整理与收纳、烹饪与营养、家用器具使用与维护、农业生产劳动、传统工艺制作、公益劳动与志愿服务七个任务群可以直接通过乡村营地教育落实，让青少年在从事种植蔬菜、收割粮食、烹饪饭菜等劳动实践中，体验劳动艰辛，增进对劳动人民的感情。

4. 沉浸式

乡村丰富的民俗文化、传统的手工技艺、独特的耕作方式、和谐的人居建筑，尤其是富有创意的乡村文化产品，如麦秆板凳、彩绘柚画、音寨迎宾等，根植于乡村特定的生活环境，沉淀为乡村深厚的人文内涵，给人们一种浸润式的传统文化熏陶。可安排青少年参与划龙船、跳竹竿舞、过泼水节等民俗民族文化活动，感受中华民族大家庭的和谐之美。

第三节 乡村振兴主题营地案例

一、主题营地概况

助力乡村振兴的青少年实践主题营地建设，要利用当地资源展现营地特色，协调地方政府开发主题课程，精心设计研学接待方案，完善安全管理和后勤保障机制，充分发挥出营地的教育功能、文化影响及社会经济效益。

近年来，各地充分挖掘本地特色，将自然资源、农业资源、文化资源有机整合，赋予旅游和研学元素，让其绿水青山变成了金山银山。近年来一批农文旅融合项目如雨后春笋般遍地开花，为乡村振兴增添了动力。

二、主题营地课程体系

乡村振兴主题营地建设得力于政府的大力支持和农户的积极参与，营地教育课程较为活跃，注重人人参与、流汗劳动、交流互动，在营地教育活动中引导营员体验感受、思考探索、团队协作，实现育人功能。

乡村振兴营地课程体系，因户外田间劳动及与农户交流较多，要强化尊重劳动人民、热爱劳动成果的教育，并在研学活动评价环节中体现出来。

乡村振兴教育主题营地课程包括素质拓展主题课程、生命安全教育主题课程、劳动教育主题课程、研学实践教育主题课程、原生态农家住宿饮食体验主题课程等。

三、主题营地活动课程案例

十堰市郧阳区青少年活动中心营地

（一）营地概况

郧阳区青少年活动中心营地位于湖北省十堰市郧阳区，是一所由区政府主办、区教育局主管，能一次性接待1500人开展中小学生研学实践、综合实践、劳动教育、各项赛事、教师培训等活动的综合性营地。营地创建于2012年，占地面积180亩（约12万平方米），建筑面积2万余平方米。建设有8000平方米学生公寓、2000平方米食堂、5000平方米室内劳动教育场馆、1200平方米学术报告厅等，设施齐全，功能完备。营地于2020年被评为十堰市第一批市级中小学生研学实践教育营地，2021年被评为湖北省省级中小学生研学实践教育营地。

郧阳区青少年活动中心营地位于鄂豫陕三省边界，地处中国地理版图"鸡心"，交通条件便利。当地拥有世界上独一无二的恐龙蛋化石群、"郧县人"头盖骨化石等文物古迹，是国家南水北调引汉（汉水）入京（北京）工程的水源地。

（二）营地特色

1.建立管理服务机制

营地参与编写了"研学旅行营地服务与管理"系列教材，精心打造课程开发方案、活动组织方案、营地日常管理方案、各类安全预案以及研学教师管理制度、课程实施管

理制度、学员日常管理制度、营地保障管理制度、安全保障制度等"四案五制"管理平台，形成了健全完善的管理服务体系。

2. 结交战略合作伙伴

营地利用北京与十堰对口协作契机，与中国青年旅行社签订了长期战略合作协议，成为中青社在湖北地区唯一合作伙伴。营地加入了湖北省校外协会，是湖北省研学旅行协会会员单位。营地打造研学专家孵化平台，聘请了国家级营地评审员1人、省级研学旅行专家3人。

3. 研发系列教材课程

营地与武汉商学院签订战略合作协议，利用武汉商学院研学旅行专业优势，编制了研学教材《读行郧阳》，建构起郧阳区"探调水之源、寻恐龙踪迹、访人类老家"的主题课程。

4. 探索高效运营模式

区委、区政府注重高位统筹，经常深入营地进行专题调研，先后出台《郧阳区中小学生研学旅行工作实施意见》《郧阳区研学实践教育规划》等政策文件。加强高效推动，成立郧阳区校外实践教育工作领导小组，定期召开联席会议，研究解决营地管理运营、课程研发、要素保障等方面的难题。做好高质运营，将郧阳区青少年活动中心营地与青龙山地质公园国家级研学基地、N个市级以上研学基地联动运营，提高效能。

（三）营地课程

1. 营地主题课程

素质拓展主题课程。以"责任担当、团队有我"为主题，开设有高空豪华九面体、攀岩、百米障碍、礼让通行、携手并进、毕业墙、信任背摔、孤岛求生、穿越电网等器械课程，以及动力圈、团队浮桥等大型团队课程。

生命安全教育主题课程。以"健康成长、快乐生活"为主题，开设禁毒教育、法治教育、应急逃生、防溺水等课程。

劳动教育主题课程。以"我会我能、人生有成"为主题，在中心营地开设"学会独立、学会生活"日常生活劳动教育课程，在龙韵村分校开设"学会生活、学会技能"的郧阳传统手工生产劳动教育课程，在营地学农基地开设"学会技能、学会生存"的郧阳传统农作物种植与田间管理生产劳动教育课程。

研学实践教育主题课程。以"科学认知，实践创新"为主题，在小学阶段开展"寻四色"活动：红色——以郧阳革命烈士陵园、南化塘中原突围主战场研学基地为主的红色传承研学；绿色——以中国最美乡村樱桃沟、沧浪山国家森林公园基地为主的绿色生态研学；古色——以明代寻府学宫、辽瓦店子遗址基地等为主的华夏古文明研学；蓝色——以"二汽"总装厂、大运汽车总装为基地的汽车科技研学。在初中阶段开展"探三源"活动：水源——以探访南水北调核心水源区保护为主的生态环保之源；龙源——以探访青龙山国家地质公园为主的生物进化生命之源；人源——以探访"郧县人"、辽瓦店子遗址、府学宫等为主的古人类之源。在高中阶段开展"究两进"活动：生物演进——探究以青龙山国家地质公园、沧浪山国家森林公园为主的生物演进过程研学；人类进化——探究以学堂梁子遗址、辽瓦店子遗址为主的人类进化过程研学。根据不同主题，形成了逐步认知、逐步深化的27条研学线路。

2. 规范课程实施

（1）课程实施办法

课程方案。一是制定《××学校××年级研学实践活动方案》，明确每批营员的活动天数、活动任务、具体流程。二是制定《青少年活动中心营地学生一日活动常规方案》，明确学生从早晨起床到晚上就寝的一日生活常规，注重养成教育。三是制定《课程实施常规方案》，要求教师集体探讨研学教案，现场模拟研学流程，精心编制《研学手册》，客观评价学生研学质量；要求学生做好研学前知识储备，在基地设疑研学，回营地分享收获，认真进行自评互评；要求基地做好知识讲解、安全疏散、服务保障。

备课制度。研学旅行课程开发小组制定了完整的研学旅行活动课程模板，对课程背景、课程依据、活动目标、课程对象及规模、课程时间、课程地点、设备需求、活动准备、教学过程、课程实施场所、过程及材料、课程效果评价、课程建议等都做了具体规定。在围绕实现三维目标的同时，紧盯学生发展核心素养，落实好立德树人的根本任务。

（2）安全管理预案

规范活动程序。树立营地一切皆课程的理念，在衣食住行等方面建立了一套从接到学生直至把学生交回学校的闭环管理工作流程和规范，对学生进行全方位的养成教育，包括接送学生程序规范、营地值班制度、午晚间管理、场地安全制度、就寝制度、就餐制度、乘车规范、课程完成评价等完善的管理办法。既让学生操练行为习惯的养成，又能体验营地生活的快乐，还能收获丰富的研学知识。

完善各类预案。营地活动做到"外出有方案、应急有预案、行前有备案"。在活动中，提前拟订活动方案、计划，报研学旅行管理办公室审批、备案，并根据具体活动情况，研究制定详细的交通预案、防伤害预案、处理事故预案、食品安全预案等系列预案，在注重学生活动安全管理和加强保障的同时，让管理者人人知道怎样预防、怎样应急处理。

（四）营地师资

营地制订了《郧阳区青少年活动中心营地研学导师管理制度》，包括试用考核期、带班准入期、等级考核期等详细规定。目前营地持有湖北省校外教育专委会颁发的《研学导师资格证》的有 65 人，课程资源开发人员 27 人（含校内老师兼职）。另有若干名普通课程指导教师，形成了从普通生活指导老师到优秀带班老师的梯队有序发展的合理师资结构，完全具备一次组织 1500 人开展研学实践活动的营地能力。

本案例由湖北省十堰市郧阳区青少年活动中心营地主任王先波提供。

图 13-1　郧阳区青少年活动中心规划效果图

韶山知行银田研学实践营地

（一）营地概况

韶山知行研学旅行服务有限公司成立于 2018 年 10 月，注册资金 600 万元，公司联合银田村村委会，租赁当地闲置的村小学校园作为研学营地的办公场所，流转当地农田、菜地等改造成标准化研学场地，整合当地 39 户农家房屋、948 张床位，成立了韶山知行银田研学实践营地。

营地位于伟人毛泽东的故乡韶山市，距离毛泽东同志故居等核心景区 8 千米。公司利用周边丰富的红色资源优势，着力打造"研学实践基地为主体＋农户积极参与＋旅行社提供生源＋公司运营管理"的青少年红色教育研学实践基地。采用"村庄＋农户＋

公司"运营模式，让红色研学旅游发挥农民增产增收、农业多元经营、农村美丽繁荣的作用，成为乡村振兴的重要引擎。

图 13-2　韶山知行银田研学实践营地

（二）营地特色

1. 建设周期短，投资费用少

韶山知行银田研学实践营地，采用"村庄+农户+公司"模式，整合当地农家闲置的房屋资源，统一配套设施、统一制度管理、统一服务标准。营地建设周期短（6个月），投资少（不足300万元）。这种运营管理模式，降低了研学营地建设门槛，能在较短时间内快速孵化乡村研学营地。

2. 红色资源多，群众基础好

营地所在地银田村，有湖南省重点保护寺庙——银田寺、毛泽东父亲毛顺生的"长庆和"米店铺面、1927年毛泽东深入湖南农村考察农民运动第一站点等红色旅游和教育资源。银田村先后荣获"全国环境卫生整治示范村""全国乡村旅游重点村""湖南省文明乡村""湖南省美丽乡村示范村""湖南省新农村建设示范村""湖南省同心美丽乡村"等荣誉称号，基础条件良好，村民素质较高，能很好地配合营地接待工作。

3. 助力乡村振兴，社会效益显著

通过租赁村组闲置资产，村组入股分红，壮大集体经济实力，将村食用菌生产基地作为研学项目，推动乡村产业振兴；整合39户农家房屋资源，培训当地农户参与研学接待，带动乡村人才振兴；让村民参与开展营地红色教育，提升村民精神风貌，带动乡村文化振兴；配套基础设施建设，不断美化乡村，加强环境污染防治，带动乡村生态振兴；邀请基地所在村党组织参与红色研学活动，指导当地村民辅助开设红色研学课程，

提升了村基层党组织能量,带动乡村组织振兴。

(三)营地制度

1. 安保责任制度

每家农户配备一名安全员与学生同吃同住,确保入住安全;营地内 24 小时有安全员轮流值守;研学导师联合轮流查看房门关锁状况,提醒营员注意安全;每项活动开展前均出台活动安全细则,户外课程活动要求研学领队全程陪同,并在营地安全范围内活动。

2. 农户安全制度

每家农户管理制度统一上墙,并落实责任人;每家农户消防器材、应急灯、安全出口指示牌全部落实到位;每家农户进行消防培训、突发情况应急培训、服务规范培训;每家农户由研学营地农户管理中心统一管理。

3. 食品安全制度

饮食由研学营地统一制定研学营养菜单;每家农户落实餐厅卫生标准,确保干净卫生;所有肉类食材均由研学营地指定具有检疫合格证的供应商供应;学生餐前由镇村食品安全卫生监管员取样留存。

4. 医务急救制度

在学生抵达营地后对学生进行特殊情况登记并告知带队研学导师;全程配备经专业医务培训的研学导师;营地配备村级医务室,以及持证医生;距离市级医院车程 15 分钟。

5. 农户分配制度

公司建立农户接待数据库,记录每家接待床位量、接待餐饮人数、接待人次、学生体验反馈、接待服务是否达标、安全管理是否到位等情况,依照统计接待人数和整体评价进行分配。统计系统对接待农户开放,确保公正公平,激励优秀接待农户。

6. 客户反馈制度

公司对每次研学活动建立电子档案,统计研学旅行产品的需求提供者(学校)、消费者(家长)以及体验者(学生)三方评估情况。并根据体验者的意见反馈表、行前调研书、投诉案例等情况,对接待标准(吃、住、行等)进行评估,推出更适合的产品。

(四)营地课程

1. 主题线路名称

秋收起义星火燃,伟人精神代代传——银田秋季研学 2 天 1 晚课程。

2. 研学背景

秋收起义开辟了第一个农村革命根据地,人民军队历史上第一面军旗(带有镰刀、斧头、五角星的工农革命军军旗）诞生。这个秋天，到毛主席的故乡韶山，感受伟人的足迹。

3. 研学对象

4~6年级小学生。

4. 研学目标

引导学生了解秋收起义的故事；通过一系列挑战活动，模拟当年秋收起义的情景，穿越时空隧道，去感受当年烽火连天、硝烟弥漫的战场，缅怀革命历史，学习敢于斗争、不怕牺牲的革命精神，激发爱国情怀。

5. 重点难点

把革命精神与现在的学习、生活有机结合。

6. 研学课程

课程一：秋收起义誓师大会。通过庄严肃穆的誓师大会，激发同学们的热情，为本次研学定下主旋律。通过授旗仪式，来增强集体的荣誉感，为研学之旅奠定良好基础。通过宣誓仪式，让同学们有强烈的参与感，唤醒内心的自律、自觉、敬畏之情。

课程二：瞻仰伟人风范。参观毛主席学习和成长的地方——毛泽东故居，走入毛主席小时候的生活环境。参观纪念馆，激发对毛泽东主席为中华民族求解放而不懈奋斗的崇敬之情。在铜像广场前，同学们齐诵《少年中国说》，向毛主席铜像敬献花篮，表达对毛主席的敬仰和爱戴。

课程三：重走长征路。穿着红军军装，高举军旗，负重前行，以定向越野的形式在基地徒步，感受那段艰难的历程，寻找并感悟长征精神。

课程四：堡垒对战。把大团队分成若干小团队，在一个固定的堡垒里面，利用资源在规定的时间将竹竿、绳子、水瓢等搭建成一个炮台，发射用气球制作的水球，相互攻击对方堡垒。培养学员积极进取、乐观向上的人生态度，激发其面对困难、迎接挑战的信心与决心。

课程五："战前动员"。演讲者通过陈述自己的观点和主张，影响和感染他人并激发斗志，坚定必胜信心。同时锻炼演讲学生的语言表达能力和自信心。

课程六：胜利与和平篝火晚会。回顾展现先辈们经过浴血奋战夺取胜利的欢呼场面，教育学生珍爱和捍卫来之不易的胜利成果。

课程七：原生态农家住宿体验。入住当地农户家中，体验韶山农家生活，和农户主人产生接触和交流，认识新的"爸爸妈妈"，感受伟人故乡淳朴热情的民风。了解美丽乡村建设，了解所住农户家风，听"爸爸妈妈"讲毛爷爷的故事。

课程八：原生态农家饭菜体验。住在谁家，吃在谁家。动手采摘农户房前屋后的蔬菜，认识不同的本土时令食材。品尝伟人故里最地道的农家菜，听导师讲伟人与当地美食的故事。

7. 研学日程安排表（略）

8. 与中小学课本的联系

与小学六年级语文教材中的《秋收起义》及初中历史教材有关。

9. 课程评价

评价指标包括：

（1）时间观念：守时、不无故迟到早退；

（2）纪律意识：服从组长以及研学导师管理；

（3）探究学习：全程听研学指导师讲解并积极回答问题，能认真完成研学前期准备，会用多种方式搜集处理信息；

（4）研学过程：做到不怕困难和辛苦，能够积极主动参与活动，积极主动发现问题并寻求办法，严格要求自己，文明旅行；

（5）成果展示：能认真细致地完成研学手册，能积极主动地展示研学成果，成果有新意；

（6）两日研学自我总结。评价方式分为自我评价、组长评价、老师评价。

另通过自主研发获得软件专著权的"研学综合服务平台软件"进行多方面交叉形式的评价。

（五）营地师资

公司与多位特色研学指导师签约，包括国家宝藏守护人黄婷婷、解决校园霸凌专家杨战象、湖南省五一劳动奖章获得者高奇、长沙市导游协会会长黄武，以及湘雅医院40多位执业医生。其他研学指导师主要来源有四个方面：

（1）公司招募遴选了10位退伍军人作为研学营地的专职师资，统一食宿，统一管理，平时参与营地建设，有研学团队来到时作为军事类研学课程的指导师。

（2）公司组建了86人的兼职导游队伍，其中70%的人拥有教师资格证。

（3）公司联合村委会，在村民中邀请8位村民担任兼职导师。他们或是市人大代表，或是老红军后代，或是农耕高手，请他们作为忆苦思甜、农耕、红色教育方面课程的指导师。

（4）与本公司签约的39家农户，每户都保证有2位以上村民常住家中，由他们担任研学学生的乡村爸妈，在接待、餐饮、住宿等方面配合公司进行服务。

（六）研学保障

1. 人身安全

设置专岗安全员及应急操作方案流程，制定严谨的接待标准和规范。研学旅行活动涉及住宿、交通、餐饮方面的安全防范，由项目负责人按安全应急防控管理要求安排。营地每年按国家要求购买保额不低于 50 万元的旅行社责任险，单次活动另购买 18 万的意外伤害险。

2. 交通车辆

选用正规旅游汽车公司的合法车辆，签订《租赁运输责任合同》。从业驾驶员选用具有 10 年以上驾龄、5 年内无责任事故和不良记录的人员。车辆要求正规厂家生产，无改装，颜色统一，出厂 5 年内，性能良好，必须配备安全带，逃生设施完好。行前考察出行线路，选择通行顺畅、安全的道路，制定线路图和备选方案。

3. 住宿营地

住宿营地选用符合国家经营许可的正规旅店或营地，尽量安排同一家旅店以方便管理。入住旅店的消防、防盗设施必须齐全。选择管理规范的户外营地，事前评估安全隐患并防范安全事故发生。安全员应有夜间巡查制度和紧急疏散预案，确保营地学生安全。

4. 餐饮安排

选择具有国家机关颁发卫生许可证和经营许可证的餐饮企业，要求经营场所具备大型团队接待能力，从业人员均具有健康证，有每天餐饭 24 小时留样制度。所选就餐企业的食品安全等级不低于 B 级。

本案例由湖南省韶山知行银田研学实践营地运营总监刘建伯、湖南商务职业技术学院副教授伍欣提供。

（本章编者：魏顺政　杨崇君）

第十四章

营地教育＋安全教育

在营地开展青少年安全教育十分必要。营地可以发挥自身特点，成为安全教育的重要阵地。营地发展安全教育要从资源开发入手，找到符合自身特色的模式。国家安全教育是当下安全教育必须完善的一个重要板块。打算发展"营地教育＋安全教育"的机构，可以从安全教育主题营地案例中获得借鉴。

第一节 安全教育

一、安全教育的内涵

（一）安全教育的概念及安全教育的重要性

安全教育是指教育者按照一定社会要求，有目的、有计划、有组织地对受教育者的身心施加影响，使之在安全知识、安全技能、安全态度等方面得以形成和发展的活动过程。营地教育＋安全教育，对象主要是中小学和幼儿园学生群体，可以参照校园安全教育的目标，通过开展公共安全教育，培养学生的社会安全责任感，使学生逐步形成安全意识，掌握必要的安全行为知识和技能，了解相关的法律法规常识，养成在日常生活中及面对突发安全事件时正确应对的习惯，最大限度地减少安全事件造成的伤害。

在营地开展青少年安全教育十分必要。权威调查显示，我国每年约有1.6万名中小学生非正常死亡，平均每天约有40人，也就是说，每天有一个班的学生在"消失"。2006年，教育部颁布的《中小学生幼儿园安全管理办法》第五章第三十八条规定，学校应当按照国家课程标准和地方课程设置要求，将安全教育纳入教学内容，对学生开展安全教育，培养学生的安全意识，提高学生的自我防护能力。2007年教育部《中小学公共安全教育指导纲要》将学校安全工作内容概括为安全教育与安全管理两个方面。2010年国家发布《国家中长期教育改革与发展规划纲要（2010—2020年）》，提出要加强师生安全教育和学校安全管理，提高预防灾害、应急避险和防范违法犯罪活动的能力。2018年3月1日，全国学校安全工作座谈会在北京召开，时任教育部部长陈宝生强调，要始终把生命安全摆在第一位，把安全工作摆在教育发展的显要位置。

学校内的安全教育渠道主要是课堂教学、主题活动、网络课程，实践体验活动少，实施非常困难。营地教育因其综合性、实践性、创新性、多元性、社会性等特点，正好可以弥补学校安全教育工作的不足，成为学生安全教育的重要阵地。营地开展安全教育的强项在于，可以建设安全教育实训基地，设置安全教育体验场所，突出实训和体验，向周边的学校和社群辐射，服务于区域内所有学校和公众，并与学校和社会共享营地教育资源。

（二）安全教育的内容与类别

《中小学公共安全教育指导纲要》概括了中小学公共安全教育的主要内容，包括预防和应对社会安全、公共卫生、意外伤害、网络、信息安全、自然灾害以及影响学生安全的其他事故或事件六个模块。重点是帮助和引导学生了解基本的保护个体生命安全和维护社会公共安全的知识和法律法规，树立和强化安全意识，正确处理个体生命与自我、他人、社会和自然之间的关系，了解保障安全的方法并掌握一定的技能。纲要还要求小学、中学各学段各个安全教育模块的具体教学内容设置要根据地区和学生的实际情况加以选择。

《中小学幼儿园安全管理办法》提出了学校安全教育的内容：实验用品的防毒、防爆、防辐射、防污染等的安全防护教育；用水、用电的安全教育，寄宿学生的防火、防盗和人身防护等方面的安全教育；安全防范教育，使学生掌握基本的自我保护技能，应对不法侵害；交通安全教育；消防安全教育；到江河湖海、水库等地方戏水、游泳的安全卫生教育；多种形式的事故预防演练，比如针对洪水、地震、火灾等灾害事故的紧急疏散演练，使师生掌握避险、逃生、自救的方法。

在营地开展青少年安全教育时，在完全覆盖以上安全内容之后，更应该发挥其特点，利用校园内开展安全教育所不具备的优势，如真实的自然与社会环境，真实的可触可感的器具、材料与设施，更多的亲自动手和亲身实践机会，更丰富的教育资源，重点突出的相关安全教育内容，精准补齐校园内安全教育的缺失与短板。尤其是要利用营地教育综合性、多元化的特点，将多类安全教育内容整合起来。现实生活中大多数不安全

状况往往不是孤立发生的，比如，自然灾害的发生可能引发社会公共安全事故，交通安全事故可能会引发火灾。营地教育更容易实现各类安全教育内容的相互交叉、渗透与融合。

二、安全教育的作用

儿童和青少年心智发育不成熟，情绪管理能力正在形成过程中，自我保护的意识和能力不强，因此他们很容易受到各种伤害。营地开展针对儿童和青少年的安全教育，将教会其生存技能与价值观，使其受益一生。营地教育+安全教育意义重大，非常有必要，对儿童和青少年来说，至少有以下三个方面的重要作用。

（一）满足幼儿健康成长的客观要求

教育部 2012 年 9 月颁布《3~6 岁儿童学习与发展指南》，将幼儿的学习与发展划分为健康、语言、社会、科学、艺术五个领域，健康领域强调要帮助幼儿养成良好的习惯，提高自我保护能力，体现了安全教育是满足儿童健康成长的客观要求。该指南提出，幼儿要实现"手的动作灵活协调"目标，建议"引导幼儿注意活动安全，提醒幼儿不要拿剪刀等锋利工具玩耍，用完后要放回原处"。实现"具有良好的生活与卫生习惯"目标，要提醒幼儿保护五官，如不乱挖耳朵、鼻孔，看电视时保持 3 米左右的距离等。要结合生活实际对幼儿进行安全教育，如外出时提醒幼儿要紧跟成人，不远离成人的视线，不跟陌生人走，不吃陌生人给的东西；不在河边和马路边玩耍；要遵守交通规则等。告诉幼儿不允许别人触摸自己的隐私部位。遇到火灾或其他紧急情况时，要知道拨打 110、120、119 等求救电话。

（二）促进中国学生发展核心素养养成

2016 年 9 月在北京师范大学发布的《中国学生发展核心素养》公布了中国学生发展核心素养总体构架及基本内涵。核心素养细化为十八个基本要点，其中"自主发展"方面，"健康生活"是一个核心素养，"珍爱生命"是其中一个基本要点，"具有安全意识与自我保护能力"是其主要表现之一。

（三）有利于构建社会主义和谐社会

安全事故是家庭之痛、学校之痛、社会之痛。社会和谐必然要求人们重视安全，保障安全，让人人都有安全感。安全教育通过传播安全知识，形成安全意识，培养安全能力，创造出和谐的社会环境，安全教育为社会和谐提供基本保障。

三、安全教育的时代内容

随着时代的发展,安全教育的具体内容也是动态发展的。比如校园贷、新的公共卫生事件、生态环境破坏导致的新的自然灾害等,必须成为安全教育的新内容。特别是国家安全面临的新形势、新内容、新任务,是当下安全教育必须完善的一个重要板块。在大中小学一体化开展国家安全教育,是安全教育的重要时代内容。

(一)国家安全的概念与内涵

国家安全有广义和狭义之分,广义的国家安全指国家的主权独立、领土完整并神圣不可侵犯,公民、国家的财产及权利有安全保障,公共秩序良好、社会和谐稳定等。狭义的国家安全特指政权的安全,包括国家的政治制度、经济体制等的安全。《辞海》将国家安全定义为:国家利益不仅不受自然因素的侵害,也不受内外部敌对势力的威胁;国家的政权、主权不受侵犯,领土完整,经济利益免受侵害,社会和谐稳定,以及意识形态、文化体制不受反动思想和舆论的侵蚀;人民的生命财产安全得到有效保障,自然生态环境有序、良好等。由以上定义可知,国家安全包含主权独立、领土完整等,以及政权、社会制度等上层建筑不受侵害等。2015年颁布实施的《中华人民共和国国家安全法》,将国家安全定义为:"国家安全是指国家政权、主权、统一和领土完整、人民福祉、经济社会可持续发展和国家其他重大利益相对处于没有危险和不受内外威胁的状态,以及保障持续安全状态的能力。"我国维护国家安全的主体包括中华人民共和国公民、一切国家机关和武装力量、各政党和各人民团体、企事业组织和其他社会组织。

(二)国家安全的内容与类别

《中华人民共和国国家安全法》从政治安全、国土安全、军事安全、经济安全、文化安全、社会安全、科技安全、信息安全、生态安全、资源安全、核安全11个领域对国家安全任务进行了明确,并将4月15日确定为全民国家安全教育日。教育部于2020年印发了《大中小学国家安全教育指导纲要》,明确大中小学国家安全教育涉及包含政治安全、经济安全、文化安全、信息安全在内的16个国家安全的重点领域。

(三)国家安全教育的重要性

党的十九大报告指出,"加强国家安全教育,增强全党全国人民国家安全意识,推动全社会形成维护国家安全的强大合力"。党的二十大报告继续强调国家安全教育在增强、维护国家安全能力中的重要性,提出要"全面加强国家安全教育","增强全民国家安全意识和素养,筑牢国家安全人民防线",将国家安全摆在了更加突出的位置。《中华人民共和国国家安全法》第十四条规定,每年4月15日为全民国家安全教育日;国

家安全教育要纳入国民教育体系、公务员培训体系，要增强全民国家安全意识。教育部把国家安全教育日作为一项教育制度确立下来，指导国家安全宣传教育活动的开展。2018年，教育部印发了《关于加强大中小学国家安全教育的实施意见》，要求构建完善国家安全教育内容体系，其中，大学生"应接受国家安全系统化训练，增强维护国家安全的责任感和能力。"2020年教育部印发《大中小学国家安全教育指导纲要》，以制度形式规定了青少年国家安全教育的总体要求、目标任务、重点工作、组织保障等，初步构建起了青少年国家安全教育的基本框架和思路。《义务教育课程方案和课程标准（2022年版）》将国家安全素养培育纳入学生核心素养培育范畴，将国家安全融入国家课程目标和内容体系。

（四）国家安全教育内容的时代性

国家安全在不同时代有不同的内容，国家安全教育要顺应时代的变化而增加新的教育内容。当今世界正经历百年未有之大变局，新型网络攻击、气候灾难、国际形势错综复杂等多种因素叠加，全球不确定性风险因素增加，这些都要求国家安全教育要有新的时代内容。

1. 大安全观

大安全观要求重视人民安全，以人民安全为宗旨。以人民为本，树立传统安全与非传统安全相结合的总体安全理念和人类命运共同体意识。以大安全理念处理国家安全与个体安全、国家安全内部各要素、国家安全与国际安全的关系，将个体安全、国家安全和国际安全有机整合，形成集军事、政治、科技、生态等多种安全为一体的新型国家安全体系，注重不同领域安全要素间的传导联动，以及同一领域不同层级安全要素的相互关联和整合。

2. 粮食安全

张应良在《新形势下我国粮食安全风险及其战略应对》中指出：确保粮食安全，即在未知因素情况下，需要将一切关于粮食安全风险的边界都置于可应对的能力范围之内。我国保障粮食安全面临着一些风险挑战，例如，在膳食结构升级、人口数量和结构变化的背景下，国内粮食生产难以满足需求升级需要，结构性矛盾明显；在极端气候频发、水资源短缺和土壤退化的背景下，粮食生产环境恶化制约国内粮食生产能力提升；人工、土地和农业生产资料等粮食生产要素价格的大幅上涨，挤压种粮积极性，导致出现"非粮化""非农化"问题；在以美国为代表的西方国家将粮食问题政治化背景下，粮食金融化和能源化加剧了国际粮价波动和全球粮食供应链断裂可能性，突发公共卫生事件也会使国内粮食物流环节受阻，存在供应链风险，粮食输入性风险压力将会有增无减。

3. 网络安全

习近平总书记说："没有网络安全就没有国家安全。"网络安全涵盖网络基础设施、服务运行、信息安全等方面，面临网络基础设施安全隐患、网络战争、网络犯罪等威胁。维护网络安全必须树立网络空间主权意识、强化网络科技创新、推进网络治理国际合作等。当今中国已是网民基数和网络商务总量居于世界第一的网络大国。一方面，不良不实网络热点误导民众价值判断和取向的风险更加凸显，网络意识形态问题屡屡发生。另一方面，民众网络安全意识淡薄，应对网络安全风险能力亟待提升。新形势下，网络安全不再是事后应对的问题，网络安全教育十分必要，要全面推进网络空间法制化，建立维护国家网络主权思维。

4. 国土安全

核心是指领土主权不受侵犯且完整不被分裂、国家统一、领空和海洋权益不受侵犯或处于免于威胁的状态。要使国土安全教育深入人心，激发人民群众维护国家主权和领土完整的主人翁意识。

第二节　安全教育主题营地模式

安全教育需要学校、家庭、社会三方共同构建一个完善的安全教育网络。营地作为校外开展安全教育的基地，更容易发挥社会力量的作用。例如，2017年郑州市中小学体验式安全教育基地试运营，该基地的特点在于体验和考评结合在一起，学生每体验一个项目，都会自动记录成绩，使学生在体验中学习知识，成为一种新颖的营地式安全教育方式。郑州市已经有18所中小学把这里作为日常开展安全教育活动的定点基地。2009年深圳市政府建立深圳市现代安全实景模拟教育基地，主要是以实景模拟形式向广大参观者宣传安全知识技能，其显著特点是实景展现、模拟互动、寓教于乐，内容涵盖了消防、自然灾害、交通、家具、电器等各方面，并且免费对外开放。2010年湖南省成立了首个水上交通安全教育基地。这些积极探索的案例可供想要发展营地教育＋安全教育的机构借鉴，但还需要结合各类营地自身特点，找到营地发展安全教育的特有模式。

一、资源开发

（一）资源分类

营地开展安全主题教育，首先应该对营地以及邻近的可能作为安全教育运作场所的各类资源进行调查、收集整理和分析，比如，硬件方面的场地、设施、环境等，软件方面的人文历史、人力、课程或活动、营地价值观等资源。营地进行安全教育资源调查、分析与评估的过程中，要有相关方向的专业人士参加，也要有熟悉营地及周边环境的本地人士参与，因为他们更熟悉所在地安全教育资源的具体情况和历史变迁。

营地安全教育资源调查表内容，大致包括场地、设施、人员、历史变迁、已有课程与活动、物化成果、解说资源、传播资源等。对能够用来开展安全教育的内外部资源，可以根据安全内容类别进行分类归纳。比如分为自然灾害、交通事故、应急救护、劳动安全、国家安全教育类资源。对于营地将来能够开展安全教育的资源，在规划与发展之初，并不需要立即进行详尽的调查，只是需要根据营地安全教育要实现的目标，针对对象的特点来进行研判，看营地到底要为安全教育的使用者（来自学校的学生、亲子家庭或其他来营地学习与体验的公众）提供什么样的安全教育学习体验与实践。通过这样的方式调查与筛选营地发展安全教育的资源，才有重点与方向。

（二）资源挖掘

对于能够用以发展安全教育的营地资源，要根据将要开展的安全教育方案进行有针对性的深度挖掘。选择安全教育方案的具体主题时，可以在大主题之下挖掘出营地可以开展的安全教育小主题，比如：自然灾害——气象灾害、地震灾害、火灾、水灾；交通事故——海、陆（动车、高铁、地铁、公交、骑行）；应急救护——心肺复苏、外出血、骨伤、中暑、溺水、冻伤、动物伤害等；劳动安全——各种劳动场景的设施设备、劳动用品、劳保防护；国家安全——信息安全、科技安全、文化安全等。根据这些确立的主题，发展出未来将要开展的营地安全教育方案的核心概念，参与学习者要围绕这些核心概念才能获得有收益的学习经验。将要开展的营地安全教育方案中的解说方案，也可以从这些主题中挖掘出解说主旨、次主旨，以形成有意义的解说方案与解说服务，让使用者通过解说与这些资源建立深度联系。还需要从以上主题中挖掘出关键信息，用以发展营地安全教育的传播方案，让使用者通过有效的传播方案与传播策略，深度理解安全教育的内容与主旨。

（三）资源建构

对资源进行调查和挖掘后，营地要形成安全教育的整体规划。营地进行安全教育整体规划时应考虑的要素有：活动方案、课程教材、人力资源、场地与设施、运营管理。

1. 活动方案

活动方案是规划的核心。一个好的营地安全教育活动方案，应体现出明确的安全教育目标体系、内容体系、方法体系、评估体系。活动方案要有针对性，有明确的教育对象，对教育对象的需求与特点要进行前置调查分析与评估，对影响活动方案实施的内外部资源要进行调研和分析。营地开展安全教育整体规划时，要活动方案先行，要以活动方案为核心，其他要素都是因活动方案而起，为实施活动方案而存在的。要避免在没有明确的活动方案时，硬件先行，规划和建设一大堆将来用不上或不好用的场地与设施。活动方案要体现为质量优良、符合教师教学需求的辅助教材。

2. 课程教材

营地开展安全教育所使用的教材与传统学校所称的教材有所不同。它包括：营地环境对安全教育的展示，网络资源，经过专业规划的安全教育硬件环境，安全教育体验和实践场所，安全教育宣传折页，安全教育主题学习手册等。在进行安全教育教学资源开发的时候，一个重要内容是课程规划。营地安全教育课程应对标中小学安全教育要求，并突出体验和实践的特点。营地安全教育课程或活动，绝对不应该仅仅是学校安全教育的复制与搬运；应更加突出目标的多元性、内容的综合性、方法的实践和体验性，更注重形成性评估和实时反馈。

3. 人力资源

人力资源是营地进行安全教育规划的重要内容。营地安全教育课程对教师的角色定位、素质结构都构成了很大挑战。教学人员既可以是专业的安全教育教师，也可以是合作学校的教师，或者是有兴趣参与的志愿者，包括相关的安全教育公益组织或相关团体的成员，如红十字会、民间救援队、相关登山户外运动俱乐部、应急管理部门的培训人员等。营地开展安全教育的教学人员分为四种类型。第一类是安全教育展示区和场地安全教育体验和实践设施的解说人员；第二类是场所与设施管理人员；第三类是活动执行教师；第四类是推动营地开展安全教育执行的行政人员，他们统筹处理营地安全教育的行政和运营管理工作。对营地安全教育教师的培训要有体系，以提升其专业能力培养与发展。当安全教育的人力资源坚实有保障之后，营地的安全教育课程、服务就可以脚踏实地地往前迈进。

4. 场地与设施

营地安全教育的场地与设施，要围绕前述的安全教育活动方案而定，让使用者在真实环境里体验、学习与生活。场地与设施本身要有安全教育的意义，营地安全教育的

内容、主题、主旨、关键信息等要能够反映在场地与设施的空间安排和环境营造上。营地安全教育的场地可以选择重新规划与建设，也可以选择整合既有资源改造旧场地或旧空间，比如在已有营地场地上改造、转型或新增安全教育功能区域。营地安全教育场地与设施规划要考虑总体功能定位，并明确建设要点。营地安全教育场地与设施是服务于安全教育实训或演练的硬件，主要功能是通过体验、实践、互动等方式开展安全知识展示、安全教育和训练活动。所有设施都应有其目的，看其是否能够帮助营员练习和掌握公共安全、劳动安全、应急救护等安全知识、技能，培养安全意识。设施的规划原则包括：区域合理，统筹安排；强调体验和实践；融合信息技术；安全可行。比如：规划消防安全教育类的主题型安全教育设施时，其功能定位是为营员提供消防知识学习、参与消防逃生演练的场地。其区域分布可以有"消防科普知识展示区""消防应急演练实践区"两个基本功能区。交通安全教育主题营地的目标定位，是为营员提供学习交通安全知识，通过实践和体验来获得一定的交通安全技能，培养交通安全意识的场所。其功能分区可以包括交通安全知识学习区、交通安全模拟体验区、户外实践区等。急救安全主题教育营地的功能定位是为营员提供学习急救知识、开展急救技能实践和演练的场所。其区域可以有急救知识学习区、急救技能操作和演示区、急救情景模拟和演练区。地震、劳动安全教育等主题型营地规划，都可以遵循这些方向。

5. 运营管理

营地安全教育的运营管理规划，包括财务规划、推广与营销计划。活动方案、人力资源配置、设施与设备都需要强有力的财务管理支撑。营地有了高质量的安全教育设施和活动方案之后，还必须考虑如何拓展渠道。营地开展安全教育有两个途径，一种是吸引潜在营员到营地来，使用营地的安全教育设施，开展安全教育和拓展活动；另一种则是营地派出优秀的安全教育师资，为学校与社区等开展服务。

二、实施模式

营地安全教育整体方案的具体实施需要兼顾安全教育师资及相关人力资源配置、场地设施与设备的空间分布、参加学员的时间分布三个维度来构建一个完整的实施模型。要将每一项具体的课程或活动与这个模型匹配，比如，教师资源决定了教育方案的内容选用与执行方法。学术型教师的教育内容和教学方法更偏重于知识，实践型教师更适合采用体验式学习、综合实践的方式开展课程或活动。场地的空间布局，为营员的学习和演练提供了学习素材和环境，如果采用辅助信息技术，还可以突破空间的局限，为更多安全教育方案的实施提供更多可能。学员的时间安排受限于学校为校外安全教育所提供的时段与性质，营地安全教育方案实施时要考虑学生的学时分配。

营地安全教育活动方案的具体实施还需要建构知识学习与实践体验的二维模型。知识与技能学习可以有学科式的详细标准体系，但实践与体验更多的是一种内容综合、目标多元的主题型课程或活动。知识和技能分解到明确的教学点后，就需要搭建学习支架，给参与者更多在做中学、体验中学、实践中学、主题探究中学的机会。实践体验可以情境为载体，营地安全教育的场地设施、解说方案、传播方案、活动方案都可以构建出具体的情境，让参与学习者面对真实的问题，采取真实的行动，获得真实的体验，以激发学习者的潜能，调动旧经验，习得新经验。营地安全教育活动往往是在集体中学习的活动，通过竞争与合作，学习者以彼此为资源，通过相互参照、相互竞争、相互支持，获得更有活力和效率的学习经验。

发展安全教育主题营地时，需要完整考虑的要素有：愿景、宗旨、目的与目标、资源、教育方案、实施模式等。虽然没有可以照搬照用的统一发展模式，但以上原则大体可以参照考虑。

第三节　安全教育主题营地案例

一、主题营地概况与特色

某公共安全教育实训基地从2011年启动项目，2018年正式揭牌试运行，总投资预算约4.6亿元人民币，建设用地面积65 068平方米，总建筑面积26 467平方米。实训基地大楼建有实训体验区、综合演练区、自我评价和知识补充区、智能管理实训区几大功能区块，涵盖地震灾害、气象灾害、消防安全、防空安全、轨道交通安全、道路交通安全、日常生活安全、紧急救护8个安全教育主题，包含13个主题安全实训馆、5个综合演练馆、1个多媒体动漫训练馆、1个4D模拟体验馆、1个智能管理实训馆。其主要设置如下：

1. 轨道交通实训

模拟现实地铁场景，按照地铁搭乘过程进行实训。体验者进行过安检、闸机、乘自动扶梯实训；观看案例分析，进行防踩踏等训练；学习候车和乘车安全守则；在模拟地铁事故车厢内，掌握火灾、失电等应急措施。

2. 防空安全实训

通过家庭和街道的场景设置，进行空袭时从室内转移到人防工程的应对实训。先于家庭中进行空袭案例和防空安全常识学习；预先警报响起，于家里进行携带应急包、关闭煤气等准备工作，向人防工程转移；空袭警报响起，利用地形地物等隐蔽，随后转移至人防工程进行避难等；解除警报响起，安全有序地返回。

3. 地震灾害实训

设置室内家庭、楼道和室外广场的场景。体验者学习地震基础知识，体验地震时的剧烈晃动感；学习相关避震知识，进行家中安全避震、楼道撤离时清除障碍、废墟救护和户外余震避险等应急实训。

4. 气象灾害实训

有风雨雷电体验室、家庭和街道的实训场景。学习气象灾害常识；进行居家遭遇风雨雷电灾害时注意事项的实训；进入风雨雷电体验室感受灾害的威力；于室外掌握在街道上突遇大风和雷雨时正确的避险方式。

5. 日常生活安全实训

设置有升降电梯、自动扶梯、楼梯和家庭的实训场景，掌握正确上下楼梯、乘坐电梯和应对电梯事故的方式；学会在家中安全自检、防止诈骗，以及应对燃气中毒、触电、烫伤等家中常见事故的方式。

6. 道路交通安全实训

设有小轿车、公交车、自行车、步行道路的实训场景。学习事故案例和交通安全守则；通过各种仿真交通工具掌握正确出行方法及注意事项，了解酒驾、超速、急刹车、盲区、内轮差等危害性，并学习发生车祸时的应急措施。

7. 紧急救护实训

由心肺复苏 AED 区、创伤救护区、常见急症区等组成，实训者通过仿真假人和真人扮演伤员等方式，学习常见的急救技能。

8. 消防安全实训

设置家庭和高温多烟楼道的实训场景。由视频学习高楼逃生常识；于家庭场景中进行火灾隐患排查；掌握高楼失火时从家中到楼道最后逃离至室外的正确应急措施；进入火灾安全常识区，了解用火的基本常识、逃生常识和报警常识；使用灭火器和消防栓进行正确的初期灭火实训。

实训基地的活动对象涵盖中小学生、亲子家庭、学校教师及企事业等单位和群体，营地每年可以完成12万余名初一学生的公共安全实训。基地高中生国防教育（军训)课程及实施方案成为全国各兄弟单位学习借鉴的楷模,初中生"8课时"安全实训课程有效填补了综合性公共安全教育实训领域的空白,自主设计的课程获得全国校本课程一、二等奖。基地自试运行到2019年8月底,共接待中小学生419批次,84 374人次;社会团体97批次,4506人次;安全实训总天数280天,最高日均接待达到1000人。

二、主题营地课程体系

实训基地的教学工作由公共安全教学部承担。教学部在尊重学生的兴趣、爱好与特长,体现和反映自身单位特色的前提下,运用现有教学资源和社会资源,构建课程开发网络,设计、编制课程框架和课程体系。营地课程内容科学规范,做到分阶段、分板块设置和推进,根据进入各专业场馆后学生知识和技能的前测情况,有机整合,统筹安排不同学段的公共安全教育内容,包括自然灾害类、事故灾难类、公共卫生事件类和社会安全事件类。

1. 自然灾害类

自然灾害类课程主要学习防范和避险技能,通过逼真的场景搭建营造实训氛围,让学生投入紧张惊险的氛围中,形成感官刺激以达到实训效果。气象灾害实训主要分为知识学习、室内避险实训、室外避险实训、风雨雷电实训四个部分。通过场景模拟、电子互动、仿真感受、体验实训方式,利用集成性和交互性的多媒体技术与设备达到实训效果。风雨雷电体验室是最具亮点的实训区域,体验者穿戴体验用的雨衣和长筒靴进入后紧握栏杆可以感受不同级别的风雨雷电。地震安全实训重点是"躲"和"逃",室内避险学习在家庭场景中的避险姿势和躲避位置,户外避险逃生还原2008年汶川地震时的真实场景,通过背景音效、余震体验以及昏暗灯光的烘托,无疑让体验者有更强的代入感。

2. 事故灾难类

事故灾难类安全教育主要是道路交通和轨道交通实训,目标是增强学生遵守交通规则的意识,树立安全出行和文明出行的意识。道路安全实训包括校车、非机动车和行人交通安全训练,结合VR虚拟场景技术,带来视觉、听觉和触觉等全方位的感官体验,让学生理解交通事故的危害性和不同情况下遇到危险的应对方法。轨道交通实训包括了解地铁违禁品种类,配备安检机、安检门和闸机,让参与者体验严格的地铁安检环节;在仿真列车中学会使用车厢紧急呼叫装置、紧急制动装置和车厢灭火等技能,培养团结合作精神,懂得珍惜生命,学会自救互救。

3. 公共卫生事件类

公共卫生事件类课程重点学习紧急救护知识和技能,培养学生救死扶伤的意识,培

养自救互救能力。实训基地开发了气道异物梗阻、心肺复苏和创伤救护相关课程，借助不同受伤程度的高仿真伤患者以及实时反馈屏幕，掌握简单包扎方法、骨折固定方法、气道异物梗阻解除方法等，牢记心肺复苏注意事项和操作要领，能完成对"三无"（无呼吸、无意识、无心跳）患者的紧急救助，实现"人人学急救，急救为人人"的紧急救护的宗旨。

4. 社会安全事件类

社会安全事件类课程分为日常安全、消防安全和防空安全，本着"安全无小事"的原则，提醒人们在日常生活中应当"防患于未然，捉矢于未发"。以"防"为前提和重点，从而提高个人安全防范意识，加强自我保护能力。

日常安全实训包含防暴力侵害和拨打求救电话，同时设置自动扶梯、升降电梯等设备，模拟电梯、扶梯事故场景，训练参与者面对突发事故的应变能力。

防空安全实训分为室内空袭躲避实训和室外空袭躲避实训。通过身临其境的演练，让学生学会穿戴及制作防毒面具，听懂三种防空警报的含义，正确躲避空袭。更重要的是，明白防空安全的重要性，懂得"居安思危，备战人防"的真正意义。

消防安全实训重点突出"逃"和"灭"，设置隐患识别、烟道逃生、灭火体验等实训区域，通过实际操作体验，实现对火灾隐患的"识险、避险"以及初期火灾时的"自救、互救"的实训目的，理解"扑灭小火，惠及你我"的真正意义。

（本章编者：杜凤鸣）

第十五章

营地教育的科学发展

科学发展是时代的要求，是巩固党的执政地位、解决实践中突出问题、实现中华民族伟大复兴的必由之路。科学发展是质量的统一，是解放和发展生产力的发展、以人为本造福人民的发展、全面协调可持续发展的发展。要实现科学发展，就要更新发展观念、创新发展模式、提高发展质量。

在科学发展的今天，教育理念也随时代的不断发展和社会需求的变化而改变。营地教育作为一种新兴的校外教育方式，也在不断演进和创新。

第一节 "营地教育+"的科学发展

新时代，新发展理念。营地教育的科学发展应站在建设中国式现代化的高度，以促进社会各项事业全面发展的角度，以促进人与自然和谐、可持续发展的热度，以推进生产力和生产关系、经济基础和上层建筑协调发展的力度，坚持以人为本，树立全面、协调、可持续的发展观，促进经济社会和人的全面发展，为党育人，为国育才。

因此，"营地教育+"也要科学发展，主要体现在综合性学习、社会情感发展、自主学习、环境教育、科技应用、跨学科融合和全球视野等方面。这些发展将有助于培养学生的多方面能力和素养，使他们成为有创造力、适应力和全球意识的综合发展的个体。

一、"营地教育+"的主题创新

（一）创新主题要顺应新时代发展潮流

1. 顺应时代发展

随着社会的不断变化和教育理念的更新，营地教育主题需要顺应时代的发展、与时俱进、持续创新，与时代的需求和学生的发展需求相契合，根据学生的需求和教育目标，有针对性地设计和组织营地活动，这样才能够更好地满足学生的学习需求，促进他们的全面发展和成长。

2. 主题创新途径

营地教育主题要不断创新，使营地教育能够为学生提供更具挑战性和刺激性的学习体验。创新的主题可以激发学生的好奇心和求知欲，提供新颖的学习路径和解决问题的机会；增强学生的参与度和自主性，激发他们的创造力和解决问题的能力；有助于营地教育与时代发展保持同步，紧跟社会的变化和学生的兴趣，融入最新的技术、社会问题、行业趋势和创新思维，使营地教育更具吸引力和实用性，才能培养学生的创造力、解决问题的能力，适应未来发展。

同时，也要注重中国传统文化的传承和创新，通过丰富多彩的文化活动和体验，让学生深入了解中国传统文化的价值观念、道德准则和艺术表达方式，培养他们的文化自信和创新思维。

3. 学科融合创新

主题创新应该主要体现在整合学科与领域，将不同学科和领域的知识融合到主题中，创造跨学科的学习环境；体现在利用创新的技术，如虚拟现实、增强现实、无人机等，以增强学生的参与和体验；社区参与合作，让学生与当地社区合作解决实际问题；实地考察和实践，在户外实践中应用所学知识；以问题为导向，让学生通过经历提出问题、调查研究和解决问题的过程来提高学习能力；将创业与创新元素融入主题中，培养学生的创业精神和创新能力。

（二）创新主题要符合新文旅产业要求

新文旅是指以文化和旅游为核心的综合性产业，强调体验、创意和可持续发展。营地教育作为一种独特的教育形式，强调户外体验、团队合作和综合能力的培养，与新文旅有许多共同的特点和价值观。

1. 营地教育和新文旅都注重体验

新文旅强调游客的全面体验，通过丰富多样的活动、景点和文化交流，使游客能够亲身参与和感受。同样，营地教育也注重学生的实际体验，通过户外探索、团队活动和生活技能培养，让学生在实践中获得知识和经验。

2. 营地教育和新文旅都注重创意和创新

新文旅强调创意和创新的产品和服务，通过整合文化、艺术、科技等元素，创造独特的旅游体验和文化产品。而营地教育也可以通过创新的主题设计、教学方法和活动形式，提供独特的教育体验和学习机会，激发学生的创造力和创新精神。

3. 营地教育和新文旅都注重可持续发展

新文旅强调保护和传承文化遗产，注重环境保护和社会责任。同样，营地教育也强调环境教育和可持续行动，通过自然保护、环境意识教育和可持续生活方式的培养，让学生成为环保意识强、可持续发展的推动者。

因此，营地教育主题要适应新文旅的发展，结合新文旅的特点和需求，提供与旅游目的地文化、环境和主题相匹配的教育活动。文化探索主题、生态环保主题、农耕体验主题、创意艺术主题、社区互动主题、创业创新主题等都可以与新文旅的发展相互融合和促进，为学生提供更具地域特色和文化内涵的学习体验，为新文旅产业提供教育资源和增值服务，实现教育与旅游的有机融合。

（三）创新主题要体现高质量教育目标

营地教育主题创新应当体现教育高质量发展的理念和要求，以提供优质的学习体验、培养学生的综合素质。

营地教育主题创新体现教育高质量发展要与学校的课程标准和学科知识相融合；要与培养学生的综合素养，包括思维能力、创新能力、合作能力、沟通能力相联系；要与注重培养学生团队合作、问题解决、领导力素养提升等相结合；要与学生的自主学习和反思能力的培养相关联；要与关注学生个性发展和特长培养相衔接；要与教师专业发展和指导学生职业规划能力相沟通。

总之，营地教育主题创新要体现教育高质量发展的理念和要求，通过与学科知识、综合素养、个性发展和教师专业发展的结合，为学生提供丰富多样的学习体验和培养机会，促进他们全面发展和成长。这样的创新将有助于推动教育的进步和提升学生的学习效果，把教育高质量发展通过营地教育得以具体落实。

（四）创新主题要突出育人方式的变革

1. 关注育人方式

营地教育主题创新应突出体现教育方式的变革，适应新时代学生的需求和教育发展的趋势。育人方式的变革，要积极借鉴现代教育的最新理念和方法，采取研究性学习、

合作式学习、探究式学习、STEM、STEAM等学习方式，转变学习主体，强调实践与体验，突出个性化和差异化，培养团队合作和社交能力。让学生成为积极的学习者、实践者、体验者，培养学生的创新思维、问题解决能力、批判性思维和合作精神。

2. 教师参与引领

教育方式的变革也需要教师的积极参与和引领。教师应成为学生学习的引导者、合作的组织者和学习环境的创造者，注重发掘学生的潜能和个性特点，引导他们自主学习、自我评价和反思。教师还应与学生建立良好的师生关系，成为学生的朋友、导师和榜样，激励他们追求卓越和全面发展。

因而，营地教育主题创新应体现教育方式的变革，促进学生的主动学习、实践体验、个性发展和合作能力的培养。这样的主题创新才会推动营地教育的发展。

（五）创新主题要有利于中国式现代化

中国式现代化是指在现代化进程中充分发挥中国特色和优势，坚持中国价值观、文化传统和发展路径，实现经济、社会、政治和文化的全面发展。

中国式现代化为营地教育提供了更广阔的发展空间。中国在经济、科技、教育等领域取得了巨大的进步和成就，为营地教育提供了丰富的资源和支持。在中国式现代化的背景下，营地教育可以更好地结合社会需求和学生发展需求，创新营地教育主题，创新教育方法和内容，为学生提供更有针对性和适应性的教育体验。

营地教育与中国式现代化相互融合和互补，为营地教育主题创新提供了广阔的空间。要结合中国式现代化的核心价值观和发展目标、创新创业、绿色可持续发展、科技创新、人文关怀、文化传承等主题，促进学生的综合素质发展，培养学生的品格、创新、环境意识和科技能力，培养具有民族自信和国际视野的新时代人才，培养符合中国式现代化要求的新时代人才，为实现中国式现代化建设贡献力量。

总而言之，"营地教育+"的主题创新要顺应新时代社会发展要求，与和"营地教育+"息息相关的新文旅产业相适应，才能推动教育方式变革，使教育高质量发展，才能有利于中国式现代化建设。

二、"营地教育+"的管理创新

（一）领导管理创新体现为目标规划的科学性

1. 管理规划目标

"营地教育+"的领导管理规划目标可以细分为以下几个方面：

（1）明确愿景和目标，并将其传达给整个团队，确保团队成员形成共识，并为他们的人生奋斗提供明确的方向。

（2）设定目标和指标。制定具体、可衡量的目标，如提高学生的技能水平，增加学生参与度，提高学生满意度等。同时，为这些目标设定关键绩效指标，以便能够评估和监测进展情况。

（3）团队沟通和协调。招募和培养具有相关专业知识和技能的教育工作者、辅导员和管理人员。确保团队成员之间有良好的沟通和合作，并提供他们所需的支持和资源。同时，领导者需要与多个利益相关者进行有效的沟通和协调，这可能包括家长、学校、社区组织等。建立良好的沟通渠道，确保信息流畅，并解决潜在的问题和冲突。

（4）激发激情和动力。"营地教育+"的管理创新需要团队成员的积极投入和努力。领导管理的关键在于科学地激发团队成员的激情、提供发展机会、制定奖励措施，从而激励团队成员更好开展团队合作。也要建立一个支持团队成员积极工作的环境，鼓励创新和合作。

（5）管理资源和风险。有效管理资源和风险对于"营地教育+"的成功至关重要。要制订合理的预算和资源计划，并确保资源的合理利用。同时，识别和管理潜在的风险，并采取适当的措施来减少风险对项目的影响。

（6）不断评估和改进。建立一个持续评估和改进的文化机制。定期评估"营地教育+"的效果和成果，并根据评估结果制订改进计划。鼓励团队成员提供反馈和建议，并将其纳入改进过程中。

2. 目标的科学性

明确领导管理规划目标，由目标来分析其科学性，体现于以下几方面：

（1）目标规划与营地愿景和战略目标一致。科学的领导管理目标应该与"营地教育+"的愿景、使命和战略一致。目标的制定应该有助于实现组织的长期目标，并推动组织朝着愿景的实现迈进。

（2）目标管理指标的可度量性和可衡量性。目标明确、具体，通过相关指标或绩效指标进行衡量，这样可以确保目标的实现程度能够被监测和评估。

（3）目标落实的可实现性和措施可操作性。领导管理目标应该是可实现的，并且能够以实际的行动步骤和计划来支持。目标的设定应该考虑组织资源、能力和环境因素，并制定相应的策略和行动计划来实现目标。

（4）目标设定与其他业务的相关性和时效性。领导管理目标应该与"营地教育+"的核心业务和关键挑战相关。目标的设定应该反映出当前的需求和趋势，具有一定的前瞻性和应对性，以适应快速变化的环境。

（5）目标实现对团队的挑战性和激励性。科学的领导管理目标应该具有一定的挑战性，能够激发团队成员的积极性和动力。目标应该既能够鼓励团队成员追求更高水平的绩效，又要合理可行，避免过高或过低的目标设定。

（6）目标与时俱进的持续评估和不断改进。科学的领导管理目标应该是一个持续的过程，需要不断评估和改进。通过定期的目标评估和反馈机制，可以及时调整目标，纠正偏差，并根据实际情况进行改进和优化。

综上所述，科学的"营地教育+"的领导管理目标应该符合组织的愿景和战略，可度量和可衡量，可实现和可操作，与核心业务相关，具有挑战性和激励性，并经过持续评估和改进，使其能够有效地指导和推动营地的发展。同时，科学的目标规划需要结合"营地教育+"的实际情况和组织特点进行个性化定制，以确保目标与"营地教育+"的实际需求和环境相匹配。持续关注和评估目标的达成情况，并随时进行调整和改进，也是确保目标科学性的重要环节。

（二）运营管理体现分工合作的高效性

在"营地教育+"的运营管理中，高效协作是至关重要的。运营管理应该围绕以下几个方面进行考虑：

（1）设定明确的角色责任。明确每个团队成员的角色和责任，确保每个人知道自己在团队中的职责范围。这样可以避免任务的重复或遗漏，并增强团队成员之间的互相依赖和协作。

（2）清晰紧密的联络沟通。建立良好的沟通渠道和机制，确保信息的准确传达和理解。通过定期团队会议、沟通工具和邮件等方式，确保所有团队成员之间的沟通畅通，能够及时共享信息、讨论问题和做出决策。

（3）领导成员间协调协作。确保各部门或功能团队之间的协调和协作，避免信息孤岛和工作冲突。定期召开跨部门会议或合作会议，共同解决问题，制订计划和分享进展，促进团队间的协同工作。

（4）培养领导和团队能力。鼓励团队成员发展领导力和团队能力，以更好地协调和推动团队工作。提供培训和发展机会，帮助团队成员提升沟通、决策、问题解决和冲突管理等关键能力。

（5）利用高科技工具和技术。利用高科技工具和技术来支持团队的协作工作。例如，使用项目管理工具、在线协作平台和团队通信工具，提高工作效率和协同效应。

（6）鼓励反馈和持续改进。鼓励团队成员提供反馈和建议，以改进团队的协作和运营管理。定期评估团队的协作效果，并采取相应的改进措施，不断优化团队的工作方式和流程。

（7）建立"营地教育+"合作文化。鼓励团队成员之间的合作和互助，建立积极的团队合作文化。促进信息共享、知识分享和经验交流，增强团队的凝聚力和协同效应。通过营造高效协作的工作环境，"营地教育+"的运营管理团队可以更好地协同合作，提高工作效率和质量，实现共同的目标。

（三）师资管理体现教学力量的专业性

"营地教育+"师资力量的专业性是确保"营地教育"活动的质量和效果的重要因素。教学力量的专业性可以这样来理解：

（1）专业背景与资质。确保师资拥有相关的教育背景和专业资质，例如教育学、体育学、心理学、研学实践等相关专业的学历或证书。这些专业知识和技能能够为师资提供扎实的教育基础，使其能够更好地设计和实施教育活动。

（2）专业能力持续发展。鼓励"营地教育+"师资参与持续的专业发展活动，包括营地教育培训、营地教育研讨会、学术会议等，这样可以使师资与最新的营地教育理论、方法和研究保持同步，不断提升教学和管理的能力。

（3）专业知识技能培训。提供专业知识和技能培训机会，帮助"营地教育+"师资不断提升专业能力。培训内容可以涵盖课程设计与规划、团队管理、沟通技巧、教学方法等方面，以提高师资的教育水平和能力。

（4）资源共享协作发展。建立"营地教育+"师资间的资源共享和协作机制，促进经验交流。教师可以通过分享自己的教学实践和经验，互相学习和借鉴，提高教学效果和创新能力。

（5）定期评估反馈反思。建立定期的"营地教育+"师资评估和反馈反思机制，以监测和改进师资的专业性。通过教学表现评估、学生评价和同行评议等方式，发现问题和提供有针对性的培训和指导，帮助教师不断提高专业水平。

（6）鼓励方法研究创新。鼓励"营地教育+"师资进行教育研究和创新实践，推动教育领域的进步和创新。教师可以参与研究项目、发表论文、分享研究成果，不断拓展自己的专业领域和视野。

这样，"营地教育+"会拥有高水平的师资力量，为学生提供专业化、个性化和有质量的教育服务、教育体验，引导他们在课程和活动中获得知识、技能和经验，并促进他们的个人发展，培养团队合作精神和领导能力。同时，师资的专业性还能够为"营地教育+"提供良好的声誉和竞争力，吸引更多的学生和家长选择参与其中。因此，"营地教育+"应该重视师资力量的专业性，不断提升和支持教师的发展，以实现教育目标

的最佳效果。

（四）课程管理体现系统提升的实践性

要实现"营地教育+"课程实践的系统提升，可以考虑以下几个方面的实践策略和方法：

（1）优化课程结构。对"营地教育+"的课程进行全面审视和评估，确保课程内容与目标相符，并具备一定的连贯性和递进性。课程设计应注重实践性，将理论知识与实际应用相结合，以培养学生的实践能力。

（2）丰富实践形式。尝试体验式、沉浸式、项目式，团队合作、技能训练等多样化的不同类型的实践活动，满足学生的多样化需求和体验。

（3）强化专业指导。营地配备经验丰富的实践导师和专业指导人员，为学生提供指导和支持，帮助学生规划实践活动、解决问题，引导他们在实践中学习和成长。

（4）夯实课程内容。在课程内容上要具体、充实，突出实践技能培训和培养，包括团队合作技巧、领导力发展、沟通与协调能力等方面，以确保学生收获必备的实践能力。

（5）成果展示分享。课程设计环节中展示分享必不可少，将为学生提供展示和分享实践成果的机会，通过展览、演讲、论文或报告等形式，增强学生的自信心，同时也为其他学生提供学习和借鉴的机会。

（6）建立评估体系。建立科学的实践评估体系，对学生的实践活动进行评估和反馈。评估可以包括实践过程的记录、成果的评价以及学生的自我评估等，以便于学生了解自己的表现并进行改进。

（7）资源合作共享。建立与实践相关的资源库和合作伙伴网络，为学生提供更广泛的实践机会和资源支持。与相关机构、社区组织或企业建立合作关系，共享资源和经验，拓展实践领域和机会。

通过以上策略和方法的综合运用，"营地教育+"课程的实践性可不断优化、系统提升，在更高层面上为学生提供更具挑战性和实践意义的学习经验，培养学生的实践能力，提升综合素养和职业竞争力，为未来的学习和职业发展奠定坚实的基础。

（五）安全管理体现防患未然的周密性

"营地教育+"要树立"安全第一"的思想，只有责任明确、管理到位、措施得力，才能防患于未然。

（1）建设安全管理体系。建立完善的安全管理体系，包括制定相关政策和规章制度，明确安全责任和权限，确保各项安全管理工作的有序进行。制定应急预案和应对措施,以应对突发事件和紧急情况。

(2)提高安全人员技能。对工作人员进行专业的安全培训,包括急救知识和技能、危险品处理、火灾防护等。确保工作人员熟知相关安全操作规程,并能够妥善处理各类安全事件和紧急情况。

(3)勤查设施设备安全。定期进行设施设备的安全检查和维护,确保其符合安全标准和要求。特别是对"营地教育+"中涉及学生活动的设施,如住宿区、用餐区、运动场地、活动物料等,进行详细的安全检查和评估,及时修复和处理安全隐患。

(4)严格监督管理活动。在活动进行过程中,加强对学生的监督和管理,确保他们遵守安全规则和操作流程。设立专门的活动监督员或领队,负责指导和管理学生的活动,及时发现和处理安全问题。

(5)管好食品安全卫生。对食品供应环节进行严格管理,确保食品的安全和卫生。与合格的供应商合作,严格控制食品采购、存储、加工和供应的各个环节,定期进行食品安全检测和监测。

(6)医疗保障应急救援。建立应急救援和医疗保障机制,配备专业的医疗人员和急救设备,确保在紧急情况下能够迅速、有效地进行救援和治疗。与附近的医疗机构建立紧密联系,以便及时转诊和处理医疗紧急情况。

(7)鼓励家长积极参与。与家长保持良好的沟通和联系,及时向他们提供活动安排和安全措施的信息。鼓励家长参与相关活动,增加家长的了解和信任,共同关注学生的安全和教育。

(8)定期评估、及时改进。定期进行安全评估和回顾,检查和评估安全管理措施的有效性和执行情况。根据评估结果及时进行改进和调整,提升安全管理的水平和效果。与相关专业机构或顾问合作,进行第三方评估,以获取专业意见和建议。

"营地教育+"安全问题严谨周密,应全员参与安全管理,共同努力。每个工作人员都应时刻关注安全问题,并积极采取措施预防和应对潜在的安全风险。只有在安全的环境下,学生才能够放心参与各种活动,并从中获得全面的发展和成长。

(六)后勤管理体现保障服务的及时性

"营地教育+"的后勤保障应及时有效,要关注以下方面:

(1)合理规划准备。提前进行详细的后勤规划,包括设备、物资、人员等方面的准备工作。根据活动的具体需求,确定所需的资源和物资清单,并提前采购和准备,确保供应的及时性。

(2)合理调配人力。根据活动的规模和需要,合理调配人力资源,确保人员在需要

的时间和地点到位。考虑到后勤保障的复杂性，可以成立专门的后勤团队或委派专人负责后勤事务的协调与管理。

（3）高效物资管理。建立健全的物资管理制度，包括物资清单、采购流程、库存管理等。确保物资的及时采购、储存和发放，避免因物资不足或延迟而影响活动的进行。

（4）快速响应处置。建立快速响应机制，对后勤问题和突发事件能够迅速做出反应。设立紧急联系渠道和责任人，及时协调解决后勤方面的问题，确保活动的顺利进行。

（5）配备工具设备。根据活动的需要，提前配备适当的设备和工具，以应对各种情况和需求，确保后勤保障工作的顺利进行。这可能包括交通工具、通信设备、野外生存装备等。

（6）合作关系建设。与可靠的食品供应商和医疗机构、运输公司等合作伙伴建立紧密的长期合作关系，确保能够及时获得所需的服务和支持。

（7）保障监督评估。建立监督和评估机制，对后勤保障工作进行定期检查和评估。及时发现问题和改进机会，并根据评估结果进行相应的调整和改进，提升后勤保障工作的及时性和效率。

应该认识到，"营地教育+"的后勤保障工作的及时性是确保活动顺利进行的重要因素。通过合理规划、高效管理、紧密合作和持续改进，一定会及时为学生提供安全、愉悦和有意义的"营地教育+"体验。

第二节　未来展望

未来，随着研学实践教育的精准、专业、深入发展，"营地教育+"的发展一定会在多元领域实现共建共享。主题相同、资源互补、内容接近、文化相似、地域相近的多个营地可以共同合作，共建共享。通过交流活动、教师培训、资源共享等，丰富各自的教学内容和活动，促进实践教育的发展。由小到大，由个体到联盟，集团化发展营地建设是"营地教育+"的方向。

一、"营地教育+"共建共享

（一）营地资源共建共享

（1）教育资源。同一区域内相同或相近的教育资源可以共建共享。可以共同梳理资源类型，提炼资源的教育元素，确定最优的教育内容，编制课程和活动方案，研讨营地教育方法，分享教学材料和教具。通过资源共享，可以节约成本，丰富学生的学习资源，提高教学质量。

（2）师资资源。多个营地可以共同举办教师培训和交流活动，分享教学经验和最佳实践。可以组织专题讲座、研讨会或教师交流营，让教师们相互学习、互相启发，提高教学水平和能力。也可以与专业机构、大学或企业合作，引入专业领域的教育资源和专家，提供更广阔的学习机会和实践项目。

（3）环境资源。未来的"营地教育+"在硬件建设上，将更加注重资源共享，坚持绿色发展，可持续发展。通过绿色建筑、节约能源等手段，积极参与辖区资源利用、绿色发展，以参与辖区节能减排项目、循环经济项目等方式实现环境资源的有效利用，降低营地建设、营地活动对环境的影响。

(二) 营地主题共建共享

营地组织学生研学实践的天数一般在5~7天，"营地教育+"的内容更加丰富。不同营地之间，相同或相似主题的营地可以在域内、域外甚至全国相互串联起来。

比如井冈山、遵义、延安、西柏坡等地方的革命传统教育主题，可联合进行项目策划，共建共享，共同研讨和设计特定主题的教育项目。整合各方的专业知识和经验，打造更丰富、更有针对性的革命传统教育主题，革命传统教育将形成更有深度的探究考察和研学体验。

(三) 营地基地共建共享

营地，简单地说就是解决参与研学实践的学生或其他人的吃和住问题，并且有自身的研学实践课程体验场所。"营地教育+"未来的作用是一个点，依托一定的主题课程，把一定地域范围内的基地串联起来，形成主题线路统领下的"营地+基地"发展模式，做到真正意义上的点面结合。围绕营地这一个点，多条线路放射状分布，在具体时间等因素许可的情况下，形成大范围、大宽度、全方位的资源整合。在参与的研学实践人员、课程建设、师资力量分配等多层次上互相取长补短，形成多样化的主题和课程、多样化的教育方法，多学科深度融合，多文化交流，营地、基地协同发展，共建共享。

(四) 在技术整合方面共建共享

"营地教育+"在高新科技知识和手段的利用和应用上，可以有两个方面内容。

1. 管理方面的科学技术应用

"营地教育+"在硬件建设、服务管理、对外交流等方面科技手段的利用和应用，包括了诸如人工智能、大数据、虚拟现实、物联网等先进技术，可增加工作便利性，提高营地教育质量，保障营地安全。

（1）无线网络覆盖：提供稳定的无线网络，让营地教师和参与研学实践的学生能够随时获取网络资源，进行在线学习、研究和交流。这可以支持教师展示多媒体教学内容，学生进行在线学习和参与互动活动。

（2）虚拟现实（VR）技术：利用虚拟现实技术，为学生提供身临其境的体验。例如，在历史营地教育中，可以利用 VR 技术还原历史场景，让学生亲身感受历史事件的现场氛围，增加学习的真实感和趣味性。

（3）无人机应用：无人机可以用于营地的巡查和勘测，对营地周边环境进行拍摄和监测。此外，无人机还可以进行航拍摄影或拍摄营地活动的视频，记录精彩瞬间。

（4）科技装备和工具：为营地提供各种科技装备和工具，例如可穿戴设备、生命检测仪器、探测器等。这些设备和工具可以帮助教师更好地了解学生的身体状况、环境参数等，提供实时数据支持。

（5）数据分析与学习评估：通过数据分析技术，对参加研学实践学生的学习过程和成果进行评估和反馈。教师可以通过分析学生在营地教育中的行为和表现，提供个性化的学习指导和支持，促进学生的成长。

（6）安全监控系统：通过安装监控摄像头和传感器，可以实时监测营地内的活动和环境状况，提高安全性。这些系统可以用于监控营地的边界、水域、火源等关键区域，及时发现异常情况并采取相应措施。

"营地教育+"科技手段的应用，可以提升营地的管理和运营效率，为参加研学实践的学生和其他人提供更安全、更便利的教育坏境。

然而，在应用科技手段时，也需要注意平衡科技与营地内外、自然之间的关系。科技应该作为辅助工具和资源，而不是取代自然体验和人际互动。营地教育仍然应该注重培养学生的环境意识、团队合作能力和生存技能，科技应用只是其中的一种辅助手段。

2. 课程建设方面的科学技术应用

"营地教育+"在课程建设、教学方法、学习方法等方面利用和应用科技手段，可丰富营地教育内容，提供更多样化的学习体验和教学方法。同时，展示现代科技的发展，可开阔参与研学实践的学生和其他人的视野，培养他们的科学技术能力和科学技术素养。

（1）虚拟现实（VR）和增强现实（AR）技术：利用 VR 和 AR 技术，可使参加研学实践的学生和其他人身临其境地体验无法前往的现场的各种环境和场景。例如，学生可以通过 VR 技术探索远方的地理环境、观察野生动物的习性，或通过 AR 技术在户外进行虚拟导航和增强实景观察。

（2）科学探索工具：现代科技为学生提供了更多科学探索的工具和设备，例如便携式测量仪器、显微镜、生物传感器等。学生可以使用这些工具来观察、收集和分析环境数据，深入了解自然界和科学原理。

（3）数据收集与分析：通过使用传感器、无线设备和移动应用程序，学生可以收集和记录营地环境中的各种数据，如气象数据、水质数据等，然后可以利用数据分析工具进行数据处理和可视化，从中获得更深入的认识和理解。

（4）科技创新与设计：在营地教育中，可以引导学生进行科技创新和项目设计。他们可以使用编程语言和电子元件，制作简单的机器人、自动化系统或环境监测装置，从而提升解决问题的能力和创造力。

（5）科技合作与沟通：现代科技工具和平台可以促进学生之间的合作与沟通。通过使用在线协作工具、社交媒体和远程通信技术，学生可以与其他团队、学校或专家进行交流和合作，共同解决问题和分享经验。

（6）数字素养与媒体技能：营地教育可以培养学生的数字素养和媒体技能，使他们能够有效利用科技工具和信息资源。这包括信息搜索和筛选、媒体创作和分享、网络安全和隐私保护等方面的技能培养。

（7）科技创客教育：鼓励学生参与科技创客活动，使用电子元件、编程工具等进行创造性的科技项目开发。例如，学生可以利用 Arduino、树莓派等平台制作自己的智能设备或机器人，培养创新思维和实践能力。

"营地教育+"融入现代科技教育内容，可以使营地教育更加生动、有趣和创新，帮助学生更好地理解和探索自然，培养创新思维和解决问题的能力。营地教育的核心仍然是通过亲身体验和与自然互动来促进学生的全面发展，因此，营地教师应该明白，科技是手段，内容是核心，在融入现代科技的同时，需要保持对自然和传统教育价值的尊重和重视。

二、"营地教育+"融合发展

在"营地教育+"这本书里，我们赋予了营地教育诸多内容，涵盖了优秀传统文化教育、革命传统教育、基本国情教育、国防科工教育、科学教育、体育运动、艺术教育、劳动教育、自然教育、新文旅、安全教育、乡村振兴，这些都是对青少年学生进行爱国主义教育和学科教育、培养核心素养、加强学科素养、提高科学素养必不可少的内容。"营地教育+"的光明未来，一定是走在融合发展的道路上。

（一）与校外教育常态开展融合发展

2023年5月，教育部办公厅关于《基础教育课程教学改革深化行动方案》的通知印发。其中的指导思想明确指出要"以习近平新时代中国特色社会主义思想为指导，坚持为党育人、为国育才，全面贯彻党的教育方针，落实立德树人根本任务，发展素质教育，促进教育公平。深化课程教学改革，加强机制创新，指导、发动各地和学校深化育人关键环节和重点领域改革，更新教育理念，转变育人方式，坚决扭转片面应试教育倾向，切实提高育人水平，促进学生德智体美劳全面发展"。在谈到"加强科学类学科教学"时提出"加强科学教育实践活动，遴选一批科技馆、博物馆、研学基地、高科技企业等，作为中小学科学教育实践基地，结合科学课程标准，设计相应的科学实践活动，组织学生在实践探究中学习"。

"营地教育+"正顺应了基础教育课程教学改革深化行动的要求，是教育理念的更新、育人方式的转变。"营地教育+"课程坚持"五育并举"，促进学生德智体美劳全面发展。

在义务段学校教育"双减"政策红线强制要求下，学生实践教育的基地营地如雨后春笋般建设，"营地教育+"已经成为学生校外教育的一种形式或组成部分。"营地教育+"课程为校外学生素质教育、素养培养、能力提高、个人发展等提供了保证，为培养学生团队合作、领导能力、自我挑战、社交技能等开拓了新的途径。

在校外教育常态开展的框架下，学校可以与"营地教育+"充分合作，将"营地教育+"内容纳入学生的校外学习计划中。站在时代要求的角度，从"营地教育+"的发展来看，未来可以有以下几种融合发展方式：

（1）研学实践教育活动：学校可以结合"营地教育+"的理念和方法，推动研学实践教育活动。这些活动可以包括"营地教育+"的十几种具体内容，既可以培养学生的团队合作精神和领导能力，又可以拓宽他们的社会视野和责任意识。

（2）整合链接课程资源：学校可以将校外教育纳入正式课程中，将课堂学习与"营地教育+"相结合。例如，开展生态科学课程时，可以组织学生前往自然保护区进行实地考察和研究，通过亲身体验来加深对生态系统的理解。

（3）培养创新创造思维："营地教育+"注重培养学生的创新思维和解决问题的能力。学校可以引入营地教育的教学方法，通过启发式教学、挑战性项目等形式，激发学生的创造力和解决问题的能力。

（4）促进个性化发展：融合发展可以提供更多个性化的学习机会。学校可以根据学生的兴趣和需求，提供不同类型的"营地教育+"项目和课程，让学生选择适合自己的学习内容，实现个性化的发展。

（5）基于实践的学习："营地教育+"强调学生的实践和亲身体验。通过将校外实践与课堂学习相结合，学生可以更深入地理解和应用所学知识，提高学习的实效性和可持续性。

融合发展的校外教育与"营地教育+"可以相互促进，共同规划和实施融合项目，确保学生获得高质量的校外教育实践体验，并与正式课程有机结合，促进学生全面发展。

（二）与社会教育更广泛地融合发展

"营地教育+"与社会密切相关，融合发展是其必由之路。它可以为学生成长提供丰富的学习体验，培养学生的综合素养。"营地教育+"与社会教育更广泛融合发展的具体路径为：

（1）培养社会公民意识。"营地教育+"注重培养学生的公民意识和社会责任感。通过参与研学实践、劳动教育、社区服务、环境保护等项目，学生可以认识到自己作为社会成员的责任，从而形成关心他人和社会的意识，并产生主动参与社会事务的动力。

（2）引导家长参与支持。家长甚至是家庭，在"营地教育+"中扮演着重要的角色，对于学生的体验和学习成果具有至关重要的作用。家长的关注和参与、了解和选择、支持和鼓励、反馈和交流，可以增强孩子的学习体验和学习成果，帮助他们更好地应用所学知识和技能。同时，家长还可以通过与孩子的交流和反馈，了解他们在"营地教育+"中的成长和发展状况，以便提供适当的支持和指导。家长与"营地教育+"的合作可以为孩子创造更加丰富和有意义的学习体验，促进他们的全面发展。

（3）促进学生能力培养。在沟通能力上，培养学生的社交技能和跨文化交流能力。在合作能力上，学习如何与他人合作、协调和解决问题，帮助学生在社会中更好地适应团队工作和集体生活。在领导能力上，培养学生的领导潜力和领导技能，为他们在社会中承担更多责任做好准备。

（4）促进学生自我发展。"营地教育+"给学生提供了独立探索和挑战自我的机会。这种个人成长经验有助于学生更好地理解自己的潜力和发展目标，并为实现个人目标做好准备。

（三）与国际营地教育更密切地融合发展

营地教育在近年来得到了快速发展，越来越多的学校和家庭意识到了"营地教育+"对于培养孩子综合素养的重要性。国际营地教育具有丰富的经验和先进的教育理念，可以为中国的营地教育提供借鉴和启发。因此，"营地教育+"和国际营地教育在

融合发展方面有着广阔的前景。

1. 融合发展

（1）促进质量提升。融合发展可以促进中国"营地教育+"教育质量的提升。国际营地教育注重培养学生的创造力、领导力、团队合作能力等核心素养，这与中国教育改革的目标是相契合的。通过借鉴国际营地教育的经验和教育模式，中国的"营地教育+"可以进一步提高教育质量，培养具有全面发展能力的学生。

从长远看，"营地教育+"与国际营地交流的重点是培养中国学生的全球意识。国际营地教育强调培养学生的全球意识和全球公民素养。学生通过与来自不同国家的学生一起工作和学习，培养国际视野，学习国际思维，了解全球性问题和挑战，探索解决方案。学生可以通过参与模拟联合国会议、全球环境保护项目、社会公益活动，参加国际比赛、论坛和研讨会等，了解并参与解决全球性挑战，培养问题解决能力和领导力技能，并思考自己在全球社会中的角色和责任，在国际交流和合作的平台上进一步加强全球视野和国际竞争力。

另外一个重点是重视跨文化交流。国际营地教育通常吸引来自不同国家和地区的学生参与，这为学生提供了与不同文化背景的学生互动和交流的机会。学生可以通过共同的活动和项目，了解和尊重不同文化的价值观和传统，拓宽他们的视野，并培养跨文化交流的能力。同时，参与"营地教育+"国际交流的中国学生，可通过自身的能力与表现，展示中国青少年的风采，传播好中国文化，讲好中国故事。

（2）方法内容形式。融合发展可以丰富中国"营地教育+"的教育内容和形式。国际营地教育注重多元化的教育内容和形式，包括户外探险、艺术创作、科学实验等，这可以为中国的营地教育提供更多元的选择。通过融合国际营地教育的理念和活动，中国的营地教育可以拓宽教育内容和形式，满足学生多样化的学习需求。与国际营地融合发展，可以学习国际营地课程多元化特性，丰富"营地教育+"的课程设置。国际营地教育通常提供多元化的课程和活动，涵盖各个学科领域和主题，学生可以参与跨学科的项目、科学研究、艺术表演等，以及探险、生存技能等实践活动。这样的多元化课程能够激发学生的兴趣、发展他们的技能，并提供广泛的学习机会。

同时，在国际营地教育中，学生有机会接触和使用不同的语言，并与来自不同国家的学生进行交流。这种语言环境可以提高学生的语言能力和跨文化沟通能力，建立跨国界的友谊和合作关系，培养他们在国际交往中的自信和灵活性。可开拓自己的人际网络，并为未来的学习、工作和社会生活做好准备。

（3）推广合作交流。融合发展可以推动中国"营地教育+"的国际交流与合作。国际营地教育具有广泛的国际化特点，许多国家都拥有成熟的营地教育体系和资源。通过与国际营地教育机构的合作，中国的"营地教育+"可以与国际接轨，借助国际资源和专业知识提升自身的水平。同时，中国的营地教育也可以向国际推介中国的特色和优势，促进中外教育的交流与合作。

通过借鉴国际经验、丰富教育内容、拓展国际交流，中国的"营地教育+"可以实现更高水平的发展，为学生提供更加丰富的学习和成长机会。这种融合发展将有助于培养学生的综合素养、创新精神和国际视野，为他们的未来发展打下坚实的基础。同时，中国的"营地教育+"也可以通过其独特的文化、历史和自然资源，为国际学生提供独特的学习体验和文化交流的机会，促进中外学生之间的相互理解和友谊。

2. 融合发展重点

为了实现中国"营地教育+"与国际营地教育的融合发展，以下三个方面需要关注：

（1）需要加强教育机构之间的合作与交流，建立起国际营地教育与中国"营地教育+"的桥梁，促进双方的互相学习和借鉴。

（2）需要加强教师培训和专业发展，提升教师的教育水平和国际化素养，以更好地适应融合发展的需求。

（3）需要政府和相关机构加大对"营地教育+"的支持力度，提供必要的政策支持和资源保障。

总之，中国"营地教育+"与国际营地教育的融合发展前景十分广阔，融合发展内容丰富，融合发展方式多元，融合发展层面多样，将为学生提供更多元化、综合化的学习体验，促进他们的全面发展和国际交流。通过共同努力，中国的"营地教育+"可以与国际接轨，成为培养具有创新能力和全球视野，有理想、有本领、有担当的时代新人的重要教育平台。

（本章编者：韩　新）

参考文献

［1］Beames S，Atenciom.Building social capital throughout-door education［J］. Journal of Adventure Education & Outdoor Learning，2008（2）：99-112.

［2］曹凑贵.生态学概论［M］.北京：高等教育出版社，2002.

［3］陈晨.青年体育运动参与的社会意义及其影响［J］.中国青年研究，2022（10）：4.

［4］崔敏.中国社会主义先进文化在艺术教育中的理论研究［J］.艺术教育，2021（7）：20-23.

［5］杜莹.博物馆儿童美育：让儿童感知博物馆的"美"［M］.北京：科学出版社，2020.

［6］敦煌研究院，樊锦诗.专家讲敦煌［M］.南京：江苏凤凰美术出版社，2014.

［7］高海生，沈和江.红旗渠精神研学［M］.北京：新华出版社，2021.

［8］高海生，沈和江.即发农业劳动研学［M］.北京：新华出版社，2021.

［9］高海生，沈和江.井冈山精神研学［M］.北京：新华出版社，2021.

［10］高海生，沈和江.青岛研学旅行教育系列读本［M］.北京：新华出版社，2020.

［11］高海生，沈和江.西柏坡精神研学［M］.北京：新华出版社，2021.

［12］高海生，沈和江.西迁精神研学［M］.北京：新华出版社，2021.

［13］高海生，沈和江.延安精神研学［M］.北京：新华出版社，2021.

［14］高海生，沈和江.长征精神研学［M］.北京：新华出版社，2021.

［15］高海生，沈和江.中小学生中国精神研学系列读本［M］.北京：新华出版社，2021.

［16］国家体育总局.体育事业发展"十二五"规划［EB/OL］.（2011-04-01）.https：//www.sport.gov.cn/n315/n330/c564322/content.html.

［17］国家体育总局.2008年群众体育工作思路和要点［EB/OL］.（2007-12-19）.

http：//www.sport.gov.cn/n16/index.html.

［18］国务院办公厅.关于加强我国非物质文化遗产保护工作的意见（国办发〔2005〕18号）［EB/OL］.（2005-03-26）.https：//www.gov.cn/zhengce/content/2008-03/28/content_5937.htm.

［19］国务院办公厅.关于推动国防科技工业军民融合深度发展的意见［EB/OL］.（2017-12-04）.https：//www.gov.cn/zhengce/content/2017-12/04/content_5244373.htm?eqid=b383906b00043e92000000036461b33d.

［20］国务院办公厅.关于新时代推进普通高中育人方式改革的指导意见［EB/OL］.（2019-06-19）.https：//www.gov.cn/zhengce/content/2019-06/19/content_5401568.htm.

［21］黄宇，曾加贝.营地教育，一种体验式学习［J］.教育家，2022（28）：21-22.

［22］蒋丽.美术馆教育理论与实践活动探究［J］.美术大观，2019（1）：53-55.

［23］教育部.中小学综合实践活动课程指导纲要［EB/OL］.（2017-09-27）.http：//www.moe.gov.cn/srcsite/A26/s8001/201710/t20171017_316616.html.

［24］教育部等11部门.关于推进中小学生研学旅行的意见［EB/OL］.（2016-12-02）.http：//www.moe.gov.cn/srcsite/A06/s3325/201612/t20161219_292354.html.

［25］教育部基础教育司.中小学德育工作指南实施手册［M］.北京：教育科学出版社，2017.

［26］课程教材研究所，思想品德课程教材研究开发中心.思想品德（九年级全一册）［M］.北京：人民教育出版社，2013.

［27］刘凡祯，方亚芬，邓诗曼.基于自然教育理念的中学校园景观微更新——以西安市西电中学为例［J］.现代园艺，2023，46（2）：109-111.

［28］刘巨德.向美而行：清华大学美育之路［M］.北京：清华大学出版社，2021.

［29］刘天祥.西方经济学［M］.3版.长沙：中南大学出版社，2012.

［30］刘延东.深入学习贯彻党的十九大精神全面开创教育改革发展新局面［J］.中国校外教育，2018（7）：1-5.

［31］刘跃进.国家安全学［M］.北京：中国政法大学出版社，2004.

［32］马克思.资本论：第一卷［M］.中共中央马克思恩格斯列宁斯大林著作编译局译.北京：人民出版社，2004.

［33］宁盈盈，吴雪萍.依托高校资源的学习型社区建设探析［J］.职业技术教育，

2011, 32 (34): 71-74.

［34］全国人大常委会法制工作委员会. 中华人民共和国乡村振兴促进法［EB/OL］.（2021-04-29）. http：//www.npc.gov.cn/npc/c30834/202104/8777a961929c4757935ed2826ba967fd.shtml.

［35］邵丹. 北京市保护地自然教育体系建设与实践［J］. 国土绿化, 2023, 347 (2): 48-52.

［36］田广林. 中国传统文化概论［M］. 北京：高等教育出版社, 2011.

［37］王一川. 中华美育精神的内涵和特质［N］. 中国艺术报, 2018-09-08.

［38］杨成. 我国青少年营地教育的发展策略研究［J］. 广东青年职业学院学报, 2018 (3): 36-40.

［39］吴翠楠, 韩金镕, 蔡宏波. 实践教育的内涵与创新发展路径选择［J］. 教育经济评论, 2021 (4): 107-117.

［40］肖强, 李凌. 国内外户外教育研究对我国营地教育研究现状的启示［J］. 四川体育科学, 2023 (4): 109-112.

［41］徐继存, 段兆兵, 陈琼. 论课程资源及其开发与利用［J］. 学科教育, 2002 (2): 26-28.

［42］薛保红, 南燕. 发达国家营地教育发展及其启示［J］. 重庆交通大学学报：社会科学版, 2014, 14 (6): 126-128.

［43］杨崇君, 杨谷子. 县域研学旅行助力乡村振兴的价值与实践模式探讨［N/OL］. 中国旅游报, 2022-08-05.

［44］余国志. 研学实战方法论［M］. 北京：中国旅游出版社, 2022.

［45］张玉玲. 青少年营地教育综述［J］. 内江科技, 2018, 39 (1): 103-104+81.

［46］赵鹏, 李享, 刘磊. 旅行社与汽车俱乐部经营自驾车旅游的比较研究［J］. 旅游学刊, 2008, 1 (8): 76-80.

［47］赵思山. 中华美育精神融入学校美育工作的原则与路径［J］. 兰州工业学院学报, 2021, 28 (6): 128-131.

［48］中共中央, 国务院. 关于实施乡村振兴战略的意见［EB/OL］.（2018-01-02）. https：//www.gov.cn/gongbao/content/2018/content_5266232.htm.

［49］中共中央, 国务院, 中央军委. 关于加强和改进新时代全民国防教育工作的意见［EB/OL］.（2022-09-01）. https：//www.gov.cn/xinwen/2022/09/01/content_5707818.htm.

［50］新时代公民道德建设实施纲要［M］.北京：人民出版社，2019.

［51］中共中央马克思恩格斯列宁斯大林著作编译局.马克思恩格斯文集：第三卷［M］.北京：人民出版社，2009.

［52］中国质量认证中心与教育部学校规划建设发展中心.中小学生研学实践教育基地、营地建设与管理规范［EB/OL］.［2018-10-27］.https：//www.triplewd.cn/newsinfo/2026326.html.

［53］中华人民共和国简史［M］.北京：人民出版社，当代中国出版社，2021.

［54］中华人民共和国教育部.义务教育艺术课程标准（2022年版）［M］.北京：北京师范大学出版社，2022.

［55］中华人民共和国文化和旅游部等.关于推动露营旅游休闲健康有序发展的指导意见［EB/OL］.https：//zwgk.mct.gov.cn/zfxxgkml/zykf/202211/t20221121_937623.html.

［56］新时代：旅游扶贫面对面 实务教学篇［M］.北京：中国旅游出版社，2019.

［57］国务院.国务院关于加快发展体育产业促进体育消费的若干意见［EB/OL］.（2014-10-20）.http：//www.gov.cn/zhengce/content/2014/10/20/content_9152.htm.

［58］国务院办公厅.国务院办公厅关于进一步盘活存量资产扩大有效投资的意见［EB/OL］.（2022-05-25）.http：//www.gov.cn/zhengce/content/2022-05/25/content_5692190.htm.

［59］钟启泉，崔允漷，张华，等.为了每一个学生的发展——新世纪中国基础教育课程改革刍议［J］.全球教育展望，2001（2）：3-8.